Frank Ganseuer / Erwin Wagner

Carl Rudolph Brommy – Admiral der Revolution?

Frank Ganseuer / Erwin Wagner

Carl Rudolph Brommy – Admiral der Revolution?

Das Werk erscheint in Zusammenarbeit mit der Stiftung
zur Förderung der Schifffahrts- und Marinegeschichte,
der Deutschen Gesellschaft für Schiffahrts- und Marinegeschichte und des Deutschen Maritimen Instituts,
herausgegeben von Heinrich Walle
in Kooperation mit dem
Schiffahrtsmuseum der oldenburgischen Unterweser
unter Leitung von Christine Keitsch

Ein Gesamtverzeichnis der lieferbaren Titel schicken
wir Ihnen gerne zu. Bitte senden Sie eine E-Mail mit
Ihrer Adresse an:
vertrieb@mittler-books.de

Sie finden uns auch im Internet unter:
www.mittler-books.de

Bibliografische Information
der Deutschen Nationalbibliothek
Die Deutsche Nationalbibliothek verzeichnet diese
Publikation in der Deutschen Nationalbibliografie;
detaillierte bibliografische Daten sind im Internet
über http://dnb.d-nb.de abrufbar.

ISBN 978-3-8132-0984-6

© 2018 by Mittler
im Maximilian Verlag GmbH & Co. KG
Alle Rechte vorbehalten.

Layout: Inge Mellenthin

Printed in Europe

Inhaltsverzeichnis

Grußwort: Inspekteur der Marine 7

Geleitwort: Präsident
Deutsches Maritimes Institut 8

Vorwort: Vorsitzender der
Stiftung zur Förderung der Schifffahrts-
und Marinegeschichte 9

Einführung: Leiterin Schiffahrtsmuseum
der oldenburgischen Unterweser Brake 10

Brommy in zwei griechischen Marinen (1827–1830 und 1832–1849) 14

Anmerkungen 37
Quellen 40
Literatur 40

Ein »Flottentraum« – Brommy und die »deutsche Marine« der Paulskirche 42

»Flottenfieber« –
Die Deutschen entdecken die See 42

»Das Meer macht frei!« –
Die Flotte im Reich der Poesie 44

Parlamentarische Vorübungen –
Die Germanistenversammlungen 1846 und 1847 47

Das erste deutsche Parlament –
Die Nationalversammlung in der
Frankfurter Paulskirche 49

Ohne Flotte –
Deutschland in Seenot 50

Nicht vom Himmel gefallen –
Die Flotte und die alten Gewalten 51

Auf Kurs –
Die »Errichtung einer deutschen Kriegsflotte« 52

»Unsere erste That!« –
Die parlamentarische Kiellegung einer Marine 55

»Parallelaktion« –
Ende der Revolution und Aufstieg der Flotte 60

Grundlagenarbeit –
Prinz Adalbert und die Technische Marinekommission .. 66

Der 4. November 1848 –
Brommys Ruf nach Frankfurt 71

»Die Marine vom Fregatten-Capitain R. Brommy.
Berlin 1848« –
Ein Buch mit Folgen 78

»Wie ein Spuk« –
Brommys Flotte auf der Unterweser 88

Schleichender Tod –
Der Untergang der Flotte 112

»Meine seitherige Wirksamkeit ist vernichtet.« –
Unter Hannibal Fischers Hammer 119

»Revival« –
Die Wiederentdeckung einer Marine
und ihres Chefs 126

Admiral der Revolution? Eine Zusammenfassung 136

Anmerkungen 140
Literatur 180

Grußwort: Inspekteur der Marine

Vor 170 Jahren, am 14. Juni 1848, bewilligte die Nationalversammlung der Frankfurter Paulskirche mit überwältigender Mehrheit sechs Millionen Taler für den Bau einer deutschen Flotte. Was bis zum 14. Juni 1848 als undenkbar galt, wurde Wirklichkeit: Gewählte Volksvertreter gründeten die erste deutsche Marine. Den Oberbefehl über die Flotte erhielt Carl Rudolph Bromme, genannt Brommy (1804–1860). Bereits vier Monate nach dem Beschluss, eine Flotte aufzustellen, konnten drei Dampfkorvetten und eine Segelfregatte in Dienst gestellt werden.

Brommy gilt als der erste deutsche Admiral und als Gründungsvater der ersten gesamtdeutschen Marine. Nach dem Zweiten Weltkrieg erinnerte die neu gegründete Bundesmarine mit der Schulfregatte BROMMY von 1959 bis 1965 sowie mit der Admiral-Brommy-Kaserne in Brake bis 1997 an ihn. Heute steht seine Büste an prominenter Stelle in der Marineschule Mürwik.

Die heutige Deutsche Marine bekennt sich stolz zu ihren demokratischen Gründervätern vor 170 Jahren. Die Parallelen zwischen damals und heute sind vielfältig. Heute wie damals soll die Marine Deutschland verteidigen und für maritime Sicherheit sorgen – vor den eigenen Küsten, aber auch in weit entfernten Seegebieten. Heute wie damals soll die Marine bündnisfähig sein. Und heute wie damals braucht Deutschland seine Flotte als wirksames maritimes Instrument der Sicherheitspolitik, welches der parlamentarischen Kontrolle unterliegt.

Die Leistungen von Admiral Brommy bei der Gründung der ersten gesamtdeutschen Flotte vor 170 Jahren, deren Ideale und Ziele bis heute gültig sind, sind Grund genug, diesem großen deutschen Marineoffizier eine Ausstellung zu widmen.

Ich danke dem Schiffahrtsmuseum der oldenburgischen Unterweser für das Engagement und die Detailtreue, die sich wie ein roter Faden durch diese Ausstellung ziehen.

Ihnen, liebe Leser und Ausstellungsbesucher, wünsche ich eine interessante und spannende Zeitreise 170 Jahre in die Vergangenheit, als Admiral Brommy, der Gründungsvater der ersten gesamtdeutschen Marine, hier in Brake und in Bremerhaven die erste gesamtdeutsche Flotte errichtete.

Andreas Krause
Vizeadmiral

Geleitwort: Präsident Deutsches Maritimes Institut

Mit der Bewilligung von sechs Millionen Talern für den Aufbau einer ersten deutschen Marine am 14. Juni 1848 durch die Nationalversammlung in der Frankfurter Paulskirche, der ersten frei gewählten Vertretung des deutschen Volkes, begann vor 170 Jahren die wechselvolle Geschichte deutscher Marinen. Ich begrüße die von Frau Dr. Christine Keitsch vom Schiffahrtsmuseum der oldenburgischen Unterweser zu Brake so engagiert kuratierte Sonderausstellung »Carl Rudolph Brommy – Admiral der Revolution?«. Sie trägt das Vermächtnis des Lebenswerks von Admiral Brommy, den Aufbau der ersten deutschen Marine, auch für zukünftige Generationen weiter. Daher hat das Deutsche Maritime Institut sehr gerne die Mitherausgeberschaft des Begleithefts übernommen.

In dieser wissenschaftlichen Darstellung von Aufbau und Hintergründen der ersten deutschen Seestreitkräfte wurde deutlich, dass die Jahre 1848/49 nicht allein eine erste deutsche Marine hervorgebracht haben. Es wurden

auch maritime Konzeptionen, namentlich die Denkschrift des Prinzen Adalbert, sowie Marine-Rüstungsprogramme und Ausarbeitungen der »Technischen Marinekommission« damals erarbeitet. Der Band »Unsere Marine« aus der Feder von Carl Rudolph Brommy war das erste Lehr- und Handbuch der Beschreibung und Erklärung von Marinen in deutscher Sprache. Es war eine Gebrauchsanweisung für Bau, Aufstellung, Führung und Betrieb von Seestreitkräften und hat ihm entscheidend den Weg nach Frankfurt und dann an die Spitze der ersten deutschen Marine geebnet.

Ich wünsche der Ausstellung und dem Begleitband eine breite Resonanz in der Öffentlichkeit.

Hans-Joachim Stricker, Vizeadmiral a.D.

Vorwort: Vorsitzender der Stiftung zur Förderung der Schifffahrts- und Marinegeschichte

Das Schiffahrtsmuseum der oldenburgischen Unterweser ruft heute aus Anlass der 170. Wiederkehr der Gründung der ersten deutschen Marine mit der Ausstellung »Carl Rudolph Brommy – Admiral der Revolution?« das Vermächtnis dieses ersten deutschen Flaggoffiziers in Erinnerung. Außer der Anerkennung der historischen Leistung des ersten deutschen Admirals fühle ich mich ihm auch dadurch verbunden, dass es mir als letztem Chef der Volksmarine – so wie auch Admiral Brommy – beschieden war, das Ende meiner Marine zu erleiden und zu erleben, wie die Schiffe unserer Flotte in alle Welt verkauft wurden. Allerdings konnten unsere Seeleute in die nun Deutsche Marine eintreten und dort in vielen Fällen eine zweite Karriere starten.

In meiner Eigenschaft als Vertreter des Vorstands der Deutschen Gesellschaft für Schiffahrts- und Marine

geschichte (DGSM) nehme ich mit Genugtuung zur Kenntnis, dass zwei Mitglieder unserer Vereinigung mit ihren Forschungsergebnissen als Autoren dieser Begleitschrift das engagierte Ausstellungsprojekt der Leiterin des Schiffahrtsmuseums, Frau Dr. Christine Keitsch, unterstützt haben.

Das entspricht den Zielsetzungen der DGSM, durch Informationen über fachgeschichtliche Themen auf die Bedeutung maritimer Sicherheit für unser Land hinzuweisen. Dies war auch Anliegen von Admiral Carl Rudolph Brommy vor 170 Jahren.

Hendrik Born
Vizeadmiral a. D.

Einführung: Leiterin Schiffahrtsmuseum der oldenburgischen Unterweser Brake

Die oldenburgische Unterweser als Gedächtnisort der ersten gesamtdeutschen Marine, der Standort Brake und das Schiffahrtsmuseum der oldenburgischen Unterweser

Das Schiffahrtsmuseum der oldenburgischen Unterweser mit seinen drei Standorten in Brake und Elsfleth zählt zu den ältesten Spezialmuseen des Landes Niedersachsen. Die Dauerausstellungen werden in drei historisch bedeutsamen Gebäuden gezeigt, die einen Querschnitt der regionalen Bau- und Wirtschaftsgeschichte des 19. Jahrhunderts repräsentieren: zum einen im Haus »Borgstede & Becker« in der Breiten Straße 9, im Jahre 1808 als Packhaus mit Wohn- und Wirtschaftsbereichen errichtet und eines der ältesten Gebäude in der erst wenige Jahre zuvor erschlossenen zentralen Verbindungsstraße zum Hafen, der ausschlaggebend für die weitere Entwicklung Brakes werden sollte. Zum anderen im 1846 an der Kaje errichteten Gebäude des optischen Telegrafen der Telegrafenlinie Bremen und Bremerhaven, die Bestandteil der vom Altonaer Kaufmann und Weinessigfabrikanten Johann Ludwig Schmidt initiierten Telegrafenlinie von Hamburg bzw. Altona nach Cuxhaven war. Technologisch war der auf Antrag Braker Kaufleute und Reeder und durch die Oldenburgische Regierung finanzierte Bau des heutigen Braker Wahrzeichens bereits bei Eröffnung überholt. Zu Brommys Zeiten war der Telegraf jedoch noch in Betrieb und zudem, wie aus dem Tagebuch des Seejunkers Karl Gross, dem späteren Schwager des Konteradmirals hervorgeht, geselliger Mittelpunkt der Seejunker, der Offiziersanwärter der Flotte, die sich hier während der ansonsten tristen und ereignislosen Liegezeit im Winter dank eines im Gebäude befindlichen Ausschanks gemeinschaftlicher, feucht-fröhlicher Abwechslung erfreuten. Heute bietet das noch weitestgehend in seinem ursprünglichen Zustand erhaltene – deutschlandweit einzigartige – bauliche Relikt der zivilen, maritimen Kommunikation einen authentischen Raum für Teile der Dauerausstellung des Schiffahrtsmuseums der oldenburgischen Unterweser, das hier übrigens 1960 erstmals seine Tore öffnete. Die 2014 modernisierte Ausstellung in dem frisch sanierten Baudenkmal präsentiert hier u. a. eine auch überregional bedeutende Sammlung von Schiffsporträts und gibt Einblicke in die schifffahrts- und handelsgeschichtliche Entwicklung der oldenburgischen Unterweser, die mit den Reederei- und Hafenstandorten Brake, Elsfleth und Nordenham, den zahlreichen Schiffbauplätzen und Werften – das heutige Lemwerder mit eingeschlossen – von Hamburg und Bremen einmal abgesehen, zu den wichtigen schifffahrtsbezogenen Schauplätzen des 19. Jahrhunderts zählte. Mit der 1832 in Elsfleth gegründeten Seefahrtsschule, heute der Fachbereich Seefahrt & Logistik der Jade-Hochschule, verfügte die Region darüber hinaus über einen zentralen Schwerpunkt der maritimen Ausbildung, der bis heute europaweit Geltung besitzt. Mit seinem dritten musealen Standbein, der ehemaligen Bürgervilla Steenken in Elsfleth, einem sogenannten »Oldenburger Giebelhaus«, bildet das Schiffahrtsmuseum der oldenburgischen Unterweser die Entwicklung des Ausbildungsstandorts Elsfleth vor dem Hintergrund der regionalen Reederei-, Schiffbau- und Schifffahrtsgeschichte des 20. Jahrhunderts ab.

Seit seiner Gründung im Jahre 1960 stellen die erste gesamtdeutsche Marine und ihr späterer Oberbefehlshaber, Carl Rudolph Bromme, einen expliziten Sammlungs- und Ausstellungsschwerpunkt dar. Bis heute ist »Brommy«, wie der einstige Konteradmiral sich selbst – vermutlich seit seiner Fahrenszeit als Offizier auf amerikanischen Handelsschiffen Anfang der 1820er-Jahre – benannte und unter dem er bis heute hauptsächlich bekannt ist, eine Identifikationsfigur, die sich spätestens seit den 1980er-Jahren auch zu einem werbewirksamen Markenzeichen entwickelte. Eine Straße und das örtliche Hallenbad sind nach ihm benannt. Die Marinekameradschaft »Admiral Brommy« existiert seit 1898 – und eine ehemalige Kneipe gleichen Namens, die sich genau gegenüber dem Telegrafengebäude des Schiffahrtsmuseums befand, gilt in gewissen Kreisen bis heute weit über die Grenzen Brakes hinaus als nachgerade legendär. Ob die große Verbundenheit der Braker zu »ihrem« Admiral auf Gegenseitigkeit beruhte, muss jedoch dahingestellt bleiben. Um die Mitte des 19. Jahrhunderts hatte Brake, inklusive Harrien, etwa 4.500 Einwohner, deren Broterwerb zum überwiegenden Teil in der maritimen Wirtschaft lag, einen noch relativ jungen, jedoch zunehmend prosperierenden Hafen mit regem Schiffsverkehr, verfügte über einige Schiffbauplätze, war als Reedereistandort etabliert und führte insbesondere den Überseehandel im Großherzogtum Oldenburg an. Auch das Auswanderergeschäft nahm zu und damit eine rege Schiffbautätigkeit. Dennoch blieb Brake eher beschaulich, wenngleich die ortsansässigen Wirtschaftsakteure selbstverständlich internationale Verbindungen pflegten. Als Mariner war Brommy Kosmopolit. Im damals bereits weit weltläufigeren Bremerhaven, das während seiner wenigen Jahre an der Unterweser sein eigentlicher Stützpunkt war, dürfte er sich weit wohler gefühlt haben. Durch seine Ehe mit einer Braker Kaufmannstochter blieb die familiäre Verbindung jedoch bestehen – durch seine Bestattung in der Gross'schen Familiengruft auf dem Hammelwarder Friedhof quasi für die Ewigkeit.

Die Verbindung zwischen der heutigen Symbolfigur und der ungeheuren Bedeutung des revolutionären ersten demokratischen Aufbruchs von 1848 ist jedoch heute nur wenigen noch bewusst. Durch den Beschluss des Frankfurter Paulskirchenparlaments, eine erste deutsche Marine zu gründen, und durch die intensiven Bemühungen des Großherzogtums Oldenburg, Brake neben Bremerhaven als Hauptstützpunkt zum Reparatur- und Winterliegeplatz der Flotte zu bestimmen, geriet die Seehandels- und Hafenstadt an der Unterweser für kurze Zeit in den Blickpunkt der Weltgeschichte.

In den Ausstellungen des Schiffahrtsmuseums der oldenburgischen Unterweser nimmt diese Periode einen dementsprechenden Raum ein. Durch persönliche Bindungen blieb Carl Rudolph Brommy der Region auch nach der Auflösung der Flotte und seiner Entlassung am 30. Juni 1853 verbunden, nicht zuletzt durch seine Ehe mit Hascheline Auguste Caroline Gross, der Tochter eines Braker Kaufmanns, der sich, wie zu jener Zeit üblich, auf mehreren wirtschaftlichen Standbeinen, so u.a. auch als Spediteur, Gastwirt und Reeder, erfolgreich behauptete, in Bremerhaven eine

Niederlassung betrieb und zu den Profiteuren der Flottenstationierung gehörte. Wohl auch aus diesem Grund sind einige persönliche Gegenstände aus seinem Nachlass in die Sammlung des Museums gelangt und werden heute im Haus »Borgstede und Becker« ausgestellt. Dazu zählen nicht nur Porträts und eine Büste Brommys, sondern auch seine Schreibmappe, ein Tisch und ein imposantes, rotes Samtsofa im Stil des sogenannten »Zweiten Rokoko«, das vermutlich zur Hochzeit des Admirals mit Caroline Gross angeschafft wurde.

Ruhm und Anerkennung über seine Zeit hinaus erntete der passionierte Seeoffizier vor allem für sein Werk »Die Marine«, das 1848 erschien und das maßgebliche und bis heute nachwirkende Verfügungen für den Dienst an Bord in deutschen Seestreitkräften enthielt und bereits in der zweiten Auflage durch Heinrich v. Littrow, vor allem für die österreichisch-ungarische Marine, erheblich überarbeitet und erweitert wurde. Brommys explizite Erfahrungen beim Aufbau der griechischen Seestreitkräfte waren in dieses Manifest mit eingeflossen und vermutlich auch ausschlaggebend für seine Berufung im November 1848 nach Frankfurt, dem Sitz der provisorischen deutschen Zentralgewalt, und in deren technische Marinekommission unter der Leitung des Prinzen Adalbert von Preußen.

Zu den besonderen Exponaten der Dauerausstellung des Museums zählen jedoch zwei vergilbte, mit leicht verblasster Tinte beschriebene Blätter, die sich hinter einer kleinen Klapptür halb verborgen, aber gut geschützt den Betrachtern präsentieren. Sie offenbaren eine weitgehend unbekannte Seite des gestandenen Marineoffiziers, der in seiner Freizeit offensichtlich und mit Leidenschaft musischen Neigungen frönte. Brommy verfasste nicht nur zahlreiche Gedichte im typischen Stil seiner Zeit, die 1994 in einer Gesamtausgabe, herausgegeben von Detlev G. Gross, erstmals publiziert wurden, sondern er komponierte auch. Das Lied »Seemanns-Abschied« ist in einer Vertonung im Museum über Kopfhörer abrufbar und vermittelt einen kurzen Einblick in die Geisteswelt der Spätromantik. Unter dem Pseudonym R. Termo schrieb er darüber hinaus 1832 die »Skizzen aus dem Leben eines Seemannes«, ein frühes Beispiel deutschsprachiger maritimer Literatur, worauf der Verfasser in seinem Vorwort im Übrigen sogar ausdrücklich hinweist, mit der er in der Tradition Herman Melvilles oder später, um beim deutschsprachigen Raum zu bleiben, Friedrich Gerstäckers steht, freilich ohne dabei einen vergleichbaren literarischen Anspruch zu erfüllen. Dessen ungeachtet stellen die »Skizzen«, die einen offensichtlichen autobiografischen Bezug haben, heute eine durchaus lesenswerte bibliophile Rarität dar. Seine ab 1853 verfassten Selbstzeugnisse gelten heute leider als verschollen. Einen Großteil seiner literarischen Ambitionen verfolgte Brommy während seiner Dienstzeit in der griechischen Marine ab 1827 bzw. 1832.

Schon 1998 wurde die 1848er Revolution vom Schiffahrtsmuseum der oldenburgischen Unterweser thematisiert. Das von Albrecht Eckhardt und Detlev G. Gross verfasste und als vierter Band der museumseigenen Schriftenreihe herausgegebene Heft trug den Titel »Brommy und Brake«. 2004 konzipierte das Museum unter der Ägide des damaligen Museumsleiters Dr. Carsten Jöhnk eine Sonderausstellung zum 200. Geburtstag des einstigen Konteradmirals unter dem Titel »Ein Sachse erobert die Weltmeere«, zu der auch eine gleichnamige Broschüre erschien. Die vorliegende Publikation wird, 14 Jahre später, gleichfalls im Zusammenhang mit einer Sonderschau herausgegeben und steht im Kontext des Kooperationsprojekts »Revolution im Nordwesten« unter der Trägerschaft der Oldenburgischen Landschaft. Die Ausstellung macht den Versuch, den einstigen Konteradmiral und sein Wirken mit den Geschehnissen der Revolution von 1848 kontextualisiert, insbesondere auch vor dem Hintergrund der wirtschaftlichen und sozialen Verhältnisse des aufstrebenden Hafenstandorts an der

Unterweser, zu schildern. Dabei wird zugleich ein Bogen geschlagen vom Organisator und »Macher« der ersten gesamtdeutschen Marine über den tragischen Helden bis hin zum Etikett für modernes Stadtmarketing.

Der hier erstmals veröffentlichte Aufsatz von Kapitän zur See a. D. Dr. Frank Ganseuer, Mitglied im Team der ehrenamtlichen Mitarbeiter unseres Museums, fasst den aktuellen Forschungsstand zusammen, öffnet den Blick für neue Perspektiven und Fragestellungen und gibt zudem einen Überblick über den vorhandenen Literatur- und Quellenbestand. Der Fregattenkapitän a. D. und langjährige ehrenamtliche Museumsmitarbeiter Erwin Wagner beschäftigt sich seit etlichen Jahren mit der Zeit Brommys in Griechenland, die bislang weniger von der Forschung beachtet wurde. In seinem Beitrag finden sich Übersetzungen bislang unbekannter Akten und Dokumente aus griechischen Archiven, die eine wertvolle Ergänzung zum bisherigen Kenntnisstand bieten und neue Aufschlüsse über diesen für Brommy so wichtigen Meilenstein seiner militärischen Karriere erlauben. Ein großer Dank gilt dem Marinehistoriker Fregattenkapitän a. D. Dr. Heinrich Walle für seinen unermüdlichen Einsatz beim Zustandekommen dieses Buches und allen weiteren Akteuren, die sich dafür eingesetzt haben, vor allem Frau Linda Thorlton für die Bereitstellung und Aufbereitung der Bilder.

Dr. Christine Keitsch

Schiffahrtsmuseum Unterweser

Brommy in zwei griechischen Marinen (1827–1830 und 1832–1849)

von Erwin Wagner

Als 1848 der Ruf in Deutschland nach einer eigenen Kriegsmarine immer lauter wurde, war geeignetes Personal Mangelware. Offiziere, Unteroffiziere und Mannschaften mussten aus vielen Bereichen des Lebens und dem Ausland angeworben werden. Wer den Dienst in der Marine leistete, wurde vom Militärdienst im Heer befreit. In dieser Not erinnerte sich die Marinekommission, unter der Leitung von Arnold Duckwitz, einem Bremer Senator, an einen Mann, einen auch kriegserfahrenen Marineoffizier, der allerdings im Dienste des griechischen Königs Otto I. stand. Ein Fachbuch dieses Offiziers mit dem Titel »Die Marine« und schon mehrfach vorhergegangene, vergebliche Versuche seinerseits, in seinem Heimatland Deutschland wieder Fuß zu fassen, veranlasste die Kommission, ihn unter Mitwirkung des bayrischen Gesandten in Athen[1] nach Deutschland für den Aufbau einer ersten deutschen Kriegsflotte zu holen. Der Name dieses Offiziers: Carl Rudolph Bromme, genannt Brommy (1804–1860).

Als in seiner Jugend die Berufsfrage anstand, hatte Brommy, damals hieß er noch Bromme, nur einen Wunsch: Seemann zu werden und zur See zu fahren.

Die Seefahrt, nach einem Jahr Navigationsschule in Hamburg (1819–1820), bestimmte von nun an sein Leben. Die Erlebnisse und Ereignisse während der Reisen an Bord von Segelschiffen haben ihn geprägt. Sein Interesse galt später der militärischen Navigationswissenschaft. Auskunft für diese Zeit gibt »Pierer's Universal-Lexikon«[2]: » ... machte den Schiffsdienst durch alle Grade durch und

ging dann nach den Vereinigten Staaten von NAmerika. Nach der Vereisung sämmtlicher Häfen der Union und der großen Binnenseen, sowie der britischen Küstenprovinzen und Neufundlands, war er fast 6 Jahre lang ununterbrochen auf See u. machte während dieser Zeit Reisen nach fast allen Inseln Westindiens, nach beiden Küsten SAmerikas, nach der Westküste von Afrika und nach Ostindien u. China, wobei er sich bes. in den letzten Jahren dem militärischen Theile der Nautik widmete. Nach seiner Rückkehr aus der Südsee wurde der militärische Theil der Nautik und der Arsenaldienst sein Hauptstudium; er besuchte die Haupthäfen Englands, Frankreichs und Hollands, u. machte einige wichtige Verbesserungen in der Handhabung der Schiffsgeschütze, sowie die Entdeckung einer leichteren und zweckmäßigeren Art, mit glühenden Kugeln zu schießen.«

In diesem Sinn schrieb auch Brommy: *»So lebt' ich in Extremen, nirgends heimisch, trieb mich das Schicksal unaufhaltsam fort: Von dort, wo Perus hohe Wellen rollen, bis an die nackten Küsten Labrador's; von dort, wo Goa, einst Asiens Stolz, ›Die Stadt von Priestern und von Bettlern‹ ward, bis an Dariens Isthmus, dessen Küsten die Fluth und Ebbe zwei verschiedene Meere gleichzeitig trifft, – die hohen Ebenen von Asien,– Amerikas Savannen,– das Reich des Himmels, mauereingegürtet, wo Canton stolz am Ligrisfluß sich erhebt; – ... Da tönte über'n fernen Ocean der Ruf des unterdrückten Heldenvolkes, dem vier Jahrhunderte Erniedrigung in Sklavenketten, fast den Muth* *gebrochen; Sie mächtig sprengend griffen die Hellenen zum letzten Mittel – Freiheit oder Tod!«*[3]

Möglicherweise war seine autodidaktische Beschäftigung ausschlaggebend, dass er sich für die militärische Laufbahn entschied und gleich die erste Gelegenheit dazu benutzte, sich zu qualifizieren und weiterzubilden; er ging als Philhellene nach Griechenland.

Es gab aber noch einen Brommy, den, der gar nicht so richtig in die Uniform des späteren Admirals passte: den Romantiker, den Schwärmer, den gefühlvollen Mann, den Naturliebhaber. Bertha, Tochter eines Rittergutsbesitzers im Schloss Martinskirchen, Nähe Torgau/Elbe, hat ihn in der Zeit von 1832 – 1836 zu poetischen Höhenflügen ermuntert. In Griechenland war er in den höheren Gesellschaften gerne gesehen, er war ein fröhlicher, unterhaltsamer und gebildeter Mensch. Brommy notierte Erlebtes auf See und in den Häfen, seine Erfahrungen während des griechischen Befreiungskampfes und auch einen Teil seines Lebens. Dr. Detlev G. Gross, direkter Nachkomme der Familie Carl Rudolph Brommy hat in einem Buch[4] alles Vorhandene zusammengefasst und so der Nachwelt erhalten. Und schließlich hat auch Hedwig Schultz Teile seines Lebens in einer Schrift[5] festgehalten.

Als Offizier der griechischen Marine(n) war Brommy Soldat und Vorgesetzter; militärische Werte wie Disziplin, Mut und Durchsetzungsvermögen waren sein Credo. In der Zeit des Befreiungskriegs war es ihm durch Intrigen, Geld-, Munitions- und Proviantknappheit sehr schwer gewesen sein, seine Vorstellungen von militärischer Führung umzusetzen. Zwar litt auch er unter den politischen Rivalitäten innerhalb der griechischen Reihen und der – etwas späteren – Erkenntnis, dass die Philhellenen gar nicht so beliebt waren.[6] Doch davon scheinbar unbeirrt hat er seinen Dienst geleistet. Dies wird deutlich, als Brommy, 1832 wieder in die nun königlich-griechische Marine eingestellt wird, seine Erkenntnisse über den Ausbildungsstand der griechischen Marine und seine Vorstellungen zur Abstellung der Missstände 1837 dem König Otto direkt vortrug. Er erhielt Zugang zu wissenschaftlichen Kreisen und traf bereits 1832 mit den Archäologen Ludwig Ross und Ernst Curtius zusammen. Mit Ross hatte er eine lange Freundschaft, wie Briefe vom Januar und Juli 1852 beweisen.[7] Ross, der sehr am Aufbau einer Deutschen Marine interessiert war, hatte in Brommy einen fachkundigen und engagierten Gesprächspartner. Auch Emanuel Geibel, den deutschen Dichter, traf er, und zusammen waren sie Mittelpunkt in der »Ruppsburg«, dem Haus eines Deutschen, Oberleutnant Rupps, der Offizier in der griechischen Armee war und eine Kammerzofe der Königin Amalie geheiratet hatte. Viel Zeit hatte er dann allerdings nicht mehr, denn als 1843 die Revolution ausbrach und alle Fremden bis auf wenige verdiente Personen, die im Land bleiben durften (zu denen auch Brommy zählte), vertrieben wurden, war sein Spielraum und Wirkungskreis sehr eng geworden. Brommy hat aber diese Zeit genutzt, seine umfangreichen Kenntnisse und Erkenntnisse, Erfahrungen und Theorien über das richtige Wesen einer Marine zu sammeln und schließlich 1848 in dem Buch »Die Marine«,[8] einem »Bestseller« der damaligen Zeit und für die Bildung und Ausbildung der Marinen bis in die heutige Zeit, natürlich mit Abstrichen der modernen Zeit angepasst, gültig, zusammenzufassen.

Dann, beim Aufbau der ersten deutschen Flotte (1849 – 1853), konnte er aus seinem reichhaltigen Erfahrungsschatz schöpfen und die Energie, die sich in der Zeit von 1843 – 1848 während seines Dienstes im Marinegericht der königlich-griechischen Flotte gesammelt hatte, voll und ganz für das neue Ziel, Gründung einer deutschen Kriegsflotte, einsetzen. Er war Seemann, Offizier und Vorgesetzter, und er glaubte immer an den Erfolg. Je mehr er überzeugt war von der Richtigkeit und Notwendigkeit einer deutschen Flotte, desto tiefer fiel er, als der unrühmliche Zusammenbruch des deutschen Marinegedankens und die Versteigerung der Flotte ihm den Glauben an die »Volljährigkeit« seines Heimatlandes Deutschland raubte.[9] Seine Zeit in Griechenland, vornehmlich im Befreiungskampf, dem er praktisch seine Jugend opferte, ist in Dokumenten und seinem »Copierbuch«[10], geführt von 1827–1849, dargestellt.

Sein Engagement für den Befreiungskampf der Griechen begründet Brommy in einem biografischen Gedicht:[11]

…
Der Ruf des unterdrückten Heldenvolkes
Weckt mir ein helles Echo in der Brust;
Ihm folgend, eilt, ich, mit den schwachen Kräften
Die mir verliehn, in jener Schar zu fechten,
Die unter Hellas strahlendem Panier
Der Griechen Freiheit miterkämpfen half.

Brommy war Seemann. Sein Entschluss zur Teilnahme als »Philhellene«[12] am 1821 ausgebrochenen Befreiungskrieg der Griechen gegen die Türken hatte wohl mehrere Gründe. Die Behauptung, Brommy wäre dem englischen Admiral Thomas Cochrane, 10. Earl of Dundonald unter dem er angeblich im chilenischen (1817–1822) und im brasilianischen Befreiungskrieg (1823–1825) gedient hätte, gefolgt, gibt es keinerlei Hin- und Beweise, allerdings auch keine für das Gegenteil. Es wird deshalb ein Geheimnis bleiben, woher Brommy seine militärischen Kenntnisse hatte. In der US-Marine hat er sie jedenfalls nicht erworben.[13] – Brommys griechisches Abenteuer begann mit einem Brief, »der ihn als Capitain in seine alte Dienststellung zurück holte«.[14] Und da wird es schon etwas undurchsichtig: Brommy gibt an, am 18. Februar 1827 in Griechenland angekommen zu sein. Seine Bewerbung in der Leipziger Loge »Apollo«, mit dem – gewährten – Antrag auf gleichzeitige Anerkennung der Logenstufen Lehrling – Geselle – Meister datiert auf den 15. April 1827 (Aufnahme in der Loge am 20. April), und am 27. April 1827 meldete er sich an Bord der 64-Kanonen-Fregatte HELLAS, ex U. S. HOPE, die für rund 78.000 US-$ im Jahre 1826 von den Amerikanern erstanden worden war. Wer ihn »als Capitain« in seine alte Dienststelle zurückholte, ist nicht bekannt, und wer hatte ihn zum »Capitain« gemacht? Er könnte nach seinem Eintritt in die griechische Marine nochmals Heimaturlaub erhalten haben, was eine Erklärung für den Brief und den Zeitunterschied wäre. Aber die kurze Frist vom 20. auf 27. April für eine Reise von Sachsen nach Griechenland dürfte auch in der damaligen Zeit problematisch gewesen sein.

Zu diesem Zeitpunkt stand die griechische föderative Nationalmarine unter dem Oberkommando des bereits erwähnten englischen Admirals Thomas Cochrane (1785–1860), 10. Earl of Dundonald, und zwar sehr zum Leidwesen des griechischen Admirals Andreas Miaulis (1769–1835), einem Hydrioten, der sich Hoffnung gemacht hatte, das Oberkommando über die Marine zu erhalten. Die Meinung über die Qualitäten des englischen Seehelden ging jedoch weit auseinander.[15] In Griechenland angekommen, wollte sich Brommy bei Admiral Cochrane zum Dienst melden, traf jedoch nicht ihn, sondern den griechischen Admiral Miaulis an Bord der Fregatte HELLAS an. Dieser schickte Brommy auf eine ehemals türkische Korvette, die kurz zuvor den Türken im Kampf weggenommen worden war. Zuvor aber hatte Miaulis dem jungen Leutnant zu verstehen gegeben, » … *dass er nicht mehr das alte, klassische Hellas vorfinden wird, sondern … dass Sie bald eine andere Meinung von den entarteten Nachkommen der alten Hellenen erhalten werden.* …«[16] Vielleicht hatten diese Worte Brommy noch nicht sonderlich beeindruckt, aber er sollte im Laufe seiner Dienstzeit mehrfach den Beweis dafür erhalten.

Noch am selben Tag wird Brommy erster Leutnant auf dem größten Schiff der föderativstaatlichen Marine, der Fregatte HELLAS. Kaum an Bord, erlebte Brommy am 27. April seinen ersten Kriegseinsatz, die zweite Beschießung des Klosters St. Spiridion. Nach Zusage eines freien Abzugs kapitulierten die Türken, auch weil sie tagelang nichts mehr zu essen und zu trinken hatten. Jedoch beim Auszug der Türken erfolgte an ihnen eines der größten Massaker nach der Blutszene von Tripolitsa (1822), das es im griechischen Befreiungskampf je gegeben hat. Die Türken wurden von aufgebrachten Griechen angegriffen und getötet! Der griechische Heerführer J. Karaiskakis, der bis zum Erscheinen von Cochrane und dem Generalissimo Church ein gefeierter Heerführer war, geriet immer mehr in Konflikt »*über die vielgeschäftige und nutzlose Einmischung der Fremden, die bange Ahnung eines Unheils, die täglichen Reibereien mit Church, Cochrane und mit den eigenen widerspenstigen Landsleuten: das alles hat den Karaiskakis in eine so gedrückte Stimmung versetzt, dass er sich den Tod wünschte.*«[17]

Durch die katastrophale Planung eines Großangriffs gegen die Türken wäre es fast zur Vernichtung der griechischen – philhellenischen Streitkräfte gekommen. Erst durch das Eingreifen Cochranes mit den Kanonen der HELLAS wurden die türkischen Soldaten davon abgehalten, die geflohenen und am Strand festsitzenden Griechen vollständig zu vernichten.[18]

Cochrane hatte nun aber seinen Ruf bei den Griechen eingebüßt, sodass sie ihm die Gefolgschaft verweigerten. Da die Piraterie blühte, ja, es wurde mit ihr Handel getrieben, das Geschäft florierte, wer wollte da noch auf einem Kriegsschiff dienen?

Cochrane sollte aber noch seine Chance bekommen: Ende Juli und am 1. August 1827 verfolgte er mit der HELLAS (an Bord Rudolph Brommy) und der Nationalbrigg SAUVEUR ein türkisches Geschwader. Zwischen Clarentsa und Kap Papas wurde eine ägyptische Korvette von 38 Kanonen und ein tunesischer Schoner aufgebracht und nach einstündigem, heftigem Gefecht gekapert. Die Schiffe wurden nach Poros gebracht, wo sie am 14. August eintrafen.[19] Kurioserweise wird erzählt, dass bei diesem Gefecht die griechischen Matrosen, wenn die Gegner feuerten, immer auf die gegenüberliegende Schiffseite gelaufen sind, um sich vor den anfliegenden Geschossen zu retten. Das hatte Cochrane so geärgert, dass er wutentbrannt »in sie hineinfuhr und sie, heimathlichem Brauch zufolge, nach rechts und links mit der Faust niederboxte!«[20]

An der Schlacht von Navarino (20. Oktober 1827) hat kein griechisches Schiff, also auch nicht Brommy, teilgenommen. Das war eine Angelegenheit der drei alliierten Admiräle: Codrington für England, De Rigny für Frankreich und Graf Heyden für Russland.[21]

Es war die schwerste Niederlage einer türkischen Flotte nach Lepanto (1571), doch stellte sie für die Alliierten nur einen Teilerfolg dar. Ibrahim Pascha, der ägyptische Kommandeur, dachte aber nicht daran, deswegen den Peloponnes aufzugeben, im Gegenteil: Am 22. Dezember 1827 ließ er alle griechischen Verwundeten, Invaliden und »nutzlosen Münder« sowie mehrere Tausend griechische Sklaven auf den Rest seiner Flotte verschiffen und nach Alexandrien bringen.[22]

Die griechische Fregatte HELLAS jedenfalls, auf der Brommy seit dem 27. April 1827 erster Leutnant, und die griechische Korvette HYDRA, auf der er seit dem 20. Oktober 1827 zweiter Kommandant war, waren an diesem Kampf nicht beteiligt. Bei einer späteren Blockade von Navarino, war Brommy mit seinem Schiff zur Stelle.

Die Korvette von 26 Kanonen HYDRA war den Türken im Gefecht bei Cap Clarenza am 1. August 1827 weggenommen, nach Poros zur Instandsetzung gebracht worden, wo sie am 14. August eintraf. Nach ihrer Instandsetzung übernahm die griechische Flotte das Schiff, und Admiral Cochrane versetzte den Kapitän Brommy auf dieses Schiff als 2. Kommandant, Kommandant war Kapitän Crosbie:

»*Er wird eingestellt durch diesen Befehl, als 2. Kommandant der griechischen Nationalkorvette* HYDRA.
An Bord der Fregatte HELLAS, *den zwanzigsten Oktober, eins acht zwei sieben Jahr.*
An Herrn Kapitän Karolos Vrámis.

*Cochrane
Siegel
Geheim (Unterschrift unleserlich).*«[23]

Durch die ständigen Verheerungen geriet die griechische Bevölkerung in eine unvorstellbare Notlage, sodass die Piraterie wie nie blühte und furchtbare Dimensionen annahm. Ein Viertel der männlichen Bevölkerung Griechenlands frönte damals diesem »naturgemäßen Beruf« und die Zeitung »Spectateur d'Orient« machte die boshafte Bemerkung: »Die Seeräuberei ist in Wahrheit die einzige vollkommene und geregelte Organisation, die bisher aus der Revolution von 1821 hervorgegangen ist.«[24] Der französische Admiral De Rigny berichtet, dass »auf jeder Insel des Archipels eine Bande von Land- oder Seepiraten Gesetze schreibe. Unter den Auspizien der ›Panagia Kleftrina‹ (Madonna des Raubes) erhob sich auf dem Felseneiland Grabusa[25] eine glänzende, stark bevölkerte Stadt, die den Seeraub auf Aktien betrieb.«[26] Am 16. und 29. November 1827 beschlossen die Alliierten mit einer gemischten Streitmacht, u. a. Brommys HYDRA, die Piratenfeste Grabusa einzunehmen. Am 1. Februar 1828 erfolgte der Angriff auf die Piratenfestung; bei den Spalmadoren und bei Psara schossen österreichische Kriegsschiffe die Piraten in den Grund und hoben bei Kap Kassandra sogar eine ganze Falschmünzerwerkstatt aus. Der am 23. Januar 1828 in Nauplia gelandete, neue Präsident Griechenlands, Graf Johannes Kapodistrias, schickte Admiral Miaulis mit der HELLAS und weiteren Schiffen, darunter die Korvette HYDRA, nach Norden, um die Piraterie bei den Teufelsinseln auszuschalten. Cochrane hatte mittlerweile das Handtuch geworfen, »da er einsehe, dass er Griechenland nicht weiter nützen könne«.[27]

Graf J. Kapodistrias: »*Johannes Graf Kapodistrias (1776–1831) aus altem korfiotischem Geschlecht, studierte zunächst Medizin und wurde 1802 Staatssekretär der ionischen Republik. Er erwarb sich das Vertrauen des Zaren in hohem Maße und stieg schließlich zum Staatssekretär des Äußeren auf. Am 11. April 1827 wurde er mit russischer Billigung von den griechischen Klephtenführern auf die Dauer von sieben Jahren zum ersten Präsidenten des befreiten Griechenland berufen und trat sein neues Amt im Januar 1828 an. Kapodistrias versuchte die Griechen in russisch-autokratischer Manier zu regieren, was ihn zunehmend in Konflikt mit der liberalen Partei brachte. Seine Auseinandersetzungen mit Hydra und der Halbinsel Mani kosteten ihm schließlich das Leben: Am 9. Oktober 1831, früh morgens, wurde er von Konstantin – und Georg Mauromichalis in Nauplia getötet.*«[28]

Aus seiner Abneigung gegenüber dem griechischen Volk machte er im Frühjahr 1828 keinen Hehl: »*Ich verwünsche, ich verabscheue die Griechen, obwohl sie meine Glaubensgenossen sind, sie haben sich schauderhaft, verbrecherisch und verwerflich benommen; ich betrachte sie stets nur als Unterthanen, die sich in offener Revolte gegen ihren legitimen Souverän befinden, ich will ihre Befreiung nicht, sie verdienen sie nicht, und es wäre ein höchst verderbliches Beispiel für alle andren Länder, wenn es ihnen gelänge, einen freien Staat zu gründen.*«[29] Kapodistrias geriet während seiner Präsidentschaft in die Doppelrolle als Reformator und Diplomat! Zwischen Kapodistrias und Miaulis herrschten seit Langem Spannungen, weil Miaulis als Hydriote zur Opposition der griechischen Regierung gehörte. Kapodistrias machte aus seiner Abneigung gegen Miaulis kein Hehl.[30] Als Nachfolger Cochranes hatte er den Grafen Viaro Kapodistrias, einen Bruder, zum Großadmiral und damit zum Befehlshaber der griechischen Flotte ernannt, » ... *dessen Unfähigkeit und Eigendünkel beständig Kollisionen mit den tüchtigeren, sachkundigen Griechen, wie Miaulis hervorrief. Der verderblichen Thätigkeit dieses notorisch unfähigen, unvernünftigen und eigenmächtigen Individuums ist es zuzuschreiben, dass die Regentschaft 1833 die ganze griechische Marine in ›unbrauchbarem‹, die Schiffe in ›verfaultem‹ Zustand vorfand.«*[31] Dies ist die Zeit, in der Brommy erstmals um seinen Lohn kämpfen musste. Er biedert sich regelrecht an, als er am 18./30. April 1828 an Vario Kapodistrias u. a. schreibt: »*Meine uneigennützige Anschauung, der Rang den ich zuvor in Amerika bekleidete, sowie die Praxis und Theorie, die ich in der Marine erwarb, erlauben mir diese Forderungen ohne übertriebene Selbstüberschätzung zu stellen.*«[32] Da die Hauptverwaltung sich mit einer Antwort Zeit lässt, mahnt Brommy am 29. April/11. Mai 1828[33] sein Anliegen nochmals an.

Dem Präsidenten kam in seinem Kampf gegen die Opposition aus Hydra ein Umstand entgegen, der die Isolierung von Hydra und Spetsia vom üblichen griechischen Festland leicht begründen ließ: Die Pest war ausgebrochen.[34] Kapodistrias kam die »kleine Epidemie« gerade recht und seine Rede: » ..., *die kleine Epidemie, die zu dem großen Lärm geführt, war nicht die Pest, und bot keinen Grund zu ernstlicher Besorgniß dar.*« und »*Die Pest, die ich fürchte, das sind die unverbesserlichen und verstockten Menschen!*«[35]

Am 11. Juni 1828 wurde Brommy, 24-jährig, zum Fregattenkapitän und zum Kommandanten des Raddampfers ENTERPRISE ernannt. Brommy wurde für sein Engagement für die griechische Sache doch noch belohnt.

Die Raddampfkorvette ENTERPRISE, 1826 in der königlichen Marinewerft Deptford nahe London gebaut, war zwar ein Dampfschiff, jedoch gleichzeitig ein viermastiges Segelschiff mit einem Fockmast und Schonertakelung. Ihre Geschwindigkeit betrug bei ruhiger See sechs Knoten, bei unruhiger See verringerte sie sich auf drei Knoten.[36]

J. Kapodistrias befahl am 6. März 1828, eine Seeblockade vor Prevéza aufzubauen, Brommy gehörte mit seiner ENTERPRISE dazu. Die Blockade diente der Unterbindung der türkischen Logistik, auch den Vorbereitungen für einen Angriff auf das besetzte Mesolonghi. Die Gesamtleitung hatte der Generalissimo Church.[37] Flottillenchef in diesem Verband war Kapitän Passano. Brommy versuchte mehrmals, mit den kommandierenden Offizieren dieses Verbands in Kontakt zu kommen, was ihm jedoch nicht gelang. Zu allem Überfluss desertierte der eingesetzte Flottillenchef mit seinem Schiff aus dem Kampfgebiet, sodass Brommy am 10. September 1828 die Führung des Unternehmens »Preveza« übertragen bekam.

Kapitän Passano begründete seine Maßnahme mit der katastrophalen Versorgung seiner Bordangehörigen; er hatte nicht mal mehr Brot an Bord. Brommy erging es nicht anders, aber er hat sich geholfen: Bei der Polizei Ithakas ging folgende Anzeige ein:

Von Itaca.
Die Brüder Vettore und Luca Zavo, Bürger Itacas, haben vor dem Felsen von Drangonari, welche der Zuständigkeit Eurer Rechtsprechung unterliegt, die Erlaubnis erhalten, auf dieser Insel Schaf- und Ziegenherden weiden zu lassen.
Sie fühlen sich in der Pflicht, Eurer Exzellenz zu melden, dass am 13. des vergangenen Monats der deutsche Kapitän des größten griechischen Dampfschiffes den südlichen Felsen passierte und von den Brüdern gegen Bezahlung einige Tiere kaufen wollte, die er bräuchte.

Da die Schäfer kein Recht haben, über Preise und Verkauf von Tieren zu verhandeln, haben sich der genannte deutsche Kapitän und seine Besatzung die Freiheit genommen, gegen den Willen der Schäfer fünf Ziegen mit zu nehmen ohne auch nur eine zu bezahlen.
Dieses Ereignis wurde verbal zwei Polizisten Itacas namens Gio Pandausin Maroso und Spiro Mussuri zu Protokoll gegeben und darum gebeten, Eurer Exzellenz von den Vorfällen Mitteilung zu machen, damit Ihr diesbezüglich die erforderlichen Maßnahmen treffet.
Itaca den 31. Oktober 1828
Brüder Vettore Zavo, Luca Zavo[38]

Dazu passt eine Bemerkung des Präsidenten Kapodistrias, als er am 11. Juli 1828 Westgriechenland bereiste, um die von Church befehligten Truppen zu besichtigen. Was er vorfand, erschütterte ihn doch sichtlich: »Hier bin ich«, schrieb er aus Kandili, »in Mitten des Jammers und der zahllosen Schwierigkeiten, welche das ausmachen, was man Westgriechenland nennt.« Als ihm Church die Offiziere der Westarmee, unter denen doch manche in Mesolonghi und am Makrinoro sich ausgezeichnet hatten, vorstellen wollte, »explodierte« der Präsident; »Ich kenne diese Herrn. Ihr habt neun Jahre mit den Türken gefochten, behauptet Ihr; – Ihr habt Ziegen und Schafe gestohlen, das sind Eure Thaten!«[39] Am 3. Oktober 1828 gelang es vier »Mistika« (Kanonenboote) aus Hydra sowie der Fregatte HELLAS, der Korvette ARES und dem Dampfschiff KARTERIA in den Golf von Arta einzudringen. Aus den Aufzeichnungen Brommys geht hervor, dass er sich seit dem 4. März 1829 mit seinem Schiff ENTERPRISE im Geschwader unter der Führung von Admiral Miaulis, befand. Im April 1829 gelang es, den Türken die Stadt zu entreißen. In seinem Gedicht »Der 20. September 1828« (einem Fragment) beschreibt Brommy diese Unternehmung anschaulich und weist auch darauf hin, dass sich gegenüber der Festung die Ruinen von Actium, der ehemaligen römischen Stadt, befinden. – In jener Enge war's, wo einst Anton/Von Kleopatras Reizen hingerissen/ In wenigen Stunden eine Welt verlohr –.[40] Weiter schreibt Brommy, dass er an der Belagerung von Antirion und der Einnahme von Naupaktos (Lepanto) und Mesolonghi mit der ENTERPRISE teilnahm. Die Operationen gegen diese Festungen wurden von Generalissimus Augustin Kapodistrias von Bord der Fregatte HELLAS aus geführt. Aufgrund einer politischen Intrige und falscher Versprechungen wurden die Besatzungen der Festungen mürbe gemacht und so bearbeitet, dass sie schließlich nacheinander aufgaben und kapitulierten; allein die Hoffnungen auf eigenes Land wurden den Türken nur zum Teil erfüllt: Es war die alte Maxime, à la Greque zu handeln, »viel zu lügen um Griechenland gut zu thun«.[41] Es sieht so aus, als ob Brommy mit seinem Schiff und den teilnehmenden Einheiten wenig Mühe hatte, nach dieser diplomatischen Wühlarbeit die Festungen einzunehmen.

Ein letztes Gefecht bei Petra und die Kapitulation der türkischen Einheiten am 12. September 1829 beendeten auf dem Gefechtsfeld den griechischen Unabhängigkeitskrieg, nachdem schon am 7. September 1829 die Ägypter im Vertrag von Alexandria die Feindseligkeiten mit Griechenland eingestellt hatten. 940 Philhellenen hatten am griechischen Befreiungskampf teilgenommen, 313 davon sind gefallen; allein der deutsche Anteil betrug über 160 Tote. Die Politik folgte am 14. September 1829 mit dem Frieden von Adrianopel im Krieg zwischen Russland und der Türkei, und am 3. Februar 1830 wurde mit dem Londoner Protokoll, auf Englands Drängen, Griechenland die volle Souveränität zuerkannt. Die Regierung sollte einem christlichen Fürsten übertragen werden, der unter der Oberherrschaft des Sultans nur den Titel »souveräner Fürst von Griechenland« führen sollte und nicht aus den Häusern der drei alliierten Staaten stammen durfte. Man dachte ohnehin nur an einen souveränen Zwergstaat, und der österreichische Staatsmann Metternich unterstrich diese Absicht noch: »Politik hat der neue Staat keine zu machen!«[42] Als zukünftiger Regent wurde dem deutschen Prinz Leopold von Sachsen-Coburg-Gotha das Amt angeboten, der aber, wegen der revanchistischen »Wühlereien« des maßlos enttäuschten Kapodistrias, als dieser erkannte, dass nicht er der souveräne Führer Griechenlands sein würde, überraschenderweise am 21. März 1830 auf das Amt zu verzichtete; stattdessen wurde er 1831 der erste König Belgiens.[43]

Unterschiedliche Auffassungen seitens der Franzosen und Ägypter zum Vertrag zu Alexandria hatten zur Folge, dass auf Morea (Peloponnes) nochmals kriegerische Auseinandersetzungen aufflammten, die aber wenig Blutvergießen kosteten. Die noch – von den Ägyptern – besetzten Festungen und Städte ergaben sich ohne Schwertstreich.[44] Damit aber war der griechische Unabhängigkeitskrieg, der 1821 begann, zu Ende, doch der Friede im Lande noch lange nicht hergestellt!

Brommy war noch immer Kommandant der Dampfkorvette ENTERPRISE und fuhr weiter in der Flottille des Admiral Miaulis, bis er am 20. Mai 1830 zum Flaggkapitän des Admirals ernannt und als 2. Kommandant auf die Fregatte HELLAS zurückversetzt wurde.[45] Schon ein halbes Jahr später, am 29. November 1830, wurde er auf die I'PSARA[46], einer Korvette von 22 Kanonen, als provisorischer Kommandant versetzt. Einzige Hinweise auf dieses Kommando sind die Erzählung seiner Großnichte[47] und eine Aufzählung im »Dienstausweis des Fregattenkapitäns Brommy, Ritter der königlich griechischen Marine«[48], wonach er mit dem Schiff nach Cantia gesandt wurde, um die dorthin geflüchteten Christen nach Griechenland zurückzuholen. Am 2. März 1831 war für Brommy die Fahrenszeit zu Ende; das Marineministerium in Nauplia beauftragte ihn mit der Ausarbeitung einer Organisation der griechischen Marine; auch war er zeitweise Kommandant des alten Dampfschiffes MERCUR. Eine seiner ersten Taten war, eine Bestandsaufnahme der griechischen Flotte und deren Personals vorzunehmen.[49]

Um Brommy herum begann für ihn eine unruhige Zeit. Der Krieg mit den Türken war zwar vorbei, dafür zeichnete sich der Bürgerkrieg zwischen den verfeindeten Parteien des Präsidenten und derer von Hydra und Syra ab.

Admiral Andreas Vokos Miaulis, geboren 1769 auf der Insel Hydra, war bereits mit 17 Jahren Kapitän auf einem Handelsschiff. Während der Napoleonischen Kriege konnte sich Miaulis durch couragierte Seeoperationen einen bemerkenswerten Reichtum anlegen. Als Admiral der griechischen Flotte im zweiten Jahr des Befreiungskrieges besiegte er die türkische Flotte in der Nähe von Patra und bei Gerondal. In vielen Fällen konnte er die Versorgung der durch die Türken besetzten Städte aufrechterhalten. Als Lord Cochrane zum Oberbefehlshaber der griechischen Flotte ernannt wurde, fügte sich Miaulis zwar ohne Widerrede, war dem Engländer gegenüber aber stets misstrauisch und mit dessen Entscheidungen nicht immer einverstanden.[50]

Die Hydrioten bildeten eine starke Opposition zu ihrem Präsidenten. Ihr Misstrauen wuchs noch mehr, als sie 1829 erkennen mussten, dass Kapodistrias nicht daran dachte, eine einheitliche griechische Verfassung aufzustellen; ihr Versuch, Kapodistrias in konstitutionelle Bahnen zu lenken, war gescheitert.[51]

Der Stern Kapodistrias hatte, besonders nach der Ablehnung des Prinzen Leopold, in der Hoffnung, Souverän von Griechenland zu werden, schon zu sinken begonnen.

Mit überhasteten und unlogischen Reformen, auch nach russischem Muster, wollte Kapodistrias seine Stellung wieder festigen, scheiterte aber immer wieder, und selbst die Alliierten entzogen ihm immer mehr ihre Unterstützung. Der russische Staatskanzler Nesselrode verstieg sich sogar zu der Behauptung, »daß alles durch die russische Politik so gekommen sei, wie es geplant gewesen wäre«.[52]

Kapodistrias wurde vorgeworfen, die Verfassung zu verletzen und die Pressefreiheit zu unterdrücken. Auf Hydra, Spezzia und in der Mani erreichte der Unmut seinen Höhepunkt, und nur die Aussicht auf einen Regenten hielt die aufgebrachte Menge zurück.[53]

Die Unruhe in der Armee hatte ihren Ursprung u. a. auch in der Höhe des rückständigen Soldes. Dieses Problem war aber nicht neu.[54] Hydra wurde zum Zentrum des Aufstands. Wegen der Ablehnung des Vorschlags der Hydrioten, die griechische Marine durch die Fachleute und die Werftkapazitäten der Inselbewohner aufbauen zu lassen, machte sich Kapodistrias diese zum Feind. Die Hydrioten verlangten daraufhin von der griechischen Regierung eine Kriegsentschädigungssumme von 18 Millionen Phoenix.[55] Als Syra sich auf die Seite der Aufständischen von Hydra geschlagen hatte, verlor Kapodistrias eine wichtige Finanzquelle. Die Alliierten betrachteten die Revolte mit unterschiedlichem Interesse. Kapodistrias wollte den Konflikt mit Gewalt und der Hilfe der Russen lösen und ließ im Tarsanas[56] von Poros die griechische Flotte armieren und bemannen, um gegen Hydra und Syra gewaltsam vorzugehen. Die Hydrioten bekamen davon Wind und beauftragten ihren Führer, Admiral Miaulis, sich der Flotte zu bemächtigen. In der Nacht vom 26. auf den 27. Juli 1831 gelang es Miaulis mit einigen 50 Mann und mit Unterstützung der Bewohner von Poros, das Arsenal und die Flotte zu überrumpeln und seine Fahne auf der Fregatte HELLAS zu setzen. Begleitet wurde Miaulis von dem politischen Beirat Maurokordatos und seinem Flaggkapitän Kriezis.[57]

Miaulis Absicht war, die Flotte nach Hydra in Sicherheit zu bringen.

Kapodistrias tobte und wandte sich mit einem Schreiben vom 28. Juli 1831 an die Alliierten. Er verlangte sofortige Maßnahmen der Alliierten gegen diese Piraterie. Da nur der russische Admiral Rikord greifbar war, handelte dieser sofort und blockierte mit zwei Fregatten die Einfahrt von Poros, während Kapodistrias 200 Mann regulärer Kavallerie und ein starkes Korps Irregulärer zu Lande gegen Poros vorgehen ließ.

Poros, ein steiler Granitblock an der Nordostküste Moreas,[58] ist durch einen wenige Hundert Meter breiten Meeresarm vom Festland getrennt. Vor der Insel und schon im offenen Meer liegt ein kleiner Felskegel mit einem Fort, welches die Durchfahrt beherrscht. Damals war es mit sechs Kanonen versehen, und die Garnison bestand aus 15 Invaliden und einem Offizier.[59]

Admiral Rikord verlangte von Miaulis, die Flotte wieder herauszugeben. Miaulis bekannte sich zwar zu den Schutzmächten, verwies aber auf den Auftrag der hydriotischen Gegenregierung, und im Übrigen, so meinte er, hätte ihm Rikord keine Befehle zu erteilen! Die beiden später eintreffenden Admiräle forderten pro forma die Beendigung der Rebellion und die Herausgabe der beschlagnahmten Flotte, aber so rechtes Interesse, sich zu engagieren, zeigten sie nicht. Man kam überein, dass der englische und französische Admiral erst Direktiven ihrer Regierungen in Nauplia einholen wollten. Entgegen der Abmachung zwischen den Admirälen und Miaulis kam es in der Nacht vom 5. auf den 6. August 1831 zum ersten Gefecht der griechischen Korvette SPETSIA mit dem russischen Schiff TELEMACH, in das auch das Fort mit seinen Kanonen eingriff, letztlich aber die besser gerüsteten Russen die Korvette SPETSIA zusammenschossen. Miaulis protestierte, aber Rikord konterte: »Die Rebellen hätten nichts Besseres verdient!«[60]

Rikord setzte weiter auf Gewalt, und als er sich anschickte, am 13. August 1831 den Hafen von Poros zwecks der Rückeroberung der gekaperten Schiffe anzugreifen, machte Miaulis seine Drohung, für diesen Fall die Schiffe zu versenken, wahr: »*Es war ½ 10 Uhr, Admiral Rikord hatte gerade den Befehl zum Vorrücken gegeben und suchte mit seinem Geschwader eine neue, nähere Position zu gewinnen, da verkündete eine furchtbare Explosion, dass Miaulis seine Drohung ausgeführt habe. Eine zweite Explosion folgte fast augenblicklich nach. Die Fregatte* HELLAS *und die Korvette* HYDRA *waren in die Luft gesprengt. Der griechische Admiral hatte sich unmittelbar zuvor mit seinen Begleitern in eine Schaluppe geworfen und entkam unter dem Kugelregen der Russen wie durch ein Wunder heil und frisch nach Hydra. Nur mit schwerer Anstrengung gelang es das Arsenal und einen Rest der übrigen Schiffe vor der zerstörenden Flamme zu retten. ...*«[61]

Miaulis Tat wurde heftig diskutiert, aber endgültig von der griechischen Bevölkerung als richtig bewertet. Seine Tat wurde auch von den westlichen Alliierten akzeptiert, der Präsident dagegen dankte Rikord »für die Hülfe, durch welche er die Hydrioten genöthigt habe, Miaulis zu verlassen und damit zu bekennen, wie sinnlos und verbrecherisch ihr Benehmen gewesen sei«.[62]

Der Hass von Kapodistrias auf die Hydrioten kannte von nun an keine Grenzen mehr, und mithilfe des russischen Admirals Rikord machte er Jagd auf alle hydriotischen Schiffe und ließ sie vernichten.

Kapodistrias setzte noch mehr Gewalt ein, um die Opposition ein für alle Mal mundtot zu machen. Poros wurde unbarmherzig verwüstet, es wurde geplündert, gemordet, gebrandschatzt. Auf Mani verfolgte Kapodistrias mit Schliche, Erpressung, Hinterlist und falschen Versprechungen den Mauromichalis-Klan, was schließlich zur Katastrophe führte: Am 9. Oktober 1831, nach 6 Uhr morgens, beim Kirchgang, wurde Kapodistrias von den beiden Brüdern Konstantin und Georg Mauromichalis niedergeschossen und erdolcht.

So verhasst sich Kapodistrias in der griechischen Bevölkerung gemacht hatte, dieses Ende wurde nur von wenigen begrüßt, aber nun kam die absolute Anarchie. Griechenland versank in einem Krieg der schlimmsten Art, in den Bürger-(Bruder-)Krieg. Der Bruder des ermordeten Präsidenten, August Graf Kapodistrias übernahm das Amt seines Bruders, aber es änderte sich nichts, er regierte wie sein Bruder Johannes.

Brommy tat noch bis zum 9. Oktober 1831, eventuell etwas darüber hinaus, Dienst in der griechischen Flotte, bevor er ihn quittierte und dann Griechenland verließ. Brommy selbst beschreibt seine Gefühle, den Bürgerkrieg betreffend in verschiedenen Gedichten:
»...
*Jetzt brach des Bürgerkrieges Flamme aus,
Die, wild umgreifend, alles schnell zerstörte;
Es lösten der Gesellschaft Bande sich,
Es kämpften Brüder wüthend gegen Brüder,
Des Sohnes Schwert bedroht des Vaters Haupt,
Der Vater schonet nicht des Sohnes Leben,
Und alle Freud, welche Anarchie
Nun mit sich führt – sie waren losgegeben!
Da konnt' ich länger nicht in Hellas bleiben,
Denn färben wollt' ich nicht mein gutes Schwert
Im Blute der Hellenen, denen ich
Den Arm geliehen, um von der Osmanen
Schmachvollem Joche sie befrei'n zu helfen.
Fort eilt' ich jetzt; ...*«[63]

In seinem Kurzlebenslauf vom April 1848 erwähnt Brommy nur, dass er sich, nach der »verhängnisvollen Katastrophe, welche einen Theil der Flotte den Flammen übergab und den Bürgerkrieg herbeiführte« aus dem öffentlichen Dienst zurückzog und eine Reise zu wissenschaftlichen Zwecken nach Frankreich, Holland und Deutschland machte.[64]

Hedwig Schultz[65] weiß zu berichten, dass er sich auch in Deutschland aufhielt, und »die dabei erworbenen Kenntnisse und Erfahrungen lieferten ihm genügenden Stoff zu literarischen Werken, die teils unter seinem Namen, teils unter dem Pseudonym ›R. Termo‹ erschienen und manchen Beifall fanden.« Auf diesen Reisen durch Deutschland lernte er seine große Liebe Bertha kennen. Brommy überbrachte die Todesnachricht seines Freundes,[66] vermutlich einer der Brüder Berthas. Sie hieß Bertha Stephann, geboren am 1. Februar 1812 im Schloss Martinskirchen, südöstlich von Torgau/Elbe, Nähe Mühlberg im heutigen Brandenburg, wo sie auch lebte. Aber, das sei vorweggenommen: »*Der sechste Juli 1836 war der Tag, an dem ich das verhängnisvolle Schreiben erhielt, das alle meine Hoffnungen zerstörte, das Glück meines Lebens begrub! Die Träume meine Jugend – sie liegen mit ihren Blumen, ihren Freuden weit – weit hinter mir; traurig blicke ich in die Zukunft, eine Oede in meinem Herzen, die niemals ausgefüllt werden wird, ist Alles, was von diesem Traume mir zurück blieb!*

Möge Bertha nur glücklich seyn so wird doch die schönste Hälfte meiner Wünsche in Erfüllung gehen. Gott verleihe mir Stärke, diesen harten Verlust zu ertragen, – Möge die Zeit lindernden Balsam in mein gebrochenes Herz träufeln! Amen.«[67]

Im Jahr 1832 bewarb sich Brommy für die Wiedereinstellung in die nun königlich-griechische Marine.

Nachdem Prinz Leopold von Sachsen-Coburg-Gotha auf den Thron verzichtet hatte, wurde der bayerische Kronprinz Otto, zweiter Sohn des bayerischen Königs Ludwig I., am 1. Juni 1815 zum neuen König von Griechenland auserkoren. Die griechische Nationalversammlung stimmte am 8. August 1832 der Wahl Ottos zu. Ihre Zustimmung unterstreichend, schickten die Griechen eine dreiköpfige Delegation nach München, die den Prinzen nach Griechenland begleiten sollte. Neben Dimitri Koliopulos Plaputas und Costa Bozaris war kein geringerer als Admiral Andreas Vokos Miaulis Teil dieses Dreiergespanns.

Die drei griechischen Abgeordneten erschienen im Oktober 1832 in München, um dem jungen König Otto zu huldigen. Ihretwegen wurde das Oktoberfest verschoben, damit sie daran teilnehmen konnten. Sie berichteten darüber mit Datum vom 20. Oktober 1832 nach Athen: »*In den Nachmittagsstunden erwiderten wir eine Einladung, an einem besonderen Fest teilzunehmen, das jährlich am Achten dieses Monats stattfinde und Oktoberfest genannt wird. Es wird auf einer ausgedehnten Fläche außerhalb der Stadt abgehalten. Das besagte Fest stelle eine Nachahmung der Olympischen Spiele dar und die Veranstaltungen lassen sich auf das alte Griechenland zurückführen.*«[68] Vermutlich hatte Brommy Kontakt zu Admiral Miaulis, und dieser könnte Brommys Antrag, in die nun Königliche Marine wieder eingestellt zu werden, unterstützt haben. Am 16. November 1832 wurde Brommy in seinem alten Dienstgrad als Fregattenkapitän wieder in sein früheres Dienstverhältnis aufgenommen, und gleichzeitig erhielt er das Kommando über ein Dampfschiff.[69]

Brommy ging einer ungewissen Zukunft entgegen, und der frühe Tod des Admirals Miaulis im Juni 1835 machte ihn zudem gegen seine »neuen« Feinde schutzlos.

Für Griechenland bedeutete Otto die Chance auf einen Neubeginn. Die wirtschaftliche Lage Griechenlands im Jahre 1832 war durch die Verwüstungen im Bürgerkrieg und die nachfolgenden Plünderungen der Klephtenhorden katastrophal; an eine geordnete Wirtschaft war nicht zu denken, und in den Gewässern um Griechenland herum blühte die Piraterie.[70] Brommy sah die Ankunft des Königs so:[71]

»*... Da kehrt' ich dann nach langen weiteren Reisen
Zum Vaterland und harrte bess'rer Zeit:
Und sieh, die Hoffnung hat mich nicht getäuscht, –
Die schöne Zeit brach an – der König kam!*«
Mai 1840   *Pyräus*

und

*Mit ihm kam Friede, Ruhe. – Seines Volkes
Gedeihen ward sein Streben; rings umher
Erblüht der neue Staat. Die Wunden heilen,
Die dreizehnjähr'ger Krieg dem Lande schlug. –
Froh blickt der Landmann jetzt auf seine Saaten.
Der Kaufmann stapelt seine Schätze auf.
Kunst und Gewerbe heben sich. – Gesetze
Beschützen alle Stände, deren Bildung
Fortan im Lande selbst geleitet wird.–
…
Mai 1840   Pyräus«*

In den folgenden Jahren setzte Brommy viel Hoffnung auf die Regentschaft des Königs, aber es zeigte sich bald, dass auch das Volk mit dem König nicht immer einverstanden war.

Bis zum Erreichen der Volljährigkeit des Königs wurde zur Führung der Staatsgeschäfte ein Regentschaftsrat eingesetzt, der sich am 10. Oktober 1832 konstituierte.

Die Freuden und Hoffnungen des griechischen Volkes über die neue Regierung bekamen sehr bald einen gehörigen Dämpfer. Die alliierten Schutzmächte hatten unterschiedliche Vorstellungen von der künftigen Form der Regentschaft, und die Regentschaft hatte keine Lust, sich die Einmischung der griechischen Volksvertreter gefallen zu lassen; der Justizminister Maurer meinte: »*Die Griechen sollten sich die Verfassung erst verdienen, sie sollten zunächst die Möglichkeit zeigen, dass eine konstitutionelle Regierung auch mit ihnen gehen könne.*«[72]

»*En effet, quelques malheurs que porte á tout pays crette anarchie systématique, qu'on se plait á nommer Gouvernement représentatif, ils ne sont rien en comparaison á ceux qui frapperaient en pareil cas la malheureuse Grèce.* (In der Tat, einige Unglücksfälle, die dem ganzen Land diese systematische Anarchie bringen, die man so gern repräsentative Regierung nennt, sind nichts im Vergleich mit einigen Unglücksfällen, die wie in einem ähnlichen Fall das unglückliche Griechenland heimgesucht haben.)«[73]

Als Marineminister wurde der ehemalige Palikarenführer[74] Joannis Coletti eingesetzt.

In dieses politische Gewirr tritt der Marineoffizier Carl Rudolph Brommy, gebürtiger Sachse, seinen Dienst in der nun königlich-griechischen Marine an.

Die Darstellung des nun folgenden Lebensabschnitts Brommys basiert hauptsächlich auf dem »Copierbuch« und mehreren Dokumenten und dem Nachlass der Hedwig Schultz.[75]

Brommy wurde, wie es in seiner Ernennungsurkunde vom 16. November 1832 verfügt wurde, Kommandant des kleineren Dampfschiffes HERMES. Nach den Wirren des Bürgerkrieges musste erst wieder Ordnung in die Staatsführung kommen; wie heruntergekommen das Militär war, besonders die Marine, war unübersehbar.

Brommy hatte in Admiral Miaulis, der ab 1832 Dienst im Marineministerium tat, einen Mäzen und Fürsprecher, welcher bis zu seinem frühen Tod im Juni 1835 seine Hand »schützend« über Brommy hielt. Trotzdem war Brommy stets der Bittsteller für Material, Sold und Gehalt (auch Wohngeld) und Informationen. Er war auch immer der »Unterthan«, der »gehorsamst Unterzeichnende«. Er legt Wert darauf, anerkannt zu werden, und führt immer wieder seine Erfahrungen aus seiner bisherigen Dienstzeit als Seemann und Kriegsteilnehmer »als Beweis für sein Können« an. Mitte 1833 schrieb er an das Marineministerium: »*Seitdem ich die Ehre habe als Fregattenkapitän in der königlichen Marine zu dienen, habe ich die Besoldung meines Grades entsprechend nicht bekommen. Ich wurde gezwungen, während ich das Dampfschiff HERMES kommandierte, große Ausgaben für Leinen zu machen, ohne einzige Bezahlung; darum bitte ich Sie, Herr Minister, meinen Antrag an die hohe Regentschaft weiter zu leiten, damit sie Anordnungen gibt.«* Im gleichen Zeitraum erwähnt er in einem Bericht über eine Fahrt zu den Cycladen u. a.: *»… Die Heizer des Schiffes haben seit zwei Monaten keine Besoldung erhalten; es ist erforderlich, sie vor dem Aufbruch zu entlohnen, damit sie etwas ihren Familien zukommen lassen können. …!«*

Noch im August 1833 kämpft Brommy um seinen Sold[76] und um den seiner Mannschaft.

Die Marineschiffe, die nach dem Unabhängigkeitskrieg übrig geblieben waren, dümpelten im Hafen von Poros vor sich hin. Mit dem Dampfschiff HERMES kommandierte Brommy eines der ältesten Schiffe der griechischen Flotte. Am 8. April 1833 gibt er einen Bericht über die Schiffsveteranen ENTERPRISE, MERCUR und PERSEVERANCE (ex KARTERIA) an die Regentschaft ab. Er beklagt den schlechten Zustand der Schiffe, die ja bereits im Befreiungskrieg eingesetzt und anschließend kaum gepflegt und gewartet worden waren. Brommy zeigte in allen Belangen ein erstaunliches Wissen über Schiffsführung, Schiffbaukunst und Antriebstechnik. Der MERCUR bescheinigt er im April 1833 einen hinlänglichen Zustand, veranschlagt jedoch einen Reparaturbedarf von ca. 3.000 Drachmen. Am schlechtesten schneidet in seinem Bericht die Dampfkorvette ENTERPRISE ab, von 1828 bis 1830 sein ehemaliges Schiff. Er fordert einen Zimmermann für an Bord notwendige Reparaturen, und er bemängelt, dass die Schiffsheizer seit zwei Monaten keinen Sold erhalten haben. Schließlich fordert die hohe Regentschaft einen Zustandsbericht über die HERMES, den Brommy abgab: *»Das Dampfschiff, das ich die Ehre habe zu kommandieren, befindet sich zur Zeit in so einem Zustand, dass es nur unter großer Gefahr wieder einzusetzen ist; ich glaube, es ist meine Pflicht, Sie darüber in Kenntnis zu setzen.*

Die Gründe, die diese Reise verhindern, sind folgende:

Wegen des starken Windes und des hohen und aufgewühlten Meeres, dem ich letztlich in den Cycladen begegnete, nimmt das Schiff mehr Wasser als gewöhnlich – heute stieg das Wasser so sehr, dass es unmöglich war, das Schiff mittels der Pumpen zu lenzen.

Durch die kräftigen Bewegungen des Schiffes, bog sich die Brücke so stark, dass sie den Heizkessel berührte. In der letzten Nacht der Reise haben durch die verbreitete Hitze die Bohlen Feuer gefangen. Zum Glück waren sie vermodert, sodass sie sich nicht entflammten; das Feuer wurde bald gelöscht.

Ich habe die Sachlage vorgelegt und warte auf Befehl.«

Das Kommando über die HERMES hatte Brommy nur bis Ende des Jahres 1833, dann stieg er auf die MERCUR um. Die HERMES wurde im Hafen von Poros aufgelegt und erwartete ihre Verschrottung. Obwohl er den Zustand der MERCUR im ersten Bericht noch als brauchbar dargestellt hatte, war er nach einer Reise im Beisein der hohen Regentschaft aufgefordert, einen neuen Bericht zu erstellen, der, in aller Kürze, die Verschrottung des Schiffes bedeutete. Brommy drängte auf Schiffsneubauten, in die noch brauchbare Teile der MERCUR und der anderen Schiffe eingebaut werden könnten. Er kämpfte gegen eine gut gemeinte, aber umständliche und zeitraubende Bürokratie der bayerischen Beamten an. Eine Verspätung Brommys mit der MERCUR nach einer Reise nach Triest leitete eine Untersuchung des Marineministeriums ein. Es war die Frage zu klären, warum Brommy mit seinem Schiff die geplante Reisezeit nicht eingehalten hatte. Schließlich sprach die Sonderkommission des Marineministeriums Brommys frei, da er alle erforderlichen und möglichen Maßnahmen ergriffen hatte, das Schiff in schlechtem Wetter zu retten.[77] Im Juli 1833 zeigte Brommy einen Fall von unerlaubter Abwesenheit seines 1. Offiziers und neun Matrosen an. Die zehn Personen mussten zwar ins Untersuchungsgefängnis, aber die beurteilende Kommission stellte später eine unklare Befehlsgebung seitens Brommys fest und sprach die Soldaten von der Meuterei frei.

Die 1831 begonnene Ausarbeitung der Regularien für eine neue Marineorganisation setzte er nun, als Hafeninspektor und Mitglied des Direktoriums der königlichen Marine, fort. Auf Vorschlag Brommys verfügt die königliche Regentschaft am 17. August 1833, dass in Poros eine Seepräfektur (Marinestützpunkt) eingerichtet werden soll.[78]

Nach Organisation, Personal, Gewerken und Einrichtungen entspricht dieser Aufstellungsbefehl durchaus der Organisation eines heutigen Marinestützpunktes. Mit Beginn des neuen Jahres 1834 ist Brommy mit dem Aufbau der neuen Präfektur in Poros beschäftigt. Sogleich bemängelt er die viel zu schwache Personaldecke der Präfektur und stellte seine Forderungen. Wie prekär die Situation im brauchbaren Schiffsbestand war, zeigte sich, als sich der Vater des jugendlichen Königs, Ludwig I. von Bayern, ansagte und kein Boot für die Abholung in Brindisi vorhanden war. Mit einem Schreiben vom 28. März/9. April 1834[79] wendet sich Brommy an General Heideck:[80] »*Mit nicht geringem Schrecken erfuhr Admiral Miaulis aus Ihrer geneigten Inschrift an mich, dass der Bau eines Dampfbootes jetzt zur Ehrensache der Prefectur geworden sey. Wirklich wird es kein gutes Licht auf die Marine werfen, sollten Sie bei Ankunft s. M. von Bayern kein Fahrzeug ihm anzubieten haben. Dass es schon früher Ehrensache jener Herren gewesen, die voriges Jahr meinen Rathschlag, ein Dampfboot im Ausland zu erbauen durch Stimmenmehrheit danieder schlugen, daran hat bis jetzt hier noch Niemand gedacht. Alles Betreibens von meines und des Intendanten Kolbe*[81] *Seite ist noch nicht einmal der Kiel des Schiffes gefällt, geschweige, dass es auf dem Holm niedergelegt sey …!*«[82]

Brommy mahnt immer wieder Maßnahmen des Marineministeriums an, die für eine Verbesserung der Situation nötig sind. Es blieb aber nicht aus, dass Brommy in seinem Eifer auch gebremst wurde, denn in einem ministeriellen Befehl, Nr. 4619, wird ihm Missachtung der Sparsamkeit bei Instandsetzungen vorgeworfen. Juni 1835 reist König Otto I. nach Deutschland, um in München seine Gesundheit aufzubessern und um Brautschau zu halten.[83] Schließlich wurde Prinzessin Amalia von Oldenburg (1818–1875) seine Frau und Königin von Griechenland.

Brommys Traum und sehnlichster Wunsch war der Aufbau einer Marineschule. Er vertrat die Ansicht, dass eine schwimmende Marineschule der Ausbildung zukünftiger Marineoffiziere in besonderem Maße zuträglich wäre. In verschiedenen Schreiben empfahl er sich, u.a. auch dem König, als Kommandant einer solchen »schwimmenden Schule«.[84] In dieser Zeit legte Brommy seine beiden Berichte über eine Marineschule dem Marineministerium vor. Aber aller Eifer nützte nichts: Sein Wunsch ging nicht in Erfüllung! Den »Preis« errang ein anderer: Kapitän Leonidas Palaskas, ein in Frankreich ausgebildeter Offizier, der 1846 jene neue 1.000 t große Korvette LOUDOVIKOS (»Ludwig«) als schwimmende Marineschule übernahm. Es muss bitter für ihn gewesen sein zu sehen, wie die Früchte seiner Arbeit von anderen geerntet wurden. Allerdings hatte auch Palaskas mit diesem Versuch der Marineoffiziersausbildung kein Glück und scheiterte am Widerstand anderer Kommandanten.

Unvermutet fand sich Brommy in einem Artikel im Journal »des NATIONAL« als »ein Nichtsnutz, der in den Jahren des Unabhängigkeitskrieges nur Reichtümer angehäuft, aber nichts geleistet hat!« wieder. Brommy ärgerte sich derart, dass er bei der hohen Regentschaft die Bestrafung des Reporters verlangte. Dieser Artikel kann aber als Auftakt für eine Kampagne gegen Brommy gesehen werden, denn etwa ab dieser Zeit geschehen seltsame Dinge, die die Zusammenarbeit Brommys mit seinen Untergebenen und

Vorgesetzten sowie mit dem Marineministerium erheblich belasten.[85]

Dann, mit Beginn des Jahres 1835, kam es zu einem Vorfall, der Brommy fast die Karriere kostete: Er musste sich vor einem Militärgericht verantworten!

Den Zusammenhang dieses Vorgangs kann man nur aus einem Brief, den Brommy am 2. Mai 1835 an den Vorsitzenden der hohen Regentschaft, den Grafen v. Armansperg, richtete, und aus den beiden Teilen seiner Verteidigungsrede mit gleichem Datum vor dem Gericht rekonstruieren.[86]

Aus dem Brief an Graf v. Armansperg:

»… Bei Sonnenaufgang befand ich mich noch im Besitz eines geachteten Dienstranges im ehrenvollsten Beruf, ich glaubte sogar in dem Gruß meiner Oberen zu steigen. – Alles dies ist nun in wenigen Augenblicken verschwunden, wie ein Morgentraum, ich selbst durch ein auf öffentlicher Straße angeschlagenes Placat beschimpft. Ich war weder der Theilnahme, noch der Vertraute tief angelegten, gesetzesvollen Plans, welcher zum Zwecke hatte, die Ruhe des Landes zu stören, noch hatte mein Gewissen mir das Mindeste vorzuwerfen – hinsichtlich meiner Administration – mein ganzes Verbrechen besteht darin, mich gegen den thätlichen Angriff eines Unteroffiziers in Ausübung meiner Dienstpflicht vertheidigt zu haben. Und bedarf dies einer solchen Strafe?

…

Selbst der roheste Mensch wird durch eine Mischung von Huld und Festigkeit zum Gehorsam zurückgeführt. – Dies ist mein Prinzip und nie würde ich einen Untergebenen berührt haben, hätte Selbstverteidigung es mir nicht zur Pflicht gemacht. –

…

Alle gegen mich gesponnenen Intrigen laufen darauf hinaus, mich von meinem viel beneideten Posten zu entfernen. Ich hoffe indes, dass ein Kriegsrecht aus unparteiischen Männern, die nicht zu meinen öffentlichen Feinden gewählt werden, diese meine Ehre wieder herstellen wird und dadurch Eur. Ex. den Beweis liefern, dass mein Diplom mir zu Recht ertheilt ward.«

Das Gericht, das sich mit Brommy befasste, hatte zu entscheiden, ob dieser sich schuldig gemacht hatte, als er dem Bootsmann Caravelles, dem Führer des Hafenwärterkutters ZEPHYRE im Hafen von Poros, eine Ohrfeige verabreicht hatte!

Auf der ZEPHYRE war ein gefangener Seemann untergebracht, der offensichtlich gewaltsam befreit werden sollte. Brommy bekam davon Wind und ging an Bord der ZEPHYRE, um selbst nach dem Rechten zu sehen. Der betrunkene Führer des Bootes, Bootsmann Caravelles, wollte Brommy am Betreten seines Bootes hindern und griff ihn an. Brommy wusste sich nicht anders zu helfen, als dem Bootsmann eine kräftige Ohrfeige zu verpassen, um ihn zur Vernunft zu bringen. Aus diesem Vorgang entwickelte sich ein Kriegsgerichtsverfahren, in dem Brommy zu vier Monaten Arrest und zur Zahlung von 50 Drachmen Strafe verurteilt wurde.[87] Der Schuldspruch war dabei gar nicht mal einhellig, es gab auch Stimmen für ihn. In seiner sehr eindringlichen Verteidigungsrede fiel auch jener Satz, der Brommys Einstellung zu seinem Beruf eindringlich verdeutlichte:

»Es ist wahr, dass ich immer versuchte, die Basis jeder Autorität, welche die Disziplin und die Gehorsamkeit ist, zu schützen. Als alter Seemann weiß ich nur zu gut, daß ohne diese zwei Tugenden, die Marine nicht existieren kann«.

…

Seine Verteidigungsrede ist ein leidenschaftliches Plädoyer für den Offiziersstand im Allgemeinen und für ihn als Marineoffizier und Vorgesetzter im Besonderen. Brommy verzichtet auf einen Einspruch, war jedoch über dieses Urteil maßlos enttäuscht. Der Führer des Hafenwärterkutters ZEPHYRE, Bootsmann Caravelles, wurde im anschließenden Verfahren zu einer Gefängnisstrafe verurteilt. Brommy verlor seinen Dienstposten als Hafenkommandant. Am 16. November 1835, während seines Arrestes, erreichte Brommy die Mitteilung, dass er mit der Ausarbeitung eines Dienstreglements für die königliche Kriegsmarine beauftragt würde. Für diese Arbeit wurden ihm sechs Monate Zeit gegeben, aber Brommy schaffte die Basisarbeit in knapp drei Monaten! Offenbar war das für die Herren im Marineministerium Hexerei, denn aufgrund dieser schnellen Erledigung »bestraften« sie Brommy mit einer Soldkürzung! Die Begründung: »Wenn er eine Arbeit, für die er sechs Monate Zeit hat, in zwei Monaten schafft, dann brauchen ihm die restlichen vier Monate doch nicht bezahlt zu werden!« Brommy wehrt sich natürlich und schreibt in einem Brief vom 6. März 1836 an das Marineministerium u. a.: »... Eine fleißige Arbeit erlaubte den Unterzeichnenden, dem Marineministerium das Reglement in weniger als drei Monaten vorzulegen; der Unterzeichnende hoffte, dass seine eifrige Arbeit belohnt würde. Der Unterzeichnende hofft, dass der Minister ihn nicht wegen einer zu eifrigen Arbeit bestrafe, indem er seine Bezahlung kürzt!«

Dann kam der 6. Juli 1836, und als ob Brommy nicht schon genug Sorgen hätte: Seine Bertha gab ihm den Laufpass. Brommy und Bertha hatten sich mehr als zwei Jahre nicht gesehen, und es sah auch nicht so aus, als sollte sich das ändern. Sie heiratete am 28. August 1837 den Rittergutsbesitzer und geheimen Justizrat F. L. Herrfurth und lebte bis zu ihrem Tod mit ihrer Familie in Wehlitz in Sachsen.[88]

Am 12. Juli 1836 wurde Brommy zur Stellungnahme aufgefordert, ob er »in der Lage sei, die Stelle eines zweiten Offiziers, dienend an der Kadettenschule anzunehmen«. So wurde er am 23. Juli 1836 stellvertretender Kommandant der königlichen Militärschule in Aegina.[89] Schon ein Vierteljahr später musste Brommy seine ganze Erfahrung in Menschenführung aufbieten, um einen Aufstand von Eleven (Kadetten) zu beenden. Am Abend vom 15. auf den 16. Oktober 1836 revoltierten Eleven der oberen Klassen gegen die Schulführung. Grund hierfür war, was zunächst nicht klar war, dass die Schüler mit dem Lehr-/Stundenplan und mit der Unterrichtsführung einzelner Lehrer nicht zufrieden waren, die zudem auch nicht der griechischen Sprache mächtig waren. Die Situation war deshalb sehr brisant, weil die Eleven sich den Schlüssel für die Waffenkammer besorgt hatten und drauf und dran waren, sich zu bewaffnen. Brommy, der von einer »Gesellschaft« geholt worden war, konnte die aufgebrachten Eleven so beruhigen, dass diese seine Bemühungen mit einem dreifachen »Alalagmos« (Hurra) quittierten. Zwar streikten einige Eleven auch noch am nächsten Morgen, bis Brommy auch hier ein Machtwort sprach und die Ruhe insgesamt wieder herstellte. Sehr bald nach dem Aufstand ließ sich Brommy die betroffenen Lehroffiziere einzeln kommen und erteilte jedem von ihnen wegen des bemängelten Verhaltens einen Verweis, worüber Brommy erst im November 1837 berichtet. Mit zwei dieser Offiziere hat Brommy im Laufe seiner Dienstzeit an der Schule noch erhebliche Schwierigkeiten, die sich u. a. in offener Renitenz, Gehorsamsverweigerung und Falschmeldungen äußern (16. März/10. Juni/16. Juli 1837). Der Bürokratismus der Regentschaft war vielfach auch Brommys Feind. Brommy hatte, noch in seiner Zeit als Hafenkommandant von Poros, selbstständig ein ziviles Transportschiff gechartert, das dringend benötigtes »Constructionsholz« von Catacolon in der Morea nach Poros bringen sollte. Da dieser Transport vom Marineministerium nicht genehmigt war (das Ministerium aber auch kein eigenes Schiff zur Verfügung stellen konnte), wurde ihm Eigenmächtigkeit vorgeworfen und die Transportkosten von 1.100 Drachmen (rd. 14,1 US-$) von ihm zurückverlangt.

Mehrere Bittschriften (25. März und 6. April 1836) an das Marineministerium und sogar an den König, ihn von dieser Zahlung zu entlasten, führten zu keinem Erfolg. Der Streit ging hin und her, aber Brommy blieb auf den 1.100 Drachmen sitzen.

Mittlerweile hatte sich seine Situation so zugespitzt, dass er es satt hatte, nur zu kämpfen, gegen Intrigen, falsche Zeugnisse, Willkür und Widerstand des Marineministeriums fast gegen alles, was er, auch wenn es von »oben herab« befohlen war, tat. Er suchte einen Ausweg aus der für ihn so unangenehmen Situation und fand ihn in einer Audienz, die er bei König Otto I. beantragte und auch erhalten hatte. Aber es änderte sich nichts. Über die Sorgen und Nöte, die Brommy bei dieser Audienz dem König direkt vortrug, hat er am 2./14. October 1837[90] einen Bericht an den König gefertigt, der die verzweifelte Situation, in der Brommy sich mittlerweile befand, schonungslos darstellt.[91] Es war aber auch kein Wunder, dass Brommy überall aneckte: Er hatte kompromisslos die Missstände, undiszipliniertes Verhalten und unmilitärisches Auftreten bemängelt und Bericht um Bericht an das Ministerium gesandt. Brommy hat überall etwas gefunden, und er hat selbst Behörden nicht verschont. Besonders die jüngeren Untergebenen lehnten sich gelegentlich auf und verweigerten die Gefolgschaft. Als Zweiter Direktor der Militärschule war seine strenge, unnachgiebige Haltung bezüglich Ordnung, Disziplin und Gehorsam ungewohnt und hat ihm manchen Offizier zum Feind gemacht.

Als er ein Verhältnis zwischen einem Eleven und dem »Inspectionsoffizier« entdeckte, war für ihn das Maß voll, obschon die Sympathisierung zwischen Eleven und Offizieren ihm längst ein Dorn im Auge war. Mit seinem Wunsch nach einer schwimmenden Kadettenschule musste Brommy noch bis 1849 warten, als »seiner« Flotte der deutschen provisorischen Reichsregierung das als Kriegsschiff untaugliche Segelschiff DEUTSCHLAND als Kadettenschulschiff unterstellt wurde.

Brommy, der Krieger, Geibel, der Dichter und Schöngeist, Ross und Curtius, die Archäologen, hatten nicht unbedingt miteinander zu tun, aber sie sind sich in Griechenland begegnet. Geibel war von 1838–1840 Hauslehrer in der Familie des griechischen Fürsten Katakazis in oder bei Athen und unterrichtete deren zwei »ungezogene« Kinder (wie er selbst sagte). Geibel machte die Bekanntschaft mit dem deutschen Offizier Rupps, Quartiermeister in griechischen Diensten (ohne jedoch »Philhellene« zu sein) und dessen Haus, die »Ruppsburg«, wurde zum geselligen Treffpunkt. Auch wenn im Lebensbild Emanuel Geibels[92] der Name Brommy nicht auftaucht, so weisen doch Barth/Kehrig-Korn auf diese Verbindung hin.[93]

Brommy ist mit dem deutschen Dichter Geibel und den Archäologen Ernst Curtius (1814–1896) und Ludwig Ross (1806–1859) zusammengetroffen.[94] Brommy, selbst ja nicht nur Soldat, sondern auch schriftstellerisch tätig, fand in diesem Kreis sicher auch geistige Anregungen. Ross hatte Brommy 1832 bei der Ankunft des griechischen Königs Otto I. in Nauplia kennengelernt. Dieser hatte enge Verbindungen zum Königshaus, in Königin Amalie fand er eine an der Archäologie sehr interessierte Zuhörerin, und er unternahm mit dem Hofstaat und den Regenten von ihm organisierte Landausflüge.[95] Auch war Ross wie Brommy gern gesehener Gast bei den Hofbällen und entsprechenden Veranstaltungen, auf denen er ebenfalls mit Brommy zusammengetroffen sein dürfte; dass Brommy ebenfalls Gast dieser Veranstaltungen war, kann als sicher angenommen werden. Wie anders ist es zu verstehen, dass Brommy, laut seiner Großnichte Hedwig Schultz, den »Schönen des Landes« mehr die Fertigkeit des deutschen Schleifwalzers beigebracht haben soll und dadurch dem griechischen Terpsichore (die »Tanzfrohe«, die Muse der chorischen Lyrik und des Tanzes) einen »irreparablen« Schaden zufügte. Die Verbindung mit Ross hat bis in die Zeit, als Brommy längst aus Griechenland zurück und Seezeugmeister für die Nordsee in Bremerhaven geworden war, gehalten. Ross war ein großer Befürworter einer deutschen Flotte, weil er, als Holsteiner und Deutscher während der griechischen Revolution, das Heimatland – eben wegen einer fehlenden Kriegsflotte – nicht ausreichend geschützt sah.[96] Curtius bestätigt in seinem Buch[97] die Bekanntschaft mit Brommy. 1838, als Geibel in Griechenland eintraf, bildete sich schnell eine »deutsche Kolonie«, und Curtius schreibt: »*Der Verkehr zwischen Deutschen und Griechen war vollkommen harmlos. Die Mehrzahl der Fremden bestand natürlich aus unverheirateten Männern, welche durch Philhellenische Interessen oder Abenteuerlust nach Griechenland gezogen waren und es kam gegen Abend eine bunte Anzahl von Deutschen in dem der Irenenkirche[98] gegenüber gelegenem Café (das heute noch existiert! E. W.) zusammen ... Kapitän Brommy, der Philhellene, später Admiral der ersten deutschen Flotte, war zweiter Chef des Kadetteninstituts, das damals von Aegina nach dem Piräus verlegt wurde.*«[99]

Brommy unterhielt, so teilte das Bayerische Hauptstaatsarchiv (geheimes Hausarchiv) mit, gute Kontakte zum bayerischen Gesandten[100] in Athen. Leider sind über diese Beziehung viele Akten der Hofhaltung im Zweiten Weltkrieg verbrannt bzw. sind nach der Vertreibung König Ottos I. aus Griechenland 1862 in Athen verblieben.[101]

1836/37 wurde die Militärschule von Aegina nach dem Pyräus verlegt. Brommy »verabschiedete« sich von dem Eiland, auf dem Aegina liegt, mit einem Gedicht:[102] Im März 1841 und im Januar 1842 ist Brommy noch immer damit beschäftigt, von der Rückzahlung der 1.100 Drachmen befreit zu werden, die man von ihm wegen einer »eigenmächtigen Handlung« forderte. Er hatte festgestellt, dass der Sekretär im Marineministerium seinen Antrag auf Erlassung der Summe, da das Holz ja zum Bau von Schiffen für die Marine benötigt wurde, nicht an den König weitergeleitet hatte.

Im August 1842 wird Brommy von der Direktion der Schule mit vier Tagen Ausgangssperre belegt, weil er ohne Genehmigung der Schulleitung alte und nutzlose Gegenstände verbrannt und vernichtet hatte. Brommy legte am 22. August 1842 begründeten Widerspruch gegen diese Strafe ein, aber es ist offensichtlich ein weiterer Beweis dafür, dass alles getan wurde, Brommy seine Unerwünschtheit zu demonstrieren.

Am 3. September 1843 kam es zu einer erneuten Revolte, die der Obrist Dimitrios Kallergis (1803 – 1867) angezettelt hatte. Kallergis übergab dem König ultimativ ein Flugblatt, in dem König Otto I. aufgefordert wurde, endlich eine Verfassung für die Griechen zu erlassen.

Man erinnere sich: Schon die »hohe Regentschaft« unter von Armansperg zeigte wenig bis gar keine Neigung, den Griechen eine eigene Verfassung zu geben, was 1832 mit der neuen Regierung durchaus angebracht gewesen wäre. Es dauerte also elf Jahre, bis die Griechen endlich ihr Schicksal einmal selbst in die Hand nahmen und die Erstellung einer Verfassung erzwangen. Dieses Geschehen hatte aber noch einen anderen Effekt: Alle fremden Personen mussten Griechenland verlassen, die Regierungsarbeit ging in griechische Hände über. Brommy durfte wegen seiner Verdienste um das griechische Militär bleiben und wurde sogar provisorischer Kommandeur der königlich-griechischen Militärschule und Mitglied des Marinegerichtes.

Über diese Zeit ist wenig zu berichten. Brommy soll sich besonders seinem Buch »Die Marine« gewidmet haben und war mit ziemlicher Sicherheit ständig in Griechenland tätig.[103]

Brommy war einer falschen Hoffnung aufgesessen, als er die für die Ausbildung des preußischen Handelsmarine-Offiziernachwuchses vorgesehene, 1843/44 erbaute Übungskorvette AMAZONE als neues Betätigungsfeld ansah. Er holte sich von seinem König die Genehmigung für einen Brief vom 4./16. Februar 1845 an den preußischen König, in dem er seine Dienste anbot. Das »Immediat-Gesuch«[104] Brommys wird mit der Begründung, dass »zur Zeit nicht beabsichtigt sei, eine neue Kriegsmarine aufzustellen!«, abgelehnt. In der Tat waren Pläne zum Aufbau einer Kriegsmarine »auf Eis gelegt« und somit die Begründung der Ablehnung von Brommys Immediat-Gesuch gar nicht so falsch.

Brommy gab aber nicht auf und versuchte es wieder.[105] Hierzu notiert Brommy: »Am 7./19. Mai 1846 vom Secretair der Gesandtschaft zufällig und auf der Straße die Nachricht erhalten, es sey eine abschlägige Antwort von Triest angekommen.

30. Juni/12. Juli von Triest einen Brief erhalten, worin mir bekannt gemacht wird, dass ich nochmals einkommen soll.«

Mittlerweile begann Brommy je ein Exemplar seines Buches, »Die Marine«, ausgewählten Majestäten und Exzellenzen mit Widmung zu übersenden.[106] Bereits am 12./24. Oktober 1846 sandte er das erste Buch an den König von Preußen mit der Bitte, dass dieser sozusagen die Schirmherrschaft (so würden wir es heute nennen) übernehme, damit das Werk einen offiziellen Anstrich erhielt. Sein Begleitschreiben hatte folgenden Wortlaut (der in den wesentlichen Teilen gleichlautend mit den Begleitschreiben ist, die Brommy mit einem Buch an weitere Hoheiten verschickte):

»*Allerdurchlauchtigster, großmächtigster König, allergnädigster König und Herr,*
Eine bis jetzt in der deutschen Literatur bestehende Lücke auszufüllen, entschloß sich der Allg. U. seine während längeren Dienstjahren in der Kriegs Marine gesammelten Erfahrungen aufzuzeichnen und dieselben in einem kleinen Werke unter dem Titel ›Die Marine‹ der Öffentlichkeit und der Benutzung seiner deutschen Landsleute zu übergeben.

Indem der A. U. sich dieser Arbeit unterzog, glaubte er ein Werk zu liefern, das in dem jetzigen Zeitpunkte in Deutschland erwünscht erscheinen und nicht allein dem mit dem Seewesen gänzlich unbekannten Binnenländern ein lehrreiches Hülfsbuch werden dürfe, das ihn mit diesem Gegenstande vertraut mache, sondern auch dem Seewesen vom Fach von Nutzen sein könne. Der allerg. U. wagt es nunmehr, E. K. M. welchen die Marine einer besonderen und aufmunternden Aufmerksamkeit gewidmet, das allerunterth. Gesuch vorzulegen, dies Marinewerk, – welches in Berlin bei dem Hofbuchhändler Aldniecken erscheint, – ehrfurchtsvoll widmen zu dürfen, da er die gewisse Hoffnung hegt, das Schriftwerk zu dessen allgemeinen Verbreitung beitragen ward, als wenn es den Schutz des Monarchen erhält, der den ersten Schritt gethan, eine Kriegs Marine zu begründen und die seit Jahrhunderten von der See verschwundene Flagge in neuem Glanze wieder herzustellen.

Athen, 12./24. October 1846

E. K. M.
Allerunterth.
C Br. Ritter
Ältester Capitain
der k. g. M.«[107]

Leider war der Preußenkönig nicht bereit, Brommy diesen Gefallen zu tun; nicht einmal eine Antwort ließ er ihm zukommen. Aber Brommy blieb hartnäckig! Es war offensichtlich, dass er Griechenland unbedingt den Rücken kehren und die königlich-griechische Marine verlassen wollte. Er schrieb ein weiteres Gesuch an den König von Preußen (7./19. Sept. 1847), mit gleichem Datum an den geheimen Cabinetsrath von Jlaire in Berlin. Weitere Werke widmete er dem König von Sachsen (Frühjahr 1848), dem Großherzog von Oldenburg (14. Mai 1848 – »... *Der a. U. wagt es e. k. H., dem Vater seiner vielgeliebten Königin das Gesuch vorzulegen, ein Exemplar dieses Werkes annehmen zu wollen und in der Überzeugung desselben den Beweis zu sehen, welche hohe Verehrung er einem Fürsten zollt. ...*«) und dem König von Griechenland (Juni 1848). Das Werk erschien dann 1848 im Verlag von Alexander Duncker, Berlin.

In Deutschland begannen sich jetzt die Verhältnisse zu ändern (der Deutsche Bund sowie Schleswig und Holstein lagen mit den Dänen im Krieg), und Brommy, mit einem angeborenen Instinkt für das, was kommt und was dafür getan werden müsse, wendet sich wieder an die Preußen, diesmal jedoch erst einmal vorsichtig an den geheimen Rat Alexander von Humboldt:

»Dem geheimen Rath
Alexander von Humboldt
Die schmeichelhafte Erlaubniß in einem Immediatgesuch an s. M. d. K. v. P.[108] *um Widmung eines kleinen Werkes über Marine mich auf E. E. günstige Beurtheilung desselben berufen zu dürfen, benutzte ich mit Freuden, da ich der Hoffnung Raum gab, es unter dem Schutze des Monarchen erscheinen zu sehen, der den ersten Schritt gethan eine deutsche Kriegs Marine zu gründen. Leider ward mir die Antwort, dass sn. Majestät nicht wünschten, die Zueignung anzunehmen; der Grund dieser unerwarteten Verweigerung blieb mir natürlich unbekannt und ich seh mich genöthigt, das Büchlein ohne Schutz und so zu sagen, unter eigener Flagge, segelnd herauszugeben, darin unsern deutschen Kauffahrern vollkommen vergleichbar.*
Den Herausgeber ersuchte ich, ein Exemplar des Werkes E. H. in meinem Namen zu überreichen, damit derselbe einen schwachen Beweis meiner Verehrung und Hochachtung abgebe.
Mittlerweile haben die Umstände in Deutschland sich mächtig verändert, – der Wunsch den ich am Schluß meines Werkes ausgesprochen, dass Deutschland eine Kriegs Marine besitzen möge, da es derselben bedürfe, ist jetzt eine unumgängliche Nothwendigkeit geworden. Deutschlands Küsten können binnen Kurzem von den diminutiven[109] *Kriegsmarinen einiger kleinen Staaten blokirt werden, ohne daß unser kräftiges Vaterland solcher Schmach und solchem Hohn zu wiederstehen vermag, denn bis jetzt hat es die so reichen Mittel, die es an Personal und Material zur Herstellung einer schützenden Flotte besitzt, vernachlässigt.*
Der Zeitpunkt ist also da, wo es nothwendig geworden, einen Theil der Kräfte des Gesamtvaterlandes für eine Kriegsmarine zu binden.
Jetzt wende ich mich nochmals vertrauungsvoll mit der Bitte an e. E., mir zu rathen, ob ich es wagen darf, von Neuem s. M. d. K. v. P. meine Dienste anzubieten und um eine Anstellung in der K. Marine nachzusuchen, die mir früher aus dem Grunde abgeschlagen ward, dass Preußen derzeit keine Kriegs Marine zu gründen beabsichtigte. Ich erlaubte mir damals, mit meinem Gesuch um Anstellung meinen Dienstausweis, sowie eine kurzgefasste biographische Notiz s. M. vorzulegen, hoffend, durch diese Dokumente den Beweis zu liefern, dass ich der anzusprechenden Stelle befähigt sey. Deutschland ist arm, fast entblößt von Seeoffizieren: einige dreißig Dienstjahre in Krieg und Frieden meines seit zwanzig Jahren innehabenden Rang in der K. Marine und meine Stellung allhier, dürften mich wohl befähigen, mich in die Reihen derjenigen zu stellen, denen das Wohl des gemeinsamen Vaterlandes am Herzen liegt, die Ehre seiner Flagge schützen zu dürfen, ist der heißeste Wunsch meines Herzens.

Was ich für die Aufrechterhaltung der Ehre von Griechenlands Flagge geleistet, das hoffe ich, Bürge seyn für das, was ich dem threuen Vaterland, dessen Feinden gegenüber zu leisten fähig wäre.

C. B.« [110]

Wollten die Preußen nicht anbeißen, so sah Brommy in dem neu entstehenden Deutschland außerhalb von Preußen und Schleswig und Holstein seine Chance, und er schrieb folgenden Brief an den Präsidenten der Deutschen Nationalversammlung, Heinrich von Gagern:

»*Eur. Exellenz,*
muß der Unterzeichnete um Entschuldigung bitten, dass er es, als ein Ihnen gänzlich Unbekannter wagt, Ihre kostbare Zeit mit seiner eigenen Angelegenheit in Anspruch zu nehmen.
Unter den großen Zeitfragen, welche das gesamte deutsche Vaterland jetzt erregen, ist die, eine Deutsche Kriegs Marine betreffend, eine der Wichtigsten geworden. So viel ward in letzter Zeit darüber gesprochen und geschrieben, dass fast kein Zweifel mehr obwalten kann, dass diese Frage endlich nach ihrem wahren Wert gewürdigt werden und Anklang bei allen die man finden wird, denen das Ruhen, die Größe Deutschlands am Herzen liegt.
Stets von dem Wunsche beseelt, dereinst dem Vaterlande in dem, von frühester Jugend an erwählten Wirkungskreise dienen und nutzen zu dürfen, versuchte der Unterzeichnete schon vor einigen Jahren, – als in Preußen der Anfang einer Kriegs Marine gemacht werden sollte, – in derselben eine Anstellung zu erhalten. Auf sein damaliges Immediat Gesuch an Preußens König ward ihm die unerwartete Antwort, dass Preußen derzeit noch keine Kriegs Marine zu gründen beabsichtige. Er musste somit geduldig harren, dass eine günstigere Zeit erscheine, in welcher der Marine mehr Aufmerksamkeit gewidmet ward.
Jetzt ist diese langersehnte Zeit herangekommen und die Umstände haben die Nothwendigkeit einer deutschen Flotte bewiesen. Der Unterzeichnete hält es für seine Pflicht als Deutscher, in einem Augenblick, wo ein Jeder dem Vaterland seine Kräfte widmen muß, Deutschland seine Kräfte anzubieten; – umso mehr glaubt er es thun zu müssen, da es an Offizieren mangelt, die befähigt sind eine Marine zu organisieren und sie organisiert zu befehligen.
In guter Schule für sein Fach von Jugend an erzogen, hatte er während der Griechischen Befreiungskämpfe in selbstständigen Kommandos sowohl, als wie später bei der Organisierung der National und der Königlichen Marine hinreichend Gelegenheit die früher erworbenen Kenntnisse und Erfahrungen eines vielbewegten Lebens zu bestätigen. Seit mehr als zwanzig Jahren bekleidet er den Rang eines höheren Stabsoffiziers der Marine; als solcher befehligte er mehrere größere Fahrzeuge in Krieg und im Frieden und erfreute sich der Auszeichnung, der Marine Prefektur, die zu organisieren ihm verstattet war, einige Jahre vorstehen zu dürfen. Das von ihm ausgearbeitete Dienstreglement für die Königliche Flotte dient derselben noch heute zur Richtlinie.
Dieses Alles in Betracht gezogen, glaubt er mehr als irgend Jemand im Vaterland befähigt zu seyn, thätig an der Gründung einer deutschen Kriegs Marine wirken zu können, da bei ihm Theorie durch Praxis erprobt ist und das Wohlwollen seines Königs seine bisherigen Dienste im fremden Land lohnte. Er hegt die Hoffnung, dass seine ehrende Stellung in einer fremden Marine hinreichende Empfehlung dafür seyn wird, dass er auch der neuen deutschen Flagge so ehrenhaft zu dienen vermag, als er der griechischen unter verhängnisvollen Momenten gedient.

Der Unterzeichnete wendet sich jetzt an Eur. Exzellenz und bietet durch ihre gütige Vermittlung Deutschland seine Dienste umso bereitwilliger an, so dem Mangel an Seeoffizieren abzuhelfen, Deutschland für den Anfang doch genötigt seyn wird, die Ehre seiner Flagge fremden Miethlingen anzuvertrauen.

Indem er dieses Gesuch einreicht, erlaubt er sich zugleich eine biographische Notiz über sich zur geneigten Durchsicht beizulegen und die Bitte hinzuzufügen, sein beistammendes Werk über Marinen als einen schwachen Beweis der ausgezeichneten Hochachtung erweisen zu wollen, die der Verfasser für den ausgezeichneten Staatsmann, den Presidenten der deutschen National Versammlung, empfindet.

Eur. Exzellenz
ergebenster
Athen, 23. Juli 1848   R. Brommy, Ritter
Erster Capitain der Königlich
Griechischen Marine.«

Ein paar Tage später, wandte sich Brommy an den Generalmajor von Radowitz:[111]

»*Hochwohlgeborener Herr,*
Sehr geehrter Herr General!
Mittelbar dazu aufgefordert erlaubt der Unterzeichnete sich in einem Augenblick, wo man im Vaterlande endlich die Nothwendigkeit einer deutschen Kriegsmarine begreift, als Deutscher und als Marineoffizier, der nun zu begründenden Marine durch Ihre gütige Vermittlung seine Dienste anzutragen.

Er glaubt in seinem Antrage nun eine Pflicht gegen das Vaterland zu erfüllen, da es an deutschen Offizieren fehlt, die lange in einer Kriegsmarine gedient und die Erfahrungen gesammelt haben, die sie zur Leitung von Kriegsfahrzeugen befähigen.

Seit mehr als dreißig Jahren im Seedienste, bereits während der Kriegsjahre hier mit selbstständigen Kommandos größerer Kriegsschiffe betraut, glaubt der Unterzeichnete befähigt zu seyn, mit Ehren bei der Gründung der deutschen Marine mitwirken zu können und in derselben zu dienen.

Den Beweis, dass er die nöthigen praktischen Fähigkeiten eines Marineoffiziers besitzt, liefert der Rang den er bereits seit mehr als zwanzig Jahren bekleidet, wo er in Krieg und Frieden selbstständige Schiffe befehligen und nach Ankunft des Königs das Seearsenal einrichtete und dirigierte; auf sein theoretisches Wissen glaubt er sich stützen zu dürfen, da er früher sowohl die Organisation der griechischen National Marine, als wie später die der Königlichen und der Seeprefektur ausarbeitete und das ausführliche Reglement für den Dienst der Flotte herausgab, was derselben noch heut als Richtschnur dient.

Der Unterzeichnete erlaubt sich seinen, aus dem Archiv des Marine Ministeriums gezogenen, Dienstausweis als Beleg beizufügen, dass er zu einer seinen Rang entsprechenden Stelle befähigt ist und hofft, dass dasjenige was er zur Aufrechterhaltung der Ehre der griechischen Flagge, und unter den schwierigen Umständen, geleistet, Bürgschaft für das seyn wird, was er dem Vaterland zu leisten fähig ist.

Mit ausgezeichneter Hochachtung
Eur. Hochwohlgeborener
ergebenster
Athen, 28. Juli 1848.   R. Brommy, Ritter
Erster Fregattencapitain der
Königlich Griechischen Marine.«

Was muss das für Brommy für ein Moment gewesen sein, als ein Brief vom »Reichsministerium des Handels« aus Frankfurt am Main mit Datum vom 4. November 1848 einging, in dem er aufgefordert wurde, sich der Provisorischen Zentralgewalt in Frankfurt am Main für den Aufbau einer neuen Kriegs Flotte zur Verfügung zu stellen. Brommy antwortete umgehend:[112]

»An ein hohes Reichsministerium des Handels, Frankfurt a/M
die schmeichelhafte Berufung mit der ein hohes Reichsministerium mich beehrte, an der Bildung einer deutschen Kriegs Marine mit zu wirken, beeile ich mich mit der Versicherung zu beantworten, dass ich auf das bereitwilligste dem Rufe, das mir als Deutschen eine ehrenvolle Pflicht auferlegt, nachkommen werde.
Mein von Jugend auf gehegter Wunsch dereinst eine Deutsche Kriegsmarine ins Leben treten zu sehen, ist endlich erfüllt und doppelt geehrt fühle ich mich jetzt in dem stolzen Bewusstsein, der Bildung einer solchen, meine schwachen Kräfte widmen zu dürfen, die ich bis jetzt mir im Dienste eines fremden Staates zu bethätigen vermochte, wo eine ehrenvolle Anerkennung derselben mir ward.
Umso mehr wird jetzt der neue Eifer, dem Vaterlande treu zu dienen und beizutragen dessen Flagge auf allen Meeren geachtet und geehrt zu sehen, mich mit der hohen Auszeichnung, die mir geworden, mich immer würdig zu beweisen.
Ich beehrte mich, Ihnen Ex. Reichs Minister anzuzeigen, dass ich bereits die nöthigen Schritte gethan, Ihrem Wunsch nachzukommen und hoffe mit Bestimmtheit, am 10. Dez. von hier abzureisen und gegen Ende des Jahres in Frankfurt a/M einzutreffen.«
(Der Brief ist eine Abschrift und ohne Unterschrift.)

Das genaue Datum, an dem Brommy in Frankfurt/M. eingetroffen ist, ist nicht gesichert; zugängliche Quellen nennen den Januar 1849. Noch ist Brommy aber königlich-griechischer Marineoffizier; sein König hatte ihm nur einen sechsmonatigen Urlaub gewährt, um an dem Aufbau der neuen deutschen Kriegs Marine mitwirken zu können. So ist es nicht verwunderlich, dass er am 12. Februar 1849 noch von der griechischen Marine zum Kapitän 1. Klasse (Kapitän z. See) befördert wurde. Da sich ein endgültiges Verbleiben im Vaterlande abzeichnete, wandte sich Brommy am 12. April 1849 an seinen König, den König von Griechenland:

»An den
König von Griechenland
Allerdurchlauchtigster König …,
berufen, an dem großen Werke der Gründung einer deutschen Kriegs Marine schaffend wirken zu dürfen, wagte ich es E. K. M. um einen sechsmonatigen Urlaub nach Deutschland zu ersuchen, der mir auch allerg. bewilligt ward.
Es war mir im Vaterland vergönnt, der aufblühenden Marine durch meine schwachen Kräfte zu nützen. Das Reichsministerium fühlt sich demnach veranlasst, mich sr. k. Hoheit, dem Reichsverweser zur Aufnahme in den Dienst der deutschen Kriegs Marine vorzuschlagen. Durch ein derselbiges Dekret vom 5. April war ich als erster Capitain der Kriegs Marine zum Seezeugmeister für die Nordseeküsten ernannt.
Da der gegenwärtige Feindeszustand der k. Marine die längere Abwesenheit eines Ihrer Offiziere erlaubt, so gebe ich mich der Hoffnung hin, dass Ere. k. M. es nicht ungern sehen werden, wenn einer der Offiziere derselben würdig befunden ward, einen der höchsten Posten bei der deutschen Kriegs Marine anzunehmen, um die erworbenen Kenntnisse und Erfahrungen im Vaterland zu bestätigen. Daher wage ich es ere. k. M. zu ersuchen, mir die allerg. Erlaubniß ertheilen zu wollen, die mir im Vaterlande angetragene, ehrenvolle Stellung annehmen zu dürfen.

Ungern nur scheide ich aus einem Dienste, an dem so viele Erinnerungen mich knüpfen und unter dessen Flagge mir einst vergönnt war, wacker kämpfen zu dürfen, die ich einst siegreich aufzog.
Mein Stolz wird es stets sein, in der Marine und unter der Flagge seiner k. M. gedient zu haben.
Bremerhaven, 12. April 1849«

Mit gleichem Datum bittet Brommy das Ministerium der Marine in Athen um Entlassung als griechischer Marineoffizier, um sich ganz dem Aufbau der neuen deutschen Kriegsmarine widmen zu können.

Anmerkungen

1 Bär, S. 48.
2 Pierer's Universal-Lexikon, S. 334 ff.; da diese Aussagen noch zu Brommys Lebzeiten entstanden sind, darf man davon ausgehen, dass diese authentisch sind.
3 Gross, S. 88 ff.
4 Gross, D. G., Gedichte von Admiral Brommy. Bremen 1994.
5 Schultz, H., Ein Kranz der Erinnerung um das Bild des Großonkels Brommy. Leipzig o. J.
6 Hyenreuther/Murken/Wünsche, S. 56 ff.
7 Im Bestand der Schleswig-Holsteinischen Landesbibliothek, Kiel, Signatur CB 42.56.04, 02-02.
8 Die Marine vom Fregatten-Capitain R. Brommy. Berlin 1848.
9 Brommys Briefe an Ross 1852, im Schiffahrtsmuseum der oldenburgischen Unterweser, Brake.
10 Im Schiffahrtsmuseum der oldenburgischen Unterweser, Brake, Inventarrnummer 41-0007.
11 Gross, Gedicht »Skizze«, S. 89.
12 Philhellene – Begriff des *Mitkämpfers;* Platon bemerkt in seinem vierten Band »Der Staat« auf S. 437 unter der Nummer 470e: »Gar sehr! Aber etwa nicht Hellenisches lieben? Und nicht Hellas für befreundet halten? Und nicht Genossen derselben Heiligtümer sein mit den übrigen? Gar sehr, gewiß.« Im Altertum wurden »nichtgriechische Fürsten, die sich den Griechen besonders freundlich zeigten«, wie z. B. der ägyptische König Amasis II. (569–526 v. Chr.), der mit Polykrates von Samos enge Freundschaft hielt, als Philhellenen bezeichnet. (Stein, Kulturfahrplan; C. A. Kochs Verlag Nachf. 1946, by F. A. Herbig Verlagsbuchhandlung).
13 Department of the Navy – Naval historical Center – v. 25. September 2007.
14 Anlässlich der Bewerbung um Aufnahme in die Freimaurerloge »Apollo« in Leipzig vom 15. April 1827.
15 In seinen beiden Büchern geht Mendelssohn-Bartholdy mehrfach auf Cochrane ein, nicht immer zu dessen Gunsten.
16 Richter J./Otto W., S. 61.
17 Mendelssohn-Bartholdy, Teil 1, S. 449.
18 Schlacht von Athen (6. Mai 1827).
19 Mendelssohn-Bartholdy, Teil 1, S. 470 ff.

20 Ebd., S. 470 ff.
21 Warner, S. 208 und 211.
22 Mendelssohn-Bartholdy, Teil 1, S. 491.
23 Versetzungsverfügung im Schiffahrtsmuseum der oldenburgischen Unterweser, Brake.
24 Mendelssohn-Bartholdy, Teil 1, S. 470.
25 An der Nordecke von Kreta auf Pos. 35,37N und 23.34E.
26 Mendelssohn-Bartholdy, Teil 1, S. 470.
27 Ebd., Teil 2, S. 45; Grund war ein Streit über das von Cochrane geforderte Flottenprogramm.
28 Murken, S. 31; s. a. Schmidt, S. 26.
29 Mendelssohn-Bartholdy, Teil 2, S. 1 ff.
30 Ebd., Teil 2, S. 1 ff.
31 Ebd., S. 46.
32 »Copierbuch« Brommys, im Schiffahrtsmuseum der oldenburgischen Unterweser, Brake, Inventarnummer 41-0007.
33 In dieser Zeit wurde das Datum nach dem julianischen und nach dem gregorianischen Kalender geschrieben.
34 Mendelssohn-Bartholdy, Teil 2, S. 72.
35 Ebd., S. 73.
36 Angaben aus: Griechische Enzyklopädie, Standardwerk »Pyrsos«.
37 Oberkommandierender der griechischen Landtruppen, zusammen mit Admiral Cochrane ins Land gekommen.
38 Als Fragment im Schiffahrtsmuseum der oldenburgischen Unterweser, Brake, Inventarnummer 41-0011.
39 Mendelssohn-Bartholdy, Teil 2, S. 85.
40 Gross, S. 59 ff.; der »Hinweis« bezieht sich auf die Seeschlacht 31 v. Chr. zwischen Oktavius und Antonius (Ptolemäischer Krieg).
41 Ebd., S. 87.
42 Murken, S. 20.
43 Mendelssohn-Bartholdy, Teil 2, S. 87.
44 Ebd., S. 186.
45 Versetzungsverfügung v. 6. April 1830, im Schiffahrtsmuseum der oldenburgischen Unterweser, Brake, Inventarnummer 41-0050.
46 Brommys Schreibweise I'PSARA ist eine Abkürzung: und entspricht der deutschen weiblichen Form für einen Schiffsnamen.
47 Schultz, S. 19.
48 In der Personalakte des Konter-Admirals Carl Rudolph Brommy, April 1848 – 15. Dezember 1849 im Bundesarchiv Koblenz, Bestand DB 59, lfd. Nr. 51.
49 Aufzeichnung von 1830, Schiffahrtsmuseum der oldenburgischen Unterweser, Brake, Inventarnummer 41-0023.
50 Zum Beispiel im Unternehmen gegen Alexandria 10.–18.06.1827, wo Cochrane Miaulis erst bei Kreta in seine Absichten einweihte.
51 Murken, J., S. 150.
52 Mendelssohn-Bartholdy, Teil 2, S. 217.
53 Ebd., S. 223; auf Hydra kam es Mai/Juni 1831 zur Militärrevolution gegen Kapodistrias.
54 S. Brief Brommys an den Bruder des Präsidenten, Vario Kapodistrias, v. 18./30. April 1828.
55 Mendelssohn-Bartholdy, Teil 2, S. 224.
56 Türkisch = Marinestützpunkt.
57 Mendelssohn-Bartholdy, Teil 2, S. 234.
58 Griechenland, südlicher Teil.
59 Mendelssohn-Bartholdy, Teil 2, S. 237.
60 Ebd., S. 239.
61 Ebd., S. 246.
62 Ebd., S. 249.
63 Gross, Gedicht »Zum Geburtstage«, S. 51.
64 Kurzlebenslauf Brommys aus dem Jahre 1848 bei den Bewerbungsunterlagen für die neue deutsche Flotte.
65 Schultz, S. 20.
66 Gross, Gedicht »Zum Geburtstage«, S. 52.
67 Ebd., S. 84 (Poros).
68 Murken, S. 37.
69 »Beschluß der Regentschaft des Königreichs Griechenland …« v. 17. November 1932, Schiffahrtsmuseum der oldenburgischen Unterweser, Brake, Inventarnummer 41-0001.
70 Schmidt, S. 27.
71 Gross, S. 90.
72 Mendelssohn-Bartholdy, Teil 2, S. 440.
73 Ebd., S. 441.
74 Palikaren: albanische und griechische Fußsoldaten mit langer Flinte, zwei Pistolen und Handschar (langes Messer).
75 Schultz, Ein Kranz der Erinnerung.
76 1833 wurde die Währung »Drachme«, eine Silbermünze, eingeführt. Sein Wert entsprach dem französichen Franc; ihm wurde der US-$ gegengesetzt; 1$ kostete 77,056 Drachmen.
77 Reprint Nr. 4922 v. 7. Juni 1933, im Bestand Schiffahrtsmuseum der oldenburgischen Unterweser, Brake.
78 Abschrift vom Regierungsblatt des Königreichs Griechenland, Nr. 24, Nauplia 17. August 1833. Schiffahrtsmuseum der oldenburgischen Unterweser, Brake, Inventarnummer 41-0023.

Anmerkungen

79 S. Anm. 33.
80 GenMajor C. W. Freiherr v. Heideck, im Regentschaftsrat zuständig für Militär und Zoll.
81 Brommy meint wohl den in Berlin geborenen Alexander Kolve (1793–1860), der als preußischer Offizier auf russischer Seite gegen Napoleon kämpfte und nach Waterloo als technischer Offizier nach Poros kam. Dort starb er auch. Mit einem Monument auf dem Gelände der heutigen Militärschule wird er für seine Verdienste geehrt.
82 »Copierbuch« Brommys, ohne Seitenangabe; im Schiffahrtsmuseum der oldenburgischen Unterweser, Brake, Inventarnummer 41-0007.
83 Murken, S. 91.
84 Brommy bezieht sich auf den Neubau des Dampfschiffes »Maximilianos« (Maximilian).
85 »Copierbuch« Brommys in französischer Sprache, ohne Seitenangabe; im Schiffahrtsmuseum der oldenburgischen Unterweser, Brake, Inventarnummer 41-0007.
86 Den kompletten Wortlaut des Briefes und Brommys Verteidigung im Schiffahrtsmuseum der oldenburgischen Unterweser, Brake.
87 August 1835, im »Copierbuch« o. S.
88 Stammbaum der Fam. Herrfurth, Deutsche Bücherei Leipzig, Blatt Nr. II, Sign 1931 T 385.
89 Brommy war an der *Militär*schule tätig; eine *Marine*schule existierte während seiner Dienstzeit in Griechenland nicht.
90 S. Anm. 33.
91 Brommys »Copierbuch«, o. S., im Schiffahrtsmuseum der oldenburgischen Unterweser, Brake, Inventarnummer 41-0007.
92 Göhler, Emanuel Geibel.
93 Barth/Kehrig-Korn, S. 85 und Anm. 87.
94 In seinem Büchlein »Geibel's Juniuslieder« an Brommy hat Geibel Bezug auf die gemeinsame griechische Zeit genommen; im Schiffahrtsmuseum der oldenburgischen Unterweser, Brake.
95 Dokument Nr. 100, im Schiffahrtsmuseum der oldenburgischen Unterweser, Brake.
96 Minner, S. 293.
97 Curtius, Erinnerungen an Emanuel Geibel. Berlin 1915.
98 Die ehemalige Kathedrale von Athen.
99 Curtius, S. 14 ff.
100 Graf von Armansperg, Vorsitzender der Regentschaft.
101 Schreiben Bayerisches Hauptstaatsarchiv v. 22. November 2005 und 7. Dezember 2005, im Schiffahrtsmuseum der oldenburgischen Unterweser, Brake.
102 Gross, S. 85.
103 In der Allgemeinden Deutschen Biographie (ADB), Band 3, sowie im Schreiben Militärgeschichtliches Forschungsamt (MGFA) v. 23. November 2005 wird berichtet, dass Brommy sich in dieser Zeit auch in Berlin aufgehalten haben soll.
104 Immediat-Gesuch war ein Gesuch, das dem König direkt vorgelegt wurde.
105 Schreiben 14./26. April 1846 an den königlich-preußischen Gesandten in Athen.
106 Es ist nicht bekannt, in welcher Form Brommy dies durchführte. Sein »Copierbuch« gibt nur darüber Auskunft, dass er Exemplare seines Buches als »Widmung« versandte.
107 Dieses und die folgenden Schreiben sind im »Copierbuch« als Zweitschriften enthalten. In diesen Schreiben verwendet Brommy viele Abkürzungen, die in den Originalen ausgeschrieben sind.
108 S. M. d. K. v. P. = seine Majestät der König von Preußen.
109 Diminuieren (lat.): verkleinern, verringern, vermindern; Brommy meint hier: »… von den kleinsten …«.
110 C. B. – Carl Brommy; Schreiben vom 11./23. April 1848 in Athen.
111 General Joseph M. E. Chr. W. von Radowitz (1797–1853) war nach seiner Demissionierung seit 29. Mai 1848 Abgeordneter der Frankfurter Nationalversammlung, u. a. auch im Marineausschuss tätig.
112 Athen, 2. Dezember 1848.

Quellen

Bayerisches Hauptstaatsarchiv – Geheimes Hausarchiv –, 870/ 454 B v. 22. November 2005 und *Bayerisches Hauptstaatsarchiv*, 2005/06072/Wa v. 7. Dezember 2005.

Bundesarchiv Koblenz
  Gesch. Z.: R 1 (Ko)-06/S-167 v. 13. März 2007.
  Findbücher, Band 24.
  Reichsministerien der Provisorischen Zentralgewalt, Bestände DB 52–59, Teil 1. Bearbeitet von Hans Schenk und Elfriede Eißelt, Koblenz 1986.
  Reichsministerien der Provisorischen Zentralgewalt, Bestände DB 56–59, Teil II. Bearbeitet von Hans Schenk und Philip Möckel, Koblenz 2001.
  Brief (Antwort) des US-Veterans-Office auf Anfrage des Autors zu Brommys möglichem Dienst in der US-Marine v. 25. September 2007.

Deutsche Bücherei Leipzig: Stammbaum der Familie Herrfurth, Blatt II, Signatur 1931 T 385, C. A. Starke, königl. Hofl., Görlitz.

E-Mail Günther Oestmann (oestmann@deutsches-museum.de) v. 23. Oktober 2006, Antwort auf Anfrage wegen Steuermannsausbildung 1819/20 in Hamburg.

Grossloge A. F. u. A. M. von Deutschland – Kanzlei – v. 13. März 2007.

Geheimes Staatsarchiv Preußischer Kulturbesitz 2007, 1186/07-3.2.1 v. 5. März und 12. April 2007.

Landeshauptarchiv Sachsen-Anhalt, Abt. Magdeburg, Standort Wernigerode, I.1.4-56511 – 457 v. 15. März und 3. April 2007.

Militärgeschichtliches Forschungsamt (MGFA), Abteilung AIF, TgbNr. rav 05-1605 v. 23. November 2005 (Zeppelinstr. 127/128, D-14471 Potsdam).

Nachlass der Hedwig Schultz; u. a. mit Brommys »Copierbuch« für die Jahre 1828–1849, Privatsammlung der Familie Irmengard Brummer, München; in Dauerleihe dem Schiffahrtsmuseum der oldenburgischen Weserhäfen (jetzt: Unterweser), Brake, für wissenschaftliche Zwecke zur Verfügung gestellt.

Literatur

Allgemeine Deutsche Biographie (ADB). Berlin 1967, Band 3.

Aridas, K. unter Mitarbeit von *Aridas, G.*, (Hrsg.): Freiheit oder Tod – Bilder des Panagiotis Zografos über den Kampf der Griechen gegen die türkische Fremdherrschaft 1821–1830; mit Auszügen aus den Memoiren des Generals Makrygiannis. Leipzig und Weimar 1982.

Barth, W./Kehrig-Korn, M., Die Philhellenenzeit. Von der Mitte des 18. Jahrhunderts bis zur Ermordung Kapodistrias' am 9. Oktober 1831. Mit einem ausführlichen Namensverzeichnis der europäischen und amerikanischen Philhellenen. München 1960.

Bär, M., Die deutsche Flotte 1848–1852. Nach den Akten der Staatsarchive Berlin und Hannover dargestellt von Dr. Max Bär. Leipzig 1898. Nachdruck Bremen 2016.

Brommy, C. R., Von Piraten gefangen – und andere Seeabenteuer. Skizzen aus der Zeit des griechischen Befreiungskrieges.

Hrsg. v. J. W. Otto Richter. Altenburg. Geibel 1909. Deutsche Seebücherei, Band 21.

Brommy, C. R., Fregatten-Capitain, Die Marine. Mit zwölf Abbildungen, einer Flaggenkarte und neun Tabellen. Berlin 1848.

Duppler, J., Germania auf dem Meere – Bilder und Dokumente zur Deutschen Marinegeschichte. Hamburg 1998.

Eigler, G. (Hrsg.), Platon, Werke in acht Bänden. Griechisch und Deutsch. Band 4., Der Staat, bearbeitet von Dietrich Kurz, Darmstadt 1971.

Göhler, Chr., Emanuel Geibel. Ein Lebensbild in Selbstzeugnissen und Berichten seiner Freunde. Schellhorn 1992.

Gross, D. G. (Hrsg.), Brommy, Rudolph: Gedichte von Admiral Brommy. Bremen 1994.

Heydenreuther, R./Murken, J./Wünsche, R. (Hrsg.), Die erträumte Nation. Griechenlands Wiedergeburt im 19. Jahrhundert. München 1993.

Illustrierte Zeitung, Leipzig, 5. Januar 1850, S. 7.

Jorberg, F., Rudolf Brommy, in: »Leinen los!«, S. 378/Nummer 12, Dezember 1959 und S. 26/Nummer 1, Januar 1960.

Katalog des »Hellenic Maritime Museum«. Piräus 2005.

Koch, P., Geschichte der deutschen Marine. Für den Nachwuchs des Seeoffizierkorps geschildert. Berlin o. J.

Lang-Grypari, I., Das Bild der Türken in der griechischen Literatur für Jugendliche in der Zeit bis zur Mitte des 20. Jahrhunderts. In: Zeitschrift für Balkanologie, Band 43, Heft 4/2007. Wiesbaden 1963.

Mendelssohn-Bartholdy, K., Die Geschichte Griechenlands – von der Eroberung Konstantinopels durch die Türken im Jahre 1453 bis auf unsere Tage, Leipzig 1870. Hildesheim/Zürich/New York, Nachdruck der Ausgabe 2004.
Teil 1 – Von der Eroberung Konstantinopels durch die Türken bis zur Seeschlacht bei Navarin.
Teil 2 – Von der Übernahme der Verwaltung durch Kapodistrias bis zur Großjährigkeit des Königs Otto, Staatengeschichte der neuesten Zeit, Band 20.

Minner, Ina E., Ewig ein Fremder im fremden Lande – Ludwig Ross (1806–1859) und Griechenland. Biographie. Mannheim 2006. Peleus/ Studien zur Archäologie und Geschichte Griechenlands und Zyperns, Band 36.

Möller, Ch. F. (Illustr.), Cyclus von Schiffen aller seefahrenden Nationen, mit erklärenden Texten und Erläuterungen sämtlicher darin vorkommenden zum Seewesen gehörenden technischen Benennungen von Roeloff Roeloffs 1839; Nachdruck Hamburg 1954.

Mondfeld, W. zu, Schiffsgeschütze – 1350 bis 1870. Von Wolfram zu Mondfeld, Anton Bayerlein, Marietta Klingenbrunn. Herford 1994, Band I.

Murken, J., mit Beitr. von Saskia Durian-Ress, König-Otto-von-Griechenland-Museum der Gemeinde Ottobrunn, Bayerische Museen Bd. 22.

Petter, W., Admiral Brommy in der Literatur. Wie stehen sie zueinander: Dichtung und Wahrheit, Tradition und Geschichte? In: Schiff und Zeit 12–1980, S. 12–22.

Pierer's Universal-Lexikon der Vergangenheit und Gegenwart, oder Neuestes encyclopädisches Wörterbuch der Wissenschaften, Künste und Gewerbe, Dritter Band. Altenburg 1857.

Quack-Eustathiades, R., Der Deutsche Philhellenismus während des griechischen Freiheitskampfes. Inaugural-Dissertation FU Berlin. München 1984.

Richter, J.-Otto W., Prinz Adalbert von Preußen und die Begründung der neuen deutschen Flotte. Altenburg 1906. Deutsche Seebücherei, Band 11.

Röhr, A., Handbuch der Deutschen Marinegeschichte. Oldenburg, Hamburg o. J.

Schmidt, H., Die griechische Frage im Spiegel der Allgemeinen Zeitung (Augsburg) 1832–1862. In: Europäische Hochschulschriften, Reihe III, Geschichte und Hilfswissenschaften, Bd./Vol. 357. Frankfurt am Main/Bern/New York/Paris 1988.

Schultz, H., Ein Kranz der Erinnerung um das Bild des Großonkels Brommy. Aus vergilbten Familienbriefen und Erzählungen aus der Kinderzeit zusammengefügt. Rittergut Schmölen bei Wurzen. Leipzig o. J.

Schmitz, J., Admiral Brommy – seine Zeit und seine Werke. In: Marine-Rundschau Oktober 1941, S. 689 ff.

Uhlrich, C., Carl Rudolph Brommy – Der Admiral der ersten deutschen Flotte. Berlin 2000.

Wagner, E., Carl Rudolph Brommy (1804–1860) als Marineoffizier in Griechenland (1827–1849). Oldenburg 2009.

Waldeyer-Hartz, H. von, Männer und Bilder deutscher Seefahrt. Braunschweig 1934 (vgl. auch Artikel in Marine-Rundschau, Mai 1931, S. 227 ff.).

Warner, O., Große Seeschlachten, o. O. 1963.

Ein »Flottentraum« – Brommy und die »deutsche Marine« der Paulskirche

von Frank Ganseuer

„*So wird man ermessen können, wie viel Dank das Vaterland diesem verdienten Manne schuldig ist, der mit unermüdlicher Sorgfalt es in kurzer Zeit dahin gebracht hat, daß eine musterhafte Ordnung in der Verwaltung der Seezeugmeisterei herrscht, und auf der Flotte eine ausgezeichnete Disziplin bei angemessener Freudigkeit der Mannschaft obwaltet.*«

(Arnold Duckwitz, Reichshandels- und Marineminister, 1849)[1]

»Flottenfieber« – *Die Deutschen entdecken die See*

Der Vormärz, die Inkubationsperiode der Revolution von 1848, hatte in deutschen Landen inmitten biedermeierlicher Gemütlichkeit heftige Frühlingsgefühle entfacht, in Sonderheit hatte sich »eigenartigerweise«[2] eine ungewöhnliche Flottenbegeisterung, geradezu ein heftiges »frühnavalistisches Fieber«[3], der Deutschen angenommen.[4]

Es war schon einige Zeit her, dass der niederländische Staats- und Völkerrechtler Huig de Groot, der sich latinisierend Hugo Grotius nannte, mit seiner 1609 erschienenen Schrift »Mare liberum« die Forderung erhoben hatte, »daß jeder Mensch von Natur aus berechtigt sei, überall hinzufahren und Handel zu treiben, und daß diejenigen, welche sich dem widersetzten, gegen das Naturrecht verstießen«.[5] Die Deutschen hingegen hatten nicht, wie ihre Nachbarn Holland und Frankreich oder auch das gleichsam gegenüber liegende England, an der seegestützten Aufteilung der »Neuen Welt« teilgenommen. Man war stattdessen mit kleineren Fahrzeugen nicht weit über die Flussmündungen hinausgekommen, hatte in Gestalt des Großen Kurfürsten einen ersten zaghaften, dann abgebrochenen Flotten- und Kolonieversuch unternommen und trauerte ansonsten der vermeintlich so großen und mächtigen Hansezeit nach.

Nun war aber die Welt, auch für die Deutschen und ihre zunehmend aufblühende Industrie, die sowohl nach Rohstoffgebieten wie nach Absatzmärkten trachtete, eine andere geworden. Der alte Reichsgedanke, als man noch groß und mächtig war und die Sonne in den Grenzen des Reiches nicht unterging, keimte wieder hervor. Dies aber spätestens mit der Thronbesteigung Friedrich Wilhelms IV. in Preußen, dem »christlich-germanischen König«,[6] der sich bereits als Kronprinz, und ganz im Gegensatz zu seinem Vater, für eine preußische Flottengründung ausgesprochen hatte[7] und im Jahre 1843 gar mit der AMAZONE ein erstes Kriegsschiff, eine kleine, unbewaffnete Segelkorvette, zur Ausbildung seemännischen Personals,[8] hatte in Dienst stellen lassen:[9] »Mit dieser Korvette und 6 Kanonenjollen trat Preußen in das Jahr 1848 ein.«[10]

Der Ökonom Friedrich List, Gründer des Deutschen Zollvereins, hatte im gleichen Jahr in seinem Aufsatz »Die deutsche Flagge« die See als »Hochstraße des Erdballs« und Medium persönlicher und ökonomischer Freiheit identifiziert: »Die See ist die Hochstraße des Erdballs. Die See ist der Paradeplatz der Nationen. Die See ist der Tummelplatz der Kraft und des Unternehmungsgeistes für alle Völker der Erde und die Wiege ihrer Freiheit. Die See ist die fette Gemeindetrift, auf welche alle wirtschaftlichen Nationen ihre Herden zur Mästung treiben. (...) Die Flagge ist die Seekrone auf dem Haupte der Nationen. Man setze der deutschen Nation diese Krone auf, und das übrige wird sich finden.«[11]

Nahezu gleichzeitig publizierte auch Friedrich Sass in seiner Schrift »Deutschlands Flotte« ein Marinestationierungsprogramm »von Riga bis Straßburg und Bern, von den Küsten der Nordsee bis zu den schönen Auen am Adriatischen Meer, am Rhein und an der Donau«.[12] Zunehmend erschienen nun Bücher und Aufsätze zur Flottenthematik,[13] wie die von Julius v. Wickede vorgelegten. Dieser verwies in »Eine deutsche Kriegsflotte« von 1848 darauf, dass »die Meere, ihr Handel und ihre Herrschaft (...) nur eine Fortsetzung der Flüsse und ihres Handels«[14] seien und behauptete kühn, »dass dies alle Völker Europas erkannt hätten außer dem deutschen, das es versäumt habe, dem ›deutschen Neptun‹ einen Dreizack zu schmieden, und dessen Handelsschiffe sich jetzt ›wehr- und waffenlos wie fette Karpfen unter scharfgezahnten Hechten und Haien‹ auf dem Meere bewegten«.[15]

Derartige Schriften reicherten, flankiert von Reiseliteratur,[16] eine eher mythisch-idyllische Sicht auf das Meer[17] an mit ökonomischen und nationalpolitischen Erwägungen und beförderten weitere Seeluft und -lust in das erwachte maritime Bewusstsein der Deutschen.[18] Die Erinnerung an die vermeintlich großen Zeiten deutscher Seegeltung, wie sie die mittelalterliche Hanse verkörperte,[19] war dabei zu allererst zurückgekehrt. Die nunmehr entflammte Flottenbegeisterung war auch Reaktion der im »Flickenteppich« des Deutschen Bundes überwiegend seefern lebenden Deutschen auf die Erkenntnis, dass es gerade seemächtige Nationalstaaten waren, die »als die neuen, revolutionären Organisationsgebilde der Wettbewerbswelt«[20] auftraten und zur Erlangung von Rohstoff- und Absatzgebieten wie zur Sicherung ihrer Handelswege und ganz auf der Folie, die Hugo Grotius mit seinem »Mare liberum« ausgebreitet hatte, Flotten unterhielten – nicht zuletzt auch als probates Mittel der Integration und Einigung der Nation unter einer gemeinsamen Flagge.

Und bei alledem stand man mit einer Flotte nicht nur aufseiten des technischen und ökonomischen Fortschritts.[21] Nun konnte man auch in der Kolonialpolitik mit anderen Mächten mithalten,[22] »in absehbarer Zeit der deutschen Fahne Achtung und den deutschen Interessen Geltung«[23] verschaffen und sich in jeglicher Gestalt »befreien«:[24] »Deutschland muß endlich eine See- und Colonialmacht ersten Ranges werden«,[25] so hieß es jetzt auch im Deutschen Bund, der afrikanische Kontinent warte nur auf Preußens und Deutschlands »bildende Hand«.[26] »Die See, dieses fruchtbare Feld der Nationen«, so Friedrich List 1843 im »Zollvereinsblatt«, »will so gut kultiviert sein wie der Acker, wenn er reichlichen Ertrag geben soll, und es ist eine kleinliche Ansicht, eine Ansicht, die bei einer großen Nation ins Lächerliche geht, wenn man die Kosten einer Marine als Grund anführt, ihren Seeverkehr völlig schutzlos zu lassen.«[27]

»Voraussetzung einer gleichberechtigten Teilnahme Deutschlands am Welthandel und an der Aufteilung der Erde in Interessensphären war die Schaffung einer eigenen Flotte.«[28] »Wer an der See keinen Anteil hat, der ist ausgeschlossen von den guten Dingen und Ehren dieser Welt – der ist unseres lieben Herrgotts Stiefkind.«[29] So hatte es abermals Friedrich List dekretiert, und dergestalt erlebte auch die alte, längst vergangene Hanse ihr »Revival«:[30] als nationale Handelsflotte, nunmehr beschützt von einer »in Übersee schlagfähigen Kriegsflotte«.[31] Auch diese hatte List, gleichsam der maritime »Chefideologe« der Deutschen, und mit ihm der von dessen Ideen durchdrungene Bremer Senator Arnold Duckwitz, der später

Handels- und Marineminister der provisorischen Zentralgewalt und Reichsregierung werden sollte,[32] als Geleitschutz dieser neu-hansischen Handelsflotte[33] und zur Sicherung des Kolonialverkehrs mit den überseeischen »tributären Rohstofflieferanten«[34] auf die Agenda der vormärzlichen maritimen Ambitionen gesetzt.[35]

»Das Meer macht frei!« – Die Flotte im Reich der Poesie

Der Flottengedanke durchzog nunmehr auch die »Zeitgedichte«[36] des Vormärz, Teil der mit den neuen Schnelldruckpressen und Papiermaschinen geradezu beflügelten Produktion von Zeitungen, Flugblättern, Broschüren und Büchern, den »operativen, direkt in das politische Tagesgeschehen eingreifenden Genres«,[37] mit denen, so Heinrich Heine, »die alte lyrische Schule der Deutschen geschlossen (…) ward«.[38]

Es war die Zeit der politisch durchaus brisanten Gedichte der »Tendenzpoesie«,[39] »jener vage, unfruchtbare Pathos, jener nutzlose Enthusiasmusdunst, der sich mit Todesverachtung in einen Ocean von Allgemeinheiten stürzte«, wie es Heine in der Vorrede zu seinem Versepos »Atta Troll« formuliert hatte.[40] Und so nahmen sich die »Tendenzpoeten« schließlich auch der Flotte an,[41] so wie Georg Herwegh, der anlässlich der 6. Säkularfeier der Stiftung des Hansischen Bundes im Jahre 1841[42] dazu ein »Zeitgedicht«, »Die deutsche Flotte«,[43] beisteuerte.

Herwegh, Heines »eiserne Lerche«,[44] 1817 in Stuttgart geboren, ehemaliger Tübinger Stiftler und vor dem Militärdienst in die Schweiz geflohen, hatte 1841 in Zürich eine lyrische Sammlung, »Gedichte eines Lebendigen«, auf den literarischen Markt geworfen, damit gleich einen »Megaseller« gelandet[45] und, das Bändchen im Gepäck, im Herbst 1842 eine triumphale Reise[46] durch Deutschland einschließlich einer Audienz bei König Friedrich Wilhelm IV. von Preußen[47] angetreten.[48] Noch im Erscheinungsjahr der Gedichtsammlung extrahierte Herweghs Verleger zum Hansejubiläum aus der Gedichtsammlung das Flottenpoem und gab es als achtseitiges »Flugblatt«[49] in Druck:[50]

»Erwach, mein Volk, mit neuen Sinnen!/Blick in des Schicksals goldenes Buch,/Lies aus den Sternen Dir den Spruch:/Du sollst die Welt gewinnen!/Erwach«, mein Volk, heiß Deine Töchter spinnen!/Wir brauchen wieder einmal deutsches Linnen/Zu deutschem Segeltuch.«[51]

Herwegh beschränkt sich angesichts des vor ihm liegenden »Schrankenlose(n)« des Meeres nicht mehr auf Deutschland: Kaum Nation, geht es auch schon in die Welt hinaus. Diese weltausgreifende Seite des deutschen flottenbeseelten Nationalgefühls durchzieht das ganze Gedicht: vom Erwachen und Weltgewinn bis zur Aufforderung, mutig in die Welt hinaus zu segeln, »daß sie dein eigen werde!«. Wäre dies noch als Bildungsreise zu deuten, macht das Gedicht in seinem weiteren Verlauf klar, dass es für die Deutschen, als das »große Hoffnungsvolk der Erde« und »Hirt der großen Völkerherde«,[52] um nicht weniger geht, als gleich die ganze Welt zu erlösen – von Tyrannei, von Sklaverei und »bittrer Armut Not«[53]. Ist erst einmal der (britische) »Leopard« mit »seiner schnöden Gier«[54] besiegt, wird es an den Deutschen sein, in dessen Spuren und denen der antiken Seemächte weiterzusegeln – über »das heil'ge Meer«, der Weihe- und Ruhestätte alter deutscher Seehelden aus ruhmreicher maritimer Vorzeit: »Ha! Schlummern nicht aus deiner Hansa Zeiten/Auch deutsche Helden drin?«[55] Ein neuer deutscher Held, »kühn (…), den Rücken ungebogen«,[56] und mit der See als »Lehen«,[57] wird sich als deutscher Kaiser den Purpur des Meeres umhängen[58] und »mit ihm das Steuer/Der Weltgeschichte, faß es keck!«[59] ergreifen, so wie es die alten Kaisersagen und -prophetien vom endzeitlichen Welt- und Friedenskaiser kündeten.[60]

Der deutsche Kaiser, der hier zur See fährt, wird, so Herwegh, »der Welt Erneuer«[61] sein, »des Herrn Erwählter und Getreuer«[62]: die Wiederkehr des alten deutschen Kaisertums als weltumspannend-universales, meergeborenes wie befreiendes auf dem »wilde(n) Meer, der Freiheit Hohe(n) Schule«[63]. Ein mächtiges Weltregiment, unter den Vorzeichen von Einheit und Freiheit, wird anheben, befreit von Fürstenherrschaft und Kleinstaaterei, vermittels der befreienden und einigenden Kraft des Meeres: »*Das Meer wird uns vom Herzen spülen/Den letzten Rost der Tyrannei, (…)/Um frei wie Sturm und Wetter euch zu fühlen;/Das Meer, das Meer macht frei!*«[64] Hier vereinigt sich der Reichs-, Kaiser- und Freiheitswunsch[65] mit den Möglichkeiten einer weltausgreifenden Seefahrt auf dem mythischen Element des Meeres, wobei der maritim-lyrische Rausch zuweilen auch über die nautische Plausibilität triumphiert.[66] Umso größer aber die maritime Gestimmtheit und die damit verbundene politische Entfesselung der deutschen Flotten-, Kaiser- und Reichskräfte – mündend in die »Mahnung an das deutsche Volk«,[67] nunmehr »die schönste Flotte,/die je ein sterblich Aug' entzückt«[68] zu bauen, um sodann mit dem deutschen Kaiser am »Steuer der Weltgeschichte« einer glanzvollen Zukunft von Freiheit, Einheit und nationaler Kraft entgegenzusegeln.

Es ist Georg Herwegh, der als Erster in einer Melange von Freiheitssehnsucht, nationalem Pathos und weltausgreifender Geste den Flottengedanken als Symbol und Movens des freiheitlichen, gleichwohl aber auch starken und robusten Nationalstaates thematisiert und poetisch ausgeformt hat: »Und in den Furchen, die Kolumb gezogen,/Geht Deutschlands Zukunft auf.«[69] Doch diese Flotte existierte nur in der poetischen Fantasie, sie musste ja erst noch gebaut werden. Daher ruft der Dichter den Deutschen, mit Blick auf ihren sagen- und märchenreichen Wald, auch schließlich zu: »Dir blüht manch lustig Waldrevier –/Erbaue selbst die Segler Dir.«[70]

Dies Bild des flottengebärenden deutschen Waldes aber wird wenig später von Ferdinand Freiligrath in seinem Gedichtzyklus »Ein Glaubensbekenntnis« wieder aufgegriffen werden.[71] Lässt er doch im dortigen Gedicht »Flottenträume«, geschrieben am Fuß der Loreley, in St. Goar im Juni 1843,[72] eine Tanne davon träumen,[73] Mast auf dem Schiff einer deutschen Flotte zu werden: »*Sprach irgendwo in Deutschland eine Tanne:/›O, könnt' ich hoch als deutscher Kriegsmast ragen!/O, könnt' ich stolz die junge Flagge tragen/Des ein'gen Deutschlands in der Nordsee Banne!‹*«[74]

Das Meer ist auch hier, wie bei Herwegh, Geburtsstätte staatlicher Einheit und Nation und Kraftquell der Befreiung von der »Tyrannei« der Fürstenherrschaft in den Territorien des Deutschen Bundes. Von einem Ober-Fürsten, einem deutschen Kaiser, wie er bei Herwegh entschlossen das »Steuer der Weltgeschichte« ergreift, ist bei Freiligrath indes nicht mehr die Rede. Vielmehr verspricht der Dichter, werde die einst verpönte schwarz-rot-goldene Flagge »in tausend Wimpeln« auf den deutschen Schiffen wehen und ein geeintes Deutschland in der Lage sein, mit einer Flotte seine Küsten gegen den »fremden Entrer«[75] zu verteidigen. Wilde Seegefechte werden geschlagen werden,[76] und die zukünftigen deutschen Schiffe, vereint zu einem »trutzig Kriegsgeschwader«,[77] das vor dem flottenträumenden Dichter vorbeizieht, werden mit ihren Namen, der ARNDT,[78] die Göttinger SIEBEN,[79] der ALTE FRITZ, DOKTOR LUTHER, GOETHE, SCHILLER, ALEXANDER HUMBOLDT,[80] deutschen Nationalhelden huldigen, politische Programme benennen (die FREIE PRESSE)[81] oder alte deutsche maritime Traditionen wiederbeleben (die HANSA)[82].

Hier ist ein freiheitliches Nationalgeschwader in See gegangen, und fürstenbefehligt ist es mitnichten.[83] Kein Kaiser, wie noch bei Herwegh, ergreift »keck« das Steuer, doch gleichwohl ziehen Freiligraths »mut'ge Orlogsmänner« unter ihrer schwarz-rot-goldenen Flagge kämpferisch ins Gefecht, der Dichter selbst mitten darin: »Dann wär'«

ich Fähndrich, ha! wo Mann an Manne/Blutrünst'ge Krieger deutsche Seeschlacht schlagen;/Wo deutsche Segler, grimm und ohne Zagen,/Den fremden Entrer hauen in die Pfanne!«[84] Im »Entrer« wird man wohl, wie schon in Herweghs Versen, das britische Königreich vermuten dürfen. Doch wer es auch sei – 1848 werden es die Dänen sein, die mit ihrer Seeblockade den militärischen Anlass zur Aufstellung der ersten deutschen Flotte liefern –, bei Freiligrath wird jeglicher Feind von deutscher Seemacht »festiglich und stete«, »mit Flammengruß aus den metallnen Läufen«,[85] vom Ozean vertrieben werden. Und dieser Ozean ist dann bei Freiligrath auch nicht mehr, wie noch bei Herwegh, Traumort einer in Weite und Freiheit entsegelnden Flotte,[86] sondern, wenn »also schwimmend Volk an Volk gerungen«,[87] Kampfgebiet – die maritime Geburtsstätte einer wehrhaften, mächtigen und einigen deutschen Nation.

Das Herwegh und Freiligrath neben der pathetischen Rhetorik Verbindende ist die Verwendung des Flottengedankens als Bündelung der Ambitionen einer verspäteten deutschen Nation,[88] als Symbol, in dem sich die Forderungen der bald anhebenden bürgerlichen Revolution, Einheit, Freiheit, Nation, Macht, kondensiert im traditionsgeladenen Begriff des »Reiches«, zusammenschmieden lassen.

Eine derart bildkräftige Vereinigung der politischen Vorstellungen des Vormärz in der Idee einer deutschen Marine findet sich schließlich auch in K. Lochers Werk »Deutsche Flotte«[89], das, ein »Remake« von Freiligraths »Flottenträumen«, mit einem Blick in den deutschen Wald anhebt, dessen Bäume zum fernen Meere streben, um dort »als Boten des deutschen Ruhms die Segel aufzuspannen«[90] und auf Schiffen, gelenkt von »Helden«, »die deutsche Flagge hoch in Stürmen schwenken!«.[91] Auch hier wird noch einmal ein mächtiger, weltausgreifender deutscher Nationalstaat imaginiert und gewinnt in einer Flotte poetisch-politische Gestalt – gleichsam maritimer »Mainstream« des deutschen Vormärz. Das letzte Flottengedicht vor der parlamentarischen Kiellegung der Flotte, das eines L. L., »Die deutsche Flotte und die deutschen Frauen«, erschien in der Beilage der »Allgemeinen Zeitung« Nr. 165 v. 13. Juni 1848,[92] just am Tag vor dem Beschluss der Frankfurter Nationalversammlung zum Aufbau einer »deutschen Marine«: »*Hoch leben die deutschen Frauen!/Hoch lebe die deutsche Maid! Sie helfen uns heute bauen/Mit Perlen und Goldgeschmeid./ Sie helfen uns Schiffe hämmern/Aus Eisen und deutschem Holz;/Ich sehe das Frühroth dämmern/Des werdenden Tages mit Stolz.*«[93]

Derart war, in ökonomischen Traktaten wie im Reich der Poesie, »die bei Ausbruch der Revolution 1848 allgemein vorhandene Erwartung, daß Deutschland in kürzester Zeit ein mächtiges Reich werde, (…) eng verbunden mit Vorstellungen von einer großen deutschen Flotte«,[94] mit der man sich in ferne, zu »gewinnende« Länder hineinfantasieren konnte, um dergestalt das »verspätete« Deutschland, von seinem »vegetierenden ärmlichen Dasein«[95] zu befreien. Und so wurde viel geträumt im vormärzlichen Deutschland, von einem Parlament, einem Kaiser, einer einigen Nation, der Wiederkehr des alten Reiches – und von der Flotte als Kondensat all dieser Träume, in Prosa wie in Reimen, mal bitter ernst wie bei Georg Herwegh und Ferdinand Freiligrath oder ironisch wie bei Heinrich Heine:

»*Franzosen und Russen gehört das Land,/Das Meer gehört den Briten,/Wir aber besitzen im Luftreich des Traums/Die Herrschaft unbestritten.*«[96]

Der »Flottentraum« seiner Dichterkollegen rekurrierte ja, namentlich bei Herwegh qua dessen heroischer Kaisergestalt am Steuer der Weltgeschichte, mit Verve auf die vergangene Reichsherrlichkeit, mit der zugleich die alte Hanse wieder ins Bild schwamm. Eine weltbedeutende und -eingreifende deutsche Nation wurde hier vorgestellt mit einem Kaiser, der so gar nichts gemein hatte mit dem alten, im Kyffhäuser herumschlurfenden Barbarossa aus Heines »Wintermärchen«,[97] stattdessen in Freiligraths »trutzig Kriegsgeschwader« furchterregende Gestalt gewann – gleichsam Symbol wie Instrument nationalen Wollens in einem. Und so wurden in Heines Diagnose die vom »Flottenfieber« erfassten Deutschen mit einem Mal »ein Volk von Matrosen«, ohne überhaupt schon eine Flotte zu haben[98] – und er selbst hatte ein ideales ironisches Jagdrevier gefunden, um in seinem Gedicht »Die Marine« diesen nationalen »Flottenträumen« seiner euphorisierten Dichterkollegen eine kräftige Abfuhr zu erteilen.

Denn in Heines Gedicht »Unsere Marine« von 1845 defiliert in des deutschen Michels Traume wieder Freiligraths Geschwader; nur tragen die »Fregatten«[99] nun die Namen der »Tendenzbär(en)«[100] »Prutz«, »Fallersleben« und »Freiligrath«. »*Wir träumten so schön, wir hatten fast/Schon eine Seeschlacht gewonnen/Doch als die Morgensonne kam, /Ist Traum und Flotte zerronnen*«.[101] Die Deutschen, so Heine, bleiben lieber »*im heimischen Bett/ mit ausgestreckten Knochen,/Wir rieben uns aus den Augen den Schlaf,/Und haben gähnend gesprochen:/›Die Welt ist rund! Was nützt es am End,/Zu schaukeln auf müßiger Welle?/Der Weltumsegler kommt zuletzt/Zurück auf dieselbe Stelle.‹*«[102] So zog sich Michel lieber wieder die Schlafmütze über den Kopf und Freiligraths Tanne, flottenträumend im deutschen Walde, schien noch lange darauf warten zu müssen, endlich als deutscher Kriegsmast zur See zu fahren.[103]

Parlamentarische Vorübungen – Die Germanistenversammlungen 1846 und 1847

Doch da hatte Heine nicht mit der am 18. Mai 1848 in der Frankfurter Paulskirche von der Revolution, die Ende Februar von Frankreich auch in deutsche Lande hinübergesprungen war,[104] ins Amt gehobenen Nationalversammlung gerechnet, die mit vielerlei Personal versehen war, das schon zuvor der deutschen begeisterten Matrosenschar angehört hatte, so namentlich die Germanisten[105]. Nicht von ungefähr hatten sich diese, die »Männer, die sich der Pflege des deutschen Rechts, deutscher Geschichte und Sprache ergeben«,[106] an politisch signifikanten Orten zu ihren konstitutionellen Versammlungen getroffen. Zunächst, 1846, in Frankfurt am Main[107] als Ort der deutschen Kaiserwahlen und -krönungen, dann, auf Vorschlag des Tagungspräsidenten Jacob Grimm,[108] 1847 in Lübeck, »der von dänischer schnürbrust gezwängten, aber vollauf deutsch athmenden mutter der glorreichen Hansa«:[109] »Als ort der nächsten versammlung schlug der vorsitzende Lübeck vor, eine an thaten wie an gesinnung reiche stadt, die dem meere nahegelegen mächtig an vergangenheit und zukunft des vaterlandes mahne«, so die »Allgemeine Zeitung« aus Augsburg in ihrer Ausgabe vom 22. Oktober 1846.[110]

Da lag es auf der Hand, dass »Das nationale Element in der Geschichte der deutschen Hansa« (so der Titel des Einleitungsvortrags des Gymnasialprofessors Christian Friedrich Wurm aus Hamburg) und der Gedanke der Erneuerung der hansischen Tradition durch Wiederaufrichtung der deutschen Seemacht zum Tagungsthema wurde. Eine kleine Seefahrt, die die Gelehrten mit der »stattlichen Alexandra«[111] von Travemünde aus[112] unternahmen, reicherte das Tagungsprogramm zudem maritim an. Jacob Grimm, einer der »Göttinger Sieben«, der Professoren, die gegen die durch Ernst August I. am 1. November 1837, gleich nach seiner Thronbesteigung, verfügte Aufhebung der 1833 eingeführten liberalen Verfassung im Königreich Hannover mittels eines schnell öffentlich gewordenen Schreibens an das Kuratorium der Universität protestiert hatten und daraufhin Anfang Dezember ihrer Ämter enthoben worden waren,[113] hatte Wurms Referat mit den Worten eingeleitet, dass man hier, »am Hauptsitz der alten Hansa, nicht angemessener beginnen könne«.[114] Der Hamburger Professor seinerseits identifizierte nunmehr die Grundlage dieser »Gemeinschaft der kaufleute deutscher Zunge« als »eine wirklich und wahrhaft nationale«[115], als erste Verkörperung der deutschen Nationalidee. Grimm griff dies am Ende des Kongresses noch einmal auf, indem er sich nicht nur zur ehrwürdigen Hansestadt Lübeck, sondern auch zur Wiederkehr deutscher Macht zur See mit einer »mächtigen deutschen Flotte«[116] bekannte.

In seinem »Toast« beim Festbankett in Travemünde hatte Grimm drei Bedingungen genannt, unter denen die »reiche Vergangenheit« Lübecks wiederkehren könne: »*Davon erstens, dasz eine allgemeine ansteckung des deutschen handels (...) eintreten und ein neue noch stärkere hansa hervorrufe, davon, dasz dieser hansa eine mächtige flotte zugehöre, die es nicht länger duldet, dasz von andern völkern unser recht auf den meeren beeinträchtigt werde; davon drittens, dasz zwischen Deutschen und verbrüderten Skandinaven ein fester bund erwachse, kraft dessen wir auf der ostsee und nordsee frei und stolz walten.*«[117]

»Hansa ist das älteste deutsche wort für schaar und gesellschaft, es musz noch einmal eine stärkere deutsche hansa als die war sich auf dem meere schaaren«, schrieb er schließlich, sich »in seinem Eintrag auf die von ihm gestellte Forderung nach einer neuen deutschen Flotte«[118] beziehend, in das »Album zur Erinnerung an die zweite Germanistenversammlung zu Lübeck«[119]. Dieses war auf seiner Rückseite, über einer Ansicht der geschmückten Kanzel der reformatorischen Kirche in Lübeck, dem Tagungsort der Germanistenversammlung, mit dem doppelköpfigen Adler geziert – dem Wappentier des Heiligen Römischen Reiches, das zwei Jahre später auch in der linken oberen Ecke der schwarz-rot-goldenen Flagge der ersten deutschen Flotte erscheinen wird.

»So gemahnen die wissenschaftlichen von einem orte Deutschlands an den andern verlegten vereine an die alten hoftage der deutschen könige«[120], hatte Jacob Grimm, den politischen Charakter dieses germanistischen »Ersatzparlament(es)«[121] unterstreichend[122], betont. Und so erging die Forderung nach einem wirklichen Parlament auch gleich zu Beginn der Tagung in der maritim-nationalen Einstimmung durch den Professor Wurm: Hätten es doch die Deutschen nicht, wie andere Nationen, verstanden, Seemacht zu erlangen und zu erhalten.[123] Doch sei, und das die nationale Hoffnung, die sich mit dem maritimen Erbe verbinde, der Deutsche Zollverein nunmehr »Parallele«[124] zur alten Hanse geworden, der »einzige Strahl am nationalen Himmel Deutschlands«[125] und wie die Hanse »Vorläufer der vollendeten Entwickelung und einer wahrhaft nationalen Grundlage«[126]. Nun gelte es, so der Redner, auf diesem Fundament, und wie dies die anderen großen seefahrenden und handeltreibenden Nationen bereits getan hätten,[127] »sich selbst ein Organ nationaler Vertretung zu schaffen. (...) ich rede vom deutschen Parlamente«[128] – und zwar keine Vertretung Regierungsgesandter, sondern vielmehr eine des Volkes selbst[129]. Zuvor hatte Wurm nicht nur die Wiederkunft deutscher Seemacht prophezeit[130] und den »gegenwärtigen wehrlosen Zustand« der Nation[131] gegen die Dänen beklagt, sondern auch die nationale Einheit mit der Vision eines deutschen Parlaments in eine Schiffsmetapher gekleidet,[132] so als wolle er den Zusammenhang von Parlament und Flotte unterstreichen und dass, wie dies eine Flugschrift bereits zuvor formuliert hatte,[133] die deutsche Nation, sollte sie einmal geboren werden, eine »Frucht des Meeres«[134] sein würde.

Dergestalt hatten die Germanistentage nicht nur die Denkbarkeit deutscher Demokratie gefördert, sie waren selbst »eine Art Vorläufer des Frankfurter Parlaments«[135]. Doch noch »simulierten die Germanisten auf ihren beiden Tagungen hilflos einen Parlamentarismus, den in politischer Realität zu üben noch keine Gelegenheit bestand«.[136]

Das erste deutsche Parlament – Die Nationalversammlung in der Frankfurter Paulskirche

Dies aber änderte sich im Jahre 1848 schlagartig und ließ die für dieses Jahr wiederum anberaumte Germanistenversammlung revolutionshalber und zugunsten eines tatsächlichen Parlaments kurzerhand ausfallen. Die vorige Parlamentssimulation der Germanisten wurde nun zum realen demokratischen Forum, und auch Jacob Grimm finden wir, wie zahlreiche Germanisten mit ihm,[137] als Abgeordneten der Nationalversammlung in der Paulskirche wieder – Grimm zudem an prominentem Platz, »vorn an dem Mittelgange«[138], neben Ludwig Uhland[139], auf einem Sessel direkt vor dem Rednerpult.[140]

Was war geschehen: Nach Umsturz und Ausrufung der Republik in Paris hatte man, zunächst im Südwesten Deutschlands, dessen politischer »Wetterecke«, die schon 1524/25 die Initialzündung zur ersten großen Revolution auf deutschem Boden, dem Bauernkrieg,[141] gegeben hatte, dann allenthalben in den deutschen Territorien »Märzforderungen«[142] erhoben, nach einer Verfassung, nach Pressefreiheit, unabhängigen Gerichten und der »Herstellung eines deutschen Parlamentes«[143]. Flankiert von Bauernunruhen hatten diese Forderungen rasch Verbreitung gefunden und sich zu einem Flächenbrand ausgeweitet, der den überrumpelten fürstlichen Obrigkeiten »Märzministerien«[144] unter Beteiligung liberaler Oppositionspolitiker abtrotzte. Nach Aufhebung der Pressezensur am 3. März wurde die Revolution weitergetrieben: Schon am 5. März beschloss eine im Heidelberger Schloss zusammengetretene Versammlung von 51 führenden Liberalen und Demokraten die Einberufung eines »Vorparlamentes« in Frankfurt am Main, in der alten Stadt der Kaiserwahlen und -krönungen sowie dem Sitz der Bundesversammlung des Deutschen Bundes.

Auf dem Frankfurter Bundestag wehte schließlich seit dem 9. März die schwarz-rot-goldene Fahne. Während in Berlin am 18. März Barrikadenkämpfe ausbrachen und der preußische König Friedrich Wilhelm IV. den Toten der Aufständischen, den »Märzgefallenen«, aufgebahrt auf den Stufen des Deutschen Doms am Berliner Gendarmenmarkt, notgedrungen seine Referenz erwies, versammelten sich am 31. März in Frankfurt »574 ehemalige oder gegenwärtige Mitglieder von Ständeversammlungen sowie etliche durch ›das Vertrauen des deutschen Volkes‹ ausgezeichnete Männer«.[145]

Dieses »Vorparlament« traf sich zunächst im Kaisersaal des Römers, dann in der eilig dafür hergerichteten Kirche der evangelischen Paulsgemeinde, »die den größten Versammlungsraum der Stadt barg«.[146] Hier in Frankfurt wurden bis zum 3. April die ersten freien Wahlen (genauer und einschränkender: bei Wahlberechtigung aller »erwachsenen, selbständigen Männer«) vorbereitet und 17 »Männer des öffentlichen Vertrauens« mit der Revision der Verfassung des Deutschen Bundes beauftragt. Am 18. Mai schließlich zogen 330 Abgeordnete, weitere waren noch auf dem Weg und kamen später in Frankfurt an, unter Glockengeläut, Böllerschüssen und dem Jubel der Frankfurter Bevölkerung in die Paulskirche zur ersten Sitzung der »Verfassunggebenden deutschen Reichs-Versammlung«[147] ein, einer Sitzung, der auf den Emporen und den hinteren, freien Bänken mehr als 2.000 Zuschauer beiwohnten.[148]

Die Aufgabe der Nationalversammlung, eher eines »Akademiker«- denn »Professorenparlaments«,[149] war es eigentlich, den Deutschen eine Verfassung zu geben und einen diese Verfassung begründenden Katalog von Grundrechten.[150] Doch dazu kam es erst einmal nicht. Denn der Feind stand vor der Tür – genauer vor den deutschen Küsten! Es waren die seegewandten Dänen, die im Zuge des Schleswig-Holstein-Konflikts die deutschen Häfen und Flussmündungen mit ihrer Flotte blockierten und den Deutschen bis tief ins Binnenland klarmachten, dass sie zwar an Land einiges galten, zur See hingegen »Habenichtse« seien und selbst von so einer kleinen Nation wie Dänemark allein mit maritimen Mitteln erheblich in den »Schwitzkasten« genommen werden konnten. Was war geschehen?

Ohne Flotte – Deutschland in Seenot

Der dänische König Christian VIII. hatte mit seinem geltende Verträge brechenden[151] Verfassungsdekret, »den Landesteil Schleswig von Holstein zu trennen und ihn in den dänischen Gesamtstaat zu integrieren«,[152] einen Streit vom Zaune gebrochen, der, nachdem der Deutsche Bund seinerseits die Aufnahme Schleswigs in seine Reihen[153] beschlossen hatte[154], in Kriegshandlungen eskalierte. Preußen marschierte in Abstimmung mit dem Bundestag, und auch am 9. Juni noch einmal ausdrücklich von der Nationalversammlung bekräftigt,[155] in Jütland ein,[156] die Dänen antworteten mit der Beschlagname deutscher Handelsschiffe im Sund Mitte April[157] und einer Seeblockade der deutschen Häfen,[158] die innerhalb von Tagen nahezu den gesamten deutschen Nord- und Ostseehandel lahmlegte[159] und der die Deutschen mangels Flotte[160] nichts entgegenzusetzen hatten. Nur einzelne Mitgliedstaaten des Deutschen Bundes, namentlich Österreich, die Niederlande und – eben – Dänemark unterhielten Seestreitkräfte, »ganz begrenzt auch Hannover und Preußen«.[161] Umso lauter erhob sich angesichts »Deutschlands gänzliche(r) Ohnmacht zur See«[162] allenthalben der begeisterte[163] Ruf nach einem militärischen, maritimen Instrument.[164] »Eine allgemeine Flottenbewegung ergriff – parallel mit dem revolutionären Aufbruch – die Nation.«[165]

Damit war die Flotte nicht als revolutions-, sondern als parallelgeborene qualifiziert, und tatsächlich war die Initiative zur Gründung einer deutschen Flotte von Fürstenseite, vom Deutschen Bund, ausgegangen, als unmittelbare Reaktion auf die dänische maritime Bedrohung[166] – ein Produkt also der alten Herrschaft, das sich die Revolution gleichsam einverleibte, mithin »nur mittelbar eine Folge der Märzrevolution«.[167]

»Marinekomitees« und »Flottenausschüsse« schossen allenthalben »wie Pilze aus dem Boden«,[168] Spenden für den Bau einer Flotte wurden eingeworben[169]. In Hamburg, wo die hanseatischen Kaufleute Johan Cesar Godeffroy und Rob M. Sloman angesichts der dänischen Blockade der Elbmündung am 5. Mai 1848 im »Hamburgischen Correspondenten« zur Gründung einer deutschen Flotte aufgerufen hatten[170] und die dortige Kaufmannschaft am Tag darauf beschloss, auf dem »Wege der Privatsammlung den Grund zur Nationalflotte zu legen«,[171] tagte Anfang Juni ein Marinekongress[172]. Dieser sah sich infolge der dänischen Seeblockade am 6. Juni dann auch veranlasst, die Aufstellung einer deutschen Flotte in Angriff zu nehmen,[173] formulierte dazu ein »Minimum der für die deutsche Marine anzuschaffenden(n) Kriegsfahrzeuge«,[174] setzte »eine Summe von 10 Millionen Thalern zur Errichtung einer deutschen Kriegsmarine«[175] an und teilte dieses Ergebnis sowohl dem Bundestag des Deutschen Bundes wie der gerade konstituierten Nationalversammlung in der Frankfurter Paulskirche mit.[176]

Und so wurde die Agenda des Parlaments in Frankfurt, die ursprünglich vorsah, im Auftrag des Deutschen Bundes zunächst eine Reichsverfassung zu erstellen,[177] erst einmal gehörig durcheinander gewirbelt.[178] Denn der erste Beschluss, die »erste That« des Parlaments, war mitnichten ein Beschluss über Grundrechte oder Reichsverfassung. Es war, beifallumtost und nahezu einstimmig gefasst, der zur Gründung der langersehnten Flotte bzw. explizit einer »deutschen Marine« – und im Hinblick auf das durch das Parlament zu konstituierende »Reich« einer »Reichsflotte« bzw. »Reichsmarine« mithin, unter den »demokratisch-nationalen« Farben von Befreiungskriegen und von Wartburg- und Hambacher Fest, der Flagge Schwarz-Rot-Gold.[179]

Nicht vom Himmel gefallen – Die Flotte und die alten Gewalten

Die »Kiellegung« der Flotte, genauer und wie der Beschluss es formuliert, einer »deutschen Marine«, als gleichermaßen nationaler wie parlamentarischer Akt, zudem vor allen anderen Verfassungsdingen,[180] war allerdings »keineswegs unvermutet vom Himmel gefallen«[181]. Denn – und dies ist der eigentlich ganz unrevolutionäre Ursprung des deutschen Flottengründungsplans – die Nationalversammlung setzte, mit geballter nationaler Wut und Wucht, dem Umstoßen ihrer eigentlichen Tagesordnung, einem Beschluss, den sie mangels Zuständigkeit, aber dafür mit umso größerer Begeisterung[182] fällte und dem vernehmlichen Bestreben, mit einem derart sichtbaren Zeichen auch kräftig auf sich selbst zu verweisen,[183] nur auf dem auf, was der Deutsche Bund und seine Fürsten bereits in die Wege geleitet hatten. »Dass eine Flotte her müsse, war keineswegs allein die Überzeugung der Parlamentarier. Viel eher waren es die alten erfahrenen Eliten in Gestalt der Bundesfürsten und ihrer Berater, die wussten, was Sicherheit und Staatsräson forderten, nachdem England, Holland, Dänemark, die in der Konstruktion des Wiener Kongresses von 1815 die deutsche Verteidigung zur See hatten sicherstellen sollen, das nicht nur nicht taten, sondern, wie im Fall Dänemark, ins feindliche Lager übergingen.«[184] Somit waren maritime Sofort- und Notmaßnahmen einzuleiten, hatte doch der Bund selbst keine eigenen maritimen Kräfte: »Der aus den Wiener Verträgen von 1815 und 1820 hervorgegangene ›Deutsche Bund‹ war eine lockere Staatenvereinigung von 39 Staaten. Er verfügte zwar über eine aus Kontingenten zusammengesetzte Landstreitmacht, seine maritimen Interessen wurden durch die Marinen Österreichs, Großbritanniens, der Vereinigten Niederlande und Dänemarks wahrgenommen.«[185]

Diese maritimen Nothelfer waren dem Deutschen Bund, Dänemark im Zusammenhang seiner Schleswiger Ambitionen zuletzt, hingegen allesamt abhandengekommen: »1848 waren aber bereits England durch Erlöschen der Personalunion mit Hannover und die Niederlande nach der Abtrennung Luxemburgs aus dem Deutschen Bund ausgeschieden.«[186] Preußen verfügte zu dieser Zeit zur See über nicht mehr als die Schulkorvette AMAZONE sowie sechs Kanonenjollen,[187] sodass der Deutsche Bund sowohl weiterhin ohne eigene Flotte als nun auch ohne maritime Bundesgenossen dastand. Deshalb wurde mit Ausbruch der Schleswig-Holstein-Krise eiligst beim Bundestag in Frankfurt am 13. April 1848, die Nationalversammlung war noch nicht einmal zusammengetreten, ein Antrag zur Bildung einer Flotte eingebracht.[188]

So befassten sich Mitte April bis Anfang Mai sowohl der Bundestag des Deutschen Bundes wie der »Fünfzigerausschuss«, den das Vorparlament als »Überbrückungsgremium« bis zum Zusammentritt der Nationalversammlung eingesetzt hatte,[189] ebenso wie der »Siebzehnerausschuss«, bestehend aus Mitgliedern der dem Bundestag aus den »Märzministerien« der Einzelstaaten revolutionshalber beigeordneten »Männern des öffentlichen Vertrauens«[190], mit der Flottenfrage.[191]

Der Kieler Historiker und Politiker Johann Gustav Droysen, Vertreter Holsteins im »Siebzehnerausschuss«, hatte schon am 10. April in einem an den Deutschen Bund gerichteten »Promemoria« »die schleunigste Armierung von Kauffahrern« und eine »umgehende Landung auf Fünen und Seeland«[192] gefordert. In diesem »Promemoria« Droysens, der auch Teilnehmer an den Germanistentagungen gewesen war, hieß es: »Eine deutsche Marine muß (...) geschaffen werden.«[193] Aufgabe des Deutschen Bundes sei es, die organisatorische Leitung zu übernehmen und die finanziellen Voraussetzungen dafür zu schaffen.[194] Der Appell des »Promemoria« schloss mit den gleichsam flottentraumbeschwingten und uns auch schon aus lyrischen Zusammenhängen bekannten »weltgewinnenden« Worten: »Wagen wir nur den lange an den Boden gehefteten, den träge hinkriechenden Blick zu erheben und frei und kühn um uns zu schauen; empfinden wir, daß vierzig Millionen Menschen im Herzschilde Europas eine Weltmacht sein müssen, sind, sowie sie es wollen.«[195]

In der Bundesversammlung gelangte Droysens Appell zwar am 18. April auf die Tagesordnung, jedoch ohne Erfolg. Dort reklamierte man »Kompetenzbedenklichkeiten«,[196] die keine Sofortmaßnahmen zuließen[197]. Immerhin wurde ein Marineausschuss gegründet und Preußen beauftragt, »ein Hauptaugenmerk auf die Sicherung des deutschen Handels und der deutschen Schiffahrt in der Ost- und Nordsee zu richten und wo möglich durch Vertrag mit einer Seemacht für Schutz der deutschen Küsten- und Seestädte Vorsorge zu treffen«.[198]

Und so gab der Bundestag auch die Angelegenheit von Gegenmaßnahmen zur dänischen Bedrohung lieber in die bewährten militärischen Hände Preußens, »das durch ein Interventionskorps die Entwicklung zu kontrollieren und im Einvernehmen mit Großbritannien die Teilung Schleswigs durchzusetzen wünschte«.[199] Droysen vertraute daraufhin am 18. April die Marineangelegenheit auch dem preußischen Kriegsminister Generalleutnant Karl Friedrich Wilhelm v. Reyher an, »mit dem er bereits wegen der Intervention in Schleswig in Verbindung stand.«[200]

Dieser wandte sich daraufhin an den »für sein Interesse an Marinefragen bekannten Prinzen Adalbert mit der Feststellung, daß, wenn es politisch richtig ist, daß Preußen sich thatsächlich an die Spitze der deutschen Nationalinteressen stellte (und richtig ist, ungesäumt mit der) Bildung einer deutschen Kriegsmarine im weitesten Sinne vorzugehen, (daß dann die relevanten Gesichtspunkte) am sichersten durch Ew. Erlauchte Ansichten festgestellt werden können. Der Prinz begab sich sofort an die Arbeit und legte dem Kriegsminister vier Wochen später eine ausführliche Denkschrift vor.«[201] Dabei konnte er auf die Vorarbeiten zurückgreifen,[202] die eine Kommission unter seinem Vorsitz ab dem 28. April des Jahres und im Angesicht der dänischen Seeblockade im Schloß Monbijou, dem Sitz Adalberts, auf Weisung des preußischen Königs erarbeitet hatte. Deren Ergebnis legte der Prinz als Kommissionsbericht mit der Forderung nach dem unverzüglichen Bau von 80 Ruderkanonenbooten im Mai seinem König vor.[203] Die auf dieser Grundlage erstellte und veröffentlichte Denkschrift für eine »deutsche Flotte« wird den preußischen Prinzen schließlich auch an die Spitze der Technischen Marinekommission in Frankfurt führen und damit ins konzeptionelle Zentrum einer ersten deutschen Marine. Doch so weit war es noch nicht.

Auf Kurs –
Die »Errichtung einer deutschen Kriegsflotte«

Der Deutsche Bund begann nur langsam, sich in Richtung Flotte zu bewegen, angetrieben vor allem von bürgerlichen »Flottenaktivisten« wie jenem Johann Gustav Droysen, dazu dem Bremer Senator Arnold Duckwitz und dem Hamburger Advokaten Johann Gustav Heckscher. So entsprangen die deutschen maritimen Aktivitäten vor allem einer bürgerlichen Initiative in und aus den Institutionen des Deutschen Bundes heraus, zumal sie sich politisch wirksam nur in diesen alten institutionellen Formen betätigen und artikulieren konnten.[204]

Immerhin hatte der Bundestag am 18. April einen »Marineausschuss« eingesetzt, dem die Gesandten der deutschen Küstenstaaten angehörten, und man begann, einem Vorschlag von Duckwitz folgend, mit Sondierungen in England »zum Erwerb von Kriegsdampfschiffen«.[205] Diese Marinekommission bewog den Fünfzigerausschuss dann am 11. Mai, drei Schreiben »zum Zwecke der Errichtung einer deutschen Kriegsflotte« auszusenden, und zwar eines an die »seegrenzenden deutschen Regierungen« mit dem Vorschlag eines Marinekongresses für den 31. Mai in Hamburg, wo man bereits dabei war, aus freiwilligen Spenden eine kleine Kriegsflotte aus armierten Handelsschiffen aufzubauen.[206] In einem zweiten Schreiben an den Bundestag wurde gefordert, unverzüglich damit zu beginnen, Seefahrzeuge gegen die Blockade auszurüsten und dazu einen Kredit von einer halben Million Taler zu gewähren. Das dritte Schreiben schließlich enthielt einen Spendenappell an die Deutschen: »Wenn das deutsche Volk will, werden bald schwarz-rot-goldne Flaggen auf deutschen Kriegsschiffen wehen, werden bald unsere Feinde uns achten zur See, wie auf dem festen Lande. Voran, wackres deutsches Volk, allüberall deine Ehre zu wahren, allüberall für die Entfaltung deiner Machtherrlichkeit zu sorgen.«[207]

Hier waren sie also wieder, die nunmehr für den politischen Tageskampf von Reimen in Prosa umgeformten »Flottenträume«, wie wir sie schon bei den Dichtern des Vormärz fanden, und die nun in die politischen Gremien der Revolution Einzug hielten. Sie wurden von den Redakteuren dieser Sendbriefe gleichsam mit in die Nationalversammlung genommen, war es doch vor allem der spätere Abgeordnete Johann Gustav Heckscher gewesen, der die endgültige Textform dieses Appells des Unterausschusses für Marineangelegenheiten an die Deutschen im Wesentlichen verantwortet hatte: »Brüder! Deutsche Kriegsflotten wiegten einst ihre Masten auf allen Meeren, schrieben fremden Königen Gesetze vor (…) Jetzt sind wir wehrlos auf der weltenverbindenden See, (…) selbst auf unseren heimatlichen Strömen! (…) Das kleine Dänemark verhöhnt das große, im Lichte seiner Freiheit, im Bewußtsein seiner Weltsendung doppelt mächtige Deutschland. (…) Unsere Nationalehre ist angetastet, der deutsche Gewerbefleiß bedroht.«[208] Dieser unerträgliche Zustand aber müsse nun durch den Bau einer deutschen Flotte beendet werden.[209] Und so wurden diese noch vorparlamentarischen flottengestützten politischen Ideen von »deutscher Weltsendung«, die der Fünfzigerausschuss entwickelt und verbreitet hatte, auch durch personelle Kontinuitäten in die Nationalversammlung transportiert,[210] wo sie auf fruchtbaren und bereits vorbereiteten Boden fielen.

Heckscher war es dann auch, der, kaum hatte sich die Nationalversammlung am 18. Mai konstituiert, nur wenige Tage später die Einrichtung eines dortigen Marineausschusses beantragte. Schon in der 7. Sitzung vom 26. Mai 1848 wurde das Thema der Beschaffung einer Flotte dann auf die Tagesordnung gesetzt, und in der 11. Sitzung vom 3. Juni konnte der Triestiner Abgeordnete Karl Ludwig von Bruck bereits über zwei in der Sache willkommene Eingänge berichten, »und zwar vom Bürgerverein zu Baden und der Murgschifferschaft zu Gernsbach, welche sich erbieten, zum Bau der deutschen Kriegsflotte unentgeltlich Holz zu liefern«.[211]

Die Rasanz, die die Debatte von Anfang an in sich trug, empfand schon der erste Redner am 26. Mai, eben jener Abgeordnete Heckscher, gleich eingangs seiner Einlassung: »Meine Herren! Ich werde mich kurz fassen, weil ich Ihre Ungeduld kenne.«[212] Sein Beitrag wird in den kommenden Wochen der letzte eher kurze zur Thematik der deutschen Flotte sein, und so bat er vor allem darum, dass sich die Nationalversammlung nunmehr ihrer geschichtlichen Sendung auch auf nationalem maritimen Terrain bewusst werde[213] und rief diese auf, unter Hinweis auch auf die an den Nord- und Ostseeküsten für die Flotte angelaufenen Sammlungen und Vereinsgründungen, »dieser patriotischen, großartigen Bestrebung«,[214] als vom Fünfzigerausschuss der Bundesversammlung entsprechend beauftragt, »die obere Leitung dieser hochwichtigen und ringenden Angelegenheit in ihre vollziehenden Hände zu nehmen«.[215] Auf dieser Grundlage gelte es nun »einen permanenten

Marineausschuss«[216] einzurichten, der sich dieser Angelegenheit annehmen und der Nationalversammlung in Marinedingen zuarbeiten solle. Da bereits auf Initiative der Küstenstaaten am 31. Mai in Hamburg ein »Marine-Congreß« zusammentreten werde, sei es umso notwendiger, dass die sich dort Einfindenden wissen, »daß in Frankfurt ein Organ für die Marinesache ist, welches mit der Majestät des Nationalwillens umgeben ist«.[217]

Von vorherherein war also Eile geboten, norddeutscher Marinekonkurrenz war der in Frankfurt gebündelte »Nationalwille« entgegenzustellen und »vom In- und Auslande die erforderlichen Materialien zur Vorlage an die Nationalversammlung einzuholen«[218] – zumal »diese Frage bei dem fortdauernden Kriege mit Dänemark und bei den anhaltenden Feindseligkeiten gegen unsere Küstenstaaten von der dringendsten Art ist«.[219]

Der Antrag wurde angenommen, der Marineausschuss, dessen 15 Mitglieder in der 10. Sitzung vom 31. Mai 1848 der Versammlung »verkündet«[220] wurden, konstituierte sich noch am gleichen Tag im »Sarasin'schen Hause«[221].

Am 7. Juni dann erstattete der Abgeordnete Joseph v. Radowitz, preußischer General und damit als Militär fachlich zumindest in der Nähe des militärischen Sujets Flotte, den ersten Bericht des Marineausschusses der Nationalversammlung, in welchem er neben einigen eher beiläufigen »Bedingungen, die eine deutsche Seemacht überhaupt zu erfüllen hat«[222], sodann die »Verteidigung der eigenen Küsten« sowie »die Beförderung der großen commerciellen und politischen Interessen des Gesammtvaterlandes«[223] schnell und ausführlich zum eigentlichen Zentrum seiner Rede machte. Vermittels dieser Ausführungen gelangte er auch umstandslos zur Begründung der Notwendigkeit einer Flotte, ihrer nationalen Symbol- und Einigungskraft und der historischen Aufgabe der Nationalversammlung als Gründerin der Flotte und damit, vermittels des maritimen Instruments und Symbols, der deutschen Nation selbst: »*Meine Herren! Wir wollen die Einheit Deutschlands gründen; es gibt kein Zeichen für diese Einheit, das in dem Maße innerhalb Deutschlands und außerhalb Deutschlands diesen Beschluß verkündet, als die Schöpfung einer deutschen Flotte. (Bravo!). (…) Indem wir also aussprechen: ›Es entsteht eine deutsche Flotte‹, und es durch Handlungen zeigen, haben wir ein Zeugniß abgelegt von der Einheit Deutschlands, das in die fernsten Zonen sich forttträgt. (Bravo!) Das erste deutsche Kriegsschiff, das erscheint, und sich vor die Mündung des Rio de la Plata legt, zeigt den dortigen zahlreichen Deutschen, daß sie nicht mehr von der Willkür eines Tyrannen ausschließlich abhängen, sondern daß hinter ihnen ein Volk von vierzig Millionen steht. (Andauerndes Bravo). Dasselbe gilt allenthalben. Die Schöpfung der Flotte ist nicht bloß eine militärische Frage, eine commercielle Frage, sondern im höchsten Grade eine nationale Frage.*«[224] Das war der Ton, der schon beim ersten Erscheinen der Flottenfrage in der Nationalversammlung angestimmt wurde, und nicht nur, wie hier bei v. Radowitz, auf der Rechten. Dieser Ton klang gleichsam fraktionsübergreifend weiter bis zum Beschluss über die Anschubfinanzierung und damit die De-facto-Gründung einer deutschen Flotte durch das erste deutsche Parlament am 14. Juni 1848.

Es war auch der Klang der national-euphorischen Flottengedichte, und, wie in Georg Herweghs Reimen, sollte diese aus dem Meere geborene deutsche Nation auch nicht in heimischen Gestaden verbleiben. Vielmehr ging es gleich, kaum dass die Flotte als Traumprojekt der Nationalversammlung auf deren Tagesordnung und Rednerliste erschien, hinaus in die Welt, und v. Radowitz imaginierte bereits die ersten schwimmenden Einheiten der neuen »deutschen Marine«, wie die Dichter in ihren Träumen, in fernen Gewässern, vor der Mündung des Rio de la Plata.

Ein späterer deutscher Flottenkaiser wird darauf zurückkommen: 1898 wurde das erste Flottengesetz vom Staatssekretär des Reichsmarineamtes, Alfred v. Tirpitz, durch den Reichstag gebracht, und Wilhelm II. machte sich, mit dem Dreizack in der Faust,[225] auf, wie weiland Herweghs Flottenkaiser auf dem purpurnen Meer, dem Ruf des Ozeans, der »an unseres Volkes Tore klopft«,[226] folgend, »die Welt zu gewinnen«.[227] Nicht nur der Kaiser, auch die deutschen Kinder legten nun Marineuniform an, und wieder waren die Deutschen, wie Heinrich Heine dies schon im Vormärz diagnostiziert hatte, »begeisterte Matrosen«[228] geworden. Und daher ist es auch nicht zufällig, dass der erste Satz der Tirpitzschen »Erinnerungen« auf die »deutsche Flottenbegeisterung der 48er Revolution« rekurriert.[229] Nicht als Reminiszenz an die Revolution, wohl aber an den Flottentraum von Kaiser und Reich, den die Ereignisse von 1848, trotz allen »Ludergeruchs« und unter Reaktivierung des gesamten Geschichts- und Sagenarsenals der alten deutschen Kaiseridee, weitergetragen hatten: den von der Flotte als Materialisierung des Nation- und Kaisergedankens in Schiffskörpern, dem modernen, technologisch staunenswerten Symbol und Instrument von Reichseinheit und -macht; und für den Kaiser eine »schimmernde« Illuminierungskulisse, Spielfläche seiner »unheilbare(n) Marineleidenschaft« und geliebter Ort »persönlichen Regimentes«.[230]

»Unsere erste That!« – Die parlamentarische Kiellegung einer Marine

Doch der Anlass für den ersten deutschen Flottengründungsakt war ein durchaus militärischer, die Verteidigung der Küsten gegen Freiligraths »fremden Entrer«, der sich nun als die die deutschen Gewässer blockierenden Dänen entpuppte und der den Marineausschuss und später die Nationalversammlung zum Beschluss über die Verfügbarmachung von 6.000.000 Taler, davon »drei Millionen sofort, und die ferneren drei Millionen nach Maßgabe des Bedürfnisses«[231], und dies auf »bisher verfassungsmäßigem Wege«, also durch die »hohe Bundesversammlung«, für den Bau einer deutschen Flotte, genauer: eines »Anfangs für die deutsche Marine« veranlassten.

Der Weg dahin führte über den Antrag des Marineausschusses, der bereits am 14. Juni auf die Tagesordnung des Parlaments geriet – und damit weit vor jenen Projekten, die die in Augsburg erscheinende »Allgemeine Zeitung« in ihrer Ausgabe vom 15. Juni in ihrem Bericht über die zu Pfingsten leerstehende Paulskirche und den meisten Abgeordneten, die sich »auf kleinen Ausflügen« erholen, als eine »Zeit der Vorbereitung, aber der Vorbereitung zu den größten Dingen (...) Dingen wie eine künftige deutsche Reichsverfassung, wie die Errichtung einer Zentralgewalt«[232], hoffnungsfroh, aber zu früh ankündigte.

Mitnichten nämlich waren es die von der »Allgemeinen Zeitung« genannten Themen, denen sich die Abgeordneten mit dem Schwung, den sie sich auf ihren Pfingstausflügen geholt hatten, zuvörderst widmeten. Am 14. Juni, nicht einmal vier Wochen nach dem glanzvollen Einzug der Parlamentarier in die Paulskirche, stand vielmehr die Flotte des zu schaffenden Reiches auf der Tagesordnung, und die Nationalversammlung schickte sich an zu ihrer »ersten That«.[233]

In großer patriotischer Erregung verlief die Debatte von schnell ad acta gelegten militärischen Detailfragen, wie dem Vorzug des Verschießens von Hohl- oder Vollkugeln[234] von noch gar nicht existierenden Schiffen in just jenen Bahnen, gleichsam »in den Furchen von Kolumb«[235], die unsere Flottendichter und der Marineausschuss vorgezeichnet hatten. Adolph Wiesner aus Wien gab zu Protokoll, wie sehr er »von der Nothwendigkeit durchdrungen (sei), die Ehre und Machherrlichkeit Deutschlands zu gründen«[236] und dabei zugleich »das Princip des Volkswillens, der Volkssouveränität aussprechen (zu) können«[237] – Verweis sowohl auf die Nationalsymbolik der Flotte wie der demokratischen Couleur und Legitimation ihrer parlamentarischen Geburtshelferin. Symbolisch, mächtig und bedeutend sollte sie sein, »die deutsche Flotte«, oder wahl- wie rednerweise auch »die deutsche Marine«, eben so wie Freiligraths »trutzig Kriegsgeschwader«[238] und das maritime Schlachtengetümmel, in das sich dies Geschwader gemeinsam mit seinem Dichterhelden gedichtweise gestützt hatte: »Wenn wir zur See auftreten wollen, so müssen wir das auf eine großartige Weise thun, durch den Bau großer Schiffe, nicht durch Ueberschwemmung mit so vielen Kanonenböten«,[239] so der Abgeordnete Wiesner weiter.

Sein Parlamentskollege vom linken Flügel, der Ordinarius für Staatswissenschaften an der Universität Breslau, Johann Ludwig Tellkampf,[240] versuchte wiederum, ganz in seinem Metier der Nationalökonomie, auf die wirtschaftspolitischen und arbeitsplatzschaffenden Aspekte des Flottenbaus auch für die Friedenswirtschaft zu verweisen, inklusive überseeischem Handel und kolonialer Expansion,[241] was auch die Arbeiterschaft für die Flotte begeistern könne. Und es sei ja auch die Flotte, ganz so wie dies Herwegh mit der lyrischen Formel »Das Meer, das Meer macht frei«[242] bereits zuvor poetisch ausgeformt hatte, die den Menschen auf dem hoheitsfreien Raum der weiten See, den schon Hugo Grotius als demokratisches Urterrain ausgemacht hatte, von sklavischen Verhältnissen befreie und durch den Verkehr mit anderen Völkern sich »das freieste politische Leben« entwickeln lasse[243] – die See mithin als nationales und demokratisches »Stahlbad«, nämlich »daß das Seeleben die Völker stählt und mit den Gefühlen der Freiheit und Unabhängigkeit durchhaucht«.[244]

Damit waren die wesentlichen Argumente für die Flotte auf dem Tisch, vor allem aber auch ihre nationale Symbolkraft, die, so die Selbstreferenz der Nationalversammlung auf ihrem finanztechnisch tönernen Fundament,[245] namentlich auch der eigenen Legitimation und dem Nachweis der parlamentarischen Handlungsfähigkeit zu dienen hatte.

Und genau aus diesem Grunde wurde daher auch der Flottenbeschluss, in den Worten der Abgeordneten Adolph Wiesner und Edgar Daniel Roß als »unsere erste That«[246] derart deutlich benannt, historisch verortet und sogleich in eine glorreiche deutsche, vaterländische Tradition gestellt: Sei es doch »nicht schwer, von der beabsichtigten Marine alles Heil zu erwarten, wenn wir auf die vaterländische Hansa zurückblicken«.[247]

Derart herrschte allgemein[248] die größte Aufbruchstimmung. Und die Flotte war dabei das gleichermaßen kraftvolle wie einigende nationale Symbol – ein leuchtendes Projekt, das wiederum die flottengründende Nationalversammlung selbst auf das hellste illuminierte. Die dergestalt entfachte Euphorie ließ auch lästige Geschäftsordnungsproblematiken, wie die mangelnde haushälterische Zuständigkeit der Nationalversammlung für einen derartigen Beschluss, in den Hintergrund treten. Diese Klippe wurde durch den Präsidenten Heinrich v. Gagern unter Hinweis auf die irgendwann ja einmal bestehende Zentralgewalt mit elegantem Kunstgriff[249] »umschifft« und bereitete so »einer etwas verworrenen Verhandlung, welche hierüber entstand«, wie die »Allgemeine Zeitung« berichtete,[250] ein allgemein begrüßtes Ende. Tatsächlich wurde der Beschluss gefasst, bevor man in Frankfurt überhaupt über eine Regierung verfügte. Denn erst am 17. Juni, also drei Tage nach dem Flottenbeschluss, begannen die Beratungen über eine »provisorische Reichsexekutive«, die am 28. Juni in das Gesetz über die »Einführung einer provisorischen Zentralgewalt für Deutschland« mündeten. Und dem Reichsverweser, dem österreichischen Erzherzog Johann, der am 29. Juni gewählt wurde und am 12. Juli sein Amt antrat, konnte nun die vollziehende Gewalt nach Gegenzeichnung durch das Reichsministerium sowie der Oberbefehl über die Bundestruppen übertragen werden.[251]

Nach dreieinhalbstündiger Debatte waren die Herren nämlich sehr erschöpft,[252] und umso mehr musste es endlich darum gehen, unter Zurückstellen geschäftsordnungsmäßiger Bedenken nun zum Beschluss,[253] und damit zur »Gründung des ersten großen Nationalwerkes«[254], zu schreiten, bekräftigt vom Abgeordneten Wilhelm Jordan aus Berlin, dass es »hier weit mehr auf die große Sache, als auf den Weg ankommt«[255]. Dies wurde vom Sprecher des Marineausschusses, v. Radowitz, schließlich noch einmal auf den Punkt gebracht: dass nämlich bezüglich der »Nothwendigkeit, daß Deutschland eine Kriegsmarine erhalte« in der Nationalversammlung »im Allgemeinen kein Zweifel obwaltet, und zwar nach beiden Richtungen hin: in Bezug auf die materielle Notwendigkeit und auf die weit höhere sittliche Bedeutung.«[256]

Hier ging es also nicht nur um militärische Zwecke, sondern höhere, gar »sittliche« Ziele, vor allem auch um die nationale Symbolkraft der Flotte – einer »schimmernden Wehr«, allerdings auf durchaus schwankendem haushaltstechnischen und exekutiven Fundament: »*Die Paulskirche konnte viel Geld bewilligen, aber keines beschaffen: nachdem die Zentralgewalt (...) die Gelder aus den Festungsbaufonds des Deutschen Bundes zweckentfremdet verbraucht hatte, hing sie finanziell vom guten Willen der deutschen Staaten ab, deren Entgegenkommen von ihren politischen Zielen bedingt wurde.*«[257] Dergestalt hatte der kühn und vordringlich gefasste Flottenbeschluss auch Selbstlegitimationscharakter und diente der Volksvertretung vor allem auch der eigenen Stärkung nach innen wie außen und dem Nachweis ihrer Handlungsfähigkeit – selbst wenn sie dafür zunächst fremdes Geld, das des Deutschen Bundes, den sie eigentlich abzulösen trachtete, in Anspruch nehmen musste.

Die Flotte war insgesamt in vielerlei Hinsicht ein einbringliches politisches Symbol für die Nationalversammlung: Neben ihrer nationalen Verweisfunktion (keine Landeskontingente) war sie durch die Größe ihrer Waffen und Waffenträger im besonderen Maße »schimmernde«, prächtige Wehr, mit der sich, wie gewünscht, »auf eine großartiger Weise« auftreten ließ; und sie war vor allem durch Dampfschiffe technologisch ausgesprochen modern.[258] Sie ermöglichte den Schutz weltweiten Handels und damit auch das Betreten internationalen Parketts, gleichsam in dessen ozeanischer Form. Die Flotte konnte zudem politisch-militärisch eskalierend wie deeskalierend eingesetzt werden, in ihrer friedlichsten Funktion gar als »Botschafter in Blau«, und sie war, als Ansammlung von traditionell mythisch besetzten Schiffsexemplaren, nicht zuletzt auch Staatsmetapher. Sie war mithin eine multifunktionale Vergewisserungs- und Emanzipationsplattform für das neu erstandene und nach Legitimation und Vergegenständlichung suchende und strebende erste deutsche Parlament. Und nicht zuletzt: Instrument und Symbol der deutschen Einigung in einem Nationalstaat, eine »nationale Demonstration«[259] und gleichermaßen auch der Ausweis der Legitimation und Handlungsfähigkeit des sie schaffenden parlamentarischen Organs, der um Anerkennung bemühten Nationalversammlung.

So wird der Flottengedanke, ursprünglich aus rein militärischen Erwägungen in den Blick geraten, kaum ist die nationale Begeisterung entflammt, von nationalpolitischen Aspekten überlagert: »Zweck der Flotte war zunächst die Verkörperung des Patriotismus und des erwachten Nationalgefühls« (...) die Gewaltmaßregeln gegen die Dänen standen erst in der 2. Reihe.«[260] Ursprünglich als Gegenmaßnahme zur dänischen Seeblockade der deutschen Küsten erdacht, von den Fürsten des Deutschen Bundes angeregt und auf den Weg gebracht, wurde die Flotte unter der Hand des Parlaments auch zum Hebel der Nationalstaatskonstituierung – mit der gleichen nationformierenden Kraft wie die gemeinsame deutsche Sprache – ein Gleichklang von Sprache und Flotte als gleichermaßen nationgebärende Elemente, der dann auch die Germanisten bereits vor Konstituierung der Nationalversammlung, und spätestens seit

Grimms Ausführungen in Lübeck und der anschließenden vergnüglichen Seefahrt vor Travemünde, mitten ins Lager der Flottenfreunde, der »begeisterten Matrosen« Heines, katapultierte.

Damit aber wurde die Flotten- bzw. Marinegründung, signifikanter- und betonterweise die »erste That« der Nationalversammlung, zum parlamentskonstituierenden Akt selbst und zu einer gleichermaßen nationalen, maritimen und parlamentarischen Demonstration; ein tatkräftiger Verweis der Nationalversammlung auf sich selbst[261] und für die nationale Einheit, die diese reichsunmittelbare maritime Institution gleichzeitig verkörperte wie erzeugte, und ganz im Gegensatz zu den dezentral angelegten, jeweils den einzelnen Landesautoritäten unterstehenden Heereskontingenten der Bayern, Sachsen und Württemberger.

Nur die Marine also konnte überhaupt diese neue Reichsunmittelbarkeit zum Ausdruck bringen und im Akte ihrer Gründung selbst auch schaffen. So war diese Flotte eine »Reichsflotte« in doppeltem Sinne: ihre exekutive Funktion für das Reich in gleichem Maße bezeichnend wie auch die reichsformierende, die nationschaffende Funktion der Flotte selbst. In der Nationalversammlung wusste man dies wohl,[262] und der reichssymbolische, einigende Aspekt der Nation qua Flotte, mithin deren nationbildende Kraft, überragte schließlich auch deren akute militärische Bedeutung, ja, man war schon im Marineausschuss bereit gewesen, zugunsten einer maritimen Reichssymbolik diese »schimmernde Wehr« zunächst auch weitgehend einer konkreten militärischen Strategie zu entkleiden: »... weßhalb wir die besondere Weise, wie wir uns den nächsten Gebrauch dieser Flotte denken, hier unberührt lassen.«[263] Der Bau der Flotte hatte erst einmal Vorrang vor seinem Zweck,[264] oder wie Freiligrath in seinen »Flottenträumen« zuvor bereits ausgerufen hatte: »*Wir brauchen Namen wahrlich nicht zu kaufen!/Wir haben Männer, haben Tage, Taten: /Mehr Schiffe nur! Wir wollen sie schon taufen!*«[265]

Und so wurde am 14. Juni 1848 dann »mit einer an Stimmeneinhelligkeit grenzenden Majorität«, wie es der Parlamentspräsident feststellte, und unter »allgemeine(m) Bravo«[266] beschlossen, dass »die Summe von 6 Millionen Thalern zum Zweck der Begründung eines Anfangs für die deutsche Marine (...) auf bisher verfassungsmäßigem Wege verfügbar zu machen«[267] sei. Nach dreieinhalb Stunden wurde die Sitzung um 14.30 Uhr geschlossen, nicht ohne zuvor die Meldung des Abgeordneten Samuel Gottfried Kerst zur Kenntnis genommen zu haben, dass er nunmehr zum Rechnungsführer des Marineausschusses bestimmt worden sei, zuständig für die Entgegennahme der nun hoffentlich zahlreich eingehenden »freiwilligen Beiträge« für die nunmehr mit erheblicher Begeisterung auf den Weg gebrachte deutsche Marine. Die »Allgemeine Zeitung« berichtete dazu am 16. Juni von »lebhafter Acclamation«[268] und am 17. und 18. Juni von »unermeßlichem Jubel«.[269]

Letztere Ausgabe der »Allgemeinen Zeitung« enthält darüber hinaus auch eine Beilage mit einem ausführlichen Bericht »Für eine deutsche Flotte« aus München vom 15. Juni, der vom »ersten Beisteuern zur deutschen Flotte seitens der Bewohner von Altausee in Styermark und von Mittenwald im bayerischen Hochgebirge« berichtet,[270] sodann von »Geldzuwendungen aus dem bayerischen Königshaus«[271] sowie »ein köstliches Fernrohr« vermerkt, »gestiftet von Herrn Merz, Inhaber des ehedem Fraunhoferschen Optischen Instituts, für den Capitain des ersten deutschen Kriegsschiffs«[272]. Und auch das erste Schiff namens BAYERN segelte bereits hier durch die Gazette, endete doch der Berichterstatter aus Bayern mit der Hoffnung auf weitere Spenden, »damit es Bayern durch vereinigte Kräfte möglich werde ein ganzes Glied in die Flotte einzusetzen als sichtbares Gedächtniß der ersten Zeit unserer wiedererwachten Einheit«.[273] Eine Formel, die im Aufruf des »Oberbayerischen Ausschusses für Sammlung von freiwilligen Beiträgen zur Gründung einer deutschen

Flotte« dann als ein Schiff, das »den Namen »Bayern« durch die Meere tragen«[274] soll, entschlüsselt wird.

Die Nationalversammlung hatte es sich zudem zur Regel gemacht, ihre Sitzungen regelmäßig mit der Verlesung des Aufkommens neuer Spendengelder für die Flotte zu eröffnen. »Mit einem Gesamtvolumen von einer halben Million Taler blieb die Höhe der Spenden allerdings hinter den Erwartungen zurück.«[275] Kein Wunder, wenn man sich die Spendenbereitschaft der »begeisterten Matrosen« in der Nationalversammlung selbst ansieht, geht doch aus den erhaltenen Einzeichnungslisten für die freiwilligen Beiträge der Abgeordneten »einwandfrei hervor, daß gerade eben 200 Abgeordnete eine einmalige Summe von meist 5 Tl. für die Flotte beisteuerten«.[276]

Und obwohl die Beiträge nie die von der Nationalversammlung erhoffte Höhe erreichten, leitete deren Verlesung weiterhin wie eine »Marineliturgie«[277] die Sitzungen der Nationalversammlung ein und hielten daher den national- und parlamentskonstituierenden Flottenbeschluss permanent in Erinnerung, ohne dass dies das Parlament genötigt hätte, dem Fortgang der maritimen Dinge weiter größere Aufmerksamkeit zu schenken. Lediglich die schriftliche Ankündigung der »Fürstlich Thurn- und Taxis'schen General-Postdirection« einer portofreien Beförderung aller »Geldsendungen, welche zur Bildung einer deutschen Kriegsflotte auf der Adresse bezeichnet«[278] sind in der 19. Sitzung der Nationalversammlung vom 20. Juni lässt die deutsche Flotte, die so glanzvoll auf der Agenda der Paulskirche erschienen war, noch einmal zurückkehren. Dann ist sie aus den parlamentarischen Debatten und der Berichterstattung der Zeitungen nahezu verschwunden, und auch trotz des fulminant-deklamatorischen Beschlusses vom 14. Juni unternahm die Nationalversammlung »unter den gegebenen Umständen nichts Konkretes, ja teilte ihren Entschluß dem Adressaten (dem Bundestag, F. G.) nicht einmal offiziell mit«.[279]

Der Antrag auf Verfügbarmachung von 6.000.000 Talern für die Aufstellung einer »deutschen Marine« aber war gleichwohl der erste Beschluss der Nationalversammlung, ein nationales wie Einheitsstatement und, als deklaratorische Funktion, Ausdruck der Souveränität des durch sie repräsentierten deutschen Volkes. Der Beschluss war parlamentarische Selbstreferenz wie politisch-militärische Sofortmaßnahme, »quick reaction« bei akuter militärischer Bedrohung zugleich, und die Flotte damit gleichermaßen Instrument wie »schimmerndes« Symbol[280] des durch die Nationalversammlung zu konstituierenden deutschen Nationalstaates, des »deutschen Reiches« der späteren Reichsverfassung der Paulskirche und der diesem Reich und seiner Zentralgewalt unmittelbar zugeordneten und unterstellten Flotte, mithin dessen »Reichsflotte«.

Diese hingegen trug, kaum hatte sie in Frankfurt das parlamentarische Licht der Welt erblickt, wie das ganze »Projekt Paulskirche« den Todeskeim von Anbeginn in sich. »Weder bestand ein verbindliches Haushaltsrecht, noch verfügte die Nationalversammlung über regelmäßige Einnahmen.«[281] So beantragte der Marineausschuss zur Kompensierung der »moralische(n) Demütigung«[282] der Deutschen und der »tiefgefühltesten Bedürfnisse der Nation«[283] die Gelder für die Flotte mangels eigener Mittel und Zuständigkeiten just bei jenem Gremium des Deutschen Bundes, der Fürstenversammlung des Bundestages, die es eigentlich durch die Schaffung eines deutschen Nationalstaates abzuschaffen galt: »Hätten die Fürsten den Flottenbau nicht gebilligt und dem Parlament zu den nötigen Mitteln verholfen: Die Parlamentarier in der Kirche hätten beschließen können, was sie wollten: nichts wäre geschehen!«[284] Und im Übrigen war es ja auch jener Bundestag gewesen, der den Flottengedanken im Angesicht der Schleswig-Holsteinischen Krise und der dänischen Blockade zuerst auf die politische Agenda gebracht hatte.

Dies war das tönerne Fundament der Paulskirche, ihr Wirken gleichsam auf und mit den alten Institutionen: Am 12. Juli übergab dem »Reichsverweser«, Erzherzog Johann von Österreich, gleichsam ein »Übergangsmonarch«,[285] der am Tag zuvor im Triumphzug in Frankfurt eingezogen war,[286] »der österreichische Präsidialgesandte am Bundestag, Anton Ritter von Schmerling, namens sämtlicher deutscher Regierungen die Regierung Deutschlands – der Bundestag hatte aufgehört zu existieren«.[287] Der Erzherzog war vom Parlamentspräsidenten Heinrich von Gagern für dieses Amt vorgeschlagen worden »nicht weil, sondern obwohl er ein Fürst sei«.[288] So traten diese alten Institutionen nur vorläufig, den revolutionären Ereignissen im Lande zeitweilig ausweichend, in die zweite Reihe zurück, ohne hingegen ihre Existenz aufzugeben, ja, »ohne daß damit aber die Verfassung des ›Deutschen Bundes‹ aufgehoben war«.[289] Und konsequenterweise ging auch gleich ein Erlass des neuen Kriegsministeriums, dass am 6. August alle Truppen in Deutschland dem Reichsverweser zu huldigen hätten, ins Leere: Er »wurde nur in den Kleinstaaten befolgt«.[290] Die Reichsmatrikularbeiträge wurden zudem nur widerwillig oder gar nicht an die Zentralgewalt abgeführt.[291] Dabei waren »die Matrikularbeiträge für die Flotte (…) in ihrer ersten Rate nur von Preußen, den Küstenstaaten und einigen kleineren Ländern vollständig entrichtet worden.«[292] Die provisorische Zentralregierung selbst wurde international nur von wenigen Staaten anerkannt, »Schweden, die Niederlande, Belgien, die Schweiz, Neapel und Griechenland«,[293] und mit Gesandten versehen: »*Nur die Machtlosen suchten Verkehr mit uns: Von Ungarn, Siebenbürgen und aus der Walachei waren Abgesandte anwesend, und der neapolitanische Gesandte wünschte unsere Hilfe bei der Wiedereroberung Siziliens.*«[294] Gleichzeitig verblieben die »alten Gewalten« auf der politischen Szenerie, wenngleich zunächst in deren Kulisse, waren hingegen »alles andere als gewillt, (…) sich das Heft völlig aus der Hand nehmen zu lassen«.[295] – insgesamt eine »Parallelaktion«,[296] die auch die Flotte hervorbrachte und mit ihr auch gleich schon deren Ende, kaum hatte sich diese Doppelexistenz[297] im Zuge des Wiedererstarkens der alten Mächte in Luft aufgelöst.

»Parallelaktion« – Ende der Revolution und Aufstieg der Flotte

Das »Rollback« der alten Gewalten setzte dann auch bald ein, spätestens mit dem von Preußen an der Nationalversammlung vorbei geschlossenen, vorläufigen Waffenstillstand von Malmö am 26. August 1848. Die Nationalversammlung schuf sich durch den Akt der Flottengründung, der Realisierung des vormärzlichen »Flottentraumes« der Deutschen, gleichsam selbst. Karl Gustav Julius v. Griesheim, Chef der Armeeabteilung des preußischen Kriegsministeriums, war nicht der Einzige, der überzeugt davon war, dass das Parlament »gar keine Macht besitzt, als die täglich mehr und mehr schwindende Sympathie der Menge« und »daß es auf einen Resonanzboden angewiesen sei, wie gerade die Flottenbegeisterung ihn bereite«.[298] Daher wurden auch, just aufgrund dieses für die Legitimation des auf schwankenden Schiffsplanken ruhenden revolutionären Gebäudes so wichtigen Aktes der »Begründung eines Anfangs für die deutsche Marine« die ursprünglichen Aufgaben der Nationalversammlung, die Ausarbeitung von Grundrechten und einer Verfassung, erst einmal zugunsten des Flottenbeschlusses zurückgestellt. Und daher blieb auch die parlamentarische Formulierung strategischer und rüstungstechnischer Flottenziele vage,[299] um den nationalsymbolischen und -integrierenden Aufbruchcharakter dieses »erste(n) Bewilligungsakt(es)«[300] nicht unnötig zu gefährden.[301]

Und nach dem bejubelten Beschluss vom 14. Juni war ja auch von der Flotte im Parlament nicht mehr viel zu hören.³⁰² Ihre Aufstellung, nicht ihre Verwendung, war der Akt, auf den es wesentlich ankam. Dies aber waren die bleibend dunklen Wolken, die über der Flotte bis zu ihrem Ende unter dem Auktionshammer des Oldenburger Geheimen Staatsrates a. D. Hannibal Fischer in den Jahren 1852/53 hingen.

Dem »Rollback« der alten Gewalten wiederum lief die Entwicklung der Flotte der Paulskirche, der ersten deutsche Marine, unter der Flagge Schwarz-Rot-Gold, exakt entgegen, wurde sie doch erst jetzt, mit beschaffungstechnischem und organisatorischem Verzögerungseffekt, tatsächlich aufgestellt – und auch langsamer, als von den Abgeordneten, die auf dem Gebiet der Flottenrüstung gleichsam »mare incognito« betraten, gewünscht. Marinen, dies aber wusste das eher »Beamten- als Professorenparlament« in Frankfurt nicht so genau, bedürfen zu ihrer Aufstellung deutlich länger als die Aushebung von Heeren.

Überhaupt war es mit der maritimen Erfahrung im Parlament so eine Sache: Persönliche seemännische Erfahrung, gar eine militärische, hatte niemand der Flottenenthusiasten, die sich in der Nationalversammlung zu Wort meldeten: »Sie hatten nun einmal allesamt keine echte Verbindung zu dem, wovon sie sprachen«,³⁰³ und Friedrich v. Raumer, späterer Reichsgesandter in Paris, war überzeugt davon, »daß wenn ein rechter Sachverständiger zugehört hätte, er alle Redenden für Bönhasen und Dilettanten würde erklärt haben.«³⁰⁴ Auch Kauffahrteifahrer³⁰⁵ waren nicht im Rund der Paulskirche auffindbar, nur einige Honoratioren, die schon einmal oder, in seltenen Fällen, gar mehrmals an Bord eines Schiffes eine Seereise unternommen hatten³⁰⁶ – wie etwa der Abgeordnete Johann Ludwig Tellkampf,³⁰⁷ der dadurch auch sogleich zum parlamentarischen Marine-Experten aufstieg.

So war des Handelsministers Arnold Duckwitz' Initiative, in seinem Ministerium eine Marineabteilung einzurichten, für deren Leitung sich mangels Fachleuten letztlich niemand fand als er selbst,³⁰⁸ sowie diesem eine professionell besetzte »Technische Marinekommission« beizuordnen³⁰⁹, die mit wirklichem Expertenwissen³¹⁰ über die Fragen einer zukünftigen deutschen Marine zu beraten und dies in Vorschläge für die provisorische Zentralregierung und die Nationalversammlung zu gießen habe, nichts weniger als weitblickend. Am 15. November nahm die neu errichtete Marineabteilung ihre Arbeit auf,³¹¹ und damit »war die Rolle des Marineausschusses im Wesentlichen beendet«³¹² – nicht jedoch ohne dass dieser mit grundsätzlichen Weichenstellungen, dem begrenzten Ziel der Flottenrüstung aus Gründen ebenso begrenzter Geldmittel, dem Ankauf moderner Dampfschiffe als Kern der Flotte, nicht zu reden von der Herbeiführung des Parlamentsbeschlusses vom 14. Juni³¹³, maßgebliche Wegmarken der weiteren Flottenentwicklung gesetzt hatte.

Als Hauptkomponente plante die Technische Marinekommission, zumal es den Dänen daran »vor allem gebricht«³¹⁴, die Beschaffung vor allem von »Kriegsdampfschiffen, namentlich Dampf-Korvetten und Dampf-Fregatten«³¹⁵ durch Ankauf »und endlich eine Anzahl solcher Kriegsdampfschiffe auf den Stapel (zu) stellen«³¹⁶. Diese als in England zu erwerbende oder armierte Handelsschiffe und auf Privatwerften zu bauende 20 bis 25 Dampfer, dazu Kanonenschaluppen und zehn armierte Ever³¹⁷ ließen den Segelschiffen keine Rolle mehr in der modernen, dampfangetriebenen deutschen Flotte. Allein die Hamburgische DEUTSCHLAND (»nur als Blockschiff brauchbar«³¹⁸), die Korvette AMAZONE und der Schoner ELBE finden Platz am Rande des deutschen Flottenaufgebotes.

»Alle Mann up's Deck! Das ist der Ruf, den Germania (die mit schwarz-rot-goldener Fahne und dem mit einem Ölzweig umwundenen Schwert, gemalt vom Direktor des Frankfurter Städels Philipp Veit und seinem Malerkollegen Edward von Steinle, den parlamentarischen Ort der Paulskirche zierte;³¹⁹ F. G.) *jetzt all ihren Kindern nach*

Osten und nach Westen, nach Süden und nach Norden zuruft.«[320] So hatte man schon vor dem Zusammentreten der Nationalversammlung gerufen, und insofern war die eilige Befassung mit dem »merkwürdige(n) Marineexperiment«[321] nicht nur die vielumjubelte »erste That« des Paulskirchenparlaments, sondern, so der Historiker Michael Salewski, »der einzig überhaupt sichtbare Ausdruck politischer Handlungsfähigkeit und Handlungswillens«.[322]

Es ist ein beliebter Topos historischer Betrachtung zu behaupten, Revolutionen seien zuweilen, wenn nicht gar zumeist, nachdem sie erst einmal die öffentliche Ordnung durcheinandergebracht hätten, dann auch noch völlig folgenlos im weiteren Geschichtsprozess verpufft. Dies gilt namentlich für die großen Revolutionen auf deutschem Boden, zudem den ersten: dem Bauernkrieg von 1524/25 und eben der Revolution von 1848. Dabei scheint die Revolution von 1848, wenn sie, außerhalb von Jahrestagen, überhaupt ins öffentliche und akademische Bewusstsein gerät, vor allem vor dem Hintergrund des späteren, mit Blut und Eisen gewirkten Deutschen Reiches in größter Irrelevanz zu verblassen, als unangenehm-störende Aufwallung eines diffusen Volkszornes und eher unbedeutende Episode, die von dem in der Geschichte waltenden Weltgeist glücklicherweise schnell untergepflügt wurde, ein von Bismarck revidierter historischer Ausrutscher eines übereifrigen, zudem von Frankreich angestachelten Bürgertums und dessen gewaltbereiter kleinbürgerlicher und proletarischer Kolonnen auf den Straßen und Barrikaden oder gar, wie in Baden, auf dem Schlachtfeld.

Dieses vermeintlich Marginale der Revolution von 1848 haftet auch und insbesondere ihrer Schöpfung, der ersten deutschen Marine, an – als ein vermeintlich lächerliches Experiment mit einem »Riesengefecht« vor Helgoland und einem in der Wesermündung fürderhin schlafenden bzw. verrottenden, zudem ganz überflüssigen Schiffskonglomerat und einem Oberbefehlshaber dieser Geisterflotte, dessen anglisierter Nachname unseligerweise im Deutschen auch noch als Verniedlichungsform gelesen werden kann[323] und der auf diese Weise auch viel lustige schnurrbärtigfesche Brommy-Figuren hervorgebracht hat, wie den lustigen Admiral in komischen Marinekabinetten[324] oder den fröhlichen Touristenführer auf der Homepage von Brakes Tourismusbüro.[325] Dabei verdient weder Brommy noch seine Flotte derart possierliche Verniedlichung, käme es doch in Anlehnung an ein berühmtes und aus durchaus berufenerem Munde gesprochenes Wort eher darauf an, auch Brommy, den vermeintlich tragikomischen Seehelden und erfolglosen Flottenführer, in Anrechnung seines wirklichen historischen Ortes in der deutschen politischen und militärischen Geschichte, vom Kopf auf die Füße zu stellen.

So lässt sich trotz aller Symbolpolitik, die in der Paulskirche mit der Gründung einer ersten deutschen Flotte einherging, kaum bestreiten, dass mit der schließlich am 28. März 1849 in Kraft gesetzten Reichsverfassung mitsamt ihren revolutionär-bürgerlichen Grundrechten[326] Maßstäbe für die weitere politische Entwicklung Deutschlands gesetzt wurden und »Textbausteine«, die später in die Weimarer Verfassung und von dort auch in die Grundrechte des Grundgesetzes der Bundesrepublik Deutschland Eingang fanden: »Was von der Revolution überdauerte, waren die Erinnerung an einen politischen Aufbruch und ein Verfassungstext, ein Stück Literatur. Vom ersten zehrten die 1860er Jahre, vom zweiten die Verfassungsgründer von Weimar und Bonn.«[327] Eine singuläre und in wesentlichen Teilen auch bleibende historische »That« der Paulskirche und ihrer verfassungsgebenden Tätigkeit: die Formulierung verfassungsrechtlicher Grundlagen, die der Paulskirchenabgeordnete Jacob Grimm noch wesentlich mit vorbereitet und als moderne, bürgerliche konturiert hatte. Konsequenterweise ist Grimm, wie viele seiner Germanistenkollegen, wie Dahlmann, Gervinus, Uhland und auch Wurm, der in Lübeck die Forderungen nach Flotte und Parlament so signifikant miteinander verknüpft hatte, dann auch in die Frankfurter Nationalversammlung eingezogen. Und so hatten diese mutigen Demokraten, die schon in Göttingen dem König die Stirn geboten hatten, mit ihren Germanistenversammlungen in Frankfurt 1846 und Lübeck 1847 bereits einen Parlamentarismus »simuliert«,[328] der sich nun, angesichts der Märzereignisse und der Konstituierung eines realen deutschen Parlaments, auch in der politischen Wirklichkeit einstellte.[329]

Und die Germanisten ziehen nicht nur in die Paulskirche ein, sondern, und man wird dies zumindest für Jacob Grimm und Ludwig Uhland sagen können, auch in dessen allererste Reihe.[330] Grimm, der ab dem 25. Mai auf den Platz Ernst Moritz Arndts, der ein alternatives Mandat des Wahlkreises Solingen angenommen hatte, als Abgeordneter des Wahlkreises 29, Essen, in die Nationalversammlung nachrückte,[331] »war für die Zusammensetzung der Frankfurter Paulskirche eine exemplarische politische Figur«,[332] »Symbolgestalt für die Einheitskraft deutscher Sprache und Geschichte. Er figurierte für die deutsche Einheit und gegen Fürstengewalt; er wurde gewählt als Teilnehmer am Göttinger Protest gegen den Verfassungsbruch Ernst Augusts und als Einheitsstifter der deutschen Sprache.«[333] In einem Schreiben an seine Wähler betonte Grimm, dass er »in allen Hauptsachen wie Arndt denke«,[334] und als Abgeordneter »saß (er) bei den Parlamentariern, die im ›Casino‹ einkehrten. Das Casino gehörte zum rechten Zentrum und bildete die größte Fraktion.«[335] Grimm war nach eigenem Bekunden ja alles andere als ein Republikaner,[336] vielmehr, wie die Majorität der Nationalversammlung und namentlich die Casino-Fraktion, monarchisch-, konstitutionell-liberal«[337] eingestellt. Grimm, den Heine in seinem Gedicht »Die Wahlesel« und im Hinblick auf seine altväterlich-patriotische Gesinnung als »Alt-Langohr«, Mitglied der »Esel-Fraktion«, verspottete,[338] »verfolgte auch mittelmäßige Debatten (…) wie ein Literarhistoriker, welchem jedes Buch von Wichtigkeit«[339]. Er wachte über das Gesagte, meldete sich selbst oft zu Wort »und sprach irgendetwas von Deutschland, etwas ganz Allgemeines, das ihm, in jeder richtigen politischen Versammlung, den Ruf ›Zur Sache‹ eingetragen haben würde.«[340] Er verließ die Nationalversammlung bereits wieder im September als Folge des durch das kriegführende Preußen mit den Dänen, die er so gern in der Schleswig-Holstein-Frage besiegt gesehen hätte, ganz ohne Konsultation mit der Nationalversammlung[341] am 26. August geschlossenen Waffenstillstandes von Malmö, den die Nationalversammlung erst nachträglich und mit Zähneknirschen am 16. September billigte.[342]

So befeuerte die Schleswig-Holstein-Frage nicht nur die revolutionäre Gestimmtheit und Tatkraft der Nationalversammlung an ihrem Beginn, sie brach ihr und der Revolution letztendlich auch das Genick: »Innenpolitisch also war mit der Malmö-Entscheidung die Revolutionswende vollzogen.«[343] Zuvor aber hatte Jacob Grimm noch insgesamt vier Anträge in das Parlament eingebracht, die in ihrem inhaltlichen Kern nichts weniger als revolutionär waren – namentlich den nach Abschaffung des Adels[344] und die Formulierung der freiheitlichen Grundrechte der Deutschen.[345] Alle seine Anträge wurden zwar abgelehnt, fanden hingegen gleichwohl in wesentlichen Teilen Eingang in die vor dem Verscheiden des Parlaments noch verabschiedete Reichsverfassung.[346]

Auch daher ist es geboten, in einer Arbeit über Brommy und die Marine der Nationalversammlung auch auf deren meinungsbildende Mitglieder ausführlicher zu verweisen, die, wie vor allem Grimm, den politischen Aufbruch, den die Revolution von 1848 und ihr Parlament, das dann einer Flotte den Weg bahnt, in hohem Maße personifizieren und zukunftsfähig wie -wirksam formulierten:

»Das deutsche Volk ist ein Volk von Freien, und deutscher Boden duldet keine Knechtschaft. Fremde Unfreie, die auf ihm verweilen, macht er frei.«[347] So hatte Grimm in der

Paulskirche dekretiert. Dabei entwickelt sich der Begriff der Freiheit bei ihm erst aus dem Reichsbegriff:³⁴⁸ »*Ein Reich als Nation war die für Jacob Grimm hinter allen weiteren Überlegungen zu begründende Voraussetzung. Dieser Reichsbegriff* (Grimm formuliert: »Das deutsche Reich ist ein heiliges und einiges«³⁴⁹) – *nicht ein Begriff allgemeiner Menschenrechte – konstituiert die weiteren Bestimmungen: aus ihm entwickelt sich der Begriff der Freiheit.*«³⁵⁰ Insofern ist die Flotte, wie sie Grimm schon in Lübeck forderte, als Reichsinstitution wiederum unmittelbar mit dem freiheitlichen Charakter des Reiches selbst verbunden – wie das Element, auf dem sie sich bewegt (Das Meer, das Meer macht frei!)³⁵¹. Und sie ist verbunden mit dem Begriff der Einheit der Nation, der für Grimm der Freiheit vorausgeht; sie, die Einheit, ist erst die staatliche Voraussetzung realisierbarer Freiheit.

Der staatlichen Einheit geht allerdings, und dies ist der politisch brisante und subversive Kern der »Germanistik«, die Einheit der Sprache voraus: »Die Sprache nimmt die Politik vorweg. Sie hat Einheit gestiftet, bevor diese politisch eingerichtet ist.«³⁵² Daher auch Grimms radikal linguistische, Wollstein nennt sie »eine spezielle historische Argumentation«,³⁵³ die nicht nur Schleswig als das Ursprungsland der Cimbern und Teutonen in eine nationale Sonderstellung, die nicht aufgegeben werden dürfe, rückte, sondern auch noch »in eigenwilliger Weise die Jüten zu Nicht-Skandinaviern erklärte und zum Germanentum rechnete, wodurch nur wenig verklausuliert ein späterer Anspruch auf ganz Jütland als Teil des von ihm angestrebten deutsch-germanischen Reiches angemeldet wurde«.³⁵⁴

Daher ist es auch kein Wunder, dass der Sprachforscher Jacob Grimm bei der Initialzündung zur Gründung einer deutschen Flotte, den Ambitionen des dänischen Königs, Schleswig, dessen Aufnahme in die deutschen Territorien seinerseits der Deutsche Bund beschlossen hatte,³⁵⁵ seinem Staatsgebiet einzuverleiben, an vorderster Front steht:

Jacob Grimm fand hier, und wie er selbst formuliert, »in einem augenblick, wo vergossenes deutsches blut um rache schreit«, »das Terrain für kämpferische Auseinandersetzungen, die seiner erhabenen übertagespolitischen Schau sonst fremd sind«.³⁵⁶

In seiner Rede vom 9. Juni 1848 vor der Nationalversammlung forderte er infolgedessen auch, »dasz der krieg gegen Dänemark so lange fortgeführt wird, bis diese krone unsere gerechten ansprüche auf ein unzertheilbares Schleswig anerkannt hat«.³⁵⁷ So empfand er den Malmöer Waffenstillstand daher auch als Schmach. Preußen habe sich »einer undeutschen handlung schuldig gemacht«.³⁵⁸ Als die Nationalversammlung sich schließlich am 16. September der preußischen Entscheidung, die Kampfhandlungen ruhen zu lassen, dann doch noch anschloss, verlor er endgültig die Lust am parlamentarischen Betrieb.³⁵⁹ An seinen Bruder in Berlin schrieb er: »*Lieber Wilhelm, die waffenstillstandsgeschichte hat sich beschwichtigt und gestern in einer von 9 uhr morgens bis 8 uhr abends ununterbrochen währenden sitzung die mehrheit für die annahme gestimmt. Dieser beschluß wird dem ansehen der N. V. abbruch thun, als auch der deutschen sache schaden.*«³⁶⁰ Der Beschluss führte schließlich am 17. September zum Frankfurter Septemberaufstand, der Absperrung der Paulskirche am 18. September, Barrikadenbau, zu über 80 Todesopfern,³⁶¹ unter ihnen die ermordeten Abgeordneten General Hans von Auerswald und Fürst Felix von Lichnowsky, und dem Eingreifen von »österreichischen und preußischen Truppen aus der nahegelegen Bundesfestung Mainz«,³⁶² die die Nationalversammlung in Ermangelung eigener Polizeikräfte angefordert hatte: »Das Parlament hatte den Zenit überschritten.«³⁶³ Und Grimm reiste ab. Vom 25. September an »wird Jacob Grimm auf der Abstimmungsliste der Nationalversammlung als nicht anwesend geführt«.³⁶⁴

Auch dies ein Zeichen des von Müller/Berns konstatierten »seltsam emotionalen Zugang(s)«³⁶⁵ Grimms zur

Politik[366] und der »Schwierigkeiten seiner politischen Selbstidentifikation«,[367] die »es ermöglichen, ihn einmal als devoten Feudalismusapologeten und ein andermal als Parteigänger der bürgerlichen Revolution zu reklamieren. Aber da läßt sich nichts retuschieren. Man muss beides zusammensehen, dann erst hat man das Grimmsche Dilemma, das doch nicht nur seines war, sondern das des deutschen Bürgertums zwischen Absolutismus und Revolution.«[368] Es war auch das Dilemma der Paulskirche, die in Anbetracht der dänischen Provokation den deutschen Flottensehnsüchten und -träumen, die mit denen von Freiheit, Einheit und Macht einhergingen, gleichsam institutionelle Bahn verschaffte.

Dabei waren die Ergebnisse der parlamentarischen Tätigkeit in der Paulskirche keineswegs, wie Georg Herwegh vermeinte, Artikulationen der »größten »Rederei in Deutschland«,[369] sondern, Jacob Grimm vorneweg, das Ergebnis ernsthafter und leidenschaftlicher Debatten eines Parlaments, das sich damit auch selbst als handlungsfähige Institution fand und konstituierte, nachdem es sich zunächst und wie aus dem Nichts erst einmal selbst eine Geschäftsordnung[370] geben musste. Darin lebte es, auch nach seinem Verscheiden, in der demokratischen Geschichte Deutschlands fort, wie mit seiner Flottengründung, wie in seinen bürgerlichen Grundrechten und den weiteren schließlich formulierten Verfassungsgrundsätzen eines »deutschen Bundesstaates«.

Die »erste That« aber war eine maritime, die Schaffung einer reichsunmittelbaren militärischen Organisation, der »Reichsflotte«, die, nachdem Reich wie Flotte untergegangen waren, und wenn auch nur in Gestalt weniger Schiffe, in der preußischen Marine fortexistierte, in den mit ihrem Entstehen verbundenen parlamentarischen Flottenüberlegungen und den Grundsätzen, die in der Technischen Marinekommission entwickelt und zu Papier gebracht worden waren. Derart war Grundsätzliches geschaffen worden, die Institution einer Flotte als militärisches Instrument wie als Signum und Ergebnis einer zumindest temporären staatlichen Einheit – eine in höchstem Maße funktionsfähige, gut organisierte und geführte Flotte mitsamt ihren Marinebehörden, und damit, in Salewskis Sinne, eine höchst realistische.

Die Flotte selbst entwickelte sich, unabhängig von etwaiger weiterer parlamentarischer Aufmerksamkeit und einem mittlerweile gegenläufigen politischen Restaurationsprozess, einmal angestoßen, zunächst unbeirrt und durchaus mit Schwung, weiter, ja mit der »dänischen Initiative« nahmen Flottenprojekt wie die alten lyrischen »Flottenträume« in ihrem Kielwasser vielmehr vernehmlich Fahrt auf.

Mangels einer bereits existierenden Flotte »mußte man sich zunächst auf die Unterstützung von separaten Maßnahmen einzelner Küstenstaaten und Flottenvereine beschränken«,[371] namentlich auf die der bereits existierenden Flottillen Hamburgs[372] sowie Schleswig-Holsteins[373]. Letztere war im Zuge der Implementierung einer provisorischen Regierung von Schleswig-Holstein im kriegerischen Konflikt mit Dänemark um den Status der Herzogtümer auf Initiative des »Kieler Ausschusses«, dem drei Professoren, zwei Industrielle, darunter August Ferdinand Howaldt, und ein Syndicus angehörten,[374] aufgestellt worden[375] und wurde schließlich im Frühjahr 1849, relativ unabhängig von der Frankfurter Zentralgewalt,[376] aber auch unter der Flagge Schwarz-Rot-Gold operierend,[377] »den Beauftragten der deutschen Zentralgewalt als ›Deutsches Nationaleigenthum‹ übergeben«[378] – ein beachtliches Potenzial mit insgesamt 826 Soldaten an Bord der Schiffe und Boote, vom größten Schiff, dem Dampfer BONIN mit 80 Mann Besatzung bis zum Dampfschraubenkanonenboot VON DER TANN[379], eine kampfkräftige Streitmacht zur (Ost-)See, aufgebaut »zu einem nicht unwesentlichen Teil aus Spenden«.[380]

Die deutsche maritime Abstützung auf bereits vereinzelt existierende Verbände änderte sich erst und signifikanterweise durch das Tätigwerden der Frankfurter provisorischen Zentralgewalt als Zentrum deutscher maritimer Aktivitäten und Rüstung, nach Abklingen der akuten militärischen Bedrohung, mit Abschluss des Waffenstillstands von Malmö am 26. August 1848, der die Nationalversammlung brüskierte, sie gleichsam kalt stellte und zum geradezu fanalhaften Rückzug Jacob Grimms aus dem Parlament führte.

Grundlagenarbeit – Prinz Adalbert und die Technische Marinekommission

Nun erst, Mitte November 1848,[381] wurde eine Marineabteilung im Handelsministerium des ehemaligen Bremer Senators und seit dem 5. August als Handelsminister berufenen[382] Arnold Duckwitz (1802–1882), »ein(em) warme(n) Freund der Flotte«,[383] ins Leben gerufen,[384] »die mit einem kleinen Büropersonal zuständig war für die allgemeine Verwaltung der Marine, den Ankauf von Schiffen und den Abschluß von Bauverträgen, sodann für das Rechnungswesen und den Verkehr mit dem Marine-Ausschuß der Nationalversammlung«.[385] Gleichsam auf Kurs gebracht worden war man dazu vom Vorgehen der Hamburger,[386] die mit ihren armierten Handelsschiffen, »Dampfkorvetten« genannt, der unmittelbaren Flottennot gehorchend längst etwas auf die Beine bzw. auf die Elbe gestellt hatten[387] sowie der in der Ostsee aufgestellten Schleswig-Holsteinischen Flottille und nicht zuletzt der Tatsache, dass sich auch Preußen mittlerweile seewärts bewegte.[388]

Zusätzlich wurde von Duckwitz eine »von der Nationalversammlung unabhängige technische Marinekommission«[389] eingerichtet, die am 15. November 1848 erstmalig zusammentrat[390] und die Aufbau, Rekrutierung, Ausbildung und Organisation einer zukünftigen deutschen Flotte vorbereiten sollte.[391] »Noch schwieriger« als für diese Kommission sachkundiges Personal[392] heranzuziehen, sollte es hingegen sein, »die Marineabtheilung zu bilden und Männer von Sachkenntnis zu finden«.[393] Letztlich wurden angesichts der für ein Land ohne Flotte geradezu zwangsläufig dünnen Personaldecke Marinekundiger für diesen Ausschuss dann vor allem diejenigen ausgewählt, die sich in den bisherigen parlamentarischen Debatten am engagiertesten für die Sache der Aufstellung einer Flotte bzw. einer Marine eingebracht hatten[394] – sozusagen Heines »begeisterte Matrosen«.

»Die gesammte Nation begehrt daher einstimmig eine deutsche Kriegsmarine; denn deutsch, g a n z deutsch muß sie sein – eine ächte Repräsentantin der wiedergeborenen Einheit des Vaterlandes.«[395] So hatte Prinz Adalbert von Preußen, Leiter der durch königliche Ordre am 28. April 1848 im Schloß Monbijou ins Leben getretenen Kommission, »welche über diejenigen fortifikatorischen und maritimen Mittel beraten sollte, die unter den gegenwärtigen Umständen zum Schutz unserer Ostseeküsten in Ausführung zu bringen sein dürften«[396] in seiner auf Ersuchen des Kriegsministeriums[397] verfassten und dann auch an den preußischen Gesandten beim Bundestag, Graf von Usedom, übergebenen »Denkschrift über die Bildung einer deutschen Kriegsflotte« geschrieben. Im Mai 1848 erschien diese Denkschrift in Potsdam im Verlag der Riegel'schen Buchhandlung,[398] der Marineausschuss des Bundestags hatte sie ebenfalls »bereits im Mai als Manuskript gedruckt durch ganz Deutschland sich verbreiten lassen«.[399]

»Am 13. Oktober 1848 bat der Reichsverweser Erzherzog Johann den König von Preußen um Entsendung des Prinzen Adalbert, um hinsichtlich Technik und Nautik tätig bei der Gründung einer deutschen Kriegsmarine mitzuwirken. Ministerpräsident Graf Brandenburg befürwortete am 11. November 1848, ›dem Prinzen den Urlaub dazu erteilen zu wollen‹ (…), König Friedrich Wilhelm IV. genehmigte dies am 17. November 1848.«[400] – eine Steilvorlage für die gerade erwachten maritimen Ambitionen Preußens:

»Der Ministerrat griff (...) sofort zu, um die Leitung der deutschen Marineangelegenheiten in preußische Hände zu bringen.«[401]

Aus Sicht Preußens weilte der Prinz, der bereits am 17. Oktober nach Frankfurt gereist war,[402] sozusagen als dessen »maritimes Trojanisches Pferd« in Frankfurt,[403] wobei Duckwitz Adalbert zunächst für die Leitung des Marineministeriums zu gewinnen suchte.[404] Dies misslang nicht nur, weil es mit des Prinzen Position als Angehöriger eines regierenden Fürstenhauses nicht vereinbar war, sondern vor allem verhinderte die preußische Führung die Übernahme des Ressorts durch einen Hohenzollern, weil sie »eigene Flottenpläne nicht aufgeben wollte«.[405] Dabei spielte man in Berlin virtuos auf dem Klavier der »Parallelaktion«: Preußen ließ den Prinzen nach Frankfurt gehen, »um die Leitung der deutschen Marineangelegenheiten in preußische Hände zu bringen«[406] und »die Zentralgewalt versuchte mit der Berufung Adalberts das Gegenteil«.[407]

Adalbert hatte in seiner Denkschrift, der in den Worten Salewskis »Magna Charta der Marine«,[408] drei Optionen, Adalbert nennt sie »Hauptrubriken«,[409] für die Ausgestaltung einer zukünftigen deutschen Flotte entworfen:[410]

»1) eine Kriegsmarine zur rein defensiven Küstenvertheidigung, 2) eine solche zur offensiven Vertheidigung und zum nothwendigsten Schutze des Handels, oder 3) eine selbständige Seemacht.«[411] Vor letzterem Fall hingegen »warnte Prinz Adalbert«.[412] Dies tat er zweifellos. Hingegen nur für den Fall, und den musste man zunächst sowohl für die ursprünglichen preußischen[413] wie dann die deutschen Verhältnisse annehmen, wenn man sich nicht in voller Konsequenz und ohne Abstriche um eine vollständige Realisierung dieses dritten Stadiums, dem der eigenständigen Seemacht, bemühe: *»Sobald es (Deutschland, F. G.) aber durch den Bau von Linienschiffen, von Schlachtschiffen, aus diesem anspruchslosen Kreise (dem der Marinen zweiten Ranges, F. G.) heraustritt, werden alle Augen sich darauf richten, eine scharfe Kritik wird anheben, und wehe dem Vaterlande, wenn es sich bei diesem entscheidenden Schritte einer halben Maaßregel schuldig machen sollte.«*[414] Damit ist die Option 3 keineswegs für alle Zeiten vom Tisch, denn Adalbert verweist an anderer Stelle seiner Denkschrift ja auch darauf, dass eine »Seemacht ersten Ranges« eine Rolle sei, »die seiner (Deutschlands, F. G.) Stellung in Europa würdig wäre«.[415] Adalbert warnt also nicht davor, dass Deutschland eine »selbständige Seemacht« werde, bezeichnet dies vielmehr als »entscheidenden Schritt«, sondern lediglich davor, diesen Schritt nicht entschieden genug und nur halbherzig auszuführen. Dann könne allerdings, so wird dies Tirpitz später formulieren, die »sog. Gefahrenzone«,[416] in die ein derartiger Schritt unweigerlich führe, auch durchschritten werden.

In Adalberts Konzeption für die deutsche Flotte, die er dann in der Technischen Marinekommission formuliert, ist diese Stufe aber nicht weniger als das erklärte »Endziel« aller Überlegungen und – geplant – in der deutschen Flottenentwicklung nach zehn Jahren des Verharrens in »Hauptrubrik« 2 zu erreichen. Tatsächlich können die drei von Adalbert beschriebenen Flotten-»Hauptrubriken« listigerweise sowohl als Alternativen wie als Stufen[417] gelesen werden. Und dass wohl auch ein Stufenprogramm, ein aufsteigender Flottenplan in Rede stand und nicht, »warnend« vor zu großen Ambitionen, das bescheidene Verharren auf der zweiten Stufe, zeigen ihrerseits die entsprechenden aktenkundigen Einlassungen der Technischen Marinekommission unter dem Vorsitz Adalberts, in denen ausdrücklich vom dritten Stadium als »Endziel« der deutschen Flottenentwicklung die Rede ist[418].

Die Ersetzung des Begriffs »Hauptrubrik« aus der »Denkschrift« durch den des »Stadiums« in den Schriften der Technischen Marinekommission[419] verweist umso mehr darauf, dass es der Kommission nicht um statische Zustände einzelner Marinen, sondern um Entwicklungsformen einer

Marine ging. Daher kann die »Denkschrift« auch im Lichte dieser späteren Konzeption der Technischen Marinekommission gelesen werden, die eine derartige Option als »Hauptrubrik 3« enthält, die dann, keimhaft in der »Denkschrift« schon angelegt, im Zuge der realen Entwicklung einer deutschen Flotte und der Steigerung der maritimen wie (damit verbundenen) nationalen Ambitionen im frühen Revolutionsverlauf umso deutlicher in den Ausführungen der Technischen Marinekommission auch explizit als »Endziel« hervortritt.

Dazu mag auch ein Blick auf die maritime Sozialisation des Preußenprinzen tauglich sein:

Adalbert war, wie dann auch der spätere »Marinekaiser« Wilhelm II., schon in seiner Jugend von einer ausgeprägten Marineleidenschaft befallen worden. Er hatte sich, trotz der ihm vorgezeichneten Karriere in der preußischen Armee, ausführlich mit Flottenplanungen befasst. Dies nach Besuchen der niederländischen wie vor allem der britischen Marine im Jahre 1832[420] und der österreichischen 1837[421], spätestens aber dann, als er bei einer Seereise von Genua nach Brasilien von Juni 1842 bis März 1843 auf der königlich sardinischen 60-Kanonen-Segelfregatte SAN MICHELE[422] mit einer weitgereisten und professionellen Marine des Mittelmeeres, einer der Säulen der späteren königlichen italienischen Marine, seine »seemännische Grundausbildung«[423] erhalten hatte und derart gleichsam sein maritimes Erweckungserlebnis erfuhr[424]: »*An Bord bin ich sehr beschäftigt; Karten werden gelernt, Maste aufgetakelt, und nun schon die Elemente des Segelexercitiums, vorläufig nicht hoch über das Verdeck vorgenommen, Segel reefen, festmachen etc. – Dabei wird die Theorie der Marine studiert, und Länge und Breite bestimmt. Ich hoffe noch vor Rio von der mir gegebenen Erlaubnis Gebrauch machen zu können, selbst das Manöver an Bord der Fregatte zu kommandieren.*«[425] Diese Eindrücke und Erfahrungen »weiteten auch seinen ohnehin für maritime Dinge offenen Blick und zeigten ihm durch die Berührung mit den seefahrenden Nationen Möglichkeiten von Seemacht auf«.[426]

Derart, in der direkten »Berührung« mit professionellen Marinen wie der britischen, der holländischen, österreichischen und sardischen, wird auch, neben den Erfahrungen Preußens als gleichsam kontinentales Mitglied im »Deutschen Bund«, der Bündnisgedanke in Adalberts »Denkschrift« Einzug gehalten haben. Er erscheint dort zudem in zweierlei Gestalt, zum einen als Unterstützungsform einer in »Hauptrubrik« 2 seiner Denkschrift befindlichen Seemacht 2. Ranges, die der Bündnisse bedarf, und andererseits der Bündniskraft einer »selbständigen Seemacht«[427] im Sinne der Hauptrubrik 3. Nur Letztere verleiht auch, so führt es Adalbert aus, den Anreiz für andere Nationen, mit der deutschen Nation und ihrer »Kriegsmarine« Bündnisse zu schließen: »*Denn mit seinen 20 Linienschiffen würde es (Deutschland, F.G.) ein gewaltiges Gewicht in die Wagschaale legen, durch seinen Beitritt zu einer Allianz den Ausschlag geben und darum seiner Seemacht wegen als Bundesgenosse ebenso gesucht sein als wegen seiner Landmacht.*«[428] Unterhalb dieses »Levels«, auf der Ebene der »Hauptrubrik« 2 also, einer »Kriegsmarine zur offensiven Vertheidigung und zum nothwendigsten Schutze des Handels«,[429] seien die Deutschen zur See aber selbst angewiesen auf Verbündete: Eine Flotte der »Hauptrubrik« 2 »würde einer der großen Seemächte gegenüber nur eben hinreichen, die deutschen Küsten zu schützen, in diesem Falle aber ohne eine Allianz mit einer andern großen Seemacht zum Schutz unseres Handels viel zu schwach sein«.[430] Sofern also eine Marine selbständig Bündniskraft, Adhäsionsfähigkeit für andere Marinen entfalten soll, muss sie zuvörderst selbst erst in das Stadium einer »selbstständigen Seemacht« eingetreten sein. Anderenfalls ist sie, zumindest in der Mehrzahl aller operativen Fälle, auf »Alliirte«[431] angewiesen. In den Flottendebatten der Nationalversammlung, namentlich auch in der zentralen vom 14. Juni 1848, spielte der Bündnisgedanke hingegen keine Rolle.[432] Hier dominierte die akute militärische Notwendigkeit zum schnellen Aufbau eigener maritimer Kapazitäten und der gleichermaßen national- wie parlamentssymbolische Charakter der aufzustellenden »deutschen Marine«.

Adalbert ist nun, als »im April 1848 der Krieg gegen Dänemark ausbricht, in welchem die preußische Ohnmacht zur See besonders deutlich zu Tage tritt, (…) am Berliner Hof der einzige, der sich bis dahin mit Seemacht beschäftigt hatte«.[433] Nicht nur war er ja an Bord der königlich-sardischen Fregatte als »Badegast« mitgefahren, er hatte auch im Frühjahr 1848 jene Denkschrift über die »Kriegsflotte« vorgelegt und war nun, mangels dortigen weiteren maritimen Fachpersonals, am preußischen Hofe unversehens zum Experten in Marinedingen geworden, der, wie es der spätere preußische Vizeadmiral Karl Ferdinand Batsch bewundernd schrieb, »mit einer sardinischen Fregatte manövrieren, sie kommandieren gelernt«[434] hatte – ein maritimer Studiosus welterfahrener Marinen, wie der sardischen, der niederländischen, österreichischen und vor allem der britischen, die Adalbert besuchte und studierte,[435] was aber alles in Preußen nicht allzuviel galt und wo Adalbert, wohl eher hinter vorgehaltener Hand, »bisweilen bei Hofe abschätzig als ›Oberkahnführer‹ bezeichnet«[436] wurde.

Die Technische Marinekommission unter Leitung Adalberts hatte schließlich am 10. Februar 1849 ihre Arbeiten abgeschlossen – mit der Formulierung eines Rüstungsprogramms,[437] Verordnungen über Uniformierung und Disziplinarbestrafung[438] und eines Dienstreglements (Die Dienstordnung an Bord/D. a. B.)[439], den Anfängen dessen, was noch in der heutigen Marine als »Dienst an Bord« fortlebt[440]. Es ist das Verdienst dieser Kommission mitsamt ihres Gründers Arnold Duckwitz, in wenigen Wochen, von der ersten Sitzung am 15. November 1848[441] bis zur Vorlage des Abschlussberichts am 8. Februar 1849,[442] fast[443] aus dem Nichts Grundlinien des Aufbaus einer zukünftigen und nun bald aufzustellen deutschen Flotte bzw. Marine herausgearbeitet zu haben.[444]

Dabei orientierte man sich zu Anfang eng an der Denkschrift des Prinzen Adalbert vom Frühjahr 1848 und projektierte zunächst als erstes Stadium des Flottenaufbaus eine rein defensive Sicherung der deutschen Küsten[445] – ein »Sofortprogramm« u. a. von 34 schweren Küstenbatterien, 80 Kanonenschaluppen und 25 Dampfkanonenbooten. Dazu wurde mit Datum vom 11. Dezember 1848 ein Arbeitsplan entworfen[446] mit der »vorläufige(n) Feststellung der Hauptgrundzüge und allgemeine(n) Umrisse der zu schaffenden deutschen Marine«.[447] Dies, so die Technische Marinekommission, und hier ist wiederum Adalberts Denkschrift gleichsam federführend, aber »zerfällt in 3 Hauptstadien«, dem »1sten Hauptstadium bis zum Ablauf des Waffenstillstandes (…) 2tes Hauptstadium. Offensive Verteidigung, Schutz des Handels und der Auswanderung.(…) 3tes Hauptstadium. Endziel. Eine selbständige Seemacht«.[448] Und hier, am Ende und Ziel der Flottenentwicklung, »warnt« Adalbert keineswegs: Vielmehr ist das dritte Entwicklungsstadium (und nicht ein Nebeneinander dreier verschiedener Marinemodelle) das erklärte »Endziel« der maritimen Rüstung, allerdings geknüpft an Rahmenbedingungen: »Kann Deutschland je daran denken, ein so großes Ziel erreichen zu wollen: a. Zahl der Seeleute b. Materielle Hilfsquellen c. Kosten.«[449] Und so wird hier und gleichsam amtlich auch die grundsätzliche Erreichbarkeit des »Endzieles« der Rüstungsüberlegungen Adalberts und der Technischen Marinekommission, nämlich bei Vorliegen der genannten Bedingungen, festgestellt und im Arbeitsplan der Technischen Marinekommission dann auch in Form einzelner Rahmenbedingungen als Arbeitsfelder des Gremiums und späterer regulärer Marinebehörden unter der Überschrift »Modus der Beschaffung« aufgeschlüsselt.[450]

Nach einem halben Jahr der Erst- und Sofortmaßnahmen aber[451] wollte man, und hier hatte Prinz Adalbert selbst die Bearbeitung des Konzepts übernommen, in das zweite Stadium des Flottenbaus eintreten. So niedergeschrieben mit Datum vom 16. Januar 1849 im »Entwurf des Prinzen Adalbert, Schröders und Donners für das zweite Stadium des Flottenaufbaus«.[452] Dieses zweite Stadium aber sei das einer Seemacht zweiten Ranges, zu Küsten- wie Handelsschutz, gestützt vor allem auf Dampfschiffe, wobei »das Schaufelräderschiff den Vorzug vor dem reinen Schraubenschiffe verdienen«[453] und eine derartige Flotte weltweit zur Störung des englischen Handels (hier ist schon, inmitten noch dänischer Bedrohung, der eigentliche und zukünftige Hauptfeind zur See ausgemacht) entsendet werden solle.[454]

Ziel sollte es immerhin hier schon sein, »eine achtunggebietende Stellung allen Seemächten zweiten Ranges gegenüber zu erlangen«,[455] und zwar durch »einen merklichen Vorsprung hinsichtlich des Materials vor den meisten Marinen«.[456] Dieses Stadium, ein Zwischenziel mithin, sollte nach zehn Jahren durchschritten sein,[457] um dann in das dritte Stadium der Flottenentwicklung überzugehen, einem »weit hinausgeschobenen Zeitabschnitt,«[458] auf den Adalbert mit seiner Kommission aber nicht näher eingehen zu können glaubte – mit Ausnahme der Quantifizierung eines Mindestbestands an dafür erforderlichen Linienschiffen: »*Will Deutschland eine Seemacht ersten Ranges werden, so bedarf es dazu, wie die Dinge heute stehn allermindestens 20 Linienschiffe, die der obigen Liste hinzutreten würden. Dann wäre es die 4. Seemacht der Erde.*«[459] Auf diese Zahl notwendiger Linienschiffe hatte Adalbert bereits in seiner Denkschrift vom Mai 1848 hingewiesen.[460] Eine »Warnung« vor dieser Stufe, z. B. aufgrund nur einer »halben Maaßregel«, enthält er sich hingegen an dieser Stelle; vielmehr bezeichnet er dieses Stadium in seiner »Übersicht über den geplanten Verlauf der Verhandlungen der Technischen Marinekommission« vom 11. Dezember 1848 (»3tes Hauptstadium. Endziel. Eine selbständige Seemacht.«)[461] explizit als eigentliches »Endziel« der deutschen Flottenrüstung.

Und dies ist das in zweierlei Hinsicht Erstaunliche an den konzeptionellen Ausarbeitungen der Technischen Marinekommission: ihre Umfänglichkeit und Vollständigkeit in der Berücksichtigung aller relevanter organisatorischer Aspekte des Flottenbaus wie auch ihre konsequente zielorientierte Aufbaustruktur: die Übernahme der drei »Hauptrubriken« als Entwicklungsstufen aus der ursprünglichen Denkschrift des Prinzen Adalbert vom Frühjahr 1848 und deren konsequente Weiterentwicklung – oder Interpretation – zu einer konsequenten Chronologie vom maritimen Habenichts bis zur selbstständigen Seemacht im Verlauf von zehn Jahren und sechs Monaten.

Während in Adalberts Denkschrift die Gewichtung der vorgestellten Modelle noch auf Stufe 2 lag (»vor Fall 3 warnte Prinz Adalbert«)[462], ist dies in dessen zweiter Denkschrift, der der Technischen Marinekommission und ihren Modellen, die nunmehr explizit zu »Stadien« der Flottenentwicklung geworden sind, nicht mehr derart bedenkenreich. Vielmehr ist hier ausdrücklich Stadium 3 das »Endziel« der Flottenentwicklung, das zudem in äußerst kurzer Zeit erreicht werden solle, mit allerdings nach wie vor der beschriebenen Mindestanzahl von 20 Linienschiffen. Im Lichte der zweiten Denkschrift ist es für die erste dann auch denkbar, dass dieses eigentliche Ziel der Flottenplanung hier lediglich und »warnend« auf Eis gelegt wurde, um zu geeignetem Zeitpunkt und entsprechenden Realisierungsbedingungen, die ja Ende 1848 noch zu bestehen schienen, als eigentliches Flottenziel ganz selbstbewusst und zudem durchaus vereinbar mit den volltönenden maritimen Ambitionen, wie sie bereits im Mai und Juni 1848 in der Nationalversammlung vorgetragen worden waren, angesteuert und formuliert werden zu können. Angesichts der Ausführungen der Technischen

Marinekommission enttarnen sich somit die »warnenden« Elemente der ersten Denkschrift nicht als kategorischer Ausschluss, sondern als das, was sie in deren Text – unter definierten Voraussetzungen – auch deklariert sind: realisierungsfähig – mithin keine Absage, sondern ein Projekt unter Bedingungen.[463]

Der Abschlussbericht der Technischen Marinekommission vom 8. Februar 1849[464] stellte dann noch einmal, ohne weitere konzeptionelle Ausführungen, die erarbeiteten Schriften, »Referate und Ausarbeitungen«[465] der Kommission zusammen. Dann meldete man abschließend, mit der heutigen Sitzung die Arbeiten der Kommission »vorläufig eingestellt« zu haben. Unterschrieben ist das Dokument in alphabetischer Reihung der Mitglieder der Kommission, Adalbert an deren Spitze, gefolgt von Brommy und dann mit Donner, Gevekoht, Hübbe, Jordan, Kerst, Marcard, v. Radowitz, Schröder, Teichert und v. Wangenheim, den weiteren Mitgliedern der Technischen Marinekommission.

Der 4. November 1848 – Brommys Ruf nach Frankfurt

Wohl durch Vermittlung des bayerischen Gesandten in Athen[466] und auf Empfehlung des in jeder Hinsicht »unternehmungslustigen« Admirals Thomas Cochrane,[467] dem, unter Beimischung von Nelsonschen Anteilen, Vorbild des »Horatio Hornblower« der Romane Cecil Scott Foresters,[468] wurde Carl Rudolph Bromme, geboren am 10. September 1804 in Anger bei Leipzig,[469] der sich seit seiner Ausbildungs- und Fahrenszeit auf nordamerikanischen[470] Handelsschiffen anglisiert »Brommy« nannte und seit 1827 in Diensten der griechischen Marine stand,[471] im Gefolge seines Bewerbungsschreibens vom 23. Juli 1848 an den Präsidenten der Nationalversammlung inklusive seines dem Gesuch beigefügten, »im Frühlinge 1848[472] in Berlin erschienen Buch ›Die Marine‹[473] durch den Reichshandels- und Marineminister Duckwitz mit Schreiben vom 4. November 1848 nach Frankfurt gerufen[474], um dort bei Konzeption und Aufbau der »deutschen Marine«, die in der Nationalversammlung am 14. Juni auf Kiel gelegt worden war, mitzuwirken, zunächst als Mitglied der Technischen Marinekommission unter dem Vorsitz des Prinzen Adalbert.

»Etwas grobkörniger Natur (...) war er ein verschlossener, ernster Charakter, etwas griechisch geschult und weltklug, aber von eiserner Arbeitskraft, gewissenhaft und pflichttreu. Ein etwas pedantischer Zug mochte ihm von der Schulthätigkeit (der an der griechischen Militärschule, F. G.) geblieben sein. Von seinem Lehrmeister Cochrane unterschied ihn gerade dieser Zug sehr wesentlich.«[475]

In welchem Maße sich die politische und militärische Entwicklung der revolutionären Ereignisse in Deutschland schon zu eigenständigen, parallel und nahezu unabhängig voneinander existierenden Linien entwickelt hatte, zeigte sich vor allem auch an eben jenem Datum des 4. November, dem Zeitpunkt der Bewilligung von Brommys Gesuch vom 23. Juli 1848 durch Duckwitz und seiner Berufung aus griechischen Diensten in die der deutschen provisorischen Zentralgewalt. Die Revolution war nämlich praktisch schon vorbei, spätestens mit dem Waffenstillstand mit Dänemark, der Niederschlagung des Septemberaufstands in Frankfurt und der standrechtlichen Erschießung des Paulskirchenabgeordneten Robert Blum durch österreichisches Militär in Wien, wo Feldmarschall Alfred Fürst zu Windisch-Graetz Ende Oktober die am 6. des Monats ausgebrochenen Aufstände niedergeschlagen hatte. Jacob Grimm war längst aus Frankfurt an seinen Schreibtisch zurückgekehrt und arbeitete gemeinsam mit Bruder Wilhelm weiter am »Deutschen Wörterbuch« in Berlin, wo am 12. November 1848, drei Tage nach der Erschießung Blums, von General Friedrich von Wrangel der Belagerungszustand verhängt wurde.[476]

Doch als die Revolution versiegte, wuchs die Flotte, gleichsam mit Verzögerungseffekt, hingegen erst richtig: *»Während sich die Niederlage abzeichnete, arbeiteten sachlich denkende Männer in ganz Deutschland weiter am Bau der Flotte als einer alle angehenden Angelegenheit. Sie war das einzige Exekutivorgan, das sich die Nationalversammlung schaffen konnte.«*[477] Und mit Brommy hatte Duckwitz einen echten Profi für die deutschen Marineangelegenheiten gewonnen.

Der junge Carl Rudolph Bromme, das fünfte Kind des Gerichtsschöppen Johann Simon Bromme und seiner Frau Friederike Louise, geb. Berthold aus Gustenhagen,[478] hatte nach dem frühen Tod seiner Eltern,[479] seinem Wunsche zur See zu fahren entsprechend, die unterrichtsgeldfreie[480] Navigationsschule in Hamburg über zwei Semester lang, in den Jahren 1819 und 1820, nach bestandener Aufnahmeprüfung und »mit besten Ergebnissen«[481] absolviert[482]. Anschließend fuhr er auf der deutschen Brigg HEINRICH nach Westindien und ab 1822, mutmaßlich bis 1827, in der US-amerikanischen Handelsflotte mit Reisen nach Westindien, Asien, Afrika und Südamerika[483] und erwarb, viel mehr ist zu seiner seefahrerischen Tätigkeit dort nicht bekannt geworden, das Steuermannspatent. Mutmaßlich war er gemeinsam mit seinem Bruder Simon Traugott Bromme[484] in die Neue Welt übergesiedelt. So ist einiges klar, vieles hingegen aber auch unsicher in den Lebensdaten Brommys. Dies gilt namentlich für die zuweilen erwähnte Dienstzeit Brommys in der chilenischen Marine[485] unter dem in chilenische Dienste getretenen britischen Admiral Cochrane. Anschließend, ebenfalls in den zwanziger Jahren des 19. Jahrhunderts, soll Brommy dann in der brasilianischen Marine gedient haben, wofür sich in beiden Fällen gemäß den gründlichen Recherchen Wagners keinerlei Belege finden lassen. So ist vor allem auch hier die Biografie Brommys immer noch teils unwegsames Gelände, und selbst ausgewiesene Werke wie die Neue Deutsche Biographie machen kurzerhand den Admiral zum »Abgeordneten im Frankfurter Parlament«[486], sodass Wolfgang Petter feststellte,»daß der rote Faden, der durch die verworrenen Phasen von Brommys Leben leiten soll, aus Seemannsgarn eingedreht bzw. gesponnen wird«.[487]

Festen biografischen Boden hingegen betreten wir, dank der Arbeiten Erwin Wagners,[488] der hierzu das Standardwerk[489] vorgelegt sowie dies im vorliegenden Buch gleichermaßen aktualisiert wie zusammengefasst dargeboten hat, in Griechenland, wo wir Brommy nach seiner Seefahrtzeit in Amerika schließlich wiederfinden. Hier, in Diensten der griechischen Marine, beginnt eine Zeit, die maßgeblich Brommys Wirken als Schriftsteller wie vor allem als späterem Chef der »deutschen Marine« des Paulskirchenparlaments nicht nur prägte, sondern überhaupt erst ermöglichte. Es ist gleichsam die Inkubationszeit der späteren Tätigkeit des ersten deutschen Admirals.

Erwin Wagner hat diese prägende Lebensphase Brommys in Diensten einer professionellen, mediterranen Marine ausführlich und detailreich recherchiert und aufgearbeitet, ein Forschungsstand, den er in der vorliegenden Schrift noch einmal konzentriert hat. Angesichts des dergestalt durch Wagners Forschungen ermittelten Lebensweges Brommys in Griechenland, seiner Seefahrtszeit als Erster Offizier und Kommandant unter den Admiralen Cochrane und Miaulis, Teilnahme an Seegefechten, Kommandeur von Stützpunkt und Militärschule, seiner konzeptionellen Ausarbeitungen zu »Dienstreglement« und Organisation der griechischen Marine, der Disziplinarrest wegen des Ohrfeigens eines Unteroffiziers, Schriften und Gesuche im Rahmen der Rückorientierung in die Heimat und Übernahme in dortige Marinedienste, werden daher im Folgenden nur in denjenigen Aspekten in den Blick genommen, die ihrerseits wesentlich und konstitutiv sind für sein späteres Wirken und dessen Beurteilung beim Aufbau der »deutschen Marine«:

1. Freimaurerei und »Philhellenentum«, der liberal-aufklärerische »Background«:

Brommy berichtet in seinem Kurzlebenslauf anlässlich seiner Bewerbung für den Eintritt in die Leipziger Freimaurerloge »Apollo«,[490] in die er am 20. April 1827 aufgenommen wurde,[491] dass er bereits am 18. Februar 1827 in Griechenland eintraf, um dort am griechischen Freiheitskampf, wie etliche »Philhellenen«[492] aus Deutschland mit ihm, teilzunehmen: »Mein heißer Wunsch, unter Griechenlands Flagge zu dienen, mein Leben der heiligen Sache der Freiheit zu weihen, war erfüllt.«[493] So lässt sich tatsächlich mit Fug und Recht urteilen, »der Philhellenismus (…) bestimmte Brommys Lebenslauf entscheidend«.[494] – zumal diese Bewegung auch in Brommys Heimat Leipzig, der Stadt der Buchmessen und eines selbstbewussten Bürgertums, wichtige Protagonisten aufwies, wie den Leipziger Philosophieprofessor Wilhelm Traugott Krug, der bereits 1821, als der erste griechische Aufstand gegen die türkische Herrschaft losbrach, zur Bildung deutscher Hilfsvereine für Griechenland aufgerufen hatte.[495]

2. Militärische Ausbildung

Brommy meldete sich nach seiner Ankunft in Griechenland, und so ist es ausführlich bei Wagner zu lesen, bei Admiral Andreas Vokos Miaulis und wurde am 27. April »Erster Leutnant«, also Erster Offizier und Vertreter des Kommandanten auf der Fregatte HELLAS, der mit 2.300 ts, 64 Geschützen und ca. 420 Mann Besatzung größten Einheit der griechischen Flotte[496] – was sogleich zu Mutmaßungen Anlass gab, wo Brommy denn seine militärische Ausbildung zuvor erfahren habe[497]. Wie Wagner ermittelt hat[498] mit einiger Sicherheit nicht in der US-amerikanischen Marine, sei doch in den Registern der US-Navy weder der Name Bromme noch Brommy verzeichnet. Wir können daher, aufgrund ähnlicher Gepflogenheiten in der späteren Brommy-Flotte selbst, auch annehmen, dass er seine Ausbildung, eingestellt als ausgewiesener Kapitän bzw. Steuermann der Handelsschifffahrt, vor Ort an Bord im Rahmen eines »On-the-job-trainings« absolviert hat. Die seemännische Ausbildung war, so in einigen Fällen nachgewiesenermaßen, wie etwa beim Leutnant 1. Klasse Theodor Julius Reichert, vormals, wie der Leutnant 2. Klasse Johann Bernhard Wieting, Kauffahrteikapitän, oder der »Hülfs-Offizier« Leonard Friedrich Paulsen, zuvor Obersteuermann auf Handelsschiffen[499], auch in der ersten deutschen Flotte hinreichende Qualifikation für den militärischen Dienst an Bord; taktisches und waffentechnisches Detailwissen wurde dann in der Folge an Bord selbst erworben.

3. Konzeptionelles Wirken

Neben der bei Wagner eindringlich geschilderten truppenführerischen Tätigkeit Brommys als »Erster Leutnant« und Kommandant verschiedener Schiffe und Schiffstypen ist es vor allem auch sein Wirken in marinekonzeptionellen und -organisatorischen Dingen, das nachhaltig seine spätere Tätigkeit für die erste deutsche Marine beeinflussen, ja konstituieren wird. Denn 1830 war er von Bord »an den Schreibtisch«[500] des Marineministeriums beordert und dort mit der Ausarbeitung eines Organisationsplans für die griechische Marine beauftragt worden, 1835 dann, während der Verbüßung seiner Arreststrafe, mit der Ausarbeitung eines Dienstreglements für die königlich-griechische Marine, der es, so Brommy, »an aller Disziplin und Ordnung gebrach«[501]. Umso zügiger wurde das Brommysche Reglement dann auf königlichen Befehl in die griechische Marine eingeführt. Es sind diese Details seiner von Wagner erstmalig dokumentierten »Schreibtisch«- und Kommandeurstätigkeit, die insofern bedeutungsvoll und zukunftsträchtig sind, als sich hier für Brommy und damit auch für den späteren

Aufbau und die Organisation der ersten deutschen Marine neben Brommys ohnehin vorhandenen seemännischen und truppenführerischen Talenten auch die konzeptionellen und organisatorischen Grundlagen bilden, die er später in seinem Buch »Die Marine« von 1848 systematisch zusammenführen und dann für die deutsche Flotte verwenden und anwenden wird. Wir befinden uns also hier, mitten in Griechenland, unmittelbar auch an der organisatorischen Wiege der ersten deutschen Marine.

4. »Die Marine« – das »lehrreiche Hülfsbuch«

Gleichwohl begann der nun »älteste Capitain« der griechischen Marine.[502] und angesichts einer wenig verheißungsvollen und karriereträchtigen Zukunft in Griechenland, seine Fühler wieder in die alte Heimat auszustrecken.

Nach versandeten Gesuchen an den preußischen König, »ihn in der neubegründeten Marine nach seinen Fähigkeiten allergnädigst verwenden zu wollen«,[503] die Wagner allesamt akribisch dokumentiert hat, wird ihm schließlich auch ein Buch den Weg zurück nach Deutschland bahnen. Und zwar jenes, das er auf der Basis seiner dienstlichen Erfahrungen in der griechischen Marine, sowohl als Truppenführer wie als Organisator und Konzeptionär, noch in Griechenland verfasst hatte. Und zwar mit der offenkundigen Absicht, dies »lehrreiche Hülfsbuch«, das »nicht allein dem mit dem Seewesen gänzlich unbekannten Binnenländern (…), sondern auch dem Seewesen vom Fach von Nutzen sein könne«,[504] die Aufzeichnung, wie Brommy schreibt, seiner »während längeren Dienstjahren in der KriegsMarine gesammelten Erfahrungen«[505] vor allem in deutschen Landen, maritimer »terra incognita« und möglichst mit geneigtem fürstlichen Rückenwind[506], platzieren und sich selbst damit für eine zukünftige »deutsche KriegsMarine« empfehlen zu können. Im Frühjahr 1848 erschien sein Buch »Die Marine«, ohne fürstliche Widmung, notgedrungen »unter eigener Flagge«, dann an prominentem Ort, bei Alexander Duncker in Berlin[507].

Mittlerweile war in den deutschen Territorien die Revolution über die Bühne gegangen, die Nationalversammlung in Frankfurt hatte sich konstituiert und als ihren ersten Beschluss die Gründung einer »deutschen Marine« verfügt. Und Brommy, Wagner hat dies detailreich dokumentiert, bewirbt sich nun, mit einem neuerlichen Gesuch vom 23. Juli 1848, beim Präsidenten jener Nationalversammlung, die an jenem 14. Juni 1848 als ihre »erste That« den Beschluss zur finanziellen Grundlegung eines »Anfangs für die deutsche Marine« gelegt hatte.

In seinem Gesuch, bei Wagner ist es ausführlicher nachzulesen, zieht er dann alle Register für eine erfolgreiche Bewerbung: Von Verweisen auf seine seemännische Ausbildung und Berufserfahrung, seine militärischen Erfahrungen in »selbständigen Kommandos«[508] im »Griechischen Befreiungskampfe« (wobei er unverhohlen auf einen gleichartigen, derzeit im Gange befindlichen deutschen anzuspielen scheint), bei der »Organisierung der National und der Königlichen Marine« Griechenlands, als Kommandant »mehrere(r) größere(r) Fahrzeuge in Krieg und Frieden«, der »Prefektur«, »die zu organisieren ihm verstattet war, einige Jahre vorstehen zu dürfen« und dem Verweis auf das »von ihm ausgearbeitete Dienstreglement für die Königliche Flotte«, der dieser »noch heute zur Richtlinie« diene. Nun sei auch in Deutschland die »langersehnte Zeit herangekommen und die Umstände haben die Nothwendigkeit einer deutschen Flotte bewiesen«. Jetzt sei es an ihm, dem auch die »Größe Deutschlands am Herzen« liege, »in einem Augenblick, wo ein Jeder dem Vaterland seine Kräfte widmen muß, Deutschland seine Kräfte anzubieten; – umso mehr glaubt er es thun zu müssen, da es an Offizieren mangelt, die befähigt sind eine Marine zu organisieren und sie organisiert zu befehlen.« Und so vermeine er, und da übertrieb Brommy in seinem wohlkalkulierten und gut begründeten Gesuch keineswegs, »mehr als irgend Jemand im Vaterland befähigt zu seyn, thätig an der Gründung einer deutschen KriegsMarine wirken zu können«. Als Beweis dessen aber legte er seinem Gesuch geschickterweise auch »sein beistammendes Werk über Marinen«[509] bei, nichts weniger als ein erfahrungsgesättigtes und zudem im kontinentalen Deutschland ganz singuläres Handbuch über die Organisation und die Führung von Marinen im Frieden und im Gefecht – gleichsam eine Bauanleitung wie Gebrauchsanweisung für die im Gefolge des Beschlusses der Nationalversammlung vom 14. Juni im Hervorkeimen begriffenen »deutschen Marine«.

Hier in Frankfurt mussten sich die Behörden der provisorischen Zentralgewalt erst einmal einrichten, bevor Brommy Antwort auf sein Gesuch erhielt. Diese erging dann schließlich mit Schreiben vom 4. November 1848, und sie wurde zum Startschuss seiner Tätigkeit als Chef einer ersten deutschen Marine. Brommy wurde mit diesem Schreiben des »Reichs-Ministeriums des Handels« in Frankfurt am Main vom Minister im Auftrag der »Provisorischen Central-Gewalt« gebeten, »bei der Bildung einer deutschen Kriegs-Marine und der zu derselben gehörenden Hülfsanstalten«[510] mitzuwirken und sich nach Frankfurt »begeben zu wollen«.[511] Brommy antwortete mit Datum vom 2. Dezember aus Athen euphorisch, ein lang gehegter Wunsch sei endlich erfüllt, nun gelte es mit Eifer dem Vaterlande treu zu dienen »und dessen Flaggen auf allen Meeren geachtet und geehrt zu sehen«[512]. Er hoffe, am 10. Dezember bereits aus Athen abreisen zu können, um gegen Ende des Jahres in Frankfurt einzutreffen.

Wann Brommy genau dort ankam und seine Arbeit in der Technischen Marinekommission unter Prinz Adalbert aufnahm, ist nicht definitiv bekannt. Hedwig Schultz, seine Großnichte, berichtet in ihren Erinnerungen, dass er »Mitte Januar« in Frankfurt eingetroffen sei,[513] was insofern auch durch die Akten der Technischen Marinekommission bestätigt wird, als dort Brommys Name »erst von der 22. Sitzung an (20. Januar 1849) erwähnt wird«.[514] Dass er dabei sein »lehrreiches Hülfsbuch« über die Marine im Gepäck hatte, das wohl nicht unerheblich dazu beigetragen hatte, dass er nach Frankfurt berufen worden war,[515] darf mit Fug und Recht angenommen werden.

So war Brommy nicht nur gelernter Seemann und erfahrener militärischer Führer,[516] zudem, wie Prinz Adalbert, »sozialisiert« bei professionellen Marinen des Mittelmeeres, sondern auch ein musischer Geist, der Tanzkunst schon in Griechenland nicht abhold,[517] vor allem aber ein ebenso begeisterter wie talentierter Schreiber, und dies in durchaus unterschiedlichen Genres.

Bereits 1832 hatte er, vorläufig aus Griechenland bürgerkriegshalber zurückgekehrt, in Meißen »Skizzen aus dem Leben eines Seemannes«[518] unter dem Pseudonym R. Termo auf den literarischen Markt geworfen. Ein »curiöser« Roman voller Abenteuergeschichten zur See, biografischer Anklänge, Erlebnisse eines Seemannes in indischen wie amerikanischen Diensten, ein buntes Szenario, angefüllt mit Piraten und Schlachten, in dem schließlich der vermeintliche Verfasser des Schriftstückes auf der letzten Seite des Textes,[519] im Kampf von türkischen Feinden tödlich getroffen, sein Leben aushaucht. Sein derart notwendigerweise unvollendet hinterlassenes Werk wird sodann, im Gewande einer der in der Zeit notorisch verwendeten, geheimnisvoll-verschleiernden Herausgeberfiktionen (wie wir sie bereits 1519 in der »Utopia« des Thomas Morus[520] finden), gleichermaßen zur Tarnung des Autors wie der Authentizitätsbescheinigung des Textes selbst, durch einen »Freund«, einen »Herausgeber«, der geneigten literarischen Öffentlichkeit übereignet. »Unter den Briefen meines Freundes fanden sich die nachfolgenden Skizzen«,[521] so entschleiert der »Herausgeber« eingangs seines Vorwortes die vermeintliche Hinterlassenschaft, um sodann zunächst seine Vorbehalte bzgl. einer Veröffentlichung des Buches auszubreiten. Sei es doch »mit einer Menge unvermeidlicher technischer Ausdrücke durchwebt«,[522] eines ungewohnten Vokabulars, »des amerikanischen Schriftstellers nautische Phrasaeologie«.[523] Dennoch solle es, auch der ursprünglichen Schreibabsicht seines zu Tode gekommen Freundes folgend, der das Manuskript nun nicht mehr abschließen konnte (»Hier endigt plötzlich das Manuskript meines Freundes, er konnte es nicht vollenden.«)[524], einem interessierten Publikum präsentiert werden, »da diese Skizzen das Erste der Art sind, was, seines Wissens nach, in der deutschen Sprache geliefert ward«.[525]

Und tatsächlich finden wir hier, im Vorwort des Autors, der sich als bloßer Herausgeber tarnt, nicht nur das Genre der maritim-militärischen Abenteuerliteratur in die deutsche literarische Öffentlichkeit eingeführt,[526] sondern zugleich auch, und dies gilt sowohl für den Autor wie für sein Alter Ego, den Herausgeber, zugleich auch eine bisher nicht unbedingt als Verfasser von Literatur eingeführte und legitimierte Figur: den dichtenden Seemann – was der Autor, also Brommy, mittels einer listigen Bitte um Nachsicht im Vorwort auch deutlich und selbstbewusst anführt: »Fällt es etwa auf, wenn Eleganz im Ausdruck und Style fehlen, so braucht man sich blos zu erinnern, daß ein Seemann diese Skizzen schrieb und als solcher verdient er Nachsicht.«[527] Damit ist taktisch klug die »nautische Phrasaeologie« gleichermaßen und vermeintlich entschuldigt wie literarisch beglaubigt – maritime Abenteuerliteratur direkt aus der Feder des erlebenden, »romantischen« Kapitäns. Hier wird poetisches Neuland in der deutschen Literaturgeschichte beschritten, »das erste der Art« eben, wie der kundige Verfasser selbst weiß. Alsdann wird das ganze Repertoire der »curiösen« Ingredienzien der Abenteuerliteratur zur See gezündet:

Die Fregatte, auf der der Erzähler eingeschifft ist, wird von Piraten angegriffen, dramatische Schlachtszenen folgen, dann eine sprachgewandte Schilderung eines Sturms auf See, Einsprengsel seemännischen Wissens in der »nautischen Phrasaeologie« des Vorworts, allenthalben verstreut im Text platziert, weiter geht es zur Haifischjagd, und ein Heldenporträt Lord Cochranes, Brommys Oberbefehlshaber in Griechenland, wird gezeichnet. Republikanische Patrioten Chiles siegen gegen tyrannische spanische Conquistadores, eine Reise in die Vereinigten Staaten von Amerika führt den Erzähler mit einem aus Schottland vertriebenen Prediger zusammen, der ihm vom amerikanischen Unabhängigkeitskrieg erzählt, und schließlich befindet sich der Leser wieder mitten im Schlachtengetümmel, diesmal zwischen den freiheitsliebenden Griechen und dem türkischen Feind, in dessen Verlauf der Freund durch eine türkische Kugel fällt. Doch Hunderte von Griechen sühnen seinen Tod mit ihrem letztendlichen Sieg in der Schlacht. Und der vermeintliche »Herausgeber« gibt seinerseits aus der Hinterlassenschaft seines Freundes eben jene unvollendeten »Skizzen eines Seemannes« heraus, die er nun einem bescheiden »kleinen Publikum« zu vergnüglicher Lektüre [528] anempfiehlt.

Der »romantische« Seemann Brommy hat sich darüber hinaus auch im lyrischen Genre versucht: Nicht nur mit einem privaten »Poesiealbum«[529] voller, auf zartrosa Papier[530] geschriebener Liebeslyrik an eine bis heute mysteriöse »Bertha«, die Brommy, so lässt sich aus den Gedichten schließen, nach seiner bürgerkriegsbedingten Abreise aus Griechenland, anschließenden Reisen nach Frankreich und Deutschland »in wissenschaftlichen Zwecken«[531] und vor seiner Rückkehr im Gefolge des designierten griechischen Königs und bayerischen Prinzen Otto, kennengelernt hatte[532] – mutmaßlich, wie einem seiner Poeme zu entnehmen, »an der Elbe Strand«[533].

Mit Bertha nun pflegte er, bis zu deren Abschiedsbrief vom 6. Juli 1836, das »verhängnisvolle Schreiben«, auf das der unglückliche Brommy in einem Gedicht Bezug nimmt,[534] weitgehend eine schmachtende Fernbeziehung zwischen Deutschland und seiner maritimen Heimat Griechenland. Bertha, die unterdessen auch von einer schweren Krankheit heimgesucht wird,[535] ist der offensichtliche Schreibanlass seiner Lyrik, eine ausgesprochene und erklärte »Flucht in die Poesie«, katalysiert zudem durch Berthas schlussendliche Trennung von ihm zugunsten eines anderen Mannes und die Wendung des poetischen Grundtones vom amourösen in den elegischen von Klagegedichten, der, ebenfalls lyrisch umgeformten Trostsuche in der Geschwisterliebe, die den Tod (der Schwester Emma?) überdauert,[536] um schließlich, Jahre später,[537] wiederum in den Ton neuen Liebesglückes zu wechseln[538] – ein Schreibanlass, der insofern auch ein privater bleibt, als keines der Gedichte von Brommy selbst zur Veröffentlichung gebracht wurde. Viele der Liebesgedichte haben zudem Briefcharakter, sodass vor diesem Hintergrund auch angenommen werden kann, dass sie im Original an Bertha versandt wurden und Brommy sich, gleichsam in einem poetischen »Copierbuch«, Abschriften davon erhalten hat.

Die Liebesgedichte werden in dreierlei Sprachen vorgetragen, in Englisch, Französisch und in Deutsch, Letztere überwiegend in der konventionellen lyrischen Liebesrhetorik der Zeit. Darüber hinaus entfaltet der lyrisch inspirierte und begabte Brommy ein reiches thematisches Repertoire von biografischen Versepen[539] und lyrischen Lebensbildern[540], durchsetzt mit poetischen Seeschlachtgemälden und Hymnen an die griechische Freiheit, zum Teil ganz im Klange des, wie er selbst, Griechenland-Reisenden und »Philhellenen« Lord Byron,[541] angereichert vor allem auch mit maritimen Sujets[542] und, der damit gewissermaßen landseitig verwandten, Naturlyrik.[543]

Brommys Gedichtsammlung[544] wird im Schiffahrtsmuseum der oldenburgischen Unterweser in Brake aufbewahrt. Neben flammenden Poemen an die griechische Freiheit enthält die Gedichtsammlung auch durchaus sprachgewandte lyrische Seestücke und, im Stile der Zeit und eher konventionellem poetischem Inventar sich bedienend, Liebesgedichte an seine »Bertha«[545]. In der Mappe sind auch zwei Notenblätter eingelegt, mittels derer Brommy zwei seiner Gedichte vertont hat.[546] So handelt es sich insgesamt bei Brommys erhaltenem Gedichtband keineswegs um eine bloßes »Poesiealbum«, sondern eine wichtige biografische Quelle, die nicht nur Lebensstationen Brommys enthüllt, sondern auch, qua seiner Poesie, Persönlichkeitsmerkmale offenbart, die ihn, wie dies Detlev G. Gross ausgedrückt hat, durchaus als »romantischen Admiral« kennzeichnen[547] – hingegen auch, neben einem erklärten poetischen Eskapismus, und dies die dezidiert politische Seite aller romantischen Dichtung, einem mit der Flucht aus den restriktiven politischen Welten einhergehenden Bau neuer, utopischer Welten, getragen von dem »freien Sinn, de(m) Geist zur Poesie«,[548] der (maritimen) »Sehnsucht nach Ferne und Abenteuer«[549] und dem beständigen Umschlag, und hier wäre auch Brommys Engagement in der bürgerlich-aufklärerischen Freimaurerbewegung in Rechnung zu stellen, des nur vordergründig Seicht-Romantischen in die Artikulation veritabler politischer Statements (»die Freiheit,/ Das höchste Gut des menschlichen Geschlechtes«[550]).

Letzteres aber materialisiert sich in Brommys Lyrik vor allem im Freiheitskampf der Griechen gegen die Türken und dem damit sich bahnbrechenden »Gedanke (n) vom Selbstbestimmungsrecht aller Völker, den die Französische Revolution so eindrücklich proklamiert hatte«,[551] der letztlich auch der Treibsatz der deutschen Revolution von 1848 war, an dem Brommy, nicht auf der Barrikade, aber sozusagen an Bord, nämlich einer im Herweghschen und Freiligrathschen Sinne »freiheitlichen« Flotte, Anteil hatte.

So ragt vermittels der Biografie Brommys seine »Griechenzeit« und deren Freiheitskampf auch in den einer erwachenden deutschen Nation hinein – am deutlichsten aber in seinem Buch zu Aufbau, Organisation und materieller wie personeller »Zurüstung« einer zukünftigen deutschen Marine.

»Die Marine vom Fregatten-Capitain R. Brommy. Berlin 1848« – Ein Buch mit Folgen

Denn auf der Basis umfangreicher Erfahrungen im zivilen sowie vor allem im militärischen Seefahrtwesen und den Positionen, die er in der griechischen Marine bekleidet hatte, und seiner dort durch ihn verfertigten Ausarbeitungen und Dienstvorschriften zu Struktur und Ausbildung der griechischen Marine hatte Brommy im Frühjahr 1848 in Berlin im Verlag Alexander Duncker ein Buch unter dem gleichermaßen lapidaren wie umfassenden Titel »Die Marine«[552] veröffentlicht, ein Lehrbuch[553] zum Verstehen von Seestreitkräften, ihrem Aufbau und ihrer Verwendung – gleichsam ein Handbuch zur Gründung, Aufstellung und Führung von »Kriegsmarinen«. So etwas hatte es, wie ja auch seinen Gegenstand selbst, in Deutschland noch nicht gegeben. Brommy schrieb das Buch mutmaßlich in Athen, der Stadt, in der er zumindest das Vorwort im Dezember 1847 fertigte[554]. Und er verfasste es nicht unbeeinflusst vom in Deutschland herrschenden »Flottenfieber« und einem durchaus lukrativen Markt für maritimes Schriftgut mit dessen Ruf nach einer deutschen Flotte, und diese nicht nur als militärischem Begleitschutz weltweiten Handels, sondern auch als schwimmendes Transportmittel einer damit einhergehenden immer vehementer artikulierten deutschen Nationalidee, kondensiert im Begriff des »Reiches«.

Marineeuphorische Bücher waren in Zeiten des deutschen Flottenfiebers allerdings deutlich in der Überzahl gegenüber marinekundigen, und Brommys Werk insofern eine markante Ausnahme,[555] da er sich hier nicht nur, wie dies auch die marinebegeisterte Literatur auf dem Buchmarkt vollmundig tat, für die Schaffung einer deutschen Flotte ausgesprochen hatte, sondern sich mit seinen Ausführungen auf solidem fachlichen Fundament, auf Kenntnis aus eigener Anschauung und eigenem Erleben, und dies der Unterschied zur Literatur der nur »begeisterten Matrosen«, substanziell und systematisch mit der in deutschen Landen fremden, aber umso »curiöseren« Materie auseinandergesetzt hatte. Insofern entbehrte es daher auch nicht einer zwingenden Logik, dass er sich, kaum mehr nur zwischen den Zeilen seines Buches, letztendlich auch, sollte es dann tatsächlich zur Gründung einer deutschen »KriegsMarine« kommen, »selbst als deren Chef empfohlen«[556] hatte.

Brommys »Die Marine« ist nichts weniger als das erste Werk dieser Art in deutscher Sprache und auch nach Brommys Tod 1865 und 1878 in Neubearbeitungen, signifikanterweise beide in Österreich, wieder erschienen. »Die Marine« ist gleichsam ein Hand- und Rezeptbuch, ein, in Brommys eigenen Worten, »lehrreiche(s) Hülfsbuch«,[557] eine Handreichung zum Aufbau einer Flotte, aus berufener Feder eines weltbefahrenen Seemanns und eines im Mittelmeer marinegeschulten und erfahrenen Truppenführers, Schiffskommandanten und Marineschuldirektors. Und es ist nicht zuletzt das literarische Zeugnis eines talentierten Autors,[558] das zudem nach dessen Tode fortgeschrieben wurde: »Dieses Werk erlebte in Neubearbeitungen 1865 und nochmals 1878, also lange nach seinem Tod im Jahre 1860, weitere Auflagen und wurde 1982 nochmals nachgedruckt.«[559]

Die beiden hier erwähnten Neubearbeitungen – die von 1865, ebenfalls bei Alexander Duncker in Berlin herausgebracht, also das Buch von Heinrich von Littrow (»Brommy Die Marine. Unter Berücksichtigung der Fortschritte der Gegenwart und unter Hinzufügung der in Oesterreich gebräuchlichen italienischen Terminologie neu bearbeitet« von Heinrich von Littrow, K.K. Oesterr. Fregatten-Capitän, Commandeur und Ritter hoher Orden«)[560] sowie die 1878 erschienene Fortschreibung des Brommy-Littrowschen Werkes aus der Feder des K. K. Hauptmannes d. R. Ferdinand von Kronenfels (»Weiland Rudolf Brommy Kontre-Admiral und Heinrich von Littrow K. K. Fregattenkapitän a. D. und K. Ungar. See-Inspektor. Die Marine. Eine gemeinfassliche Darstellung des gesammten Seewesens für die Gebildeten aller Stände«)[561] sind, unter weitgehender Beibehaltung der Originalgliederung Brommys, Bearbeitungen inklusive Erweiterungen des ursprünglichen Brommyschen Textes.

Beim Werk Littrows handelt es sich bei diesen »Anreicherungen« vor allem um Reisebeschreibungen eines Dr. Eduard Schwarz von seiner Mitfahrt auf der k. k. Fregatte NOVARA, eines zusätzlichen Kapitels VI, »Der Seemann – Der Seeoffizier – Leben zur See – Schiffsbewegungen und Seekrankheit«, von Gedichten, die einzelne Kapitel, auch als Vorspruch das gesamte Buch, einleiten und am Ende statt der »Allgemeinen Bemerkungen« zu einer preußischen Kriegsmarine aus Brommys Originalversion um eine Hymne auf das »Seemannsglück, ein Glück, das kein anderer Stand in solchem Maasse, in solchen Farben, in solchen Tönen zu leisten vermag, als eben das Seeleben«[562] erweitern. Darüber hinaus bietet Littrow ein erweitertes »Sach- und Inhaltsregister« mitsamt einer umfänglicheren Illustrierung, namentlich mit »Tafeln« zu einzelnen Schiffstypen und nautischen Instrumenten und Schiffsmanövern wie »Wenden« und »Halsen«.[563]

Kronenfels seinerseits hat sich dann der Littrowschen Bearbeitung des ursprünglichen Brommy-Textes angenommen und, unter grundsätzlicher Beibehaltung der ursprünglichen Gliederung und von wesentlichen Textanteilen Brommys sowie unter ebensolcher Übernahme der Littrowschen »poetischen Auszierungen«[564], den Text Brommys, namentlich dessen technische Bestandteile, Beschreibung von Schiffstypen[565], Waffen[566] und Ausrüstung der Schiffe, dazu mit der Einfügung eines völlig neuen Kapitels »VIII. Das schwimmende Flottenmaterial«[567] immerhin 30 Jahre nach Erscheinen des Brommyschen Werkes und einer rasanten technischen Entwicklung[568], aktualisiert, ganze Kapitel überarbeitet und umfangreiche Ergänzungen, namentlich auch weitere Tabellen, Tafeln, Textillustrationen und Schiffsporträts[569] sowie »eine grosse Anzahl Zeichnungen«[570] eingefügt. Dies alles, um den ursprünglichen Charakter eines in der Gegenwart für maritim Unkundige anwendbaren Lehr- und Erklärungsbuches zu erhalten, nämlich »das als trefflich anerkannte Brommy-Littrow'sche Werk in neuer, die Fortschritte der Gegenwart berücksichtigender Bearbeitung dem Publikum vorzulegen und damit die Erkenntnis der Wichtigkeit des Seewesens besonders in Oesterreich-Ungarn in weitere Kreise zu bringen«.[571]

Ein »schüchterner Versuch« sei dies, so Kronenfels, »unbetretene Wildniss«[572] zu erobern, ein Buch, so sein österreichischer Bearbeiter, mit einer unveränderten, »ursprünglichen Mission«, nämlich »dem Nicht-Seemann einen Ueberblick der Marine zu geben«[573] – ein Vorhaben, das selbst der Verlag des aktuellen Reprints noch im rückwärtigen Einbandtext unter dem Begriff »Kompendium zum gesamten See- und Marinewesen, allgemeinverständlich und illustrativ«[574] so annonciert, als sei dies historische Werk gerade erst als neueste »Entwicklungsgeschichte der Schiffahrt«[575] auf dem Buchmarkt erschienen.

Kronenfels selbst führt, als Funktion der durch ihn gestalteten Neuausgabe des Brommyschen Marinelehrbuches, das fortdauernde »Bedürfnis nach Belehrung über ein den meisten Binnenländern mehr oder minder fern liegendes Gebiet«[576] ins Felde. Und er bedient sich bei seiner Aktualisierung seiner Vorlage, und ganz im Gegensatz zu Brommy 30 Jahre zuvor, erklärtermaßen einer Vielzahl weiterer Autoren, um mit deren Veröffentlichungen zum Thema Seefahrt und Marine den Text, namentlich auch sein Stichwortverzeichnis, anzureichern und »überall die betreffenden Autoren selbst sprechen zu lassen«.[577] Und zwar dergestalt, dass durch die Einbeziehung neuester maritimer Literatur, die er zudem im Einzelnen aufführt,[578] eine, namentlich für ihn, den Hauptmann und »ausserhalb der Marine Stehende(n)«[579], dennoch fachlich kompetent gestützte »Kompilation aus den neuesten deutschen, englischen und französischen Werken und Journalen«[580] entstehen möge.

Wenngleich nun durch die Bearbeitungen zweifellos, namentlich in der Kronenfelsschen Ausgabe, wesentliche technische Neuerungen in den Text Brommys eingearbeitet wurden, verliert dieser durch seine, bereits bei Littrow begonnene »Garnierung« und Aufblähung doch einiges von der strengen inhaltlichen Strukturiertheit des Brommyschen Werkes und dessen gleichermaßen technisch präzisen wie ausdrucksstarken Sprachgestalt, zumal der eigentliche Appellcharakter des Werkes, seine PR-Funktion im Rahmen des Aufbaus einer deutschen »KriegsMarine« durch die Streichung der entsprechenden Ausführungen Brommys eingangs und am Ende seines Buches vollkommen zugunsten einer rein deskriptiven Funktion verschwindet, wie zu dem des bei Kronenfels dann vorfindlichen Stichwortverzeichnisses für den unkundigen Leser angesichts der maritimen »Wildniss«[581], der er sich gegenübersieht – »mit seinen ca. 2000 Stichworten das umfassendste in vergleichbarer maritimer Literatur des 19. Jahrhunderts«,[582] wie der Reprint-Verlag annonciert.

Ganz im Gegensatz dazu erstreckt sich Brommys ursprüngliche Autorenleistung sehr wohl auch auf die detailreiche und durchaus fachkundigere Darbietung nautischer, technischer wie militärischer Bedingungen und Verhältnisse einer Marine. Deren Kompilation ist aber vor allem auch die eines versierten Schreibers, wie er sich bereits in seinen Gedichten und namentlich in den seemännischen Prosaskizzen gezeigt hatte – ein Vermögen, das er nun auch seinem Marinewerk zukommen lässt: Diesem von der Materie eher spröden und wenig unterhaltsamen Buch, das er hingegen mit flotter Schreibkunst, romantischen Ausflügen in Abendstimmungen auf See und geradezu meisterlichen Seeszenen und einer Verehrung für den Hauptgegenstand des Werkes, das (Kriegs-)Schiff und seine Verwendung – wie wir ihn vergleichsweise auch bei Joseph Conrad in der Vorstellung des Schiffes als eines lebenden,[583] »feinfühligen Geschöpfes«[584] vorfinden – ziert, mit dem Schiff als technisches Meisterwerk wie magische Chiffre.

Brommy zieht hier nicht nur alle Register einer in eher lyrischem denn technischem Sprachduktus vorgetragenen Personifizierung und Romantisierung von Schiffbaukunst und Technik[585] – alles andere als ein distanziert-rationaler, technizistischer Zugang zum Gegenstand Schiff und dem Element, in dem sich dieses bewegt: »*Die Wogen legen sich, das überwundene Element schmiegt sich an den stolzen Kiel, der so gewaltsam seinen Busen zerriss; und die Menge der Zuschauer, voll des erlebten Hochgenusses, geht zufrieden auseinander.*«[586] Tatsächlich schildert Brommy hier einen Stapellauf – eher als staunenerregende theatralische Vorführung,[587] eher Vereinigung von Elementen denn bloßer werfttechnischer Akt. Derartige »romantische« Aufladung reicht bei Brommy an anderer Stelle seines Werkes bis zur Ästhetisierung der Seeschlacht selbst, wenn er die Matrosen schildert, »sehnsüchtige Blicke nach der feindlichen Flotte werfend, an deren Schiffen sie die Wirkung des geliebten Geschützes mit Nachdruck zu erproben gedenken«.[588] – Romantizismen, die allerdings, dem eigentlichen inhaltlichen Kern des Buches entsprechend, auch unvermittelt, aber nicht absichtslos, umschlagen in explizit technische Beschreibungen von großer Nüchternheit und detaillierter Präzision: »*Alle Fahrzeuge werden nach der Anzahl ihrer Masten in drei-, zwei- und einmastige getheilt; die dreimastigen, welche in der Seesprache ausschließlich Schiffe genannt werden, theilt man wiederum nach der Anzahl ihrer Batterien, oder der Kanonenzahl, die sie führen, in Dreidecker, Zweidecker, Fregatten – oder Eindecker – und Corvetten.*«[589]

Bei den eher lyrischen Anklängen des gebildeten Bürgers und Seemanns Brommy an die geistesgeschichtlichen Bezüge seines Tuns und seinem romantisch-aufklärerischen Schreibambiente, hier ist wieder ein Blick auf seine Mitgliedschaft in einer Freimaurerloge geboten, ist schließlich auch die gängige und traditionsreiche metaphorische Version vom Schiff als Staat nicht weit und ergänzt damit gleichsam rational den von Brommy auch bewusst kalkulierten affektiven Zugang zum Thema des Buches: »*Denn ein wohleingerichtetes Schiff, mit gut disciplinierter Mannschaft, ist mehr als irgend etwas Anderes im Stande, einen Begriff von der Macht des Staates, dem es angehört, bei fremden Nationen zu erwecken.*«[590]

Dies alles wird gleichsam garniert mit ausgesprochen lyrischen Sentenzen,[591] mit denen der schreibgewandte Brommy den Text seines Handbuches auflädt, gleichsam als poetische Lockangebote für das dann ausführlicher darzulegende Technisch-Organisatorische der seemännisch-militärischen Kunst.

Der romantische Schriftsteller Brommy findet gerade in den Eingangspassagen seines Werkes und bei der Beschreibung des Elements, in dem sich der spätere und im Buch beschriebene Lebensweg des Schiffes ereignen wird, zu einem durchaus eigenen, poetischen Ton, der allerdings mitnichten und von vornherein von einem Kompendium zur Organisation, Rüstung, Logistik und Taktik einer Marine zu erwarten gewesen wäre: »*Einen imposanten und majestätischen Anblick gewährt das Meer zu allen Zeiten; ob in dem mächtigen Daherrollen seiner vom Sturme bewegten Wogen furchtbar (…) ob reizend in der, die Bläue des Aethers zurückstrahlenden, ruhigen oder sanft bewegten Fläche, auf der träge und doch anmuthig, mit matt herabhängenden, von keinem Lüftchen geblähten Segel, das Schiff schwankt.*«[592]

Hier schreibt ein Liebhaber, ein Verehrer der See und der Schiffe, der seinen Gefühlen in denjenigen Worten gleichsam Luft verschafft, die ihm das in der Zeit vorfindliche literarische Repertoire anbot und dessen er sich, zur emotionalen Anreicherung seines eigentlich eher spröde-naturwissenschaftlichen Gegenstands nach Kräften und Vermögen bedient,[593] nicht ohne darauf auch wieder mit großer und mitnichten konventionell-abgegriffener Sprachkraft authentisch Dichte und Atmosphäre zu schaffen: »*Die Nacht bricht herein; – kein Strahl des Mondes, kein Stern durchbricht die dichten Wolkenmassen, die den Himmel bedecken. Wüthend heult der Sturm durch die Takelage, donnernd brechen die Wogen sich unter einander und am Schiffe, ihren weissen Schaum – im Dunkel der Nacht leuchtend – um dasselbe ergiessend. Die schweren Batterien knarren in ihren Befestigungen.*«[594]

Damit aber verbindet er das verklärte Bild von Seefahrt klug und geschickt mit der Darstellung technischer, organisatorischer und taktischer Details von Schiffbau und Schiffshandling, nutzend den eingewebten, namentlich im Binnenland zugkräftigen »romantischen« Einschlag in der Darbietung seines Marinethemas für den Transport von Wissen über den maritimen Gegenstand und den der »Message« seines Buches, nunmehr nämlich sei die Zeit reif, eine Flotte für Deutschland aufzustellen.

Brommy legt hier nicht nur ein Hand- und Lehrbuch[595], sondern gleichsam auch eine Ästhetik[596] der Marine vor, die die technischen Details, wie die Bilder der Schiffstypen von »Cutter, Brig, Schooner, Schonerbrig« bis zu Kanonenboot und Dampfschiff gleichsam »ausziert« mit kunstreichen Illustrationen, einer kolorierten Flaggentafel von 28 Staaten, dazu gelehrterweise zahlreichen Tabellen sowie einem faltbaren Schiffsplan mit Decksplan, Längsriss, Aufstellung der Geschütze und Spantenplan eines Musterschiffes sowie einem Blatt mit zwei Takelungsplänen. Ein Marinekompendium, praktisch aus dem Nichts. Indiz für diese vorgängerlose Herkunft ist vor allem auch das Fehlen eines Literaturteils. Brommy schöpft hier erklärtermaßen ausschließlich aus eigenem Erlebensfundus, Bezüge auf maritim-kundige Autoren finden sich nicht; dafür eine für ein Fachbuch geradezu barocke Ausstattung, zudem erlesene und gewandte Sprache – ein literarisch absichtsvoll kunstvoll gestaltetes Unternehmen, um die eigentliche Materie des Buches »verdaulicher« und eingängiger einer möglichst breiten Anzahl von Interessenten nahezubringen. Dazu auch am Ende der Ausführungen das »Register nebst Erklärung einiger Seemannsausdrücke«, wie »Admiral«,[597] »Flotte«,[598] »Geschwader« und »Linie«.

Denn der Zweck des Buches ist neben seinem deskriptiven auch ein pädagogischer und zutiefst politischer: »Public Relations«[599] für die Schaffung einer deutschen Marine, nicht nur als bloßer Appell, wie er in der Flottenliteratur der Zeit zuhauf schon vorlag, sondern jetzt, aus eigener profunder seemännischer Erfahrung schöpfend, vorgelegt als Grundwissen und Anleitung zum Flottenbau und zum Betreiben einer Marine aus berufenem Mund.

Den Veröffentlichungszweck des Buches beschreiben gleichermaßen Vor- und Nachwort des Autors, die, wie wir später sehen werden, auch unmittelbar und teils wortgleich aufeinander bezogen sind und dergestalt den inhaltlich-deskriptiven Kern des Buches gleichsam in die politisch-militärische Diskussion der Zeit um eine deutsche Flotte hineintragen. Der eigentliche Anlass aber der Darbietung dieses technisch-taktischen Lebenswegs eines Schiffes, den Brommy gleichsam zum roten Faden seines Buches macht, enthüllt sich in dessen Vorwort, dem, neben dem Nachwort als zweitem, ersten Teil der Rahmenargumentation und Zweckbestimmung aller schiffbaulichen, organisatorischen, personalrekrutiererischen und operativen Ausführungen und Details: dem – begründeten – Anstoß zum Bau einer deutschen Flotte als nationales Projekt:

»Wohl ist sie (die »Schifffahrtskunde«, F. G.)«, so hebt Brommys Vorwort an, und damit ist der nationalpädagogische Zweck aller folgenden Ausführungen bereits genannt, »es werth, des Nähern auch in einer Sprache beleuchtet zu werden, welcher bis in letztere Zeit ihre Ausdrücke meistens fremd waren.«[600] – Hat Deutschland doch, obwohl »bis jetzt keine Kriegsmarine (…) so hat es doch ausgebreiteten Seehandel und bedeutende Küsten«,[601] und Preußen werde »auch hierin Muster sein, Deutschland den Weg zu bahnen, um die Ehre seiner Flaggen herzustellen, diese auf fremden Meeren wiederum geehrt und gefürchtet wehen zu lassen«.[602]

Letztlich sei die Aufstellung einer Flotte nur, so Brommy, eine Frage des nationalen Willens:[603] *»Was einst die Hansa, was Preussens grosser Churfürst vermochten, sollte das im neunzehnten Jahrhunderte dem kräftigen deutschen Willen nicht möglich sein?«* Diesen Willen aber gilt es für Brommy mit seinem Buch, und dies der gleichsam propagandistische Zweck seiner Schrift, zu stärken, mit Wissen und Argumenten zu kräftigen und auf die Kiellegung einer deutschen Flotte und der Formierung einer Marine auszurichten – eine Realisierungsstrategie, auf die er, gleichsam in Form einer Rahmenargumentation, am Ende des Buches wiederum und abschließend, und nun gleichsam mit seinem gesamten Handbuch im Gepäck, zurückkommt – im Nachwort des Buches, im Untertitel des letzten Kapitels »Die Rückkehr« unter dem Begriff »Allgemeine Bemerkungen«[604] gefasst, und zum Teil, und damit den Bogen zum Vorwort spannend, in ähnlichen bzw. wortgleichen Formulierungen.

Der weitere Text des Buches ist ebenso systematisch konzipiert: Ein inhaltlicher Kern zum Gegenstand »Marine«, geteilt in zwei »Abtheilungen«:[605] Die »Erste Abtheilung« umfasst, nach einer »Einleitung« zur Dignität des Gegenstands Meer und Seefahrt als Teil der Menschheitsgeschichte, ja, als eine ihrer treibenden Kräfte, z. B. mit dem »Compass« als »eine(r) der kostbarsten Erfindungen des menschlichen Geistes«,[606] sechs Kapitel über das Schiff als Zentralgegenstand der Betrachtung und über das Element, in dem es »lebt«. Die Kapitel sind jeweils eingangs mit einer stichworthaften Übersicht versehen,[607] bevor sich der Autor in dieser »Ersten Abtheilung« kapitelweise den folgenden Themen widmet: »Das Meer«,[608] »Die Schiffsbaukunst«,[609] »Das Schiffsgebäude«,[610] »Die Zurüstung«,[611] »Die Ausrüstung«, »Die Bemannung«.

Dabei gehen im Kapitel »Ausrüstung« Brommys Ausführungen zur Materialausstattung eines Schiffes, und zwar über den Zentralbegriff der »Ordnung«, in die Innendienstorganisation und schließlich im Kapitel »Die Bemannung« in Brommys »Dekrete« zur Menschenführung an Bord, gleichsam der »inneren Führung« des Schiffes und seiner Organisation, über: »*Zu der Ausrüstung gehören der Ballast, die Anker mit ihren Tauen und Ketten, die Boote, das schwere Geschütz, die Waffen aller Art, die Munition, die Flaggen und endlich die Lebensmittel, das Trinkwasser und das Brennmaterial.*«[612]

Vom Proviant dann zur »Verpflegungsethik«: »*Im Allgemeinen sind jetzt fast alle Nationen darin einig, die Mannschaften, durch deren Kräfte das Schiff denn doch regiert werden muss, gut und kräftig zu beköstigen.*«[613] Dazu legt Brommy zusätzlich noch eine Einteilung und Organisation der Mahlzeiten an Bord in den verschiedenen Dienstgradgruppen vor, folgend der Grundregel: »*Dreimal des Tages wird gespeist und nach jeder Mahlzeit Alles schnell wieder in Ordnung gebracht, damit keine Spur derselben vorhanden bleibe.*«[614] Hier findet sich der für Brommy kardinale Begriff der »Ordnung«, hier ist auch bereits in Grundzügen die Organisation des Inneren Dienstes an Bord vorgezeichnet, die im Buch dann weiter ausgeformt und schließlich, über entsprechende Ausarbeitungen der Technischen Marinekommission, namentlich der hier verfertigten »Dienstordnung an Bord/D. a. B«.[615] in der deutschen Marineentwicklung[616] schließlich zur heutigen Marinedienstvorschrift (MDv) 400/1, Bestimmungen für den Dienst an Bord (DaB) führen wird: »*Auch die im ›Dienst an Bord‹ damals aufgestellte Bordroutine, das Wachsystem sowie die Grundsätze der Rolleneinteilung bewährten sich bis in unsere Zeit.*«[617]

Schließlich wird im Kapitel »Die Bemannung« die Personalorganisation angereichert mit Grundsätzen »innerer Führung«, namentlich der »unbeschränkten Macht« des »Capitains«: »*Sein Wille ist das höchste Gebot und von seinem Ausspruche ist kein Appell.*«[618] Dazu formuliert Brommy weitere Anweisungen vor allem zu den Aufgaben des Ersten Leutnants (= Erster Offizier) im Innendienst (z. B. Beaufsichtigen des Reinschiffs) sowie zur theoretischen Ausbildung an Bord und dem »moralischen« Erziehungsziel der Ausbildung: »*Der Matrose ist kühn, gewandt, wachsam, stark und zu Anstrengungen erzogen.*«[619]

Diese Ausführungen werden abgerundet durch eine an diese Kapitel sich anschließende Zusammenstellung von neun Tabellen, z. B. zum Preis verschiedener Typen von Kriegsschiffen in England und Frankreich, Anzahl der erforderlichen Zimmerleute und Segelmacher nebst erforderlicher Stundenzahl für Bau und Betakelung eines Schiffes, Maße von »Ausdehnungen und Gewicht« der »verschiedenen Klassen Kriegsfahrzeuge« sowie des zu deren Bau erforderlichen Materials (vom »Rundholz« bis zum »Segel«) hin zu Gewicht und Verteilung der Kanonen nebst Anzahl der zur Bedienung erforderlichen Mannschaft. Namentlich auch in diesen Tabellen offenbart sich Brommys Werk über »Die Marine« neben dessen konzeptionellem Kern als »lehrreiches Hülfsbuch« als Handbuch zum Betrieb einer Flotte und zugehöriger Landeinrichtungen und nachgerade Anleitung zum Bau einer Kriegsflotte einschließlich des Ankaufes ausländischen Schiffs- oder Schiffbaumaterials. Hier wird nichts anderes als die technische Grundlage für den in Deutschland bisher lediglich euphorischen und erträumten Flottenbau gelegt,[620] ohne hingegen auch die dazu erforderlichen Kosten zu spezifizieren.

Die den Tabellen der »Ersten Abteilung« folgende »Zweite Abtheilung« führt dann den Brommyschen Berichtsfaden fort mit Ausführungen über die landseitige Abstützung der Marine sowie den Dienst an Bord in Friedens- wie in Kriegszeiten. Sie enthält im Einzelnen die Kapitel: »Das Arsenal«,[621] »Der Dienst im Hafen und auf der Rhede«,[622] »Der Dienst zur See« und »Die Seeschlacht«.

Im Kapitel über den »Dienst zur See« zeigt Brommy den »Capitain«, der schon im Kapitel zuvor als unumschränkte Autoritätsperson konfiguriert wurde,[623] als Führer von Schiff und Besatzung in See, wo die den Dienst erhaltende und stabilisierende Ordnung durch Übungen (»fortwährend wird die Mannschaft mit dem Geschütz und den Segeln eingeübt«)[624], namentlich auch durch Trainieren seemännischer Grundlagen, so dem Manöver »Ein Mann über Bord!« inklusive Ablauf, geradezu einer Checkliste für ein Mann-über-Bord-Manöver unter Segeln, auf den eigentlichen Verwendungszweck des Schiffes hin vorbereitet wird: die Seeschlacht. Diesem Zielpunkt aller Ausbildung an Bord ist auch das letzte Kapitel dieser »Abtheilung« gewidmet.

»Die nautische Taktik ist eine Wissenschaft«,[625] dekretiert Brommy hier gleich eingangs seiner Darlegungen, die von der »Bildung der Segelordnung«[626] und deren Anpassung mit der Veränderung des Windes über die Formierung zur »Schlachtordnung«[627] bis zum Erwarten der Schlacht[628] reichen – nicht nur eine nahe an der Ästhetisierung des Krieges gelegene Sicht auf die Schlachtvorbereitungen, sondern dies auch vorgetragen mit der abgeklärten Ruhe eines Mannes, der weiß, wovon er spricht, namentlich dann, wenn er erfahrungsstark und selbstbewusst, und in diesem Falle auch absichtsvoll in Nelsonscher Manier, verfügt: »Im Allgemeinen genommen sind Signale während der Schlacht unnötig, wenn Jeder nur seine Pflicht tut.«[629]

Derartige Statements eines in Schlachten gestählten Befehlshabers zur See verfehlten dann anscheinend auch nicht ihren Eindruck auf die »begeisterten Matrosen« in Frankfurt, die in Form des Präsidenten der Nationalversammlung von Brommy mit seiner Bewerbung nebst beigefügtem »Hülfsbuch« adressiert worden waren und die sich angesichts derart praxisgetränkter Ausführungen und Urteile von einer ja offenkundig gemachten Eignung des Bewerbers für das zu besetzende Amt eines deutschen Marinechefs überzeugen (lassen) konnten – vom bewerbungsklugen Verwenden geradezu Clausewitzscher Formulierungen[630] (»Manches muss freilich dem Zufalle überlassen bleiben, denn nichts ist gewiss in einer Seeschlacht.«)[631] gänzlich abgesehen.

Aber gerade auch hier, auf dem Gebiet der militärischen Unwägbarkeiten, die vor Trafalgar nur eben glücklicherweise nicht in »Friktion« umgeschlagen waren, liefert Brommy am Beispiel jener »Mutter aller Seeschlachten« eine sehr eindrückliche und profunde Analyse der nur zufällig glückhaften, recht eigentlich jedoch tollkühn-fahrlässigen taktischen Führung Nelsons in jenem legendären Gefecht, das nicht nur das »Britannia rule the waves« für mehr als ein Jahrhundert festigte, sondern auch Nelson über seinen Schlachtentod hinaus ewigen Ruhm bescherte.[632] Brommy, der schlachtengestählte Gefolgsmann des wahrlich nicht weniger verwegenen Cochrane, erlaubt sich hier eine ebenso deutliche wie selbstbewusste Kritik der hasardeurhaften Manier, mit der der Seeheld Nelson seine Schiffe und Besatzungen vor Trafalgar »in das Feuer geführt« habe: »Denn genau genommen war der glückliche Erfolg der Schlacht mehr dem Enthusiasmus, welcher die britische Flotte beseelte, durch Nelson befehligt zu sein, so wie dem Umstande zuzuschreiben, dass die anführenden Schiffe beider Colonnen so brav in das Feuer geführt wurden, als der fehlerfreien Art des Angriffs selbst.«[633] Und Brommy schreibt, noch an der Wiege einer deutschen Marine, dem großen Nelson ins Stammbuch: »*Die Nachtheile eines Angriffes in zwei Colonnen von der Windseite bestanden darin, dass die britische Flotte nur langsam – da die Kühlte* (= Wind, F. G.) *leicht war und die See rollte – in das Feuer geführt werden konnte, wo ein Feind, den ein gleicher Enthusiasmus beseelt und der eine gleiche Praxis im Manoeuvriren und Schiessen besessen hätte, ein Schiff nach dem andern vernichten konnte. Ein Plan um durchaus fehlerfrei zu sein, muss auf alle vorkommenden Fälle angewendet werden können.«*[634]

Schließlich aber kommt der britische Admiral, trotz Brommys Fundamentalkritik an dessen Trafalgar-Taktik, am Ende, und wohl eher konzessionshalber, »als bis jetzt unübertroffenes Vorbild eines commandierenden Admirals«,[635] gleichwohl glimpflich aus Brommys Marinelehrbuch heraus, wird er doch vom Autor am Ende dann doch noch und unausgesprochen auch als Brommys eigenes Spiegelbild, als Meister der »Auftragstaktik« gerühmt.[636]

Dann schließt sich der Kreis der Ausführungen des Buches »Die Marine« wie der des Schiffslebens, das gleichsam dessen roten Faden, sein Darstellungsgerüst, bildet, mit dem letzten Kapitel, »Rückkehr«[637] des Schiffes in den Hafen und im Anschluss daran einem Glossar »Seemännischer Ausdrücke« – eine wohlüberlegte und -komponierte Gliederung, die nun im formalen Rahmen eines Buches den Lebens- und Wirkungskreis eines Schiffes abgeschritten hat: von seinem Bau, der Ausrüstung, Bemannung, dem Dienst im Hafen, dann der Seefahrt, Teilnahme an der Seeschlacht bis zur glücklichen Heimkehr in den Hafen.

Dies ist der inhaltliche Kern von Brommys Marinewerk. Darin erschöpft sich hingegen nicht seine Funktion auf dem literarischen Markt, auf den es, nachdem das Vorwort im Dezember 1847 in Athen verfertigt wurde, im Frühjahr 1848, und mit einiger Sicherheit nach Ausbruch der Revolution in den deutschen Staaten, von Alexander Duncker in Berlin, möglicherweise marktstrategisch die maritime Aufgeladenheit der Diskussion um die dänische Blockade geschickt nutzend, zur Veröffentlichung gebracht wurde. Denn all dies korreliert auf das Feinste mit Brommys Absichten, das Marinekompendium just in jener, zunehmend an Fahrt aufnehmenden Debatte um die Schaffung einer deutschen Flotte zu platzieren, um – abgesehen von seinen eigenen ursprünglichen Ambitionen für den Dienst in einer preußischen Marine, die er zunächst im Entstehen wähnte – diese Debatte mit maritimem Wissen aus erster Hand anzureichern und somit die Gründung nunmehr einer deutschen Flotte, und damit auch einen Arbeitsplatz für sich selbst an deren Spitze, zu befördern:

»Nicht zu verkennen war der Antheil«, so beginnen die »Allgemeinen Bemerkungen«, das Nachwort am Schluss des Buches, »den fast ganz Deutschland an dem Gerüchte einer beabsichtigten Bildung einer deutschen Kriegs-Marine nahm.«[638] Dies aber sei, so Brommy weiter, »die Veranlassung des gegenwärtigen Werkes, dessen Verfasser sich die Aufgabe stellte, durch dasselbe einem grössern Kreise eine – wenn auch nur oberflächliche – Ansicht der Kriegs-Marine in einem Zeitpunkte zu geben, der ihm der geeignetste schien, das deutsche Publikum auf Etwas aufmerksam zu machen, das ihm bis jetzt so ziemlich unbekannt geblieben war, und dadurch einem vielfach ausgesprochenen Wunsche entgegen gekommen zu sein.«[639] Dann blättert Brommy den Argumentationskatalog für die Gründung einer deutschen »Kriegs-Marine« wieder auf, den er bereits in seinem Vorwort ausgebreitet hatte: die langgestreckten Küsten Deutschlands, sein weltweiter Seehandel, die Abhängigkeit von anderen Seemächten, diesen Handel zu schützen und das Zeigen der deutschen Flagge auf den Ozeanen:[640] *»Leider ward eine deutsche Kriegs-Marine bis jetzt schmachvoll vernachlässigt, während der deutsche Seehandel doch zu den ersten der Welt gerechnet werden muss.«*[641]

Es ist die nämliche Argumentation, die auch am 14. Juni 1848 von den Rednern in der Paulskirche vorgetragen wird, neben historischer Legitimationsstrategie ebenso angereichert mit Visionen des Entstehens einer großen, mächtigen deutschen Nation qua maritimer Rüstung,[642] eine Debatte, in der allerdings, möglicherweise ist »Die

Marine« noch nicht lange genug auf dem Markt, an keiner Stelle auf Brommys Ausführungen Bezug genommen wird. Erst Duckwitz wird nach Eingang von Brommys Bewerbung nebst Buch im November 1848 die hiermit produzierte maritime »Steilvorlage« aufnehmen und den Autor in die Technische Marinekommission berufen.

Zumal auch Brommy, wie die Redner in der Nationalversammlung und schon Jacob Grimm in Lübeck 1847, in seinem Marinebuch alle historischen Register zieht, Deutschland (wieder) in den Kreis der Seemächte gleichsam hineinzuschreiben: Da geht es nicht nur und wieder um die »Wiederbelebung der alten und mächtigen Hansa«,[643] sondern gar um die Entfaltung einer maritimen Genealogie, die die Deutschen unversehens in den Status der maritimen Vorfahren und Urahnen der heutigen Seebeherrscher katapultiert.[644]

Was also, so fragt Brommy schließlich, und damit zurückkommend auf die im Vorwort bereits angesprochene bloße »Willensfrage« der Schaffung einer deutschen Marine, »hält denn Deutschland ab, auch hierin (zur See, F.G.) seine angestammte Nationalgrösse zu entfalten!«[645] – zumal ein Staatskörper, als Voraussetzung der Schaffung einer nationalen »KriegsMarine«, das »Reich« nämlich, doch schon existiere, in Form eines »Staatenbundes« nämlich,[646] dem des Deutschen Bundes. Mithin, und damit endet Brommy im Rekurs auf sein Vorwort, könne Deutschland »eine Kriegs-Marine mit Leichtigkeit herstellen, wenn es nur wollte!«[647] Gelte es doch für Deutschland nur, gleichsam in die maritimen Fußstapfen Preußens zu treten, das längst »die Wichtigkeit einer Kriegs-Marine erkannt und den ersten Schritt gethan, eine solche zu begründen«:[648] *»Hoffentlich ist die Zeit nicht mehr fern«*, so endet Brommy sein Buch, *»wo Deutschland einen Theil seiner Kräfte auf die Herstellung einer Kriegsflotte wenden wird, wo die deutschen Flaggen frei in der Luft wehen und dahin schweben auf dem freien Meere, bis zu den fernsten Punkten der Erde; überall geehrt, da sie im Stande sind, sich selbst zu beschützen, ohne dem Stolze fremder Seemächte auf dem Ozeane ferner noch zinsbar zu sein!«.*[649] Brommy aber liefert mit seinem Kompendium »Die Marine« Segelanweisung und Handbuch dazu.

Dergestalt schafft das Buch zum Ansinnen einer deutschen Flotte nicht nur den Appell, sondern begründet diesen in seinen Rahmenteilen, hier rekurrierend auf historische Vorläufer (Hanse) wie aktuelle militärische Bedürfnisse (dänische Blockade), sowie vor allem durch die explizite und vollständige, handbuchartige Beschreibung des materiellen Gegenstands Marine als inhaltlichem Zentrum der Schrift und dem truppenführerischen Kern, der inneren Führung an Bord. Dies aber wird, neben allen technischen Details, von Brommy an vielerlei Stellen und immer wieder in der Schrift verteilt dargeboten, als Credo, als Grundbedingung für das erfolgreiche Handling aller technischen und organisatorischen Aspekte einer Marine: Disziplin und Ordnung als die Säulen des Dienstes an Bord und damit der Voraussetzung, das »zarte, feinfühlige Geschöpf« Schiff überhaupt in Hafen, Seefahrt und Schlacht seinem Zwecke gemäß betreiben zu können.

»Ordnung ist die erste und grösste Regel an Bord eines Kriegsschiffes, sie ist der Anfang und das Ende, der Mittelpunkt und der Umkreis aller innern Organisation!«[650] Dabei gilt: *»Die ausübende Macht an Bord ist despotisch und kann unter den existierenden Umständen auch nicht wohl anders sein*[651] – ›*Ueberhaupt ist Stille an Bord das Zeichen einer gut disciplinirten Mannschaft‹*[652]. Und damit nicht genug: *»Obgleich in der neuern Zeit eine humane Gesetzgebung die zu ertheilenden Strafen dictirt, übertrifft die Strenge derselben, so wie die Disciplin selbst, doch noch bei Weitem die in den Landarmeen üblichen.«*[653]

Vollkommener Ausdruck aber, geradezu Vergegenständlichung der Ordnung an Bord ist, und da sind sich die Kapitäne Carl Rudolph Brommy und Joseph Conrad nicht nur in literarischen Belangen nahe und einig, die Schiffsroutine,⁶⁵⁴ ein genau eingeteilter Tagesablauf (»Täglicher Dienst«⁶⁵⁵ oder wie bei Brommy zu lesen: »*Die wahre Kraft des Schiffes ist darin enthalten, das Jedermann an Bord vollkommen vertraut mit dem ihm bestimmten Platz und den auf demselben auszuübenden Pflichten sei.*«⁶⁵⁶ Dies aber gelte in besonderem Maße für das Hauptgeschäft eines Kriegsschiffes, der Bedienung von Geschütz und Segeln: »*Stete Beschäftigung allein vermag die erzeugte Langeweile und den damit verbundenen Missmuth des Seemanns zu zerstreuen; – fortwährend wird die Mannschaft mit dem Geschütz und den Segeln eingeübt, um es zum höchsten Grad der Vollkommenheit darin zu bringen.*«⁶⁵⁷ Dies alles kondensiert in der unumschränkten Befehlsgewalt des »Capitains«, die allein die überlebensnotwendige Ordnung sichert und erhält, durch »die Macht des Commandos, die Schnelle des Gehorsams, die von Grad zu Grad sich erstreckende Subordination und die ostensible Achtung, welche die Chefs umgiebt.«⁶⁵⁸ Nicht nur Befehl und Gehorsam, sondern auch »geschickte Leitung«⁶⁵⁹ sind Zentralelemente von Führung an Bord: »*Sind auch Leichtsinn und Unbeständigkeit die vorherrschenden Charakterzüge des gemeinen Seemanns, so zeigt doch eine genauere Prüfung desselben (…), dass viele gute Eigenschaften in dem vergleichsweise rohen Wesen verborgen sind, welche nur der geschickten Leitung bedürfen, um sie zu erwecken, sie an das Licht treten zu lassen, und den Seemann auf eine bedeutend höhere Stufe sittlicher Ausbildung zu bringen, als er jetzt noch steht.*«⁶⁶⁰ – ein zweifellos singuläres Bekenntnis zu nachgerade moderner Menschenführung inmitten der zitierten rigorosen Formulierungen und ein Vermögen, das Brommy, gleichsam in Anwendung der eigenen Lehren, dann auch bei der Führung der ersten deutschen Flotte, dem Erhalt ihrer materiellen und personellen Einsatzfähigkeit auch noch, als sie, eine »Marine ohne Staat«⁶⁶¹, nicht mehr gebraucht wurde, auszeichnete und gleichermaßen von Duckwitz wie von Prinz Adalbert mit Anerkennung bedacht wurde.

Dieser truppenführerische Kern von Brommys Marinekompendium, sozusagen ein frühes Handbuch Innere Führung, wie vor allem der organisations-, material- und personaldeskriptive Aspekt des Buches wird, und damit ist der eigentliche Verwendungszweck des Buches benannt, gerahmt von jeweils einem Vorwort wie Nachwort, die die über den reinen Handbuchcharakter hinausgehende Appellfunktion des Buches, seinen flottenpropagandistische Impetus enthalten und das Buch selbst gleichsam zur konzeptionellen »Waffe« im Kampf der Deutschen um den Aufbau einer eigenen Flotte machen – und, wie Eckhardt zu Recht beobachtet hat, den Autor, der selbst dem großen Nelson Paroli zu bieten in der Lage scheint, in die Rolle des zu dieser Flottenaufstellung (einzig) befähigten Mannes versetzt – ein personalstrategischer Effekt des Buches, der schließlich auch Erfolg zeitigen wird.

So ist das Buch nicht nur ein singuläres auf dem deutschen literarischen Markt, sondern absichtsvoll ein Public Relations-Produkt in zweierlei Gestalt: zum einen für die Marine und den als notwendig begründeten Aufbau einer Flotte, zum anderen aber für den Autor selbst, der sich nicht nur als ausgesprochener und auch darstellungsversierter maritimer Fachmann erweist, sondern sich qua seiner Ausführungen gleichzeitig als Führungsgestalt einer späteren und mithilfe dieses Handbuches aufzubauenden deutschen Marine empfiehlt. Da ist der Verlags- und Druckort⁶⁶² Berlin auch durchaus hilfreicher als noch der sächsische (Meißen) seines Vorgängerbuches »Skizzen aus dem Leben eines Seemannes«.

Und vielleicht hat sich Brommy in dieser Zeit auch selbst in Berlin aufgehalten, ein J. Bromme, Privatsekretär, möglicherweise ein Verwandter, wohnt 1845 und 1846 laut Adressverzeichnis in Berlin,⁶⁶³ die Vermittlung des Verlags verdankte er vielleicht Emanuel Geibel, den er in Griechenland kennengelernt hatte⁶⁶⁴ – dies alles bleibt ebenso im Dunkel wie noch einige weitere »weiße Flecken« im Leben dieses weitgereisten und weltkundigen Seemanns aus Sachsen.

»Wie ein Spuk« – Brommys Flotte auf der Unterweser

Als sicher darf hingegen gelten, dass es vor allem auch sein Marinelehrbuch war, das ihm wesentlich zu seiner Verwendung in der deutschen Marine bis schließlich an deren Spitze verhalf.[665] Nachdem Brommy dem Ruf der provisorischen Zentralgewalt mit Schreiben des Reichshandelsministers Duckwitz vom 4. November begeistert zugesagt hatte, gewährte ihm sein griechischer Dienstherr, König Othon (= Otto), zunächst einen sechsmonatigen Urlaub für seine Tätigkeit für den Aufbau einer deutschen Marine.[666] So wurde er von der griechischen Marine am 12. Februar 1849, nur zwei Tage nach Beendigung der Beratungen der Technischen Marinekommission in Frankfurt, zum Kapitän 1. Klasse (= Kapitän zur See) befördert,[667] am 25. Februar des Jahres aber bereits zum Reichskommissar[668] (»Reichs Commisarius«)[669] für die Marine mit Hauptsitz der Kommando- und Verwaltungsbehörden in Bremerhaven[670]. Am 5. April des Jahres dann wurde er vom Reichsverweser Erzherzog Johann »zum Commando des Nordseegeschwaders« berufen, in direkter Unterstellung unter das »Reichs-Ministerium der Marine«[671] bei gleichzeitiger Ernennung »zum Capitain zur See und ad interim Seezeugmeister für die Nordseeküste«[672]. »Erster Capitan der KriegsMarine (...) und Seezeugmeister für die Nordseeküsten«, so hat es Brommy in seinem Schreiben vom 12. April an König Otto selbst formuliert,[673] bevor er mit einem Brief vom 12. April 1849, schon aus Bremerhaven,[674] seinen König in Athen um Entpflichtung von seinen Aufgaben in der griechischen Marine bat, was ihm auch gewährt wurde.

Und hier nimmt schon, im Begriff des »Nordseegeschwaders«, und gleich auch schon, wie später im Streit um die deutsche Flagge gar mit internationalen Auswirkungen, die geradezu babylonische Sprachverwirrung bzw. -vielfalt, die die Nomenklatur der »deutschen Marine« seit ihrer parlamentarischen Geburt und der Frage des unbekannten Abgeordneten, ob denn hier von der Flotte oder der Marine die Rede sei, ihren Fortgang, und dies gleichsam in gesteigerter Form. Salewski hat eindrücklich auf diese Begriffsvielfalt von Flotte, Marine, deutscher Flotte, deutscher Marine, Reichsmarine, Kriegsmarine, durchweg synonym verwendet, verwiesen.[675] Und tatsächlich ist es daher auch unvermeidlich, in einer Darstellung der Ereignisse und der Entwicklung der Institutionen und ihrer Begriffe diese Vielfalt und teilweise Beliebigkeit der Begriffsverwendungen, auf die am Ende noch einmal abschließend zurückzukommen sein wird, zugunsten etwa eines durchgängig und ausschließlich verwendeten Terminus zu »begradigen«. Letztendlich führt der Begriffsweg der ersten »deutschen Marine« von der Flottensitzung der Paulskirche über vielfältige Wandlungen (Weserflottille, Nordseegeschwader, Nordseeflotte) letztendlich wieder zurück zum »Ober-Commando der Marine«[676] unter seinem Contre-Admiral Brommy. Gleichwohl werden parallel dazu die o. a. geografischen Begrifflichkeiten (Nordseeflotte)[677] weiterverwendet oder der Begriff der Marine, z. B. in Vorschriften, zu dem der »Reichs-Marine«[678].

Im Übrigen wird es daher tunlich sein, in diesem Flotten-Wortgeflecht sich mit einer optischen Hilfskonstruktion behelfsweise zu orientieren: an den schwimmenden Einheiten unter der Flagge Schwarz-Rot-Gold, mithin denen des »Nordseegeschwaders« und der in dieses inkorporierten »Hamburger Flottille« sowie der »Schleswig-Holsteinischen Flottille« in der Ostsee. Dies war de facto, nachdem Österreich wie auch Preußen bald schon wieder unter eigener Flagge segelten, die »deutsche Marine« der Paulskirche und die der provisorischen Zentralgewalt bzw. der späteren

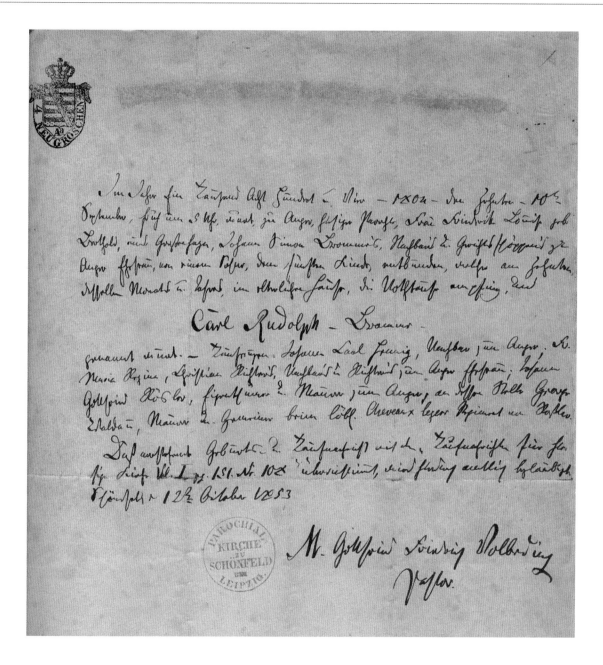

Geburtsurkunde Carl Rudolph Bromme. Sign. 1989/0738 a.

Konteradmiral Carl Rudolph Brommy. Sign. 1989/0715 a.
Ölgemälde. Maler nicht bekannt.

Caroline Bromme, geb. Gross. Sign. 1989/0716 a.
Öl auf Leinwand mit »Gop.« oder »Cop.« unten rechts signiert, um 1860

Gedichtband. Sign. 20-0001. H. 27,5 cm x B. 35,0 cm, geleimt,
Samt, Seide, Pappe, Stickgarn, ca. 1832, mit handschriftlichen Gedichten Brommys

Notenblatt. Sign. 2005/0019.
Komposition Brommys in eigener Handschrift

Fotografie Carl Rudolph Brommy. Sign. 1997/0312.
Vermutlich eine Platinotypie, angefertigt vom Fotografen Johann Heinrich Ludwig Nebbien in Oldenburg
(s. Stempel auf der Rückseite). Bei der Porträtaufnahme handelt es sich um die bislang einzige bekannte Fotografie, die den Admiral der ersten deutschen Flotte zeigt.
Um diese Aufnahme anfertigen zu lassen,
war Brommy wahrscheinlich während seiner Zeit in
St. Magnus nach Oldenburg in das Studio des
Fotografen Nebbien gereist.

Glückwunschkarte, Sign. 2008/0739.
Zum 20. September 1858, Brommys Geburtstag

Panorama von Brake. Sign. 1989/0711 a.
Das Hinterglasbild von Uwe Lütgen, das nach einem Gemälde von Carl Justus Fedeler (1799–1858) entstand, zeigt die Situation der Braker Kaje zur Zeit Brommys.

HANSA. Sign. 1989/0709. Aquarell. 1650 t/81,9 m Länge ü. A./11 Kanonen/ 260 Mann Besatzung. Als Passagierdampfer UNITED STATES 1847–1848 in New York für den Transatlantikdienst gebaut und 1849 für die deutsche Flotte angekauft. Umbau zum Kriegsschiff in New York und Liverpool. Flaggschiff von Brommy ab 1850. 1853 an W. A. Fritze und Karl Lehmkuhl/Bremen verkauft.

ERZHERZOG JOHANN im Trockendock. Sign. 1989/0725. 1313 t/64,7 m Länge ü. A./ 9 Kanonen/200 Mann Besatzung. Der Raddampfer lief 1840 in Glasgow für die Cunard Line/Liverpool unter dem Namen ACADIA vom Stapel. 1849 wurde das Schiff für die deutsche Flotte erworben und in ERZHERZOG JOHANN umgetauft. Während der Überführung nach Deutschland havarierte das Schiff durch Grundberührung bei Terschelling. Es wurde abgeborgen und ins Trockendock von Brake verbracht, wo die nunmehrige ERZHERZOG JOHANN bis 1851 instandgesetzt und umgetakelt wurde. Der Dampfer kam als Kriegsschiff bis zur Auflösung der Flotte nicht mehr zum Einsatz. 1853 Verkauf an W. A. Fritze und Karl Lehmkuhl/Bremen und Umbau zum Passagierschiff.

GROSSHERZOG VON OLDENBURG. Sign. 2011/0080. Modell. 415 t/50,3 m Länge ü. A./ 2 Kanonen/100 Mann Besatzung. 1848 für die deutsche Flotte in Bristol unter dem Tarnnamen INCA gebaut. 1852 an die General Steam Navigation Company/London verkauft. Das Modell ist eine Leihgabe an das Schiffahrtsmuseum der oldenburgischen Unterweser von Dr. jur. Rolf Stratmann, Bremerhaven.

HANSA. Sign. 1989/0693. Modell.

ECKERNFÖRDE. Sign. 1989/0731. Modell. Fregatte/Vollschiff. 1385 t/59,4 m Länge ü. A./48 Kanonen/420 Mann Besatzung. Stapellauf 1843 in Kopenhagen für die dänische Marine. 1846 dort als GEFION in Dienst gestellt. Als ein dänisches Geschwader 1849 Eckernförde angriff, wurde das Schiff nach einem Feuergefecht in der Eckernförder Bucht am 5. April 1849 von zwei holsteinischen Küstenbatterien zum Streichen der Flagge gezwungen. Unter dem Namen ECKERNFÖRDE in die deutsche Flotte eingegliedert, 1852 an Preußen überstellt, dort wieder in Dienst unter dem Namen GEFION. 1880 außer Dienst gestellt, 1891 abgewrackt.

Uniformjacke eines Seejunkers. Sign. 1989/0736 a. Zweireihige Jacke mit vergoldeten Ankerknöpfen, Zweispitz aus Fell, mit schwarz-rot-goldener Kokarde und Klunkern. Bei dieser Uniformjacke und dem Zweispitz soll es sich um Stücke aus dem Nachlass von Admiral Brommy handeln. Der dunkelblaue Frack mit den vergoldeten Ankerknöpfen und der gestülpte Hut mit der Kokarde in den Nationalfarben sind Bestandteile der Paradeuniform der ersten deutschen Flotte. Allerdings kann die hier ausgestellte Uniform aufgrund der Rangabzeichen (Seejunker) nicht von Brommy selbst getragen worden sein.

Pistole. Sign. 1989/0729 a. Die Angehörigen der ersten deutschen Flotte wurden für Entergefechte mit einer neu entwickelten Pistole ausgestattet. Zu den Besonderheiten der Konstruktion gehören der Gelenkladestock und der Gürtelhaken. Vorbild für diese Waffe, von der insgesamt 1.000 Exemplare an die Flotte ausgeliefert wurden, waren englische und französische Marinepistolen. Zu erkennen sind die Handfeuerwaffen der deutschen Flotte am Ankerstempel, der mit einem Doppeladler kombiniert ist.

Enterbeil. Sign. 1989/0727 a.
Von dieser ein Kilogramm wiegenden Waffe beschaffte man für die erste deutsche Flotte 600 Stück.

Hamburger Flottille auf der Elbe im August 1848. Sign. 1989/0658.
V. l. n. r.: LÜBECK, BREMEN, DEUTSCHLAND, FRANKLIN, HAMBURG

Schiffe der deutschen Flotte in der Wesermündung 1849. Sign.1989/0717 a.
V. l. n. r.: Barbarossa, Erzherzog Johann, König Ernst August, Frankfurt, Grossherzog von Oldenburg, Hansa, Lübeck, Hamburg, Bremen, Eckernförde, Deutschland.
Druck nach einem Ölgemälde von Ferdinand Lüder Arenhold (1854–1915) 1902.

Gefecht bei Helgoland 1849. Sign.1989/0712.
Lithografie nach dem gleichnamigen Gemälde von Hans von Petersen (1850–1914).

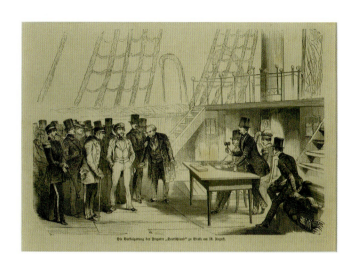

Die Versteigerung der Fregatte DEUTSCHLAND zu Brake
am 18. August. Sign. 2004/0015.
Illustration in »Leipziger Zeitung« 1852 über den Beginn
der Versteigerung der deutschen Flotte durch Hannibal Fischer.

Grabmal Konteradmiral Carl Rudolph Brommy.
Friedhof Brake-Kirchhammelwarden

Grabstein Admiral Dieter Wellershoff und
seiner Frau Emma Johanna.
Friedhof Brake-Kirchhammelwarden

Grabmale beider Admirale.
Im Vordergrund Grabstätte Admiral Wellershoff,
im Hintergrund Admiral Brommy/Familiengrab Gross.

©Alle Fotos Copyright Schiffahrtsmuseum der
oldenburgischen Unterweser/Linda Thorlton

Reichsregierung direkt unterstehenden schwimmenden Einheiten mitsamt deren landseitigen Anlagen und Ämtern. Und so bleibt auch signifikanterweise die ministerielle Begriffsverwendung, die ausschließlich auf eine »Marine« ausgerichtet ist, in der gesamten Lebenszeit dieser ersten deutschen Seestreitkräfte stabil: als »Marineabteilung« im Ministerium des Handels, als »Ministerium der Marine« und als »Reichsministerium der Marine«.

Die gleichsam nachgeordneten Begrifflichkeiten, schon gar nicht den alltäglichen Gebrauch oder gar den späterer Literatur zu diesen Ereignissen, wird man nicht ohne Gewalt vereinheitlichen können, daher sind sie im Rahmen dieser Darstellung auch unvermeidlich. Zumal sie dabei eines auch sind: Symptom der Frühphase deutscher Marineentwicklung, einer instabilen politischen Entwicklung von Revolution und Restauration und einer einmal gegründeten Marine, der am Ende gleichsam der Staat, das »Reich«, abhandengekommen war – eine Entwicklung, die Brommy, als er das »Commando des Nordseegeschwaders« und das des »Seezeugmeisters der Nordseeküste« übernahm, hingegen noch nicht absehen konnte.

»Disziplin und Kenntnisse sind die beiden Angelpunkte, um welche sich unser Wirken zunächst drehen muss.«[679] – mit dieser Maxime und seinem »lehrreichen Hülfsbuch« über die Marine im Gepäck, trat Brommy seine neue Aufgabe an.

Dergestalt wurde er schließlich »nicht nur der eigentliche Begründer und Chef der Flotte, die sich der besonderen Förderung des kurzfristig als Reichsmarineminister tätig gewesenen Bremer Senators Arnold Duckwitz erfreute, sondern er war sozusagen auch die Seele der Marine«[680] – ihr Herz und Antriebsaggregat: »Er war ein kleiner, recht wohl aussehender Herr, lebensfroh und gesellig, leutselig und von allen seinen Untergebenen hoch verehrt. (…) Es herrschte vom Admiral ausgehend ein Geist freudiger Erregung und Heiterkeit unter den Offizieren und Beamten, der ebenso wohltuend als der Sache förderlich war.«[681] Brommys Großnichte und Biografin Hedwig Schultz zitiert aus einem Brief einer seiner Kapitäne an den längere Zeit abwesenden Admiral: »*Kommen Sie doch bald wieder zurück. Wenn Sie fern sind, fehlt der Marine das was derselben den moralischen Halt gibt, das unbedingte Vertrauen in den Oberkommandanten.*«[682]

Dies Vertrauen aber hatte die Flotte, die angesichts der sich zurückentwickelnden alten Machtverhältnisse im Reich, dem Desinteresse vor allem der süddeutschen Staaten an den merkwürdigen Dingen, die dort im Norden des Deutschen Bundes zur See vor sich gingen und ihrer zunehmenden Enthaltsamkeit bei der Zahlung der Matrikularbeiträge für die Flotte, die immer spärlicher flossen,[683] auch bitter nötig. Denn die weitere Flottenentwicklung hatte bereits mit den wirklichen Machtverhältnissen im Reich nichts mehr zu tun. Die euphorisch begründete »deutsche Marine« der Paulskirche war längst aus dem Blickfeld der Parlamentarier geraten. Gleichwohl wuchs sie, in einer bemerkenswerten »Parallelaktion«, zu einer respektablen und modernen Armada heran, die Ende des Jahres 1849 – vor allem auch als Ergebnis des Brommyschen Tatendrangs[684] – mit neun Dampffregatten und Dampfkorvetten,[685] einem Großsegler[686] und 26 Kanonenbooten[687] auf der Unterweser lag.[688] Und in Brommy, dem gleichermaßen organisations- wie im Freiheitskrieg der Griechen auch gefechtserfahrenen Oberbefehlshaber[689] und Seezeugmeister,[690] hatte sie einen umsichtigen, selbstbewussten und akribischen Gestalter gefunden, ohne den es die vergleichsweise gut ausgerüstete, ausgebildete und disziplinierte Flotte mit insgesamt ca. 1.000 Mann[691] in dieser Form[692] nicht gegeben hätte.

Allerdings aber auch nicht ohne den Marineminister Duckwitz, der bis Anfang 1849 »durch Übernahme der Hamburger Flottille, Umbauten und Ankäufe (…) eine Anzahl armierter Kauffahrer zusammengebracht (hatte)[693] die, mehr zur Beruhigung der Deutschen als zur Beunruhigung der Dänen, als Korvetten und Fregatten klassifiziert wurden.«[694]

Die in England und den USA erworbenen Schiffe, »bis auf die DEUTSCHLAND hölzerne Raddampfer mit Segeltakelage«,[695] wurden nun mit klingenden Namen versehen: HANSA, DEUTSCHLAND, BARBAROSSA, Letztere als erstes Flaggschiff, sinnigerweise die ehemalige BRITANNIA, am Ende ihres Schiffslebens ebenso sinnigerweise von einem gewissen Kapitänleutnant Tirpitz versenkt.[696] Erworben wurde das Schiff, wie die ACADIA, die nunmehr in deutschen Diensten unter dem Namen des Reichsverwesers ERZHERZOG JOHANN rangierte, als ehemaliges Postschiff von der Cunard Line in England. Volltönende Namen, wie sie auch die einfallsreichen Dichter der Flottenpoeme nicht besser hätten vorschlagen können. Mit dem Flaggschiff der Flotte war auch BARBAROSSA, wenn auch in anderer Gestalt, wieder aus dem Kyffhäuser zurückgekehrt, während mit den Schiffen ERZHERZOG JOHANN und FRANKFURT provisorische Zentralgewalt und Nationalversammlung nun auch, handfest und sichtbar, auf sich selbst verweisen konnten.

Max Bär, der mit »Die deutsche Flotte von 1848–1852« im Jahre 1898 »eine quellenmäßige Darstellung der traurigen Geschichte«[697] jener ersten deutschen Flotte vorlegte, hat den technologisch innovativen, auf Dampfschiffe ausgerichteten modernen Schiffsbestand der »deutschen Marine« des Paulskirchenbeschlusses dabei wie folgt gelistet:

»1. Hansa (früher United States) von 750 Pferdekraft und 11 Bombenkanonen mit 260 Mann kriegsmäßiger Bemannung.
2. Barbarossa (früher Britannia) von 440 Pferdekraft und 968-Pfündern, Bemannung 183.
3. Ernst August (früher Kora) von 270 Pferdekraft und 668-Pfündern, Bemannung 150.
4. Lübeck (aus der Hamburger Flotille) von 200 Pferdekraft und 225- bezw. 32-Pfünder, Bemannung 100.
5. Hamburg (aus der Hamburger Flotille) von 160 Pferdekraft und 225- bezw. 32-Pfünder, Bemannung 100.
6. Bremen (aus der Hamburger Flotille) von 160 Pferdekraft und 225- bezw. 32-Pfünder, Bemannung 100.
7. Großherzog Oldenburg (früher Inca) von 180 Pferdekraft und 268- bezw. 32-Pfünder, Bemannung 100.
8. Frankfurt (früher Cacique) von 180 Pferdekraft und 268- bezw. 32-Pfünder, Bemannung 100.
Außerdem besaß die Marine
9. Den Dampfer Erzherzog Johann (früher Acadia) im Trockendock zu Brake liegend und der Ausbesserung bedürftig.
10. Das in der Geeste liegende Segelschiff Deutschland (aus der Hamburger Flotille).
11. Die Fregatte Eckernförde (früher Gefion) in Eckernförde liegend.
12–37. Die in Vegesack liegenden 26 Kanonenboote.«[698]

»In der Rückschau mag dieser Vorgang wie ein Spuk erscheinen. Da waren Volksvertreter seit noch nicht einmal vier Wochen versammelt, um eine Verfassung für ein geeintes Deutschland auszuarbeiten. Sie beschlossen die Verfügbarmachung einer Summe für den Flottenbau, ohne ein dafür zuständiges Exekutivorgan zu haben; die provisorische Zentralgewalt wurde erst 14 Tage später durch Gagerns ›kühnen Schritt‹ (eine Zentralgewalt, im Bewusstsein ihres baldiges Inkrafttretens, bereits vorab durch das Parlament zu »vertreten«, F. G.) geschaffen. Sie beschlossen dies, ohne das verfassungsmäßig erst noch zu konstituierende Haushaltsrecht zu besitzen; sie mußten dafür auf Matrikularbeiträge der Einzelstaaten zurückgreifen, die die Bundesversammlung verwaltete, als das noch bestehende Exekutivorgan des alten Staatsgebildes, das durch die Revolution überwunden werden sollte.«[699]

Derart begann bereits an der Wiege der ersten deutschen Marine die »Parallelaktion« vom abwartendem Fortbestehen der alten Gewalten und der Entwicklung der durch die Revolution geschaffenen Reichsinstitutionen, allen voran, in jedem Falle zeitlich, der der provisorischen Zentralregierung direkt unterstehenden, schwimmenden Einheiten, der »Reichs-Flotte«. Ein untrügliches Indiz für die sich signifikant fortsetzende Gleichzeitigkeit von Abschwung der Revolution bei gleichzeitigem Aufschwung der Flotte, die hier sogenannte »Parallelaktion« von politischem und Flottenstrang, war dann aber schon bald für jedermann sichtbar, als »sich Österreich im Dezember 1848 weigerte, Matrikularbeiträge für die deutsche Marine zu zahlen, und Preußen nur die erste Rate entrichtete und 1849 die von ihm beigesteuerten Schiffe wieder unter preußischer Flagge fahren ließ«.[700]

Gleichwohl war das deutsche »Marineexperiment« tatsächlich angelaufen, und »mit Fug und mit Recht kann man sagen, daß das kleine Geschwader, das im Sommer des Jahres 1849 die deutschen Farben auf der Weser zeigte, das Werk vornehmlich dieses einen Mannes, Duckwitz, gewesen ist«.[701] Er war es, der als Handels- und Marineminister nicht nur die Beschaffung von Schiffen und die Rekrutierung von Besatzungen, ein schwieriges Unterfangen in einem Land, das (noch) über keine Seestreitkräfte verfügte,[702] vorantrieb, sondern auch mit der Einrichtung der Technischen Marinekommission und ihrer Führung durch Prinz Adalbert sowie der Berufung Carl Rudolph Brommys aus griechischen Marinediensten erst in die Technische Marinekommission, dann an die Spitze des »Nordseegeschwaders«[703], mit der inkorporierten Hamburger Flottille und der eher lose verbundenen Schleswig-Holsteinischen Flottille die Zentralformation der »Reichsflotte«, der »deutschen Marine« des Paulskirchenbeschlusses vom 14. Juni, die entscheidenden Weichenstellungen auf dem Weg zu einer Realisierung des deutschen »Flottentraums« gelegt hatte.

Flankiert wurde Duckwitz' Beschaffungswerk dabei von allerlei Vorschlägen, wie dem des britischen Juristen und Diplomaten Patrick Colquhoun, »Doctors beider Rechte und ehemaligem Bevollmächtigten der Hansestädte im Orient«,[704] mit seinem in Leipzig 1848 gedruckten »Entwurf zur Bildung einer deutschen Kriegsflotte nebst Kostenanschlag derselben«, den er mit Widmung aus »London, den 25. November 1848«[705] »Eurer Exzellenz dem Herrn Arnold Duckwitz, des deutschen Reichs Handels- und Marineminister zu Frankfurt am Main«[706] gewidmet hatte, um diesem zu empfehlen, dass sich Deutschland bei der »Schaffung einer deutschen Kriegsmarine«[707] den Bestrebungen, eine Seemacht ersten Ranges zu werden, enthalten und vielmehr »die Leitung dieser Angelegenheit denjenigen überlassen sollte, deren geographische Lage und langjährige Erfahrung im Seewesen sie am besten dazu eignet«.[708] Deutschland solle stattdessen durch Nutzung der »Dampfkraft« und »schwerer Armirung«[709] seiner Fahrzeuge bestrebt sein, »seine Rechte unter den Seemächten des zweiten oder wenigstens des dritten Ranges zur Beschützung seiner Küsten und seines immer zunehmenden Handels zu behaupten«.[710]

Daneben wurden im Revolutionsjahr 1848 weitere Denkschriften zur deutschen Flottenfrage publiziert,[711] die sich, wie die von Marcus Niebuhr, erschienen in »Magdeburg den 1sten October 1848«, unmittelbar an der »trefflichen Denkschrift« des Prinzen Adalbert entzündeten[712] und die Begründung und Festigung »deutscher Seemacht« (»also muß Deutschland eine große Flotte haben«)[713] mitten im Deutsch-Dänischen Krieg im Rahmen eines »deutsch-skandinavischen Bundes«[714] empfahlen oder, wie dies ein anonymer »deutscher Offizier« in seiner Schrift »Deutschland eine Seemacht« deutlich weniger ambitioniert als Niebuhr tat, sich zunächst auf die Gründung einer »Küstenflotte«[715] zur Verteidigung der Häfen und Küsten, gestützt auf eine »Dampfflotte«[716] bei »Verschmelzung der Kriegs- und Handelsmarine«[717] zu konzentrieren.

Hier aber wird schließlich de facto das vorgeschlagen, was auch den Kern der in Beschaffung befindlichen »Reichsflotte« ausmachen sollte, ein technisch innovativer Kern, der seinerseits auch einer kleinen Flotte respektable Mobilität und Kampfkraft verlieh und derart den maritimen Vorsprung anderer »Seemächte« mit technischen Mitteln zu kompensieren trachtete: »Wir haben keine Admirale für die zu bauenden Segelflotten. – Ganz anders liegen die Erfahrungen bei der Dampfmaschine. Keine einzige Flotte hat bereits umfängliche Erfahrungen über die Taktik der Dampfer.«[718] Dergestalt wird durch eben jenen anonymen »deutschen Offizier« eine Fähigkeitslücke bei etablierten Marinen identifiziert, die ihrerseits, wenn sie durch deutsche Rüstungsanstrengungen besetzt werden könne, vermittels der Entwicklung moderner (Dampf-)Technik im Schiffbau eine Chance bot für ein gedeihliches Entwickeln auch bisheriger maritimer »Habenichtse« wie der Deutschen – just so, wie es die Technische Marinekommission schließlich auch vorschlug und wie es sich im Flottenkörper der ersten deutschen Marine unter Brommy dann auch in einer nahezu reinen Dampfschiffflotte materialisierte. Und dies, beim anonymen »deutschen Offizier« wie auch bei Adalbert und seiner Kommission, durchaus mit Entwicklungspotenzial, wenn der Weg der Deutschen zur See erst einmal beschritten sei: »Später können wir dann in Ruhe bauen was nothwendig ist, Linienschiffe oder Dampfer.«[719]

Brommy, der »erste Capitain« und Seezeugmeister in Bremerhaven, »leitete nur die Ausbildung, hatte aber auf die Beschaffung der Fahrzeuge keinen Einfluss gehabt«.[720] Dabei musste sich der Inhaber des »Commandos« selbst, unter Anwendung durchaus modernster »PR«-Methoden,[721] um die Anwerbung von Offizieren, mangels deutschen Seeleuten vor allem Belgier und Engländer, sowie um die der Mannschaften ebenso wie »um den Erwerb und die Ausrüstung der Kriegsschiffe kümmern, um Anlage und Ausbau der Kriegshäfen und Winterstationen, um die Einrichtung der Kommando- und Verwaltungsstellen, die Arsenale, Hospitäler und Apotheken«.[722]

Denn es war ja keineswegs nur die Flotte, mit der sich Brommy zu beschäftigen hatte. Dem »See-Zeugmeister für die Nordseeküste«,[723] angelehnt »an die beim Feldheer gebräuchliche Bezeichnung »Feldzeugmeisterei«[724] – gegen die erste Version »Seezeugmeister der Nordsee« hatte der englische Marineminister Protest eingelegt[725] – unterstand ein »weites Feld« an rückwärtigen Tätigkeiten für die Flotte, Verwaltung, Logistik, Sanität. Es war das, mit Ausnahme der Marineabteilung im Handelsministerium und dem später eigenständigen Marineministerium, umfängliche Gebiet der landseitigen Marinebehörden, die im Verein mit ihrem verwaltungstechnischen Fokus, den schwimmenden Einheiten, die erste deutsche Marine, bildeten: »*So trat die erste deutsche Marine in ihren Kommando- und Verwaltungsbehörden und ihren schwimmenden Streitkräften, Werften und Arsenalen vereint in Bremerhaven zusammen.*«[726]

Der oldenburgische Geheime Regierungsrath Theodor Erdmann, des Großherzogs »Marineminister«, berichtete, daß »neben dem schlagfertigen Geschwader noch ein reichhaltiges Material von Geschützen, sonstigen Waffen, Schießbedarf, Schiffsgeräthen, Steinkohlen und sonstigen Ausrüstungsgegenständen angekauft, und herbeigeschafft, die Mannschaft uniformiert, diszipliniert, und befriedigend eingeübt, die Seezeugmeisterei geordnet, und ein Kern von Offizieren, auch für die künftigen Schiffe, besorgt werden«[727] musste. Und er rechnete dies im Wesentlichen einem Mann zu: »*Um ganz gerecht zu sein, muß man dies Ergebnis in der Hauptsache den rastlosen Bemühungen des Seezeugmeisters Brommy zuschreiben, indeß wurde ihm von Frankfurt redlich in die Hand gearbeitet.*«[728]

Zusätzlich zu seinen Aufgaben im Zusammenhang mit Ausrüsten, Bemannen, Üben und Unterhalten der Flotte »hat Brommy den gesamten Verwaltungs- und Versorgungsapparat praktisch aus dem Boden gestampft: Verwaltung,

Intendantur, Arsenal, Sanitäts- und Bildungswesen«[729]. Und dies in durchaus umfänglicher wie organisatorisch aufwendiger Form, nördlich und südlich der Geestemündung angesiedelt und im Einzelnen[730] wie folgt:

Die Hauptverwaltung: Diese befand sich in Bremerhaven im Hause des Apothekers Büttner, An der Karlsburg 14, in der südwestlichen Ecke des Marktplatzes. Gleichzeitig hatte Brommy hier sein Quartier bezogen, insofern auch Sitz des Oberkommandos. »1910 wurde dieses Haus zugunsten des Stadttheaterbaues abgerissen.«[731] – Intendantur (in der späteren Gewerbeschule). – Arsenal, die Werkstätten und das Waffen-Depot. – Magazin (des Arsenals). – Lager für Schiffszubehör. – Kanonenplatz zur Lagerung von Kanonen, Kugeln und Bomben sowie als Bremerhavener Kohlenplatz (der zweite lag in Glückstadt an der Elbe). – Unterkunft für Seesoldaten in der Leher Straße 65, dazu war das Hinterhaus gepachtet inklusive Verpflegung. – Spital und Apotheke, im Haus des Apothekers Büttner, »bei Mitbenutzung der Büttnerschen Apothekeneinrichtungen«,[732] also dort, wo auch die Hauptverwaltung angesiedelt war. – Pulverturm und Laboratorium, nördlich in der Stadt in der Nähe des Weserdeiches etwas auf Distanz angesiedelt, und mit Bedacht angesichts der 1.000 Faß Pulver im Pulverturm[733]. Der Seezeugmeisterei unterstand dazu noch im Rahmen der Hafenbefestigung und -sicherung die Dock- oder »Reichsbatterie« an der Einfahrt zum Neuen Hafen. Auf der Segelfregatte DEUTSCHLAND nahm die Kadettenschule Quartier. Als Lehrer fungierte auch hier wieder Brommy sowie der Leutnant Tatsaert, ein Belgier.[734]

»Die Liegeplätze der Schiffe waren wie folgt aufgeteilt: die Geestemündung und Brake für Dampffregatten, Dampfkorvetten und Fregatten, Vegesack für Kanonenboote. Als Werftplatz diente mit allerhöchstem Einverständnis des Großherzogs von Oldenburg[735] *Brake. Dort wurde für Marinezwecke ein Trockendock erbaut.«*[736]

»Bis zum 18.4.1850 wurde die Seezeugmeisterei direkt von Brommy geleitet; am 19.4.1850 übernahm Hauptmann Ludwig Weber die Leitung der Seezeugmeisterei. Chef der Verwaltung wurde der preußische Intendanturrat Bernau.«[737] Das Sanitätswesen (Spital und Apotheke) verantwortete Flottenarzt Dr. Heins, die Infrastrukturangelegenheiten Marinebaurat Jordan.[738]

»Die Gesamtleitung blieb aber weiter in Brommys Händen bis zum Beginn der Auflösung der Flotte am 18.8.1852.« Wobei »Gesamtleitung« eben auch gleichsam Arbeit und Zuständigkeit an allen Fronten bedeutete, nicht nur an der operativen oder ausbildungstechnischen, sondern, zudem mit bemerkenswerter Kreativität, auch an der logistischen. Denn die Materiallage der Flotte war in einigen Bereichen, zumal in ihren Anfängen, nicht weniger als desolat: »So standen Brommy anfangs zum Beispiel für 24 angeworbene Marinesoldaten nur sechs Gewehre zur Verfügung, die beim Exerzieren von Mann zu Mann weitergegeben werden mußten.«[739] Derart waren kreative Lösungen gefragt, wobei man mit Brommy durchaus an der richtigen Adresse war: Der, erfahrener und weitgereister Seeoffizier, bestellte, als sich nun auch eine »Versorgungslücke« im Bereich der Pistolen auftat, in seiner Eigenschaft als Seezeugmeister im Dezember 1850 bei der Firma Colt in den USA nach Angebotseinholung und -prüfung 1.000 Revolver vom Typ »Colt Navy Belt Pistol 1851« Kal. 36 zum Stückpreis von 13 Dollar, die auch korrekt und zeitgerecht geliefert wurden.[740]

Die Flotte selbst hatte ihren Hauptstützpunkt in Bremerhaven, in der Geestemündung, wo Brommy am 9. März eingetroffen war, ihr Werftplatz und (teilweise) der Winterhafen lagen im oldenburgischen Brake, für das sich der Großherzog von Oldenburg und seine Behörden mit Erfolg für die Stationierung einer auch sein küstenseitiges Territorium sichernden Flotte, die nicht zuletzt ein Arbeitskräftemagnet zu werden versprach, stark gemacht hatten.[741]

»Im Großherzogtum Oldenburg hatte man sofort erkannt, welch einmalige Chance die Stationierung der Kriegsflotte an der Nordsee für die oldenburgischen Häfen bot. Der großherzogliche Kommissar für die Angelegenheiten der deutschen Flotte, Regierungsrat Albrecht Johannes Theodor Erdmann (1795–1893) – ›der Großherzog nannte ihn wohl im Scherz seinen Marineminister‹[742] *– warb zusammen mit dem oldenburgischen Bundesgesandten Oberst Johann Ludwig Mosle (1794–1877) unermüdlich für die Küsten des Oldenburger Landes.«*[743]

Und dies nicht ohne Erfolg. Zwar konnte sich Brommy nicht für das ihm angediente Fährhuk bei Heppens am Jadebusen als Standort für einen zu bauenden Flottenstützpunkt erwärmen[744] (das 1853 durch Preußen gleichwohl dort vom oldenburgischen Großherzog angekaufte »Marine-Etablissement« an der Jade, das spätere Wilhelmshaven). Dennoch stimmte er zumindest zu, »in Brake eine provisorische Marinestation einzurichten«.[745]

Am 18. März 1849 lief dort, von England kommend, das erste Schiff der deutschen »Reichsflotte« ein, die BRITANNIA, die spätere BARBAROSSA; wenige Tage nach ihr dann die auf der Überfahrt von England beschädigte ACADIA, nunmehr ERZHERZOG JOHANN. Für Letztere galt es nun erst einmal, ein Trockendock zu bauen, ein provisorisches zudem, mit einem Erdwall zur Weser hin abgeschlossen, um hier ab dem 2. Oktober 1848 die beschädigte ERZHERZOG zu reparieren, was bis in das Jahr 1851 andauerte.[746] An Bord hat möglicherweise[747] eine Schiffsjungenschule mit bis zu 20 Matrosen bestanden, während »die zukünftigen Offiziere, die Seejunker, (…) auf der Segelfregatte DEUTSCHLAND unterrichtet (wurden), je nach Jahreszeit in der Geeste, im Braker Hafen oder bei Blexen und vor Bremerhaven«.[748] Da das Trockendock in Brake aber nach wie vor einer Schleuse ermangelte, musste, um das Schiff wieder in die Weser gen Bremerhaven zu lassen (das Schiff war, wie auch die Segelfregatte ECKERNFÖRDE, die ex-GEFION, zu groß für den Braker Hafen),[749] der Deich erneut geöffnet und wieder geschlossen werden.[750] In Brake begann man im Spätsommer 1849, den Sielhafen zu vertiefen und zu verbreitern, um ihn aufnahmefähig für die Schiffe der Flotte zur Überwinterung zu machen. Doch Brommy blieb mit den großen Schiffen winters und aus Bedenken vor Eisgang bei Brake lieber in der Geeste liegen. Nur drei kleinere Dampfkorvetten, HAMBURG, LÜBECK und BREMEN, verlegte er Ende November zur Überwinterung nach Brake.

Hier im Winterlager aber ging es hoch her: »Von einigen vernahm ich die Versicherung, sie hätten sich den Winter über sehr gut amüsiert«,[751] während der Braker Amtmann Rasmus von Tumulten zwischen Mannschaften und Schiffszimmerleuten und einem von den Offizieren der Schiffe veranstalteten Maskenball zu berichten wusste.[752] Zusätzliche Polizeidragoner aus Oldenburg mussten zur Aufrechterhaltung der Disziplin unter den Mannschaften dorthin abgeordnet werden, die Braker Gefängnislokale gelangten an die Grenzen ihrer Aufnahmefähigkeit. »Stationskommandant der ›German Naval Station Brake‹ ist der englische Kapitän W. A. Howard, der indessen wegen eines Zerwürfnisses mit Brommy im Februar 1850 den Dienst quittieren muß.«[753] Nachfolger wurde der ebenfalls englische Kapitän Thomas King.[754]

Die zunehmende Untätigkeit der Flotte[755] mangels weiteren akuten militärischen Bedarfs, spätestens nach erneutem Waffenstillstand und schließlichem Friedensschluss mit den Dänen am 2. Juli 1850, führte nun und geradezu umgekehrt proportional zu einem Erwachen des gesellschaftlichen Lebens in vielerlei Gestalt (gleichsam unter dem Motto »Die Flotte tanzt«), wie uns die Berichte der auf der Flotte tätigen (bzw., wie zu lesen, auch untätigen) Seejunker Karl Gross und Julius Paul Wilcken etwa wie folgt sehr anschaulich und detailfreudig vor Augen führen:

»(Jul 13.) Die Tage laufen einer nach dem anderen hin; man tut nichts als diesen elenden Dienst an Bord. Ich

war an Bord der ›Barbarossa‹, da war es gerade so; wir fangen an, uns hier häuslich einzurichten; man besucht sich gegenseitig, trinkt ein Glas Wein und sucht sich zu amüsieren.«[756] – (August 19.), an Bord GROSSHERZOG VON OLDENBURG: *»Mit der Handvoll Leute, die hier an Bord sind, kann man nur notdürftig den Dienst versehen, von Exerzieren ist gar keine Rede.«*[757] – *»Sonntag machten wir eine kleine Tour, die Weser hinaus; unser Ziel war eigentlich Helgoland, da es aber sehr regnerisch war, kehrten wir, als wir kaum 3–4 Meilen außerhalb der bunten Tonne waren, wieder um.«*[758] – *»(August 24.) (…) es ist überhaupt ein famoses zutrauliches Leben hier.«*[759] – *»September 2.) (…) Ich habe weder was gelernt noch mich in sonstiger Beziehung vervollkommnet.«*[760] – *»(Admiralsball) amüsierte mich recht gut; es wurde bis 5 Uhr morgens getanzt und heillos dabei gekneipt. Des Morgens wurde der Seej. X. betrunken halb nackend auf der Straße herumirrend gefunden. (…) Wenn übrigens die Historie dem Admiral gemeldet wird, kann er schlecht fahren.«*[761] – *»In Brake wird es diesen Winter sehr gemütlich werden. (…) Wir werden Telegraphenklub bilden, einen Schießsaal und Fechtsaal einrichten; es wird großartig werden.«*[762] – *»Es ist gar zu langweilig, weil im Ganzen genommen gar nichts von Bedeutung vorfällt.«*[763] – *»Das Leben hier in Brake ist recht eintönig gemütlich; den einen Tag spiele ich Schach oder Karten an Bord den andern Tag bringe ich teils zu Hause, teils im Telegraphen zu.«*[764] – *»Ich kann nur nicht begreifen, wie der Admiral, der wie alle Marineoffiziere das Kauffahrteiwesen wenig schätzt, dazu kommt, meinem Vater anzuraten, mich mit einem Kauffahrteischiff ausgehen zu lassen. Es scheint mir ein schlechtes Zeichen für die Fortdauer der Marine zu sein, weil er nämlich bemerkte, daß es für spätere Aussichten gut wäre.«*[765]

So wird es auch kommen, und Karl Gross, der hier aus seinem »Flottenleben« berichtet, konnte Brommy nur dankbar sein, ihn noch rechtzeitig vor dem endgültigen Ableben der Flotte an Bord eines Kauffahrers gebracht zu haben: *»Nach der Auflösung der deutschen Flotte im Jahre 1852 lehnte er den ihm freigestellten Übertritt zur preußischen oder österreichischen Marine ab und ging als Leichtmatrose zur See. (…) Dem Seemannsberuf blieb er auch weiterhin (…) treu, bis er 1857, mittlerweile bis zum Obersteuermann avanciert, sich seinen Brüdern (…) in der Führung der von seinem Vater in Hammelwarden Ende 1856 gegründeten Schiffswerft anschloß.«*[766]

In Wilckens »Bilder aus dem deutschen Flotten-Leben 1849«[767] werden die Verhältnisse der »schlafenden« Flotte im Braker Hafen zum Gegenstand gleichzeitig ernster wie heiterer Lektüre, zudem aus der Feder eines versierten Autors: *»Wir möchten unsre Leser durch den Ernst, die Sorgen und die Schwierigkeiten der interessanten, neuen Schöpfung (gemeint ist Brommys Flotte, F. G.) führen und zugleich durch Schilderung mannigfaltiger Charaktere und Situationen, welche den Humor geradezu herausforderten, eine heitere, ansprechende Lectüre bieten (…) durch Bilder aus dem deutschen Flottenleben, der realsten Wirklichkeit entnommen, mit photographischer Genauigkeit gezeichnet.«*[768] Mit diesem Vorsatz gelingt Wilcken eine authentische und chronologisch recht genaue Historie des Entstehens der ersten deutschen Flotte vor allem in Form besonders »curiöser« Ereignisse von der Ankunft des ersten, bereits auf der Überfahrt havarierten Schiffes (»Der Erzherzog Johann erreichte, wenn auch gebrochen, krank und matt, die Wesermündung.«)[769] über »Anwerbungen«, »Beschäftigung«, Rundgang durch die Decks und die Maschine, Bemerkungen zur Bewaffnung, Abendszenen an Oberdeck, bis hin zu »Meuterei« und einem »Kreuzzug in die Nordsee«.

Aus dem Kapitel »Gesellige Zustände. – Die Familien. – Leben und Treiben in Brake« sei in diesem Zusammenhang zur Ergänzung der Karl Grossschen Beschreibungen des Flottenalltages auszugs- und beispielsweise das im beschaulichen Brake mit der Flottenstationierung geradezu schlagartig einsetzende Sozialavancement etlicher seiner Bewohnerinnen und Bewohner vorgestellt: »*Nun aber war plötzlich aus dem unscheinbaren, unbeachteten Seefahrer (…) ein glänzender Offizier der deutschen Reichsmarine geworden. (…) Die sorgsame Hausmutter war mit einem Federstrich zur Weltdame avanciert.*«[770] – »*Nicht zu verwundern war es, daß die bunten Uniformen, die vielen frischen Männergestalten auch manches abenteuernde schöne Kind, manche liebebedürftige Seele in den Rayon der Flotte zogen.*«[771] – Und im Garten des Gasthofes des Herrn Groß, so Wilcken, »*war das allgemeine Rendez-vous der schönen Welt*«[772] – ein Ort, an dem die Flotte tanzte, mitsamt ihrem Admiral, »*er tanzte selbst sehr gern*«.[773] Nach dem Tanze unternahm man in Brake, vom Admiral ist hier nicht die Rede, gern auch noch ausgedehnte Streifzüge in die Umgebung, »*und mit lautem Jubel und Gesang kehrten die fröhlichen Irrfahrer oft erst in später Nacht wieder zurück*«[774] – allein: »*Trotz dieser jeweiligen Anstrengungen war Brake doch an sich ein langweiliger und merkwürdig isolirter Platz.*«[775]

Und am Ende des lustigen Büchleins erscheint dann doch noch eine durchaus ernste Analyse der deutschen Minderwertigkeit zur See, vom Scheitern des Flottenstrebens und dem im Volke gleichwohl fortlebenden Flottengedanken: »*Das deutsche Volk hat nicht aufgehört, das Bedürfniß nach einer vaterländischen Flotte tief zu empfinden.*«[776] Nicht Preußen oder Österreich allein können, so der Autor, die Flotte wieder aufrichten, »*ganz Deutschland muß dazu contribuiren, denn ganz Deutschland zieht den Nutzen davon*«[777] – als »*Seemacht zweiten Ranges*«[778] zum Schutz des Handels wie gegen die »*Unzufriedenheit*« im »*Innern unsres Landes*«.[779]

Und ein Realisierungs- und Verwendungsplan für die Flotte wird am Schluss des Wilckenschen Büchleins auch noch offeriert: »*Gebt sie Preußen und Oesterreich, in zwei großen Divisionen, zur Verwaltung; gebt ihr aber die deutschen Farben und deutsches Geld.*«[780] Schließlich endet der Autor mit dem Aufruf: »*Gott gebe unsrer deutschen Flotte ein fröhlich Wiederauferstehen – und ein besseres Gedeihen, als in der Zeit, da es – zu dunkel für sie ward.*«[781]

Schleichender Tod – Der Untergang der Flotte

Und just dieses Versinken in Dunkelheit aber verlief nun zunehmend zügiger: Dänemark hatte am 12. Dezember 1848 den Waffenstillstand gekündigt und machte im Februar wieder mobil, am 3. April wurde die schleswigsche Grenze überschritten.[782] Die Nationalversammlung diskutierte derweil über die Reichsverfassung, die sie am 28. März verabschiedete. Am gleichen Tag noch wählte die Nationalversammlung den preußischen König Wilhelm IV. zum Kaiser,[783] nachdem am 27. März die Abstimmung über das Erbkaisertum mit der knappen Mehrheit von 267 gegen 263 Stimmen zugunsten eines Erbkaisertums ausgegangen war.[784] Am 3. April lehnte erwartungsgemäß der preußische König, zunächst noch eher verklausuliert,[785] die von ihm als »Wurst- oder Schweinebrezel« titulierte Krone, die ihm die Untertanen qua 32-köpfiger Deputation des Frankfurter Parlaments[786] in Berlin dargeboten hatten, ab.[787]

»*Der König lehnte ab, und damit war der Wirkungskreis der Nationalversammlung am Ende.*«[788] So hat es der Marineminister Duckwitz in seinen Erinnerungen, den »Denkwürdigkeiten aus meinem öffentlichen Leben«, gleichermaßen präzise wie resigniert formuliert, hatte er doch, wie er schreibt, als Einziger im damaligen »Ministerrath« der Reichsregierung dafür plädiert, dem König von Preußen nicht, auf die romantische, aber nicht tragfähige politische Idee des alten deutschen Kaisertraumes gleichsam hereinfallend, die Kaiserkrone anzutragen, sondern ihn, in seinen Augen verträglicher für die übrigen regierenden Fürsten des

Deutschen Bundes, »den König von Preußen zum Präsidenten der deutschen Staaten-Republik (resp. Des deutschen Bundesstaats ohne Oesterreich) zu machen«.[789] – »Allein sie meinten«, so Duckwitz resümierend, »man könne es erst mit dem Kaiser versuchen«.[790]

Die Reichsverfassung war schwer erschüttert. Am 14. April stellten sich »in einer gemeinsamen Note 28 von 39 einzelstaatlichen Regierungen mit ihrer bedingungslosen Anerkennung der Reichsverfassung auf die Seite der Paulskirche. Abseits standen neben Preußen, das am 28. April auch die formelle Ablehnung übermittelte,[791] und neben Österreich, das wenige Tage zuvor seine Abgeordneten aus Frankfurt zurückbeordert und definitiv mit der Nationalversammlung gebrochen hatte, vor allem die Königreiche Bayern, Hannover, Sachsen und Württemberg«,[792] wobei Letzteres am 25. April unter dem Druck der öffentlichen Meinung diese doch noch anerkannte.[793] Dies änderte hingegen nichts mehr daran, dass die Reichsverfassung politisch nicht allgemein, zumal nicht von den großen Staaten, anerkannt wurde und dadurch auch wirksam werden konnte.

So wurde die Reichsverfassung »von den deutschen Großmächten und Mittelstaaten unter Hinweis auf das Vereinbarungsprinzip abgelehnt«.[794] Daraufhin erfolgte, in der »Überzeugung, daß die Reichsverfassung seit dem 28. März unmittelbar geltendes Recht war«,[795] am 4. Mai der Aufruf der Nationalversammlung zur Durchsetzung der Reichsverfassung in den Ländern,[796] die »Reichsverfassungskampagne«[797]. In Dresden wurden Barrikaden gebaut, in Baden begann man mit der Organisation einer Volksbewaffnung, der sich auch reguläres Militär anschloss. Eine »Volksarmee« stellte sich dort den anrückenden Interventionstruppen, die die provisorische Zentralgewalt in Frankfurt aufgestellt hatte und die von Preußen und derem Kronprinzen Wilhelm geführt wurden, entgegen und wurde schließlich mit dem Fall der Festung Rastatt, in der sich annähernd 6.000 Mann revolutionäre Truppen verschanzt hatten, am 23. Juli 1848 endgültig und vernichtend geschlagen – eine Niederlage, der ein Blutgericht »unter preußischer Federführung«[798] und eine Auswanderungswelle großen Ausmaßes, vor allem in die Vereinigten Staaten von Amerika, folgte. »Allein aus Baden sollen nach der mißglückten Revolution 80.000 Menschen ausgewandert sein.«[799]

Damit war die »Parallelaktion« von alten und neuen Gewalten beendet, die alten Mächte traten wieder sichtbar hervor, ihre Institutionen überlagerten die verbliebenen der Revolution, wie die der Reichsregierung, die am 20. Dezember des Jahres schließlich »erlosch«.

Nur eine Reichsinstitution, zumal die erste, noch vor der provisorischen Zentralgewalt vom Paulskirchenparlament am 14. Juni 1848 gleichsam auf Kiel gelegte, zudem die einzige reichsunmittelbare, wie dies die Reichsverfassung selbst in ihrem § 19 auch besonders hervorgehoben hatte (»Die Seemacht ist ausschließlich Sache des Reiches. Es ist keinem Einzelstaat gestattet, Kriegsschiffe für sich zu halten oder Kaperbriefe auszugeben.«)[800] blieb gleichsam unversehrt erhalten. Diese reichsunmittelbare maritime Institution, die in den weiteren Ausführungen des § 19 der Reichsverfassung als »Kriegsflotte«[801] figuriert, also diese »Reichskriegs- oder Reichsflotte«, und mit ihr die Marinebehörden, mithin die »Reichs-Marine«,[802] alle diese Begriffe existierten (siehe oben) gleichzeitig nebeneinander, überlebte den Untergang der Reichsinstitutionen. Ja sie war, als die letzten Bestände des Parlaments in der Paulskirche am 30. Mai 1849 sich als »Rumpfparlament« gen Stuttgart aufmachten, noch nicht einziges Mal zum Gefecht ausgelaufen.

Zumal der dänische Feind wieder seewärts vor den deutschen Küsten stand: Noch am Tag der vergeblichen Offerte der Frankfurter Kaiserdeputation, die dann auch am 28. April offiziell durch Preußen zurückgewiesen wurde,[803] ging Dänemark wieder in die militärische Offensive. Die Reichsregierung unter Heinrich v. Gagern trat am 9. Mai

1849⁸⁰⁴ nach Differenzen mit dem Reichverweser, der sich nach v. Gagerns Auffassung nicht deutlich genug für die Reichsverfassung positionierte,⁸⁰⁵ zurück,⁸⁰⁶ Preußen zog am 14. Mai,⁸⁰⁷ und nach ihm fast alle größere Staaten, »seine« Abgeordneten aus Frankfurt ab.⁸⁰⁸ Die Reichsverfassung vom 28. März, die ein deutsches Reich begründen sollte und die die Selbstständigkeit der deutschen Einzelstaaten ausdrücklich festlegte sowie das Fortbestehen des Deutschen Bundes, mithin das der fortdauernden Vormacht Preußens und Österreichs,⁸⁰⁹ trat am 18. Mai in Kraft, eine neue Reichsregierung gründete noch im gleichen Monat⁸¹⁰ ein Reichsministerium für die Marineangelegenheiten unter dem Reichsminister General August Jochmus aus Hamburg⁸¹¹, der im Übrigen große Stücke auf Brommy hielt.⁸¹²

Doch die Tage der Reichsregierung waren ebenso gezählt wie die der Nationalversammlung, die sich nun in heller Auflösung befand. Ende Mai zählte sie nur noch, nach Austritt der österreichischen und preußischen Abgeordneten sowie dem Kern der Casino-Fraktion, 150 Mitglieder,⁸¹³ die ihrerseits angesichts der Tatsache, dass Frankfurt nun von 60.000 Mann preußischem Militär »bewacht« wurde, entschieden, ihre Tagungen sicherheitshalber nach Stuttgart zu verlegen. Dort wurde dann das »Rumpfparlament«, »noch rund 100 Köpfe stark«,⁸¹⁴ am 18. Juni von württembergischen Truppen auseinandergejagt.⁸¹⁵

Doch neben der einen, bereits genannten »Parallelaktion« von revolutionärer Parlamentsgründung und De-facto-Fortbestehen der alten Gewalten, sehen wir zu diesem Zeitpunkt umso klarer die zweite, wiederum zu den im Kern unangetastet gebliebenen und schnell restaurierten alten Machtverhältnissen verlaufende Parallelentwicklung, die der Entwicklung der Flotte selbst: »Es kam zu einer geradezu grotesk wirkenden gegenläufigen Bewegung. Die Reichsflotte wuchs im Frühjahr und Sommer 1849 zu ihrer optimalen Stärke heran, während es mit dem Reichsministerium, ja der Idee des Deutschen Reiches selbst gleichzeitig rapide bergab ging. Batsch sah es ganz richtig, wenn er meinte: »Es war eben nicht anders; derselbe Monat, der die vielverheißenden Dampfkorvetten in die Weser einlaufen sah, derselbe Monat sah auch die unaufhaltsame Vorbereitung des Frankfurter politischen Schiffbruchs.«⁸¹⁶

Während die Nationalversammlung schon in akuter Auflösung begriffen war und in ihren kümmerlichen Restbeständen Richtung Stuttgart floh, ereignete sich am 4. Juni 1849 (notabene: am 6. Juni konstituierte sich das aus Frankfurt abgewanderte Häuflein der letzten Paulskirchenabgeordneten als Überbleibsel der Nationalversammlung in Stuttgart) dann der erste, zugleich aber auch letzte Gefechtseinsatz von Teilen des Brommyschen »Nordseegeschwaders«. Brommy lief mit drei Schiffen und völlig unangesehen der im Reich selbst schon massiv einsetzenden Auflösungserscheinungen der Zentralgewalt an jenem 4. Juni 1849 zum ersten Male gegen den Feind.⁸¹⁷ Mit drei Raddampfern, BARBAROSSA, HAMBURG und LÜBECK, hatte er die Weser Kurs Helgoland verlassen und traf dort auf die südlich der Insel operierende dänische Fregatte VALKYRIEN. Man lieferte sich – im »einzige(n) Gefecht unter schwarz-rot-goldener Flagge« – eben paradoxer- und parallelerweise zu einem Zeitpunkt, als die Revolution gescheitert, die Nationalversammlung aufgelöst war«⁸¹⁸ – ein kurzes, folgenloses Artillerieduell, das vernünftigerweise von Brommy abgebrochen wurde – nicht nur wegen »drei Kanonen«, so Brommy in seinem Gefechtsbericht, Warnschüssen von der britischen Insel Helgoland,⁸¹⁹ sondern durchaus auch in Anerkennung der überlegenen militärischen Macht der im Gefolge der VALKYRIEN nachrückenden dänischen Schiffe⁸²⁰ und zusätzlich wohl auch in realistischer Einschätzung eines an Bord seines Flaggschiffes noch nicht unbedingt komplikationsfreien Bedienens der Geschütze⁸²¹. Da ihm das dänische Geschwader den Weg in die Weser versperrte,⁸²² lief er zunächst nach Cuxhaven⁸²³ – in Ansehung der Umstände eine taktisch und truppenführerisch kluge Tat, gleichwohl ein Rückzug.

Auf zunächst einmal sicherem Terrain entzog sich der gleichermaßen schlachtengestählte wie erfindungsreiche Brommy schließlich mit einer »Kriegslist« dem dänischen Feind, indem er Einladungskarten zu einem Empfang am folgenden Tage auf seinem Flaggschiff BARBAROSSA in der Stadt verteilen ließ, die auch den dortigen dänischen Spionen bekannt wurden. Was sie auch sollten. Brommy aber verließ mit seinem Geschwader unbeobachtet und unbehelligt schon in der Nacht Cuxhaven und verlegte in die heimatliche Weser nach Bremerhaven, während man sich in Cuxhaven bereits für den Cocktail auf dem Admiralsschiff präparierte.[824]

»Endlich ist es der deutschen Flotte gelungen einmal in See zu stechen – der Anfang war gut und ich habe den gerechten Grund zu hoffen, es werde stets besser gehen«,[825] so hatte der Befehlshaber noch in seinem Bericht von der »Rhede von Cuxhaven« geschrieben – ein Trugschluss.

Der Sache folgte eine Note des britischen Außenministers Palmerston, in der er die Reichsregierung darauf hinwies, dass Brommys Flotte unter Schwarz-Rot-Gold mit einer Flagge unterwegs sei, die seiner Regierung nicht angezeigt worden war (was auch stimmte, die Nationalversammlung hatte dies versäumt)[826] und daher in Zukunft Gefahr laufe, als Piratenflagge, mit den entsprechenden Konsequenzen, angesehen zu werden.[827] Diese Ausführungen, im Tone ganz verhalten, in der Sache korrekt,[828] die dabei »lediglich die internationale Rechtslage aufzeigten und bestenfalls als Warnung vor den daraus resultierenden Möglichkeiten anzusehen waren«[829] und im Übrigen sehr gemäßigt daherkam, sorgte gleichwohl noch in den Restbeständen der Nationalversammlung[830] für erhebliche nationale Entrüstung[831] und zog sich in dieser Form auch noch längere Zeit durch die Geschichtsschreibung.

Großen Widerhall in der Öffentlichkeit fand das Gefecht, bereits zu abseitig von den politischen Entwicklungen nach der Revolution, ohnehin nicht mehr.[832] Denn unterdessen waren die alten Gewalten längst dabei, auch die letzten Überbleibsel aufrührerischen »Treibens« zu beenden und die von der Revolution ins Amt gehobenen Institutionen zu schleifen: Nur etwa zwei Wochen nach Brommys Helgoland-Expedition – man muss erneut darauf verweisen, um das politische Vakuum zu beschreiben, in dem die Flotte mittlerweile agierte – war ja das sogenannte »Rumpfparlament« in Stuttgart am 18. Juni durch württembergische Truppen an einem weiteren Zusammentreten gehindert[833] worden und am 23. Juli 1849 kapitulierte die letzte Bastion der Aufständischen in Baden, die Festung Rastatt.[834] Das Reichsmarineministerium wurde im Dezember 1849 mitsamt der ganzen Regierung abgeschafft, während die Marinebehörden, das Oberkommando der Flotte, die Seezeugmeisterei und die Intendantur – gleichsam als Flotte ohne Staat[835] und unter Brommys Führung – zunächst fortbestanden. Brommy selbst wurde sogar am 19. August zum »Commodore«[836] und gar am 23. November, als eine der letzten Amtshandlungen des Reichsverwesers Erzherzog Johann, augenscheinlich kurz vor Toresschluss und als Anerkennung seiner Leistungen für Aufbau und Einsatz der Flotte, noch zum »Contre-Admiral«[837] befördert.[838]

Und je mehr Brommys Flotte mangels Beschäftigung, dem Verfall der Paulskirchenautorität und damit dem staatlichem Fundament seiner Marine, vor allem auch infolge zunehmenden Geldmangels,[839] langsam versank, war Brommy daran gelegen, das Ergebnis seiner »seitherigen Wirksamkeit«[840], seine Reichsflotte und an deren Spitze sich selbst, in andere maritime Zeiten hinüberzuretten, und dabei auch sein Bild als vermeintlicher »Admiral der Revolution« zu glätten:

»Ich bleibe, denn ohne mich zerfällt die Marine«,[841] und auch deshalb, »damit die alles richtende Zeit nicht über unsere deutsche Marine den Stab breche und sie in gleiche Kategorie mit anderen Erzeugnissen des Jahres 48 stelle.«[842] Dies hatte schon deutlich die Funktion, Distanz zur Revolution aufzubauen, ja für die Marine, seine Schöpfung, nachzuweisen, dass sie »regulär«, nicht revolutionär entstanden und geführt worden sei. Nur derart waren in Brommys Sicht sowohl die Marine wie auch er selbst fürderhin für weitere dienstliche Tätigkeiten in nicht revolutionären Institutionen, wie den preußischen, für ausreichend exkulpiert erklärt und damit auch etwaige finanzielle Versorgungsansprüche nach Auflösung der »Reichs-Flotte« legitimiert. Dies aber gelte, so Brommy weiter, für das gesamte »Offizier-Korps, welches am Dienste der deutschen Marine sich mit dem vollen Vertrauen widmete, welches durch den an die Spitze der Regierung gestellten, kaiserl. Fürsten erweckt ward, der demselben der Beweis war, daß die neue Schöpfung keine revolutionären Tendenzen haben soll«.[843] Eigentlich, so will es Brommy den restituierten alten Gewalten vermitteln, sei die Marine weit eher eine monarchisch-konstitutionelle denn eine revolutionäre Organisation gewesen, eine durch und durch legale zudem: »Legal war mithin die Marine vom Augenblick, wo der Reichsverweser dieselbe sanktioniert, denn in einen revolutionären Dienst würden weder ich noch die anderen Offiziere getreten sein.«[844] Das Antwortschreiben des Ministerpräsidenten des Königreichs Hannover, Eduard August von Schele, scheint dann diese Brommysche Sicht der Dinge auch zu bestätigen, erklärt es doch die von Brommy unternommenen »Anfänge einer Flotte« als »eine gute, echt nationale Sache«[845] und die rechtliche Auffassung der Brommy-Flotte als einer regulären, aus Matrikelbeiträgen und Bundesmitteln[846] finanzierten Reichsinstitution. Es ist dies eine Position, die später noch unmittelbare Auswirkungen auf die Gewährung einer Pension für Brommy wie auf die daraus erwachsene Witwenrente seiner Frau Caroline haben wird.

Nun war Brommys (und Duckwitz') Werk mittlerweile nahezu vollständig aus den Augen der Öffentlichkeit verschwunden. Die Zeitungen berichteten kaum noch, je mehr die Flotte tatsächlich zum »Schmerzenskind der deutschen Revolution«[847] wurde, je mehr die »Flotten-Dichter« verstummten und Heinrich Heine aus seiner Pariser »Matratzengruft« dem deutschen Michel im Dezember 1848, gleichsam als Reminiszenz an den Schluss seines damaligen Marinegedichts, ein gleichermaßen resigniertes wie zynisches »Deutschland, strecke die Glieder!«[848] nachrief. Und nun machten sich die »Cartoonisten« über die deutsche Flotte her.

Eine Vielzahl von »Witzblättern, satirischen Flugschriften und Karikaturen, die im vor- und nachmärzlichen Deutschland in großer Zahl erscheinen«,[849] ließen nun in Bild und Text die Wellen der Satire über der deutschen Flotte, letztes Überbleibsel eines einst so glorreichen Aufbruchs in neue geografische wie politische Welten, zusammenschlagen. Und so verdichtete sich schon im Revolutionsjahr 1848 die vormalige Ironie Heines über die bloß flottenträumenden Deutschen in den »Fliegenden Blättern« unter der Überschrift »So kann's ja nicht fehlen!« und dem Bild eines fülligen Herrn mit Hut, sitzend in einem von zwei Landarbeitern beackerten Feld mit dem Schild »Eichwald der deutschen Flotte«, zu beißendem Spott: »Zum Bau der deutschen Flotte wurde von einem reichen Bankier ein Eichwald verehrt; mit den Vorarbeiten zum Einsäen soll bereits begonnen werden.«[850]

Und am Ende von Flotte und Paulskirche schaltete der »Münchener Punsch« eine Anzeige des »Bundestages (schon nicht mehr der Nationalversammlung, F. G.), Schicksals-Commission«: »*Warnung: Ich warne hiermit jedermann, meiner Stieftochter, der bekannten ehemaligen deutschen Flotte, etwa etwas auf meinen Namen zu borgen, da ich durchaus keine Zahlungen leiste.*«[851]

Zuvor waren die Karikaturen dem Wachsen der deutschen Flotte, zumindest dem der Flottenträume, noch einigermaßen ironisch-wohlgesonnen gegenübergetreten. Nun aber ging es in den Staub mit ihr, und die zuvor noch eher mild-ironische Sicht[852] auf die Flotteneuphorie, die »pure patriotische Wuth«, mit der sich in den »Leuchtkugeln« flottenbegeisterte deutsche Frauen und Mädchen der »deitsche(n) Kriegesfrejatte« mangels Segel »selbsten zu Seejeln herjejeben hatten«,[853] um »det große patergotische Werk«,[854] das wir bereits aus der Nationalversammlung kennen,[855] ans Laufen bzw. Schwimmen zu bringen, wich purem Endzeitsarkasmus.[856]

Der schleichende Tod der Flotte war auch Ergebnis einer Flottenidee, die letztlich die fragilen Institutionen einer nur provisorischen Zentralregierung überlebte – war doch »der deutsche Flottenbau von 1848/49 (...) ein Produkt der Ideologie; er wurde unter dem Druck der aufgeregten öffentlichen Meinung mit unzulänglichen Mitteln und großer Hast improvisiert: mehr revolutionäres Symbol als militärisches Instrument«.[857] Zweifellos auch ein deklamatorisches Ereignis, aber nicht nur das, vor allem, neben der, wenn auch nur kurzzeitigen, realen Existenz einer funktionsfähigen Flotte und Marine, doch auch ein parlamentarischer Akt, der nicht weniger als »die Weichen für die Gründung einer ersten deutschen Marine«[858] stellte, eben jener wortwörtlichen »deutschen Marine«[859] des Flottenbeschlusses der Paulskirche vom 14. Juni mit ihrem Oberkommandierenden, dem Chef, gleichsam auch, und verwegen genug formuliert, dem ersten »Inspekteur« einer deutschen Marine.

So war das Projekt und Symbol gesamtdeutscher Einheit und Wehrhaftigkeit, das von den Parlamentariern der Nationalversammlung auf den Weg gebracht worden war, »die Brommyflotte (...) das überhaupt Realistischste, was die Revolution von 1848 hervorgebracht hat«[860] – ja, »die junge Marine war das einzig verwirklichte Instrument der Reichsidee«,[861] auch wenn sie letztlich, wie gesehen, nur zu einem einzigen, zudem sehr kurzen und eher halb erfolgreichen Einsatz gelangte, dem vor Helgoland, beim »zum artilleristisch wenig erbaulichen Schußwechsel«[862] mit der VALKYRIEN.

Und tatsächlich ging es nun immer weiter bergab mit der deutschen Flotte. Hingegen längst nicht so schnell wie mit dem deutschen Parlament, dessen Verscheiden im Dezember 1849 die Flotte dank ihres »wackeren«[863] Oberbefehlshabers Carl Rudolph Brommy aus Leipzig um nahezu vier Jahre überlebte – auch weil man davon abließ, an dieses Relikt der deutschen Revolution zu rühren. Sie blieb vielmehr zunächst ein Symbol, »dass man noch lange nicht anzugreifen wagte«[864], obwohl sie, so monierte Bismarck, nur »in Bremerhaven faulen und Geld fressen«[865] würde, zumal ihr akuter Zweck, die dänische Blockade, mit Abschluss des Friedensvertrags vom 2. Juli 1850 längst aufgehoben war.[866] Und so wurde sie, das »Schmerzenskind der Revolution«,[867] im Jahre 1851 und nach Restitution des Deutschen Bundes erst einmal wieder in die Bundesverwaltung übernommen, durch die an Stelle der provisorischen Zentralgewalt übergangsweise eingerichtete »Bundeszentralkommission«[868].

Diese befleißigte sich zunächst und mit Verfügung vom 31. Januar 1850 noch einer Umorganisation der Marineführung durch Zerschlagung des einheitlichen Oberkommandos unter Brommy in drei Säulen (Flottenkommando, Seezeugmeisterei und Intendantur).[869] Brommy sollte, als Flottenchef, den Vorsitz, d. h. (lediglich) die Koordination dieser drei Behörden übernehmen[870] – ein Unternehmen, das bereits im April 1850 revidiert wurde, da recht zügig »die Einheit im Oberkommando als nothwendig anerkannt wurde«.[871] Dies schließlich führte bis zum Ende der Flotte dann, und auch hier liegen die historischen Analogien in der deutschen Marinegeschichte auf der Hand, zu einer »zweifachen Dienststellung Brommys als Oberbefehlshaber der sämmtlich in Dienst gestellten Schiffe und als Oberbefehlshaber der gesammten Marine mit der Verpflichtung einer Aufsichtführung über alle Verwaltungszweige«.[872]

Es ist im Wesentlichen dem Contre-Admiral Carl Rudolph Brommy, seiner langjährigen und profunden Marineerfahrung und seiner organisatorischen wie operativen Talente zu verdanken,[873] dass seine Flotte, gut trainiert und diszipliniert, in tadellosem Materialzustand und ordnungsgemäß verwaltet, als ein funktionsfähiges militärisches Instrument wie ein veritables und vorzeigbares nationales Symbol zugleich, auch angesichts des Wegbrechens ihrer staatlichen Grundlage mit dem Erlöschen der Reichsregierung im 20. Dezember 1849, noch derart lange überlebte.

Und dies zudem in präsentabler Form, wie sich der österreichische Fregattenkapitän Anton Bourguignon von Baumberg im März 1850 bei einer Besichtigung für die Bundeszentralkommission – gleichsam einem Schlussbefund über den materiellen und personellen Zustand der ersten deutschen Flotte – überzeugen konnte:

Alle »kriegs- und seetüchtigen Fahrzeuge waren mit zweckmäßigen Einrichtungen und in Bemastung, Takelage, Artillerie, Waffen und Maschinen ›sehr gut‹ gehalten«.[874] – »*Die Schiffe sind größtentheils gut befehligt, da die Mehrzahl der Kommandanten ganz tüchtige Kapitäne sind. (…) An Offizieren ist der für jetzt erforderliche Bedarf gedeckt; unter denselben sind mehrere sehr verwendbare Offiziere. (…) Die Mannschaften, die zwar bei weitem noch unter der Sollrolle sind, scheinen ein gutmüthiger kräftiger Schlag von Menschen zu sein, gehorsam, willig und lenksam.*«[875] – »Aus der auf diesen Schiffen herrschenden Reinlichkeit, Ordnung und Ruhe glaube ich schließen zu dürfen, daß der Dienst mit Vorliebe und Pünktlichkeit ausgeführt wird«,[876] und auch »die Materialverwaltung wird bereits nach dem Entwurfe ordnungsgemäß besorgt«.[877] Ja, es sei sogar so, dass auf der deutschen Flotte »mehr militärischer Geist herrsche, als man bei einem so jungen Militärkörper, wie die deutsche Marine ist (…) zu finden erwarten durfte.«[878] – Kurzum, so der österreichische Fregattenkapitän: »*Aus dieser gedrängten, aber der Wahrheit getreuen Schilderung der deutschen Marine dürfte sich gleichzeitig das Faktum klar hervorstellen, daß Admiral Brommy dem schwierigen Posten eines Chefs dieser Marine ganz gewachsen ist.*«[879]

So war also, dank Brommy, die Flotte noch da, zudem vorzeigbar und einsatzfähig, wenn auch nur noch gelegentlich in Fahrt und überhaupt nicht mehr im Einsatz, als die Nationalversammlung – und mit ihr ein »deutsches Reich«, das diese per Reichsverfassung konstituieren wollte – schon wieder verschwunden war.

Vorschläge zum Erhalt der Flotte in Form einer dreigeteilten Bundesflotte,[880] österreichisch, preußisch, Nordseeflotte, versandeten dann mangels Interesse im März 1852, zudem verfügte Preußen, das seine maritime Rüstung zunehmend aufbaute[881] und schließlich auch entschied, keine Matrikularbeiträge für die Flotte mehr zu zahlen,[882] wie Österreich über eigene schwimmende Einheiten. Die fortexistierende Flotte des erst einmal wieder zu den Akten gelegten »deutschen Bundesstaates«[883], der »provisorischen Zentralgewalt« und des »deutschen Reiches« der Reichsverfassung vom 28. März 1849,[884] wurde nun, darauf weist Hubatsch hin, zunehmend auch zu einer finanziellen Belastung[885] und litt zudem an florierender Überadministration: »Anfang des Jahres 1851 entfielen auf nur noch 42 Flottenoffiziere in Bremerhaven 76 Rechnungsbeamte.«[886] Bayern, dass sich eingangs der Flottenbaus gleich mit dem Schiffsnamen BAYERN zu Wort gemeldet hatte, sprach schließlich nur noch von der »sogenannten deutschen Flotte«.[887]

Und da der lose Staatenverbund des Deutschen Bundes als Träger von Seemacht nicht infrage kam, entschloss man sich schließlich dort, zumal die meisten Bundesstaaten ohnehin nicht mehr für die Flotte zahlten oder zahlen wollten,[888] gegen den Protest einiger Küstenstaaten und trotz des von Brommy im Oktober 1851 selbst noch gleichermaßen verzweifelt wie weltausgreifend entworfenen Plans eines »Überseegeschwaders« inklusive »Stationen« im Indischen Ozean und im Südatlantik[889], die Flotte aufzulösen, was mit Wirkung vom 2. April 1852 und entsprechendem Beschluss des restituierten Bundestags des Deutschen Bundes in Frankfurt⁸⁹⁰ »unter Protest Oldenburgs und Hannovers«⁸⁹¹ dann auch geschah.⁸⁹²

Im Angesicht des Unvermeidlichen hatte Brommy noch einmal, in einem Brief vom 5. April 1852,⁸⁹³ versucht, über seinen alten Vorgesetzten, den Prinzen Adalbert, der sich ja noch 1849 brieflich als seinen »aufrichtigen Freund«⁸⁹⁴ bezeichnet hatte, sein »Nordseegeschwader« in die preußische Marine zu überführen.⁸⁹⁵ Dies sei, so Brommy an Adalbert, »zur Vergrößerung Ihres Geschwaders zu wünschen und an diesen Wunsch die Hoffnung zu knüpfen, daß es Preußen vergönnt sein möge, dasjenige zu erhalten und zu vergrößern, was Deutschland zwar in das Leben zu rufen, aber nicht zu erhalten vermochte«.⁸⁹⁶ Brommy verband dies schließlich mit dem Vorschlag an den Prinzen, doch höchstselbst nach Bremerhaven zu kommen und nach entsprechender Inspektion »den größten Teil des Geschwaders der Kgl. Preußischen Marine einzuverleiben«.⁸⁹⁷

Doch Adalbert antwortete am 10. April 1852 ausweichend: Brommys Wunsch, so der Prinz, der sich nun umso mehr am Schluss des Briefes als »Ew. Hochwohlgeboren Sehr wohlgeneigter Freund Adalbert« bezeichnete,⁸⁹⁸ »würde ich sehr gern erfüllen, wenn die Verhältnisse dies gestatteten. Sollte sich später ein geeigneter Zeitpunkt hierfür ergeben, so würde ich denselben nicht ungenutzt vorüber gehen lassen.«⁸⁹⁹ Einen letzten, hingegen eher persönlichen Rettungsversuch startete Brommy schließlich mit einem Schreiben vom 26. August 1852 an den hannoverschen Ministerpräsidenten Eduard August von Schele, in dem er unter vorherigem Verweis auf eine 25-jährige Dienstzeit in der griechischen Marine und eine gesicherte Existenz, die er aufgegeben habe, »um mich dem Dienste des Vaterlandes zu widmen, welches meine Kräfte in Anspruch nahm« und wobei er »redlich meine Pflicht unter den schwierigsten Verhältnissen erfüllt zu haben« meine,⁹⁰⁰ anfragte: »*Wäre es nicht zu ermöglichen, daß abseiten der Kaiserlichen Regierung, durch Ew. Excellenz gütige Unterstützung, meine ganz eigenthümliche Lage bei der hohen Bundes-Versammlung vorgestellt und in Berücksichtigung gezogen werden könnte, damit ich nicht in Folge politischer Maßregeln in eine Lage versetzt werde, welche ich durch meine treuen Dienste nicht verschuldet habe. Eine traurige Zukunft steht mir bevor, mögen Ew. Excellenz geruhen, sich meiner anzunehmen. R. Brommy, Admiral.*«⁹⁰¹

»Meine seitherige Wirksamkeit ist vernichtet.« – Unter Hannibal Fischers Hammer

Brommys Schreiben verhallte ohne Wirkung. Vielmehr nahm die administrative Abwicklung des Marinechefs weiter ihren Lauf. Nachdem Brommy mit Schreiben des Bundestagsausschusses für Militärangelegenheiten vom 14. Juni 1853 offiziell des Dienstes in der Reichs-Marine entpflichtet⁹⁰² und ihm eine Abfindung von 2.500 Talern für seine geleisteten Dienste gewährt worden war,⁹⁰³ schrieb er abermalig und noch einmal ebenso vergeblich an Adalbert: »*Meine seitherige Wirksamkeit ist vernichtet, das Nordsee-Geschwader existiert nicht mehr; – ein Geschwader, das auszubilden mein fortwährendes Bestreben war, da ich stets die Hoffnung hegte, einst das Oberkommando desselben in die Hände Ew. Kgl. Hoheit abgeben zu dürfen, wenn dasselbe mit der Kgl. Preuß. Marine vereinigt werde. Meinen höchsten Stolz würde ich darin gefunden haben, es Ew. Kgl. Hoheit vorzuführen und mir dafür höchst Ihre Anerkennung zu erwerben.*«⁹⁰⁴ Er habe zudem die Hoffnung gehabt, »*wenn dasselbe (das Nordseegeschwader, F. G.) mit der Kgl. Preuß. Marine vereinigt würde*«⁹⁰⁵, daselbst auch eine angemessene Position übernehmen zu können: »*Die Kgl. Preußische Marine hat in diesen Tagen eine neue Organisation empfangen. Sollte es bei dem anerkannten Mangel an Offizieren in derselben (…) nicht zu ermöglichen gewesen sein, mir eine geeignete Stellung in ihr anzuweisen?*«⁹⁰⁶

Stattdessen wurde Brommy noch im April angewiesen, seine besten Schiffe,[907] die beiden Fregatten BARBAROSSA und ECKERNFÖRDE, letztere die erbeutete und umbenannte dänische GEFION aus der Eckernförder Bucht, an Preußen »als Entgelt für die geleisteten Beiträge«[908] zu übereignen und dessen Kommodore Jan Schröder, Brommys ehemaligem Kameraden in der Technischen Marinekommission, für deren weitere Seerüstung zu übergeben,[909] was am 10. April 1852 in Bremerhaven dann auch geschah.[910]

Mit Datum vom 1. Mai 1852 wurden 565 Mann des Flottenpersonals verabschiedet, 317 blieben vorläufig noch im Dienst.[911] Die verbleibenden Schiffe der Flotte wurden nun durch den 68-jährigen ehemaligen »oldenburgische(n) Geheime(n) Staatsrat und seit der Revolution arbeitslose(n) Regierungspräsident des Fürstentums Birkenfeld, Laurenz Hannibal Fischer«,[912] auf Reede vor Bremerhaven und Brake versteigert[913]. Hannibal Fischer war nach längerem Suchen und nachdem auch der ehemalige Parlamentspräsident Heinrich v. Gagern das Versteigerungsamt dankbar abgelehnt hatte, am 17. April 1852 mit der Aufgabe beauftragt worden.[914] »*Die oldenburgische Regierung, der er dienstrechtlich noch unterstand, untersagte ihm freilich die Annahme. Auf Intervention Österreichs und Preußens mußte sie zwar dieses Verbot wieder zurücknehmen, sie versetzte F. aber dafür sofort in den Ruhestand.*«[915] – »*Am 18. August versteigerte er als erstes Schiff in Brake die ›Deutschland‹ für 15% ihres Schätzwertes an eine Bremer Firma.*«[916]

Fischers »dornenreiche Aufgabe«, der er sich, so Eckhardt, gleichwohl »mit Umsicht erledigt hat«,[917] nötigte ihn allerdings angesichts der Wut der Seeleute über den Ausverkauf ihrer Flotte in Brake und in Bremerhaven, sich in Gasthöfen, in denen er Quartier fand, aus Furcht vor Übergriffen betrunkener Matrosen nicht in den Gastzimmern zu zeigen, stattdessen im ärmlichen Hinterstübchen zu speisen gezwungen war[918] und »von Jedermann wie ein Verpesteter gemieden« wurde.[919]

Schließlich kam, Hannibal Fischer war nach »korrekter Erledigung« der ihm aufgetragenen Geschäfte am 16. Juli 1853 von seinem Amt abberufen und die Restabwicklung dem Hauptmann Weber aus Brommys vormaliger Seezeugmeisterei übertragen worden,[920] im Oktober des Jahres als letztes Inventarstück der ersten deutschen Flotte ein Sarg unter den Hammer.[921]

Da hatte also Heine in seinem »Nautischen Gedicht« doch nicht so falsch gelegen.[922] Der »vergnügliche« vormärzliche Flottentraum[923] von Freiheit, Macht und Einheit war – vorerst – ausgeträumt und zu den Akten bzw. zu Bett gelegt[924]. Nichts sollte den zipfelmützigen Schlaf[925] fortan mehr stören und alles sollte wieder so sein, wie es vor Revolution, Nationalversammlung und derem »merkwürdige(m) Marineexperiment«[926] gewesen war: »*Und als ich auf dem Sankt Gotthardt stand,/Da hört ich Deutschland schnarchen;/Es schlief da unten in sanfter Hut/Von sechsunddreißig Monarchen*«.[927]

Nicht nur den eifrigen Cartoonisten war klar, dass die Wiederkehr des Reiches mitsamt einem Kaiser an der Spitze und einer mächtigen Flotte, die dieser über die Weltmeere lenkte, wohl vorläufig abgesagt war. Und auch die pathetischen Flottengedichte gerieten gleichermaßen zügig in Vergessenheit wie die Flottenflug- und Denkschriften der Revolutionsjahre, darunter auch zunächst die des Prinzen Adalbert: »Man kann nicht behaupten«, so beklagt es später der preußische Vizeadmiral Karl Ferdinand Batsch, einer der ersten »Biografen« der gewesenen »Deutschen Flotte«[928], »daß diese Denkschrift in damaliger Zeit übermäßig viel gelesen worden wäre. Nach Beendigung der Feindseligkeiten mit Dänemark traten zu viele andere Dinge in den Vordergrund. Der Charakter der ›Märzerrungenschaft‹, der der Marine anhaftete, beraubte sie der Volksthümlichkeit in den herrschenden Kreisen; eine Institution, die in ernsten Zeiten fast nur lyrisch und belletristisch behandelt worden war, die gewissermaßen als eine Trumpfkarte der

Demokratie galt, wurde fortan vielmehr bespöttelt, als ernst genommen.«[929] Die Flotte wurde wieder zu einem esoterischen Projekt, einem garstig demokratischen dazu, des preußischen Prinzen Adalbert immer noch nicht kurierte Marineleidenschaft zu einer »Marotte«,[930] die Flottenidee wieder zum nun nachmärzlichen »Flottentraum«.

So schlurfte auch der alte Kaiser Barbarossa, wie aus Heines »Wintermärchen« entlaufen, schließlich noch einmal durch die karikaturistische Szenerie: Neben sich die Göttin Gefion,[931] mit Kaiserkrone, Zepter, dem abgetakelten Schiffsrumpf von Brommys Flaggschiff BARBAROSSA im Schlepp und hinter sich einen Gendarmen mit dem Versteigerungsbeschluss des Bundestags – gleichwohl erhobenen Hauptes in das Pfandhaus einziehend: »So sehr hat abgenommen des Reiches Herrlichkeit – ob sie wird wiederkommen? – Wer gibt darauf Bescheid?«[932]

»Mußte die Flotte untergehen?«,[933] so fragte Max Bär, ein weiterer früher Chronist der »Deutschen Flotte von 1848–1852« dann im Jahre 1898. Und dies, obwohl doch trotz der »drückenden Ungunst der Verhältnisse und der schwierigen politischen Lage (…) immerhin der Grund zu einer Marine gelegt worden (war), die nach dem Urtheil der damaligen Sachverständigen trotz mancher Mißgriffe durchaus entwickelungsfähig gewesen wäre«.[934] Bär weiß die Antwort: Ja, sie mußte vergehen, denn »sie war ein Werk des kurzen Aufschwunges der deutschen Nation zu einem verfrühten Einheitsgedanken und mußte, als die Einheit nicht erreicht wurde, von selbst zerfallen, weil diese Vorbedingung ihres Daseins und ihrer Entwickelung fehlte«.[935]

Was blieb? Wie zu sehen, war die Flotte ursprünglich kein Kind der Revolution, sondern eine Idee der Bundestags des Deutschen Bundes, also einer Fürstenversammlung. Die Flotte wurde vielmehr, gleichsam auf den vorher gesponnenen »Flottenträumen«, von der Revolution sozusagen »gekapert« und gleichermaßen parlamentarisch, in den Grenzen des damaligen Wahlrechtes, demokratisch und national aufgeladen, also Ziel und Ausdruck der Einheit, Symbol wie deren Instrument zugleich zu sein. Damit aber wandte sie sich auch gegen ihre eigentlichen Väter, die Fürstenversammlung, die kaum, dass die revolutionären Ereignisse abgeklungen waren, für die Flotte deren »programmierten Untergang«[936] in die Wege leiteten.

Doch wesentliche Elemente des vormärzlichen »Flottentraums« überdauerten diesen Untergang, wie dies der Abgeordnete Georg Beseler schon am 19. Mai 1849 in der Paulskirche, kurz vor dem Verscheiden des ersten deutschen Parlaments, gleichermaßen vermächtnishaft wie prophetisch formuliert hatte: »*Mein Herren! Die deutsche Bewegung ist vorgedrungen bis an das Meer, und die Seeluft, meine Herren, welche von dort her weht, wird über die deutschen Lande eine Frische verbreiten und stärkend und belebend auf unsere Zustände einwirken. Meine Herren! Es ist das Bedürfnis nach Macht und einer Weltstellung, welches durchaus mit dem Streben nach Einheit verbunden ist.*«[937]

Dies wird später noch einmal ein eigenes, kaiserliches Thema werden, doch der erste Admiral einer deutschen Marine, Carl Rudolph Brommy, hatte erst einmal am 31. März 1853 seinen letzten Tagesbefehl an seine Flotte zu geben: »*Schmerzlich ist es dem Oberkommando, diesen inhaltsschweren Akt zur allgemeinen Kenntnis bringen zu müssen, einen Akt, durch welchen nicht nur das mit nationaler Begeisterung erweckte und unter den schönsten Erwartungen emporgeblühte Institut einer deutschen Marine der bloßen Erinnerung anheim gegeben wird, sondern durch welchen auch die Hoffnungen so vieler Tüchtigen, die diesem Institut Kräfte und Leben zu reichen nicht abstand, vernichtet worden sind.*«[938] Am 10. April ließ der Admiral auf seinem Flaggschiff, mittlerweile hatte die HANSA die BARBAROSSA in dieser Funktion abgelöst, die Flagge niederholen. Die Entlassung der Offiziere und Beamten der Marineverwaltung war zum 29. Juli 1852 erfolgt, die Dienstzeit des »Restkommandos« endete mit dem 1. April 1853.[939] Mit diesem Datum »wurden die Marinebehörden in Bremerhaven aufgelöst und sämtliche subalternen Beamten entlassen. Gleichzeitig mit dem Intendanten und den Zahlmeistern erhielt Brommy am 30. Juni 1853 seinen Abschied«.[940]

Zuvor hatte er sich, wohl in einiger Voraussicht des absehbaren Endes seiner bisherigen Existenz, am 6. Mai 1852 mit der Tochter des Braker Kaufmanns und Konsuls Gerhard Gross, (Hascheline Auguste) Caroline Gross (1825–1910), verlobt und sie am 1. Juli des Jahres in der Hammelwarder Kirche geheiratet.[941] Brommy »nimmt seine junge Frau mit nach Bremerhaven, wo er seit 1849 ansässig war«[942] und wo am 9. März 1853 ihr Sohn Carl Rudolph Traugott Gerhard zur Welt kam.[943]

Prinz Adalbert, der anlässlich des Stapellaufs des ersten durch Bürgerinitiative gebauten Kanonenbootes in Stralsund noch die schwarz-rot-goldene Flagge vereint mit der preußischen an dessen Heck geschwenkt hatte[944] und der dem Chef der nun verblichenen »deutschen Marine«, Brommy, durchaus viel zu verdanken hatte, ihn aber keineswegs bei einer etwaigen Übernahme in preußische Dienste unterstützte, arbeitete weiter, nun wieder in preußischen Diensten, an seinem maritimen Projekt.

Völlig ungeachtet etwaigen »Konkurrenzdenkens« der beiden »Gründerväter« der ersten deutschen Flotte galt in Preußen der Grundsatz, dass jemand, der zweimal den Dienstherrn gewechselt hatte (wie Brommy in griechischen und in »deutschen« Diensten), nicht mehr in den preußischen Militärdienst übernommen werden durfte[945] – eben auch ein geeigneter und etwaige persönliche Befindlichkeiten elegant camouflierender formaler Grund, Brommys Bewerbung für die preußische Marine zurückzuweisen. Ein Beurteilungsvermerk Adalberts vom 11. Juni 1850, den Duppler publiziert hat,[946] offenbart zudem keineswegs das »freundschaftliche« Verhältnis, das der Prinz in Briefen an Brommy so wortreich beschworen hat: »*Klug, verschmitzt und intrigant. Die Stellung ist ihm zu Kopf gestiegen, nicht dafür geschaffen ... Mit der Familie des Gastwirts Groß, der früher im Zuchthaus gesessen hat, in enger Verbindung (die Frau B.s war eine geb. Groß). Mangel an Takt ... Man soll auch an der Befähigung des Admirals zweifeln. Krieg (?) hat ihm wegen des Gefechts von Helgoland gleich Vorwürfe gemacht.*« Ähnlich das Urteil von Adm. Batsch: »Zu viel diplomatisches Spiel und persönliche Politik.«[947] Im Übrigen aber dürften, dies kann allerdings nur vermutet werden, auch Brommys Philhellenentum, seine damaligen freimaurerischen Ambitionen in Leipzig, mithin der ganze Komplex bürgerlich-aufklärerischen Denkens, der mit derartigen Neigungen und Aktivitäten verbunden war, aber auch Vorkommnisse in Brommys »griechischer Zeit«, namentlich das Ohrfeigen eines Unteroffiziers und die anschließende Arreststrafe, vor allem aber auch seine Dienstzeit unter dem ganz und gar unpreußischen Admiral Cochrane, nicht unbedingt förderlich auf den Erfolg seiner Bewerbung für preußische Dienste gewirkt haben.

Und auf die Frage des Cartoonisten, wer denn Bescheid gebe, ob des Reiches Herrlichkeit zurückkommen werde, wird man nach Lage der Dinge wohl sagen müssen: Preußen, angetrieben von seinem marinebegeisterten Prinzen Adalbert, der seine Denkschrift, ursprünglich ja auch für preußische Zwecke geschrieben, mit konzeptioneller Weitsicht, die er aus eigener Erfahrung sowie den Flottenträumen der Paulskirche und dem Expertenwissen der von ihm geleiteten Technischen Marinekommission, namentlich auch Brommys, in eine andere Zeit, die der Preußischen Marine, und damit letztendlich auch in die der späteren »Kaiserlichen Marine« hinübergerettet hatte.[948]

Denn mittlerweile hatte Preußen längst schwimmen gelernt, vor allem weil nicht von der Hand zu weisen war, dass der Handel über die norddeutschen Häfen, wollte man als aufstrebende Kontinentalmacht in Europa weiter im Spiel bleiben, hinreichenden militärischen Schutzes bedurfte.⁹⁴⁹ Die besten Schiffe aus Brommys Flotte, BARBAROSSA und ECKERNFÖRDE, Letztere stellte man wieder unter ihrem alten, dänischen Namen GEFION in Dienst, so als wollte man die Erinnerung an die alte revolutionäre Marine auslöschen, waren ja schon im April 1852, noch vor Versteigerung der Restflotte,⁹⁵⁰ in preußischen Bestand übergegangen. Prinz Adalbert, wie Brommy bei südeuropäischen professionellen Marinen gleichsam maritim infiziert und gebildet, begab sich nun daran, nachdem ihn der König im Frühjahr 1854 von seinen Aufgaben als Generalinspekteur der Artillerie entbunden und ihm, zunächst und angesichts einer nur sehr kleinen Schar von Schiffen und Booten noch unter dem Begriff »Admiral der preußischen Küsten«, die Führung der preußischen Marine übertragen hatte,⁹⁵¹ zunächst die »Hauptrubrik« 2 seiner Denkschrift, also das zweite »Stadium« der projektierten Flottenentwicklung der Technischen Marinekommission, in die Tat umzusetzen.

Dazu bedurfte es vor allem auch eines preußischen Marinestützpunktes an der Nordsee,⁹⁵² der zudem einen freien Zugang zum Atlantischen Ozean erlaubte. Im Jahre 1852 beurteilte eine Kommission unter Prinz Adalbert das Gebiet an der Jade »bei Heppens« erstmals als geeignet für die Anlage eines Flottenstützpunkts. Das tiefe Fahrwasser bot ideale Voraussetzungen für die Stationierung auch größerer Schiffe. Dass man sich in Preußen nun vor allem für das Jadegebiet interessierte, ging nicht zuletzt auf die Bemühungen des Großherzogs von Oldenburg zurück, der sich mit einer »Ansiedelung« Preußens in seinem Norden eine Befreiung aus der »Umklammerung« des Hauses Hannover versprach – und man hoffte in Oldenburg, auf diese Weise auch zu einem Eisenbahnanschluss zu kommen, der finanziell für das Großherzogtum selbst nicht zu realisieren war.⁹⁵³

Prinz Adalbert empfahl schließlich, nach einer Besichtigung vor Ort, am 4. Mai 1852 »dem preußischen Kriegsminister dort den Bau eines einfachen Tidehafens sowie einiger hölzerner Schuppen«.⁹⁵⁴ Es wurde daraus bald die größte Baustelle Europas. Denn aus dem Plan wurde dann Wirklichkeit, als Preußen – gleichsam auf dem Weg von der Landmacht auch zur Seemacht – mit dem »Jadevertrag« vom 20. Juli 1853⁹⁵⁵ vom Großherzogtum Oldenburg die Hoheitsrechte über eine etwa 310 Hektar große Fläche um jenes Fährhuk Heppens im westlichen Teil des Jadegebietes für ein »Marine-Etablissement« für 500.000 Taler⁹⁵⁶ erwarb⁹⁵⁷.

Ursprünglich war dies eine oldenburgische Idee gewesen, ganz im Sinne der dortigen großherzoglichen Ambitionen,⁹⁵⁸ die sich Prinz Adalbert, ganz im Gegensatz zu Brommy, der dieser Stationierungsplanung zugunsten Bremerhavens ebenso ablehnend gegenüberstand wie die Nationalversammlung selbst, der das Projekt von Oldenburger Seite hoffnungsvoll vorgelegt worden war, schließlich zu eigen machte.⁹⁵⁹ Auf der Küstenschutzkonferenz in Hannover vom 24. bis 29. Mai 1848, an der neben dem Großherzogtum Oldenburg auch Hannover, Bremen und Hamburg teilnahmen, wurde just jener Vorschlag, einen Kriegshafen für die deutsche Flotte im Gebiet um das oldenburgische Heppens anzulegen,⁹⁶⁰ den Anträgen der Konferenz an die Frankfurter Gremien beigefügt.⁹⁶¹

»*Die klare Sprache der Denkschrift* (der oldenburgischen Abgeordneten der Nationalversammlung, F.G.) *verfehlte ihre Wirkung nicht. Im Februar 1849 erschien eine Frankfurter Kommission in Oldenburg, um die Angelegenheit zu prüfen. (…) Es war Frostwetter, ein heftiger Ostwind wehte, und die letzte Strecke mußte zu Fuß auf dem Deiche zurückgelegt werden. Nun aber konnten sich die Frankfurter Herren überzeugen, daß der Fährhuk eine geschützte Reede bot, daß das Fahrwasser trotz des harten Winters frei war, daß an der Landspitze tiefes Wasser stand, und* daß die ganze Oertlichkeit leicht gegen einen vordringenden Feind zu schützen war. Der Kommissionsbericht war denn auch ein sehr günstiger. Er verfehlte in dessen seine Wirkung, denn die Herrlichkeit des Frankfurter Regimentes war bereits ihrem Ende nahe.«[962] – »Im März 1850 erschien abermals eine Frankfurter Kommission in Oldenburg. (…) Sie entschied sich für die Jade. Bei diesem Gutachten aber blieb es.«[963]

Nach dem symbolischen Ausheben einer Erdscholle wurde das nunmehrige »preußische Jadegebiet« und spätere Wilhelmshaven dann am 23. November 1854 »bei heftigstem Nordoststurm« [964] vom Prinzen Adalbert, mittlerweile und seit dem 30. März 1854 »mit dem Rang eines Generals der Infanterie zum »Admiral der Preußischen Küsten« ernannt,[965] mit den Wünschen für »eine an Glück reiche Zukunft« feierlich von Preußen übernommen – und im Übrigen erhielt schon 1853 »die in Bildung begriffene preußische Kriegsmarine in der Admiralität eine einheitliche Kommando- und Verwaltungsbehörde nach dem Vorbild der soeben aufgelösten Reichsflotte«.[966]

In einem Brief vom 31. Dezember 1849[967] hatte Prinz Adalbert Brommy für »die Übersendung der von Ihnen verfaßten Dienstvorschriften für die deutsche Marine«[968] gedankt, die ihm »eine gar große Freude gemacht«[969] hätten und hofft, dass diese »auch bei uns hier an der Ostsee Anwendung finden möge«.[970] Und weiter: »Sie haben sich ein großes Verdienst um die vaterländische Seemacht erworben, der Name Brommy hat einen guten Klang, er wird stets in der fernsten Zeit mit Anerkennung genannt werden, wenn man an die erste Schöpfung der deutschen Marine zurückdenkt, wo Sie fast aus dem Nichts ein Nordseegeschwader hervorzauberten, und was noch mehr sagen will – es diszipliniert.«[971] So müsse, führte Adalbert weiter aus, die eigentliche Marine erst noch in Gänze geschaffen und zusammengefügt werden, unausgesprochen, und so auch, wie oben gesehen, exerziert, eben durch ihn, Adalbert selbst: »Lassen Sie uns alle, mein lieber Admiral, die wir an dem großen Werke einer Marine für unser großes Vaterland bauen, vereint sein in Freundschaft und es für immer bleiben, so wie wir es in Frankfurt waren, denn unser Werk ist ja ein gemeinschaftliches, und über kurz oder lang muß es zu einem innigen, festen Aneinanderschließen der deutschen Staaten kommen, namentlich derer die ein maritimes Interesse haben und dann kann die Vereinigung der maritimen Bestrebungen und der bisher noch vereinzelt sehenden Anfänge einer Seemacht zum Heile des Vaterlandes nicht ausbleiben. Ew. Hochwohlgeboren aufrichtiger Freund Adalbert.«[972]

Und Brommy? Der kämpfte derweil[973] um eine Pension, die es ihm zumindest erlaubte, »die Mittel einer ehrenvollen Existenz zu sichern, damit ich für meine legalen Dienste nicht mit meiner Familie elend zu darben brauche«[974] – ein Ansinnen, dem schließlich auch stattgegeben wurde. O-Ton Brommy: »Es hat nicht so sollen sein! Aber hart trifft es mich jetzt nach jahrelangen Mühen aus dem Dienste, in welchen ich auf diplomatischem Wege aus meiner ehrenvollen Stellung und sicheren Existenz gerufen ward, entlassen zu sein, ohne daß meine legalen Dienstleistungen weder durch eine fernere Verwendung noch durch eine Pension gewürdigt wurden, die ein Äquivalent für meine frühere Existenz wäre.«[975]

Brommy erhält zunächst bei seiner Entlassung eine Abfindung von 2.500 Taler, und später, im März 1854[976] und »auf wiederholtes Drängen«[977] des Admirals eine monatliche Pension von 125 Talern.[978] Die Zahlung der Pension »aus der Matrikularkasse der Bundesversammlung«,[979] und sei es, wie Eilers formuliert, nur ein »Gnadenbrot aus Billigkeitsgründen«,[980] die schließlich der preußische Staat übernimmt, ist ja gleichsam handfestes Zeichen für die als regulär anerkannte Tätigkeit in der ersten deutschen Flotte, begründet den Dienst in dieser gleichzeitig im Nachgang als veritable und pensionsfähige staatliche Tätigkeit und legitimiert damit – ganz im Gegensatz zu einer Abwertung als »Schmerzenskind« der Revolution – gleichzeitig umfassend die Gültigkeit der Flotte als Staatsinstitution.[981] Und darüber hinaus hatte der Ausschuss für Militärangelegenheiten der Bundesversammlung des Deutschen Bundes bei der Untersuchung der Ansprüche Brommys sogar »die Überzeugung gewonnen, daß nicht nur Brommy, sondern auch alle übrigen Flottenoffiziere thatsächlich ein ebenso begründetes Anrecht auf dauernde Versorgung besaßen, wie es den belgischen Offizieren zugestanden worden war«.[982] Dies wurde jedoch, indem man es seitens des Militärausschusses der Bundesversammlung nicht mit dem nötigen Nachdruck vortrug, nicht weiter verfolgt und verlief schließlich, der administrativen Einfachheit halber, im Sande.[983]

1857 zog sich der Admiral in das hannoversche St. Magnus bei Vegesack zurück, wo er »mit Hilfe seiner Schwiegervaters Gerhard Gross und seines Schwagers, des ehemaligen Seejunkers in seiner Flotte und späteren Konsuls, Abgeordneten und Präsidenten des Oldenburgischen Landtages Karl Gross,[984] ein Haus (am heutigen Admiral-Brommy-Weg direkt an der Lesum) erworben hatte«,[985] das »Schwalbennest«. Ein Engagement in der Technischen Abteilung der k. k. Admiralitätssektion in Mailand[986] scheiterte nach wenigen Wochen an seiner bereits schwachen Gesundheit[987] und Brommy starb, 55-jährig, in St. Magnus am 9. Januar 1860. Das Todes- und Begräbnisbuch von St. Magnus vermerkt zu »Bromme, Carl Rudolph, pensionierter Admiral der deutschen Flotte, Ehemann in Lesum« mit Eintrag vom 10. Januar 1860 als Todesart »Gicht«.[988] Allerdings war dies wahrscheinlich nicht der einzige Grund für sein Ableben, denn in seiner Grabrede äußerte Pastor Fuhrken, dass Brommys Glück »durch die Vorboten einer traurigen Krankheit gestört wurde, deren Keim wohl durch allzu lange und allzugrosse Anstrengungen und durch den überwältigenden Schmerz über das Zerscheitern seines grössten Lebenszieles gelegt war«.[989] An seinem Begräbnis nahmen weder Prinz Adalbert, auch nicht der ehemalige Marineminister Duckwitz aus Bremen, teil noch andere höhere Vertreter seiner ehemaligen Flotte oder ein Abgesandter des Deutschen Bundes.[990]

Und auch hier, in Brommys Verfügung zu seiner Beisetzung, wird noch einmal der alte deutsche »Flottentraum« des Vormärz, den er als kommandierender Admiral der ersten deutschen Flotte Gelegenheit hatte, zumindest für kurze Zeit Realität werden zu lassen, wieder apostrophiert: »*So lange das deutsche Geschwader noch besteht, soll diese Flagge nur auf dem Schiffe, das meine Flagge führt, über meinem Haupte wehen, und hat endlich die deutsche Marine, zu Deutschlands unauslöschlicher Schmach, aufgehört zu bestehen, dann werde ich sie als ein heiliges Zeichen der Erinnerung verschwundener hehrer Tage eines schönen Traums aufbewahren! Einst aber soll diese Flagge (…) meine irdischen Reste im kühlen Grabe schützend umhüllen, wie ich dieselbe im Leben und trotz aller Widerwärtigkeiten treu und redlich geschützt habe.*«[991] So wurde der Leichnam des Admirals, gehüllt in die schwarz-rot-goldene Reichsflagge, die ihm die »Jungfrauen« von Brake 1849 in Ermangelung vorhandener schwarz-rot-goldener Flaggen[992] zur Gründung seiner Flotte und Schmückung seines Flaggschiffes – und anlässlich des Schiffsnamens BARBAROSSA unter Verweis auf die erhoffte Wiederkehr alter deutscher Kaiserherrlichkeit[993] – gestickt und übergeben hatten, mit dem Raddampfer MAGNET von St. Magnus zum westlichen Weserufer überführt, wo er im Familiengrab der Gross in Kirchhammelwarden bei Brake beigesetzt wurde – ohne größere Feierlichkeiten, sodass die »Oldenburger Zeitung« vom 14. Januar 1860 vermerkte, es sei »wohl nie ein Admiral so einfach und geräuschlos zur Gruft gebracht« worden.[994]

Und nun ging die Geschichte erst einmal über ihn hinweg. Brommy geriet in Vergessenheit, sein einziges Kind,

Carl Rudolph Traugott Gerhard, starb als kriegsfreiwilliger Obersekundaner 1870 vor Metz an Typhus.[995] Erst mit dem Griff des wilhelminischen Kaiserreiches nach dem »Dreizack« erlebte auch Carl Rudolph Bromme aus Anger bei Leipzig gleichsam sein »Revival«.[996]

»Revival« –
Die Wiederentdeckung einer Marine und ihres Chefs

Am 22. September 1897 wurde Brommys Grab mit großem Zeremoniell,[997] allerlei und überwiegend regionalen Würden- und Amtsträgern[998] und im Beisein seiner Witwe Caroline mit einem Denkmal des Hannoverschen Bildhauers Roland Engelhardt[999] inklusive eines ehrenden Spruchs des niederdeutschen Dichters Hermann Allmers[1000] versehen, der den »Admiral der Revolution« gleichsam rehabilitierte[1001] und nunmehr zum Wegbereiter neuer deutscher Flottenhoffnungen erklärte:

»CARL RUDOLF BROMMY RUHT IN DIESEM GRABE DER ERSTEN DEUTSCHEN FLOTTE ADMIRAL GEDENKT DES WACKERN UND GEDENKT DER TAGE AN SCHÖNER HOFFNUNG REICH U BITTRER TÄUSCHUNG U WELCHE WENDUNG JETZT DURCH GOTTES FÜGUNG!«[1002]

Caroline Bromme, geb. Gross, starb am 1. April 1910 in Berlin. Beigesetzt wurde sie an der Seite ihres Mannes im Gross'schen Familiengrab in Kirchhammelwarden.[1003] Sie erhielt bis zu ihrem Lebensende und auf der Grundlage der von ihrem Ehemann selbst noch erstrittenen Pension für seine Dienste für die erste deutsche Marine eine Witwenpension des Deutschen Reiches. Und so ist, wie Brommys ursprüngliche Pension, ebenso diese Witwenrente Legitimation auch der 1848er Flotte als regulärer Dienstzeit in einer deutschen Marine – und damit alles andere als Würdigung eines »Admirals der Revolution«, sondern die des ersten Chefs einer deutschen Marine.

Als Caroline hochbetagt starb, hatte längst und mit Macht die Inanspruchnahme ihres Ehemanns begonnen; eine Aneignung Brommys, die diesen, je nach Absicht und politischem Zweck, zu einer multifunktionalen, zur Kunstfigur gestylten Person mutieren ließ und ihn vor allem in Kaiserreich und Nationalsozialismus in einen tragisch-tapferen Protagonisten von Romanen und Schauspielen verwandelte.[1004]

Unter dem trickreichen Begriff des »historischen Romans« werden gemeinhin historische Fakten, Geschichtsdeutung, Traditionsbildung und freie, »romanhafte« Erfindung gemixt und dienen dergestalt gleichermaßen der Verfügbarmachung von Geschichte wie deren Interpretation für eigene aktuelle Zwecke. In diesem literarischen Genre ereignet sich mithin die Funktionalisierung und Umformung historischer Tatbestände und einer »dichterisch« freien Formung historischer Personen zum Zwecke der Ersetzung wirklicher Geschichte durch deren Suggestion – und damit die Herauslösung und Instrumentalisierung historischer Fakten, Ereignisse und Personen als Legitimationsstrategie aktuellen politischen (oder militärischen) Wollens. Eine derartige Verwendung historischer Personen bzw. ihrer dichterisch geformten Gestalt durch Implantierung in ein romanhaft-historisierendes Ambiente ist in der deutschen maritimen Literaturgeschichte geradezu paradigmatisch realisiert in der »Bearbeitung« der schillernden und daher für derartige Zwecke besonders handlichen Gestalt des ersten Befehlshabers einer deutschen Flotte und Marine, des Contre-Admirals Carl Rudolph Brommy. Dessen Bild und Verwendung für je unterschiedliche und geeignete Zwecke hat sich vor allem auch im Rahmen seiner Rezeption und Verwandlung in eine Romanfigur geformt, die mithin weniger die wirkliche Person freilegt als vielmehr eine Kunstgestalt hervorbringt, die je nach politischer Zweckbestimmung verschieden ausgedeutet werden kann und dies im Verlauf der romanhaften Verarbeitung der Geschehnisse um die erste deutsche Marine von 1848 auch wurde.

Den Anfang dazu setzte, und zwar in der schriftstellerisch kunstvollsten Form all jener poetischen Versuche, die Erfolgsautorin Meta Schoepp mit ihrem historischen Roman »Blockade«.[1005] Hier wird angesichts der dänischen Seeblockade gegen die deutschen Küsten 1848, die das gerade im Entstehen begriffene »deutsche Reich« der späteren Reichsverfassung beim Versagen zaghafter und untauglicher maritimer Gegenversuche der Deutschen schon im Keime zu erdrosseln drohte, ein bewunderungswürdiger Tatmensch Brommy aus den historischen und biografischen Fakten herausdestilliert, ein schließlich an kleinmütigen Fürsten und Bürokraten scheiternder Retter, dessen Erbe sich dann aber glorreich im deutschen Kaiserreich erfüllt.

So steht er gleichsam wieder auf, der »Macher« der ersten deutschen Flotte und Marine. Nicht als wirkliche Person, sondern als Bildnis, als heroische Statue, nicht mehr als wirklicher Mensch, sondern als artifizielles Werbeprodukt, »keineswegs 1804 in Anger bei Leipzig geboren, sondern vielleicht 1897 im Nachrichtenbureau des Reichsmarineamts, vielleicht 1937 im Stab des Oberbefehlshabers der Kriegsmarine«, wie dies Wolfgang Petter so treffend geschrieben hat[1006] – eine funkelnde Propagandagestalt, zur Illuminierung der Verwirklichung eines historischen Erbes und Auftrags in einer seeheldenhaften Person verdichtet.[1007]

Dieses Legitimationsmuster findet sich, und zwar in seiner martialischen Form, dann auch in Brommy-Romanen und -Dramen der Zeit des Nationalsozialismus,[1008] im Falle des Autors Erich von Klampen nach dem Zweiten Weltkrieg sogar flugs aktualisiert, die vormalige deutsche Führergestalt Brommy in seinem »Weihefestspiel«[1009] von 1954 nun zum edlen Kämpfer für deutsche Einheit und Wiedervereinigung transformierend. Im Jahre 1966 erschien dann aus der Feder der gebürtigen Brakerin und hoch- wie plattdeutschen Heimatschriftstellerin Thora Thyselius in Jever der Band »Kleine Herrlichkeit«,[1010] historische Kurzgeschichten, deren eine noch einmal auf den alten Ton der heroischen Brommy-Literatur mitsamt allen bekannten tragischen Konnotationen gestimmt ist: »Brommy, Deutsches Schicksal«, eine rührselige Geschichte im »Gartenlauben«-Stil, ein scheiternder »teutscher Held«, geradezu moderner (1966!) Verfechter deutscher Einheit – kurzum: »Ein Teufelskerl mußte dieser Brommy sein.«[1011] Doch er zerbrach tragischerweise an den politischen Verhältnissen, am Ende »allem Irdischen entrückt«[1012], und nur noch seine Frau Karoline,[1013] so das Schlussbild der »Story«, hält als Einzige in aufopfernder Liebe zu ihm. Ingo Sax' »Brommy«-Schauspiel[1014] von 1998, zur 150-Jahrfeier der Geburt der ersten deutschen Flotte in Brake, vor der dortigen Originalkulisse mit Laienschauspielern aufgeführt, widmet sich, als bisheriger Schlusspunkt der literarischen Karriere des Admirals, schließlich wieder dem »Macher« Brommy, dem Baumeister einer ersten deutschen Marine.

Und wie reagierten Brommys Kameraden in späteren deutschen Marinen? Die Kriegsmarine benannte den zum Räumbootbegleitschiff umgebauten, 1916 erstmalig in Dienst gestellten Minensucher M 50 im Jahre 1937 nach ihm, 1944 wurde das Schiff westlich Boulogne durch Fliegerbomben vernichtet.[1015] In der Marine der Bundeswehr wurde Brommy Namensgeber einer älteren, 1942 in England vom Stapel gelaufenen Fregatte, HMS EGGESFORD, die von den Briten zu Ausbildungszwecken als Schulfregatte übernommen worden war. Am 14. Mai 1959 wurde sie »als BROMMY im Beisein des Inspekteurs der Marine, VAdm. Ruge, in Dienst gestellt. Taufredner war Herr Duckwitz, ein Nachkomme des Bremer Senators Arnold Duckwitz«.[1016] Als diese Schulfregatte am 30. April 1965 außer Dienst gestellt wurde[1017] und ihr restliches Leben als Zielschiff und anschließend als »Füllarbeit« beim Marinearsenal

Wilhelmshaven fristete und schließlich Mitte 1981 bei Jadestahl in Wilhelmshaven verschrottet wurde,[1018] verschwand auch der Name BROMMY aus den Schiffslisten. Einige Straßennamen[1019] sind, bis auf den heutigen Tag, da noch langlebiger, aber auch die Admiral-Brommy-Kaserne in Brake, am 1. April 1937 von der Kriegsmarine in Betrieb genommen,[1020] dann ab 1956 Ort militärischer Grundausbildung in der Marine der Bundesrepublik Deutschland, wurde 1997 geschlossen und schließlich vollständig geschleift.[1021]

1988 schaffte es der Admiral, historische Kontinuitäten, gar »historischer Fortschritt«, wurden nun auch hier, beim ersten deutschen Marinechef, identifiziert, noch in den »Marinekalender der DDR«[1022]. Und als die Marine der Bundesrepublik Deutschland Ende der 70er-Jahre den 14. Juni 1848, den Tag des Flottenbeschlusses der Paulskirche, als Tag der Gründung einer ersten deutschen Marine, als »Geburtsstunde der Marine«[1023] gleichsam wiederentdeckte, war, beiläufig und eher im Schatten von Adalbert und Paulskirche, auch von Brommy die Rede.

Spätestens seit den auf den grundlegenden Arbeiten von Walter Hubatsch und Paul Heinsius fußenden Forschungen Michael Salewkis – Stichworte »Reichsflotte«[1024], »Machtpolitik und Demokratie«[1025] und »Traditionsbogen«[1026], dem also von der 1848er Flotte zur heutigen Deutschen Marine – war der zentrale Traditionsplatz der »deutschen Marine« der Paulskirche im Selbstverständnis der Seestreitkräfte der Bundesrepublik Deutschland endgültig für die Tradition der Marine erschlossen und hergerichtet worden.

Ihre Initialzündung fand diese Erschließung gleichsam parlamentarisch-maritimen Traditionsterrains im Deutschen Schiffahrtsmuseum Bremerhaven im Jahre 1979. Dort wurde vom 11. Juli bis 9. September jenes Jahres, wie das Vorwort des schmalen, aber inhaltsschweren Begleitbandes ausweist, die durch die »neue« Bundesmarine wesentlich unterstützte[1027] Sonderausstellung »Die erste deutsche Flotte« gezeigt, die ein Bild der 1848er Seestreitkräfte konturierte, das mit dem der Marine der Bundesrepublik Deutschland in ihren Grundlagen auffällig korrelierte, nämlich Analogon wie Referenzpunkt einer parlamentsgestützten Marine und gleichermaßen Symbol wie Instrument staatlicher Einheit unter der Flagge Schwarz-Rot-Gold zu sein. Vizeadmiral Günther Luther, Inspekteur der Marine, verwies im Grußwort für diesen Begleitband darauf, dass die heutige Marine nichts anderes sei als Ergebnis einer historischen Entwicklung, »deren Wurzeln bei der ersten deutschen Flotte der Jahre 1848–1852 liegen«, einer Flotte, gegründet durch das erste deutsche Parlament, symbolisierend »unter der Reichskriegsflagge einheitlich schwarz-rot-gold, waagerecht gestreift (…) als Abzeichen das Reichswappen, bestehend aus dem Adler auf goldgelbem Felde, den Gedanken der Reichseinheit auf liberal-demokratischer Grundlage«.[1028]

Die »deutsche Marine« der Paulskirche war keine »Parlamentsmarine« im heutigen Sinne, mit Parlamentsvorbehalt und Mandatierung von Einsätzen. Aber sie war, und dies ganz analog dem parlamentarischen Ringen im Deutschen Bundestag um die Wehrverfassung der jungen Bundesrepublik Deutschland,[1029] nichts anderes als eine parlamentarisch-demokratische »Geburt«.

Dabei ist der Begriff »Reichsflotte«[1030], der als erster terminologisch den Zusammenhang von nationaler Einheit und Regierung und der dieser unmittelbar unterstehender Seestreitkräfte widerspiegelte,[1031] ein in jeder Hinsicht zentraler und erklärungsstarker: War doch die Kiellegung einer Flotte, Ankauf, Ausrüstung und Bemannung von Schiffen gegen den Freiligrathschen »fremden Entrer« vor den deutschen Küsten, nicht nur die »erste That« des durch das Paulskirchenparlament aus der Taufe zu hebenden »deutschen Reiches«,[1032] sie war zugleich die Installierung einer ersten, und schließlich auch einzigen, unmittelbar der provisorischen Zentralgewalt und späteren »Reichsgewalt« der Reichsverfassung von 1849 unterstehenden, reichsunmittelbaren exekutiven Institution. Gerade dies macht ihren wesentlichen Charakter aus, und gerade deshalb ist der Begriff »Reichsflotte« oder, wie später zu zeigen, mit einiger, wenn nicht gar größerer Berechtigung auch »Reichsmarine«, insofern ein so einbringlicher, als er im Wortteil »Reich« begrifflich die Zuordnung der »Seemacht« des projektierten neuen deutschen Staatsgebildes zur Zentralgewalt und damit die neue Qualität dieser maritime Exekutive einer konstitutionell-monarchischen Staatsstruktur auf der Basis bürgerlicher Grundrechte, wie es die Reichsverfassung abbildete, sichtbar macht.

Diese »Reichsflotte« ist nichts anderes als die »Kriegsflotte«[1033] der am 28. März 1849 verabschiedeten Reichsverfassung, der »Verfassung für das deutsche Reich«[1034] – insofern tatsächlich verfassungsmäßig die Kriegsflotte dieses »deutschen Reiches«: »*Im weitesten Sinne ist die Deutsche Flotte demnach vom 13.11.1848 bis 31.12.1849 eine ›Reichsflotte‹ gewesen; in engerer Auslegung mußte man jedoch vom Inkrafttreten der Reichsverfassung vom 28.3.1849 an, also vom Wirkungsdatum 18.5.1849, eine rechtliche Kompetenz feststellen, die mit der österreichisch-preußischen Übereinkunft im September 1849 ohne förmliche Aufhebung erlosch; dann wären es nicht 13 ½ Monate, sondern nur 4 ½ Monate gewesen.*«[1035] Bis zur endgültigen Restitution des Deutschen Bundes im Jahre 1851 befand sich die Flotte nach dem »Erlöschen« der Reichsbehörden im Dezember 1849 dann zunächst noch in der Obhut der übergangsweise an Stelle der untergegangenen provisorischen Zentralgewalt eingerichteten »Bundeszentralkommission«.[1036]

Man könnte allerdings mit mindestens ebenso großer Plausibilität die durch die Revolution ins Leben gerufene maritime Institution auch »Reichs-Marine« nennen. Dies erlaubt nicht nur das tatsächliche zeitgenössische Vorkommen des Begriffs, in den Vorschriften der Technischen Marinekommission[1037] bis zu denjenigen, die sogar noch nach Verscheiden der Reichsinstitutionen nunmehr in Regie der Bundeszentralkommission verwendet wurden,[1038] und nicht zuletzt auch der Bezeichnung der Schiffe der Flotte selbst (»Reichs Dampf Fregatte« bzw. »Reichsdampffregatte«)[1039].

Der Begriff »Reichs-Marine« erlaubt vor allem auch, eher den institutionellen Gesamtkorpus der »Seemacht« des in der Reichsverfassung von 1849 projektierten »deutschen Reiches«, das im »Reichsgesetz über die Einführung einer provisorischen Zentralgewalt für Deutschland«[1040] bereits als »deutscher Bundesstaat«[1041] konfiguriert ist, zu verkörpern: eine Flotte nämlich der Reichsverfassung, der »Verfassung für das deutsche Reich« vom 28. März 1848[1042], eben des Reiches »Kriegsflotte«[1043] nebst ihrer ministeriellen und nachgeordneten landgestützten Behörden, die im Verbund mit der Flotte die Marine bilden.

Dabei fällt hier schon, beim Versuch der begrifflichen Systematisierung jener maritimen Ereignisse, die geradezu babylonische Begriffsvielfalt (Reichsmarine, Kriegsmarine[1044]) in den Dokumenten der Zeit ins Auge,[1045] vor allem auch die ministerielle Nomenklatur selbst ergreifend:

So existierten ja im Rahmen des »Reichsgesetzes über die Einführung einer provisorischen Zentralgewalt für Deutschland«[1046] unter dem Reichsverweser und, von diesem ernannt, »der Nationalversammlung verantwortliche Minister«,[1047] die hingegen erst die »Verfassung des deutschen Reiches« vom 28. März 1849 auch explizit, gleichsam mit der verfassungsmäßigen Herbeiführung des »deutschen Reiches«, als »Reichsminister« bezeichnet.[1048] In der ersten Zeit der Reichsregierung bestand zwar ein eigenständiges Ministerium des Krieges, nicht aber eines für die Marine. Dies wurde erst im November 1848 als »Marineabtheilung« im Ministerium des Handels unter Arnold Duckwitz eingerichtet, ebenso wie die dort angesiedelte Technische Marinekommission. Die Marineabteilung also figurierte als ministerielle Fachaufsicht über die Marine, als das organisatorische Gebilde von Flotte und Marinebehörden, namentlich der Seezeugmeisterei und der Marineintendantur mit Dienstort Bremerhaven, seit April 1850 formal bestehend aus Oberkommando, Seezeugmeisterei, Marineintendantur (Kassen- und Rechnungswesen) und Marineauditorat (Gerichtsbarkeit).

Nach Rücktritt der Regierung v. Gagern nebst deren Handels- und Marineminister Duckwitz hatte der Reichsverweser Erzherzog Johann am 22. Mai 1849 unter Minister August Jochmus, auch zuständig für Auswärtige Angelegenheiten, für die Marine dann ein eigenes Ministerium, als Fortsetzung der vormaligen »Marineabtheilung« im (Reichs-)Ministerium des Handels, eingerichtet,[1049] eine Abteilung, »die sich dann zwar verselbständigte, aber in Personalunion unter den Reichsminister des Auswärtigen, General Jochmus, trat«.[1050]

Typischerweise für die vergleichsweise »freie« Handhabung der Begriffe finden sich zuweilen aber auch andere Termini für die Flotte/Marine in den Akten der Reichsregierung, wie im Protokoll der »82. Sitzung des Gesamtreichsministeriums« vom 22. Januar 1849 unter dem Tagesordnungspunkt »4. Deutsche Kriegsmarine«.[1051]

Insofern also die Ministerien der »Verfassung für das deutsche Reich« vom 22. März 1849, amtlich oder landläufig, »Reichsministerien« waren, war auch deren Marine de facto eine »Reichsmarine« und deren operativer Arm eine »Reichsflotte«. Brommy hat infolgedessen die in seiner Regie als Marinechef entwickelten und verwendeten Vorschriften auch explizit als »Dienstvorschriften für die Reichs-Marine« tituliert und schließlich, zu deren Konservierung und Weiterverwendung angesichts des drohenden Ausverkaufs dieser maritimen Reichs-Institution, an Prinz Adalbert von Preußen übersandt.[1052] Als »Reichs-Marine« figurierte die »deutsche Marine« des Paulskirchenbeschlusses sogar noch nach »Erlöschen« der Reichsinstitutionen am 20. Dezember 1849, z. B. in den nun schon in Zuständigkeit der »Bundes Central-Commission« verwendeten »Bestimmungen über die Material-Verwaltung der Reichs-Marine« vom 2. März 1850.[1053]

Institutionelle Vergegenständlichung hat also, in den Begriffen »technische Marinekommission, Ministerium des Handels Abtheilung Marine, (Reichs-)Ministerium der Marine«, vor allem aber auch der Begriff »Marine« gefunden, stellenweise auch in den Varianten »deutsche Marine« oder »Kriegsmarine« bzw. »deutsche Kriegsmarine« oder »deutsche KriegsMarine«.[1054]

Marineminister Duckwitz verwendet in seinen »Denkwürdigkeiten« auch Tagebucheinträge aus seiner Frankfurter Zeit, die allerdings nur den Zeitraum ab April 1849 umfassen, da ihm seine Tagebuchaufzeichnungen aus den vorhergehenden Monaten, er selbst vermutet durch Spione, in Frankfurt entwendet wurden.[1055] Darin regiert durchgängig den Begriff »Marine«,[1056] nur an seltenen Stellen ist von der »Flotte« die Rede, die Begriffe »Reichsflotte« oder »Reichsmarine« fallen dort nicht. Tatsächlich war, wie beschrieben, der Flottenbegriff, genauer der der »Kriegsflotte«[1057], vermittels der Reichsverfassung vom 28. März 1849 wieder amtsoffiziell geworden, und dies möglicherweise durchaus noch als Nachklang der frühesten parlamentarischen Beratungen zu dieser Verfassung, zu Zeiten nämlich, als der Flottenbegriff, wie in der Flottensitzung der Nationalversammlung vom 14. Juni, noch ein allgemeiner und landläufiger war und gleichsam synonym mit dem der Marine verwendet wurde.

Zu einer verbindlich-einheitlichen Definition dieser Marine und ihrer Flotte ist es in den Wirren von Revolution, ihrem schnellen Aufstieg und ebenso rapiden Niedergang hingegen nicht gekommen. Die Begriffe »Marine, deutsche Marine, Reichsmarine, Flotte, deutsche Flotte, Reichsflotte, Kriegsmarine, deutsche Kriegsmarine, Kriegsflotte« finden sich allesamt in den Dokumenten, ohne dass dem Begriff der »Reichsflotte« ein Übergewicht einzuräumen wäre. Eher das Gegenteil ist der Fall. Der Begriff taucht weder auf in der Debatte vom 14. Juni,[1058] noch dominiert er die offensichtlich frei wählbare Begrifflichkeit der amtlichen Vorgänge. So auch die im Niedersächsischen Landesarchiv Oldenburg, in dem die Begriffe »Reichsflotte, Reichsmarine, deutsche Reichsmarine, deutsche Marine, deutsche Nordseeflotte, deutsche Flotte, Kriegs-Marine, deutsche Kriegsmarine« in verschiedenen Verwaltungsvorgängen und geradezu »gemischt« zur Anwendung gelangen.[1059] Diesen Begriffsmix sowie innerhalb der Begriffe auch noch unterschiedliche Schreibweisen, z. T. im selben Schriftstück, als amtliches Dokument[1060] oder gleichsam im schriftstellerischen Raum wie in Prinz Adalberts »Denkschrift über die Bildung einer deutschen Kriegsflotte«[1061], hatte auch bereits die Nationalversammlung in der Paulskirche so vorexerziert; wobei man ihr allerdings zugute halten muss, dass zum Zeitpunkt des Flottenbeschlusses vom 14. Juni 1848 noch keine provisorische Zentralgewalt, geschweige denn eine Verfassung mit darauf gegründeter Reichsregierung und nachgeordneten Behörden und Institutionen existierte. So ist die Begriffsvielfalt letztlich nichts anderes als Widerspiegelung und Signum der »Geburtswehen« einer neuen politischen, und im Hinblick auf erstmalig aufzustellende Seestreitkräfte, auch militärischen Ordnung.

In jener Sitzung der »deutschen constituirenden National-Versammlung zu Frankfurt a. M.«[1062] vom 14. Juni 1848, sozusagen dem »Tag der Flotte«, werden die Begriffe »Flotte« und »Marine« alternierend, im Kern aber synonym verwendet. Dies bleibt auch den Abgeordneten selbst nicht verborgen, erhebt sich doch unmittelbar vor der am Ende der langen Sitzung nun auch endlich zu vollziehenden Beschlussfassung über die Anschubfinanzierung für die Flotte/Marine noch »Eine Stimme: Es fehlt in der Fragestellung der Zweck: für die deutsche Flotte oder Marine.«[1063] Erst aufgrund dieses Zwischenrufs gleichsam in letzter Sekunde wird der Beschluss der Paulskirche um die Zweckbestimmung der veranschlagten Gelder ergänzt, vor allem aber auch, und zwar abschließend durch den Parlamentspräsidenten Heinrich v. Gagern, begrifflich präzisiert und damit abstimmungsreif gemacht: »Zum Zweck der Begründung eines Anfangs für die deutsche Marine.«[1064]

So ist bereits an dieser Stelle der umfassendere Begriff »Marine« qua Parlamentsentscheidung und Protokoll zum amtlichen geworden, denn das nun aus den Mitteln des Deutschen Bundes beantragte Geld sollte nicht nur den schwimmenden Einheiten und ihrem Personal, der eigentlichen Flotte, sondern auch dem Aufbau rückwärtiger Marinebehörden, die sich dann später in Bremerhaven konstituierten, zur Verfügung gestellt werden. Hier wurde also eine Marine gebaut, die »deutsche Marine« des Beschlusses eben, und nicht nur eine Flotte. Deren Begriff hingegen fand durch seine »Landläufigkeit«, seinen gängigen umgangssprachlichen, geradezu vormärzlichen Gebrauch, gleichermaßen und synonym auch weiterhin Verwendung. Dabei hatte man sich in den parlamentarischen Beratungen und Gremien hingegen bereits recht früh auf den Marinebegriff konzentriert, namentlich in der Bezeichnung des für die maritimen Dinge zuständigen »Ausschusses für Marine-Angelegenheiten«, dessen Einrichtung von den Abgeordneten Heckscher und Roß bereits in der Sitzung der Sitzung der Nationalversammlung vom 26. Mai 1848 beantragt wurde[1065] und die sich daher auch selbst zu jenen Männern rechneten, die von Heckscher gleich eingangs seiner Rede rühmend apostrophiert wurden: »Meine Herren! Ich werde mich kurz fassen, weil ich Ihre Ungeduld kenne. Die Geschichte der deutschen Marine wird auf ihren ersten Blättern den Namen der Männer einen Platz nicht versagen, die mit großartiger Thatkraft, mit begeisternder Rede und selbstaufopferndem Beispiele die Initiative zur Gründung einer deutschen Marine genommen haben.«[1066]

Hier wird bereits im Gründungsakt einer ersten deutschen »Seemacht«, so der Begriff in der späteren Reichsverfassung,[1067] jener eher »landläufige« bzw. volkstümliche Begriff der »Flotte« durch den der »Marine« ersetzt, und zwar als Antwort auf die oben angeführte präzise Frage eines unbekannten Paulskirchenabgeordneten, dies dürfen wir dem Parlamentspräsidenten Heinrich von Gagern unterstellen, durchaus bewusst. Es ist auch der Begriff Brommys in seinem »lehrreichen Hülfsbuch« über die Marine wie der seiner Gesuche an verschiedene fürstliche Autoritäten seit 1845 bis zu seinem Gesuch an den Präsidenten der Nationalversammlung in der Frankfurter Paulkirche vom 23. Juli 1848. Und auch im Schreiben des Reichsministers Duckwitz vom 4. November 1848 an Brommy findet sich der Begriff von der »Bildung einer deutschen Kriegs-Marine«[1068], den Brommy in seinem Antwortschreiben wie in seinem Schreiben an den griechischen König wieder aufnimmt[1069] – dieses »Instituts« mithin, zu dessen »Gründung« Duckwitz ausweislich seines Briefs »diejenigen Deutschen« anzuwerben trachtete, »welche sich im Dienste der Marinen anderer Staaten ausgezeichnet haben«.[1070]

Die gleichsam amtsoffizielle Verwendung des »Kriegs-Marine-Begriffes« und anderer o. a. Formulierungen bedeutet nicht, dass damit der Begriff der »Flotte« aus den Debatten, den Zeitungen und den amtlichen Erzeugnissen der provisorischen Zentralgewalt und des Parlaments verschwunden gewesen wäre. Das Gegenteil war der Fall: Der Flottenbegriff ragte noch lange, als Relikt seiner vormärzlichen euphorischen Verwendung, in die Diskussionen und Meldungen der Zeitungen, wie im Porträt ihres sächsischen Landsmannes Brommy in der »Leipziger Zeitung« vom 2. November 1849.[1071] Und auch später ist der Begriff der »Reichsflotte« explizit verwendet worden, wie bei dem Marinemaler und Kapitänleutnant der Kaiserlichen Marine Ferdinand Lüder Arenhold und seinem Werk über die »Reichsflotte«[1072], dem man noch nicht unterstellen konnte, hier sei lediglich ein Ausweichbegriff« zur Bezeichnung der Reichsmarine von 1921 gesucht worden, der aber auch seinen malerischen Gegenstand ausdrücklich »in zwölf Bildern«[1073] beschränkte auf die Schiffe eben jener »Flotte« (sowie eines ihres Befehlshabers) und ohne malerische Berücksichtigung schnöder Verwaltungsgebäude einer Marine.

Nach »Erlöschen der Reichsregierung am 20. Dezember 1849«[1074] ist es nicht nur die Flotte des untergegangenen »Reiches«, die diesen Untergang überlebt, sondern auch ihr rückwärtiger, verwaltender Bereich, die Marinebehörden in Bremerhaven sowie deren gleichsam ministerielle Fachaufsicht. Und dies in durchaus umfänglicher institutioneller Ausformung im Rahmen der Bundeszentralkommission sowie später, nach dessen Restitution, auch des Deutschen Bundes bis zur endgültigen Auflösung von Flotte und Marinebehörden am 1. April 1853. Nun hieß es, notwendiger- wie logischerweise, ohne »Reich« und »deutsch«, denn just dies waren ja gleichermaßen die sprachlichen Vergegenständlichungen für die Marine eines einigen, nicht mehr klein- und territorialstaatlich zersplitterten stattlichen Gebildes gewesen, nur noch: »Marine«[1075].

Eine »Bundesflotte« oder »Bundesmarine« ist, nach der Liquidierung der Reichsbehörden mit Wirkung vom 20. Dezember 1849, die nun ehemalige Marine des »deutschen Reichs« aber nicht geworden: Da man sich noch scheute, dies Symbol vorheriger nationaler Hoffnungen aufzulösen,[1076] war sie über die Bundeszentralkommission, die die Aufgaben der Reichsregierung im Dezember 1849 bis zur Übertragung der Aufgaben an einen Ausschuss der Bundesversammlung des am 12. Mai 1851 restituierten, seine alten Funktionen wieder aufnehmenden Deutschen Bundes[1077] am 31. Mai 1851[1078] übernahm, nolens volens in die Verwaltung jenes Deutschen Bundes überführt worden.[1079]

Sie war dort jedoch lediglich institutionell »geparkt« worden, in nach wie vor beachtlicher Aufstellung,[1080] hingegen nicht als wirklicher institutioneller Bestandteil der Verwaltung und der Organe des Deutschen Bundes: »Die

Marine war gemäß Bundestagsbeschluß keine ›organische Einrichtung‹ des Deutschen Bundes, sondern, wie man konstatieren muss, ein Element der Revolution«[1081] – ein Element, so wäre zu präzisieren, der Exekutive, der »Seemacht« des »deutschen Reiches« einer Verfassung, die zwar am 28. März 1849 ins Leben trat, doch zu diesem Zeitpunkt bereits nicht mehr die politische Standfestigkeit hatte, die es ihr erlaubt hätte, durchgreifend, vollständig und mit Zustimmung aller Mitglieder des Deutschen Bundes zu überleben.

Der Begriff »Bundesflotte/Bundesmarine«, so handlich er für das Herstellen von Traditionslinien oder -bögen auch sein möge,[1082] geht also, auch wenn der Begriff nach »Erlöschen« der Reichsregierung im Dezember 1849 zuweilen in zeitgenössischen Quellen Verwendung findet,[1083] am eigentlichen Charakter der »deutschen Marine« des Paulskirchenbeschlusses vom 14. Juni 1848 vorbei. Hatten sich doch der Deutsche Bund bzw. zunächst die Bundeszentralkommission des »Schmerzenskindes« der Revolution nur halbherzig, ohne Überzeugung, ohne Nutzungskonzept und mangels anderer »Aufbewahrungsplätze« angenommen. Und dies nicht einmal zu Unrecht: Die am Ende beschäftigungs- und verwendungslos gewordene »Marine ohne Staat« wurde ja ursprünglich gegründet und aufgestellt durch das Parlament und die provisorische Zentralregierung eines projektierten »deutschen Bundesstaates«, der den Deutschen Bund ablösen sollte. Gleichwohl wurde sie, als einzige am 14. Juni 1848 verfassungsgemäße Möglichkeit, durch den Deutschen Bund anschubfinanziert und auch hinfort finanziell weiter alimentiert,[1084] ab 1850 dann auch wieder in institutioneller Zuständigkeit von Bundeszentralkommission und schließlich wieder dem restituierten Deutschen Bund.

Eine merkwürdige Existenz, zunächst von den deutschen Fürsten als notwendige maritime Sofortmaßnahme gegen den dänischen »Entrer« entdeckt, mithin also im puren Gegenteil zu den eher selbstreferentiellen Bekundungen des Abgeordneten Friedrich Schlöffel über den »Volkswillen«, in dem die Flotte ihren Ursprung habe: »Denn es ist ja die Marine hervorgegangen aus dem Volkswillen und nicht aus dem Willen eines einzelnen oder mehrerer Geschlechter.«[1085] Diese Sicht der Dinge ist vielmehr Teil jener gleichsam flottengestützten Legitimationsstrategie des ersten deutschen Parlaments und seiner dezidiert liberal-bürgerlichen Ausrichtung, eine Reklamation ausschließlich eigenen Handelns und die vorhergehenden Fürstenbeschlüsse zu Notwendigkeit und Aufbau einer Flotte politisch absichtsvoll ignorierend.

Tatsächlich aber ist die Idee der Flotte, die dann in Händen des Parlaments in der Frankfurter Paulskirche zur »deutschen Marine« wird, wesentlich katalysiert und schließlich auch realisiert worden im Zuge der volkstümlichen Flottenbegeisterung, des vormärzlichen »Flottenfiebers«, das sich in das erste deutsche Parlament hinein ausbreitete. Dort wurde dann, namentlich in seinem Beschluss vom 14. Juni 1848, zu militärischen, nationalen und politisch selbstlegitimatorischen Zwecken (»unsere erste That«) mit großer Begeisterung, auch über sich selbst, die Flotte bzw. »die deutsche Marine«, wie dies der Beschluss formulierte, als erste parlamentarische Geburt und Ausweis der Handlungsfähigkeit der Nationalversammlung zum Laufen bzw. Schwimmen gebracht, und zwar mit dem Geld des Deutschen Bundes, zuerst mit Mitteln aus dem Ulm-Rastatter Festungsbaufonds[1086].

Die Flotte ist hingegen nie »in den ordentlichen Bundeshaushalt (...) aufgenommen worden, da die Mehrzahl der Bundesmitglieder es ablehnte, dafür regelmäßige Beiträge zu entrichten«.[1087] Schließlich lebte die deutsche »Seemacht« nach zeitweiligem »Verblassen des Deutschen Bundes«, seinem Zurücktreten hinter die provisorische Zentralgewalt[1088] im Rahmen der hier sogenannten »Parallelaktion« und nach dem schnellen Untergang des »Reiches« wieder in Bundeszuständigkeit fort bis zum Konstatieren ihrer nunmehrigen Bedarfs- und Verwendungslosigkeit und ihrer folgenden auftragsgemäßen und »korrekten«[1089] Abwicklung durch Hannibal Fischer. So blieb sie als ehemalige »deutsche Marine« oder als »Kriegsflotte« des »deutschen Reiches« oder als »Reichs-Marine« dann bis zuletzt als pures und mit dem Scheitern von Revolution und »Reich« zufällig (zurück-)erhaltenes Eigentum in der Verwaltungszuständigkeit des Deutschen Bundes – als Relikt zweifellos »demokratischer Umtriebe«, von Barrikadenkämpfen, Parlamentarismus und bürgerlicher Verfassung mit flugs wieder abgeschafften freiheitlichen Grundrechten, ein kurzzeitiges und bemerkenswertes maritimes Gebilde, das sich schließlich wieder, wie weiland im lyrischen Vormärz, in einen »Flottentraum« zurückverwandelte.

Zuvor aber war die Flotte bzw. die Marine, die die Nationalversammlung am 14. Juni 1848 auf Kiel gelegt hatte, nicht nur »der einzig überhaupt sichtbare Ausdruck politischer Handlungsfähigkeit und Handlungswillens«[1090] dieses Parlaments gewesen, sondern gleichermaßen nationales Symbol wie militärisches Organ eines projektierten »deutschen Bundesstaates«, den die Reichsverfassung von 1849 unter dem traditionellen Begriff des »Reiches«, absichtsvoll historisierend, entworfen hatte, ein »Reich« zudem, so hat es Duckwitz gedeutet, das in flexibler Ausformulierung,[1091] ohne weitere staatliche Zwischengewalten, reichsunmittelbar und damit fürwahr eine Flotte des Reiches und Reichsflotte, Zeichen und Instrument der staatlichen Einheit zugleich war, und dies zudem mit markanter Nachhaltigkeit.[1092]

Gerade deshalb konnte auch nach der erfolgten deutschen Wiedervereinigung der Bogen zu dieser durch ein (in den Grenzen des damaligen Wahlrechts) demokratisch bestimmtes Parlament geschaffenen »deutschen Marine« umso plausibler geschlagen werden, als im Adjektiv »deutsch«, groß- oder kleingeschrieben, jeweils der Gedanke der staatlichen, nationalen Einheit einbegriffen war, die »Deutsche Marine« als diejenige eines wiedervereinigten Deutschland gar qua Begriff mit jener ersten, von der Paulskirche in Frankfurt ausgehenden ersten Marine der Deutschen verknüpfte, ein Name, der nicht nur, als »Zeichen der Einheit«, wie dies der Abgeordnete v. Radowitz der Marine als Institution in der Nationalversammlung zuschrieb,[1093] gelesen werden musste, sondern, und gerade auch aus diesem nationalstrategischen Grunde, ein gängiger in den Diskussionen, Debatten und amtlichen Vorgängen von Nationalversammlung und provisorischer Zentralgewalt war, der nicht zuletzt auch in den fundamentalen Beschluss des Paulskirchenparlaments und das amtliche Protokoll dieser Sitzung vom 14. Juni 1848 einging.[1094]

Nach der deutschen Wiedervereinigung und einem terminologischen Bogen von »deutscher Marine« über »Reichs-Marine« und »Marine« bis zur »Deutschen Marine« konnte dieser Zusammenhang gleichsam aktualisiert[1095] und bekräftigt werden, die historische Linie mit noch größerem Recht gezogen werden von der Revolution der Jahre 1848/49 bis in die Neuzeit einer wiedervereinigten Bundesrepublik. Und im Übrigen machte Salewski auch das demokratische Fundament des 1848/49 geplanten »deutschen Reiches« noch einmal klar, dass nämlich »Republik und republikanische Marine doch aus einer revolutionären Wurzel« entstanden[1096] waren.

»Die Flotte sollte zum Symbol für die Einheit in Freiheit unter der Souveränität des Volkes werden.« So hatte es Vizeadmiral Hans-Rudolf Boehmer, Inspekteur der Marine, 1998 auf den Begriff gebracht,[1097] um unter diesen Vorzeichen, in einem größeren Zusammenhang und unter dem Titel »Germania auf dem Meere«[1098], in einer Ausstellung des Militärgeschichtlichen Forschungsamtes unter der fachlichen Leitung von Jörg Duppler, nicht nur in eine Gesamtgeschichte der »deutschen Marinen« von 1848 bis 1998 eingewebt zu werden, sondern als Ausgangspunkt, ja als Wiege dieser wechselhaften Marinegeschichte und als wesentlicher Traditionsort heutiger Marine verortet zu werden. Duppler hat, durchaus in Kontinuität des Bildes der Flotte, das Vizeadmiral Luther anlässlich der Ausstellung in Bremerhaven 1979 gezeichnet hatte, diesen Zusammenhang zwischen 1848er und heutiger Marine und deren »Geburtstag« am 14. Juni in einer späteren Veröffentlichung noch einmal wie folgt beschrieben: Am 14. Juni »begeht die Marine ihren »Navy Day« in Erinnerung jener Parlamentsbeschlüsse der Frankfurter Paulskirche, die zu einer gesamtdeutschen und durch das Parlament legitimierten Marine führen sollten. Die Legitimierung von Streitkräften durch die Paulskirche damals und den Deutschen Bundestag heute ist einer der großen Kontinuitätsbögen, der die Marinen von 1848 und heute verbindet.«[1099]

Notabene entpuppte sich, und dies nicht ohne gewissen Marinestolz, in diesem Zusammenhang die kleinste Teilstreitkraft der Bundeswehr und angesichts der Tatsache, dass die Heeresverbände der großen Länder Bayern, Sachsen und Württemberg im wilhelminischen Reich im Frieden in jeweiliger Landeshoheit mit eigener Heeresverwaltung verblieben, unversehens als historisch älteste Teilstreitkraft, als »Senior Service«.[1100]

Und auch Brommy fand nun im Rahmen dieser »demokratischen Wiederentdeckung« der »deutschen Marine« der Paulskirche Erwähnung in allerlei Festreden und Schriftsätzen. Am Ende geriet er, der Truppenführer, doch arg in den Schatten des Prinzen Adalbert, Vorsitzender der Technischen Marinekommission, der mit seiner Denkschrift die erste Konzeption einer deutschen Marine vorgelegt hatte. So konnte beim schließlichen Oberkommandierenden dieser Marine, dem Admiral ihres »Ober-Commandos«, Brommy, auch schnell übersehen werden, dass dieser mit »Die Marine« von 1848 (Vorwort datiert Athen, Dezember 1847) noch vor Adalbert das erste grundlegende darstellende Werk zu Organisation und »Handling« einer Marine vorgelegt hatte – Resultat seiner Erfahrungen in der griechischen Marine, der amerikanischen Handelsmarine und auch der Auswertung maritimer Glanztaten der Briten unter Nelson. Dieses Buch hatte ihm immerhin auch den Eintritt in die Technische Marinekommission geebnet und dieser Kommission schließlich auch zu wesentlichen und bleibenden Ergebnissen verholfen, namentlich der Übersetzung und (deutschen) Anpassung des Dienstreglements, das Brommy seinerzeit für die griechische Marine entwickelt hatte.[1101]

Ohne ihn, Brommy, hätte es, trotz aller Denkschriften und Parlamentsbeschlüsse, die in kurzer Zeit aufgestellte und in ihrem Kern funktionsfähige und beachtliche kleine »Reichs-Flotte« und ihre landseitigen Marinebehörden nicht gegeben. Ohne Brommys organisatorische und truppenführerische Großtat hätte sich auch nicht das Seegefecht mit VALKYRIEN vor Helgoland ereignet. Stattdessen wären die Deutschen vielleicht nicht einmal aus ihren norddeutschen Flussmündungen herausgekommen, und es könnte auch alljährlich am 14. Juni kein Gründungstag der Deutschen Marine begangen werden, wenn es nur bei diesem Beschluss geblieben wäre, ohne die Organisation, die Brommy mit wenigen Getreuen, namentlich dem Marine- und Handelsminister Arnold Duckwitz als dem ministeriellen Regisseur des gesamten Flottenunternehmens,[1102] im Wesentlichen allein aufgestellt, ausgebildet und geführt hat.

Dies war schon den ersten Biografen der »deutschen Marine« und ihres Oberbefehlshabers klar: »Keiner hätte mit mehr Hingebung und Treue, mit größerer Sachkenntnis der deutschen Marine dienen können, als Brommy es vom Anfang bis zum Ende der jungen Schöpfung gethan hat.«[1103] Zumal er nichts anderes vorfand »als das rohe Material der Schiffe, zusammengewürfelte Offiziere verschiedenster Herkunft, zusammengeworbene Mannschaft«.[1104] Und was namentlich Duckwitz' und Adalberts Beiträge zum Flottenunternehmen anlangt, »muss man gerechter Weise anerkennen, dass in der kurzen Zeit bis zum Frühsommer 1849 alles geleistet wurde, was unter solchen Verhältnissen und bei mehrfachen Unglücksfällen überhaupt geleistet werden konnte«.[1105]

»*Die deutsche Marine hat die Revolution, deren Geschöpf sie war, ohne ihr dienen zu können, um vier Jahre überlebt. Brommys Verdienst besteht nicht darin, sie geschaffen zu haben, denn die konzeptionellen und materiellen Grundlagen stammen aus dem liberalen Ministerium Duckwitz. (…) Es ist Brommys bleibendes Verdienst, ohne Regierung, Zentralbehörde, festes Budget und geregelte Personalführung dank der Schaffenskraft und Ausstrahlung, die er in der aussichtslosen Situation entwickelte, die Flotte in einen Zustand gebracht zu haben, die auch Indifferenten und Gegnern Hochachtung abnötigte.*«[1106]

Carl Rudolph Brommy, der erste Chef einer deutschen Marine, ist auch als einer der letzten von Bord gegangen, harrend der zunehmenden schwindenden Gelegenheit, ob sich nicht doch noch eine Rettung seiner Flotte ereignen könne, unter hannoverscher, lieber noch unter preußischer Flagge, mit ihm als weiter amtierendem Kommandeur. Doch eine »Marine ohne Staat« war nicht mehr zu retten: »Die Wurzel alles Übels für die Marine war und blieb, daß sie von einer Regierung geschaffen wurde, die ein Reich repräsentierte, dessen Existenz vorausgesetzt war, aber nicht ins Leben trat.« So hat es Duckwitz in seinen »Denkwürdigkeiten« formuliert,[1107] und Hannibal Fischer ging mit großem Schwung[1108] ans Werk, diesem Überbleibsel einer ihm zutiefst verhassten Revolution den Garaus zu machen – wenngleich er zugestehen musste, dass die Flotte in besserem Zustande war, als er dies den Besatzungen und ihrem Kommandeur zugetraut hätte: »Ich glaubte ein Demokratennest zu finden, das ich zerstören möchte, ich habe aber eine so musterhafte Ordnung und Disziplin, ja, ein so aristokratisches Wesen auf der Flotte bemerkt, das meine Gesinnungen noch übersteigt, daß ich es nicht übers Herz bringen kann, dies Institut zu verkaufen.«[1109] Was dann aber doch geschah.[1110]

Admiral der Revolution? Eine Zusammenfassung

Ein »Admiral der Revolution« ist Brommy nicht gewesen, und er hat dies auch entschieden bestritten. Tatsächlich war das »Institut«, dem er schließlich vorstand, und so weisen seine späteren Pensionsbezüge wie deren Weiterzahlung als Witwenpension an seine Frau auch aus, zumindest zeitweise eine Reichseinrichtung gewesen. Hatte doch der Deutsche Bund seine Tätigkeit zugunsten der provisorischen Zentralgewalt eingestellt, und der Dienst in dieser Reichseinrichtung, der »deutschen Marine«, die die Nationalversammlung in Frankfurt am 14. Juni aus der Taufe hob, war nichts anderes als regulärer, gleichsam anrechnungsfähiger und, zumindest für Brommy, pensionswirksamer deutscher Marinedienst.

Brommy erschien auch erst, aus griechischen Diensten nach Frankfurt berufen, Mitte Januar auf der deutschen Flottenbühne, zu einem Zeitpunkt, als die Revolution faktisch schon vorüber war, der Deutsche Bund zwar noch in Deckung, die alten Gewalten hingegen wieder fest im Sattel, ganz gleich, ob die Abgeordneten der Paulskirche noch weiter über den bürgerlichen Grundrechten brüteten, die sie dann schließlich doch noch in eine Verfassung zu gießen vermochten.

So wurde der Fregattenkapitän in griechischen Marinediensten zwar durch die vermittels der Revolution ins Amt gehobene provisorische Zentralregierung an die Spitze der ersten deutschen Flotte und Marine berufen, der Zeitpunkt seiner Berufung, der des entscheidenden Briefes des Handels- und Marineministers Duckwitz vom 4. November 1848, lag hingegen bereits weit hinter dem Scheitelpunkt der Revolution, dem Waffenstillstand von Malmö vom

26. August des Jahres, der die Revolution faktisch zum Stillstand brachte, zum fanalhaften Rückzug Jacob Grimms aus der Nationalversammlung führte und die Revolution mit dem Frankfurter Septemberaufstand, dann der Niederschlagung der Erhebung in Wien und der dortigen Erschießung des Paulskirchenabgeordneten Robert Blum endgültig liquidierte.

Das »Rollback« der alten Gewalten war also längst in vollem Gange, als Brommy in Frankfurt eintraf. Die Revolution war de facto vorbei, als Brommy die »deutsche Marine«, nach Abschluss der Arbeiten der Technischen Marinekommission als deren Chef, Befehlshaber wie Seezeugmeister der Marine, übernahm – genau eine Woche nach Verabschiedung der Reichsverfassung im Parlament und exakt zwei Tage, nachdem der von der Nationalversammlung zum Kaiser gewählte König von Preußen der Frankfurter Deputation, die ihm die Kaiserkrone andienen wollten, in Berlin unmissverständlich bedeutet hatte, dass er als Monarch nicht geneigt sei, eine Krone aus den Händen eines Parlaments entgegenzunehmen.

Das einzige Gefecht von Teilen der Brommyschen Flotte vollzog sich, auch hier ist der eklatante »Verzögerungseffekt« der Flottenentwicklung zu der der politischen Verhältnisse mit Händen zu greifen, am 4. Juni 1849, also nur wenige Tage bevor das aus Frankfurt nach Stuttgart geflohene »Rumpfparlament« von württembergischen Truppen auseinandergejagt wurde. Eine »Parallelaktion« von politischer und Flottenentwicklung, die die deutsche »Seemacht« schließlich um ihr staatliches Korrelat brachte und ihr, ihren Besatzungen und ihrem Befehlshaber bis zu ihrem Ende als nunmehrige »Marine ohne Staat«, ein Leben gleichsam im luftleeren Raum verschaffte.

So war Brommy eben alles andere als ein »Admiral der Revolution«. Hingegen war die Marine, der er bis zu deren Verscheiden unter dem Auktionshammer Hannibal Fischers im Jahre 1853 vorstand, durchaus das »Schmerzenskind der Revolution«. Eine »Seemacht« nämlich der durch das Paulskirchenparlament kreierten Reichsverfassung konstitutionell-monarchischen bzw. wahlweise, wie dies Duckwitz erklärt hatte, auch präsidialen Zuschnitts, aber beides gleichermaßen auf dem Fundament explizit formulierter bürgerlicher Freiheitsrechte, wie sie vor allem auch die germanistischen Juristen um Jacob Grimm beschworen und in der Nationalversammlung emphatisch proklamiert hatten. So war auch, wie die freiheitlichen Grundrechte, die am 14. Juni 1848 gleichsam beschlusshaft verfügte »deutsche Marine« Produkt eines Parlaments und einer Verfassung, die zudem die »Seemacht« explizit zu einer Reichssache machte, indem sie erklärte, dass diese allein Sache des Reiches sein.

Insofern war die Flotte/Marine auch durchaus eine Geburt der Revolution, waren es doch die deutschen Fürsten gewesen, die, genötigt durch die prekäre militärische Lage zur See, dazu den ersten Anstoß geliefert hatten. Und es waren auch die Gelder des Deutschen Bundes, die, mangels anderer zur Zeit des Flottenbeschlusses existierender, über Haushaltsmittel verfügender Gewalten, »auf bisher verfassungsmäßigem Wege«[1111] die Anschubfinanzierung dieser in der Paulskirche auf Kiel gelegten »deutschen Marine« übernahmen.

Brommys Flotte wurde zunächst einmal aus dem Etat des Deutschen Bundes finanziert. Diese Marine selbst, als »erste That« des, im Rahmen des damaligen Wahlrechts, frei gewählten deutschen Parlaments in der Frankfurter Paulskirche aus der Taufe gehoben, war, ursprünglich von der Fürstenversammlung des Deutschen Bundes im Angesicht der dänischen Blockade initiiert, ein Fürstenprojekt, dann aber exekutiert von einem gewählten, dem ersten deutschen Parlament, das sich selbst, als handlungsfähige Volksvertretung und gesetzgebendes Organ eines späteren »deutschen Reiches« in einem sichtbaren, militärisch gebotenen und national-symbolischen Projekt vergegenständlichte und legitimierte: dem der Errichtung einer »Kriegsflotte« für das Reich, der Schaffung einer »Reichsflotte«.

Dabei ist der »Reichs«-Begriff nicht nur essenziell für den politischen Ort der Marine von 1848/49, nämlich eine reichsunmittelbare, direkt der Zentralgewalt, der Reichsregierung unterstehende gewesen zu sein. Dieser zudem absichtsvoll traditionsgeladene Verfassungs- und Rechtsbegriff ist es auch, wie haben es bei Jacob Grimm, dem germanistischen Chefstrategen in Vormärz und Paulskirchenparlament, gesehen, der als Verkörperung der persönlichen wie staatlichen Freiheit, und letztere Grimm zufolge notwendigerweise vorangehend und zugrunde liegend der erstrebten und staatskonstitutiven Einheit der Nation, die deutsche »Seemacht« selbst sui generis zu einer »freiheitlichen« macht, zur Flotte und Marine eines auf bürgerlichen Grund- und Freiheitsrechten beruhenden vereinten deutschen Nationalstaates.

Derart bekam ein maritimes Projekt des Deutschen Bundes, genauer: eine bürgerlich-liberale Initiative vermittels der noch existierenden behördlichen Strukturen des Deutschen Bundes, daher auch geradezu notwendig und unter der Hand des frei gewählten Parlaments, endgültig einen anderen Anstrich, eine andere Qualität: den nämlich des maritimen Instruments des einigen »deutschen Bundesstaates« der Reichsverfassungsüberlegungen, demokratisch fundiert auf den Säulen des in der Paulskirche zusammengetretenen ersten deutschen Parlaments und der von diesem schließlich auch verabschiedeten »Verfassung des deutschen Reiches« vom 28. März 1849 – beruhend auf bürgerlichen Grundrechten, die als Widerspiegelung der großen europäischen bürgerlichen Revolutionen schließlich auch die Grundfesten der Weimarer Verfassung wie des Grundgesetzes der Bundesrepublik Deutschland bildeten.

Und so war im Jahre 1848, namentlich am 14. Juni in der Paulskirche, dem Tag des Beschlusses »eines Anfangs für die deutsche Marine«, die ursprüngliche Flotte der Bundesversammlung des Deutschen Bundes, eine Fürstenflotte mithin, unter »unermeßlichem Beifall«, wie der Korrespondent der »Allgemeinen Zeitung« vermerkte, zu einer Sache des Parlaments, einer »Parlamentsflotte« mithin, geworden.

Brommy, deren späterer Chef, aber ist, wie gesehen, kein Revolutionär gewesen, und in revolutionäre Dienste, so bekundete er, wären weder er noch seine Offiziere eingetreten. Brommy war vielmehr vor allem eins: professioneller Marineoffizier, ein »Homme de lettres« und ein versierter Organisator, ein »Macher«. Nur so ist überhaupt verständlich, dass, trotz aller profunden Beiträge vor allem des Marineministers Duckwitz und des Prinzen Adalbert, die »deutsche Marine« von Paulskirche und Zentralgewalt in derart kurzer Zeit als im Schiffsbestand moderne, als gut ausgebildete und disziplinierte aufgestellt werden konnte, gleichsam, in den Worten des Historikers Günter Moltmann, »wie ein Spuk«.[1112]

Eine Führungs- und Energieleistung Brommys – auf der Basis großer fachlicher und truppenführerischer Kompetenz und angetrieben von dem Ehrgeiz, der im Werden begriffenen deutschen Nation dazu zu verhelfen, »einzutreten in die Reihe der Seestaaten« und ihr ein funktionsfähiges militärisches Produkt zum Schutz der deutschen Küsten, ihres »ausgebreiteten Seehandels« wie als Ausdruck deutscher staatlicher Souveränität, »auch hierin seine angestammte Nationalgröße zu entfalten«, zur Verfügung zu stellen – so wie er dies in seinem »lehrreichen Hülfsbuch« »Die Marine«, das ihm den Weg nach Frankfurt ebnete, formuliert hatte.

Wir können davon ausgehen, dass Brommy die Ziele der Reichsverfassung, in deren Rahmen er als Chef des »Ober-Commandos der Marine« schließlich tätig wurde, sowohl deren konstitutionell-monarchisches Modell wie vor allem ihren Grundrechtekatalog, gerade auch vor seinem persönlichen Hintergrund von Freimaurer- und Philhellenentum, geteilt hat. Dies hingegen hat ihn nicht gehindert, sich mehrfach, sowohl vor wie nach seinem Engagement als Marinechef der Frankfurter Reichsregierung, für preußische Dienste zu bewerben oder zuvor Marinedienst für den griechischen König, den er gedichtweise feierte, zu leisten. Wobei die »preußische Option«, sowohl vor als auch nach dem Frankfurter »Marineexperiment«, neben der maritimen Verlockung für den Seeoffizier Brommy auch im Hinblick auf die Konstituierung deutscher nationaler Staatlichkeit mittels entsprechender preußischer Anstrengungen zur See in besonderem Maße anziehend und lukrativ gewesen sein mag: Hatte er doch bereits im Nachwort seines Marinelehrbuches, also bereits vor der Gründung einer »Reichsflotte«, darauf hingewiesen, dass es vor allem Preußen sei, das die »Wichtigkeit einer Kriegsmarine erkannt und den ersten Schritt gethan«, mithin ein »Muster« gegeben habe, »Deutschland den Weg zu bahnen« – mithin auch eine Blaupause für die Zeit nach dem Scheitern des »Reiches« mitsamt seiner Marine und Gelegenheit eines neuerlichen, nun über Preußen zu initiierenden Versuchs, eine deutsche Nation gleichermaßen zu konstituieren wie zu symbolisieren vermittels einer deren Küsten und Handel schützenden Flotte.

So war Brommy, königlich griechischer Marineoffizier, sicher und trotz seiner freimaurerischen Ambitionen und Neigungen weniger republikanischer als vielmehr maritimer Überzeugungstäter, von dem man mit Fug und Recht sagen kann, dass er, neben Duckwitz und Adalbert, maßgeblich als Befehlshaber vor Ort und an Bord den alten »Flottentraum« der Deutschen, und auch durchaus mit seinen kaiserlichen wie demokratischen Konnotationen, in die Praxis umgesetzt hat: in Form des von Freiligrath erträumten »trutzig Kriegsgeschwaders«, segelnd oder, wie Brommys Flotte in der Mehrzahl seiner schwimmenden Einheiten, dampfend auf dem Meer, der »Freiheit hohen Schule« Herweghs.

So war die Flotte mitsamt ihren Behörden, und dies auch lange nach ihrem Verbleichen als »Marine ohne Staat«, gleichermaßen Zeichen deutscher staatlicher Einheit wie ihrer »freiheitlichen« Grundlagen, denen von Paulskirche wie Reichsverfassung. Und Brommy gebührt das Verdienst, die zeitweise Vergegenständlichung dieses vormaligen deutschen »Flottentraums« in wirklichen Schiffen und »begeisterten Matrosen«, solange es ging, am Leben erhalten zu haben.

Es blieb dann anderen vorbehalten, diesen »Flottentraum«, diese Marine-Idee auf gleichermaßen freiheitlicher wie demokratisch-parlamentarisch Grundlage wieder, und auch langlebiger, in die Tat umzusetzen.

Gleich gegenüber Brommys Grab auf dem stillen Friedhof von Kirchhammelwarden ruht ein späterer Marinekommandeur, der in den Zeiten der deutschen Wiedervereinigung als Generalinspekteur wieder Seestreitkräfte eines »einigen Deutschland« realisieren konnte, Admiral Dieter Wellershoff – mit Bedacht nicht unweit von Contre-Admiral Carl Rudolph Brommy, dem Mann, der die erste deutsche Marine führte.

Anmerkungen

1 Zit. b. Pleitner, S. 97.
2 Petter, Flottenrüstung, S. 37; s. a. ders., Untergang, S. 150–170.
3 Schulze-Wegener, S. 12.
4 S. a. Ganseuer, Flottenträume, S. 149–151.
5 Walle, S. 36.
6 Heine, zit. b. Vaßen, S. 21.
7 Und da man weder Nation noch Flotte hatte, rief der »Berliner Charivari« den preußischen König Friedrich Wilhelm IV. an: »Gieb uns die Flotte nun, Herr König,/Der Deutschen erster König, Du!/Auf daß Dein Ruhm erschall volltönig,/Sprich Dir der Hansa Erbe zu./Deutsche Flotte, in allen Meeren jugendlich trunken,/Peitsche die Wogen zu Schaum, schleud're zum Himmel Funken.« (zit. b. Scholl, S. 79).
8 S. Petter, Flottenrüstung, S. 45 u. Eilers, S. 20. – »Bis zum Jahre 1847 blieb sie als einziges preußisches, ja als einziges deutsches Kriegsschiff im Dienst und zeigte die Flagge auf weiten Reisen, auf denen sie sich ausgezeichnet bewährte, so im Mittelmeer und in Amerika.« (Busch/Ramlow, S. 257 f.).
9 Am 14. Juni 1848, der Sitzung der Frankfurter Nationalversammlung zur ersten deutschen Flotte, erntete der Abgeordnete Wedekind »mit seinem Vorschlag, die schwache preußische ›Amazone‹ der deutschen Flotte einzuverleiben, nur schallendes Gelächter.« (Paul, S. 53): »So bringe ich auch die preußische Amazone (Gelächter in der Mitte und auf der Linken) zur Sprache. (Fortdauerndes Gelächter). Präsident: Ich bitte den Herrn Redner, sich kurz zu fassen, wir werden sonst nicht fertig; wir müssen zum Ziele kommen. Wedekind: Ich glaube aber doch, daß dieß zur Sache gehört. Die Amazone wäre ja auch etwas von der Art. (Fortdauernde Heiterkeit).« (Stoll, 312).
10 Hubatsch, Reichsflotte, S. 31 f.
11 Zit. b. Wollstein, Großdeutschland, S. 256, Anm. 4.
12 Zit. ebd., S. 256, Anm. 4.
13 Wollstein, Großdeutschland, hat diese Schriften in seiner Anm. 1 auf S. 255 vermerkt.
14 Wickede, J. v., Eine deutsche Kriegsflotte. In: Deutsche Vierteljahrschrift Bd. 1848, Heft 3, S. 277 ff. (zit. bei Wollstein, Großdeutschland, S. 256).
15 Zit. ebd., S. 256.
16 S. Moltmann, S. 71.
17 Salewski verweist in diesem Zusammenhang auf die »mythischen Qualitäten von See und Seefahrt« (Salewski, 160 Jahre, S. 166), die mit den wirtschaftlichen maritimen Zwecken gekoppelt sind. – S. a: »Schiffe standen im Selbstverständnis der Zeit für überseeische, weltweite Wirtschaftsexpansion, Arbeitsbeschaffung, Kolonialhandel, auch für unendliche Freiheit, individuelles Glück, Unabhängigkeit und schließlich für nationale Sicherheit und Geschlossenheit.« (Schulze-Wegener, S. 13).
18 »Dieses durch große Perspektiven geprägte Denken bildete den Hintergrund für eine breite, das Binnenland und die Küstenstaaten gleichmäßig erfassende Flottenbewegung.« (Wollstein, Großdeutschland, S. 324).
19 Der »Flottengedanke war trotz vieler Hinweise auf die Tradition der Hanse besonders zukunftsbezogen« (ebd., S. 324).
20 Moltmann, S. 71.
21 »Die Flotte war Ausdruck des Fortschritts schlechthin.« (Schulze-Wegener, S. 13) – »Technische Innovationen erleichterten das Ausgreifen in weite Räume und in überseeische Gebiete, die Eisenbahn zu Lande, das Dampfschiff zur See. Die Erde schrumpfte sozusagen, sie wurde überschaubar, erfaßbar und organisierbar.« (Moltmann, S. 71).
22 S. Wollstein, Großdeutschland, S. 258. – »Eine preußische Kriegsmarine würde (…) uns gestatten, auf alle Erdtheile zu spekulieren.« (Von der Oelsnitz, Ideen, S. 9). – Die Flotte »würde uns endlich die Möglichkeit verschaffen, außerhalb Europas halbe Welttheile zu erwerben.« (Ders., Denkschrift, S. 13).
23 Wollstein, Großdeutschland, S. 258.
24 »Seeluft macht frei«, so könnte man die Ausführungen des Abgeordneten Tellkampf 1848 in der Nationalversammlung der Frankfurter Paulskirche zusammenfassen, »daß das Seeleben die Küstenvölker stählt und mit den Gefühlen der Freiheit und Unabhängigkeit durchhaucht.«(Stoll, S. 309). – »Das Meer in seiner bedeutungsvollen Mischung von Kaltem, Süßem, Salzigem und Bittern, ist ein kräftiger Lebensbalsam, ein

Mittel gegen Verweichelung des Körpers, des Geistes und der Seele.« (Von der Oelsnitz, Ideen, S. 80).

25 Von der Oelsnitz, Nothwendigkeit, zit. b. Moltmann, S. 70.
26 Von der Oelsnitz, Denkschrift, S. 33: »Afrika hat mehr als 200000 Quadratmeilen, muthmaßlich niemals von einem Weißen betreten; sie warten auf Deutschlands, auf Preußens bildende Hand.« – S. a. Wollstein, Großdeutschland, S. 258, Anm. 10.
27 Zit. b. Moltmann, S. 70. – (List, Werke, zit. ebd., S. 27). Groß hingegen könne eine Nation List zufolge aber nur werden, wenn sie sich vergegenwärtige, »daß Nationaleinheit der Fels ist, auf welchem das Gebäude ihres Wohlstandes, ihrer Ehre, ihrer Macht, ihrer gegenwärtigen Sicherheit und Existenz und ihrer künftigen Größe zu gründen sei.« (zit. b. Best, S. 326, Anm. 60). – »Die deutsche Einheit, bisher Idee politischer Visionäre und patriotischer Schwärmer, wurde Hoffnungsposten in der kaufmännischen Gewinn- und Verlustrechnung.« (Wehler, H.-U., Sozialgeschichte heute, zit. b. Best, S. 326, Anm. 61).
28 Best, S. 27.
29 Zit. ebd., S. 27.
30 »Man besann sich damals auch auf die mittelalterliche Hanse und glaubte, in dieser einen Vorläufer deutscher Seemacht und Seegeltung zu sehen.« (Moltmann, S. 70).
31 Petter, Untergang, S. 153.
32 S. Wollstein, Großdeutschland, S. 264; s. a. Heinsius, Marine, S. 27.
33 S. Best, S. 27.
34 Zit. ebd., S. 27.
35 »Daneben forderte List die Schaffung einer starken nationalen Kriegsmarine« (ebd., S. 27). »Er schlug in diesem Zusammenhang vor, daß der Deutsche Bund mit der Koordination des Aufbaus einer deutschen Kriegsmarine beauftragt werden solle« (ebd., S. 327, Anm. 92); s. a. Petter, Untergang, S. 153.
36 »Anfang der vierziger Jahre des 19. Jahrhunderts brach eine Welle politischer Lyrik über Deutschland herein, die zugleich eine sehr breitenwirksame Form politischer Öffentlichkeit darstellte.« (Kortländer, Anhang zu Heine, Neue Gedichte, S. 241). Der Begriff »Zeitgedichte« war für derlei politisch konnotierte lyrische Produktion allgemein; Heine betitelte, auch aus Gründen besserer Vermarktung, einen Gedichtzyklus selbst mit diesem Begriff (s. ebd., S. 242). S. a. ausführlicher Ganseuer, Begeisterte Matrosen/Germanisten u. ders., Begeisterte Matrosen/Die Deutschen.
37 Vaßen, Einleitung, S. 27.
38 Zit. ebd., S. 27.
39 S. Heine, Neue Gedichte, Kommentar, S. 241. Im Zyklus »Zeitgedichte« trägt ein Gedicht den Titel »Die Tendenz«, die, so der Dichter, zwar höchst moralisch daherkomme, doch gleichzeitig absichtsvoll-berechnend im Vagen verbleibe: »Aber halte deine Dichtung/Nur so allgemein als möglich.« (zit. b. Heine, Neue Gedichte, Nachwort, S. 315).
40 S. Heine, Atta Troll, Vorrede, S. 6 – »Übrigens gilt es festzuhalten, dass Heine im ›Atta Troll‹ nicht die politische Lyrik als solche mit seinem beißendem Spott überzieht, sondern lediglich die künstlerisch beschränkte Tendenzliteratur.« (Eke, S. 106).
41 S. a. Ganseuer, Flottenträume u. ders., Fähndrich.
42 Man hatte dazu das Bündnis von Hamburg und Kiel aus dem Jahre 1241 als Gründungsdatum der Hanse festgelegt (s. Wollstein, Großdeutschland, S. 256).
43 Herwegh, S. 108–111.
44 Eine »Lerche«, die, so Heine, zwar »mit klirrendem Jubel zum Sonnenlicht emporsteige« (s. Heine, Neue Gedichte, S. 187), doch »weil du so himmelhoch dich schwingst/Hast du die Erde aus dem Gesichte/Verloren – nur in deinem Gedichte/Blüht jener Lenz, den du besingst!« (ebd., S. 188).
45 Annähernd 16.000 Exemplare sind es in sieben Auflagen bis 1844 geworden (s. Scholl, S. 317 u. Vahl/Fellrath, S. 30). 1843 folgte noch eine Fortsetzung, der Zweite Teil, mit noch einmal 7.500 Exemplaren (s. ebd., S. 317; s. a. Vaßen, S. 153). – »Kein Lyrikband löste im Vormärz ähnlich große Begeisterung aus wie Herweghs Gedichte eines Lebendigen.« (Vaßen, S. 153). – »Von Uhlands Gedichten, um nur einen der beliebtesten Dichter der Spätromantik zu nennen, konnten zwischen 1815 und 1839 nur ca. 12000 Exemplare abgesetzt werden.« (Vahl/Fellrath, S. 30).
46 S. Vahl/Fellrath, S. 40.
47 S. ebd., S. 40.
48 Dann wird Herwegh nach einem allzu selbstbewussten Brief an Friedrich Wilhelm IV., Rede- und Pressefreiheit zu gewähren, aus Preußen ausgewiesen (s. Vahl/Fellrath, S. 42).
49 Tardel, S. 13. – S. a. Georg Herwegh, Die deutsche Flotte. Eine Mahnung an das deutsche Volk vom Verfasser der Gedichte eines Lebendigen. Zur sechsten Säkularfeier der Stiftung des Hansabundes. Zürich und Winterthur 1841. In: www.georgherwegh-edition.de/data/downloads/54316/flotte.pdf, S. 1–8.
50 »Die Verlagshandlung schickte dem erfolgreichen Gedichtband noch im gleichen Jahr einen Separatdruck des sogenannten

50 »Flottenlieds« hinterher. (...) Auch von diesem das deutsche Nationalbewusstsein anstachelnden Hymnus konnten bis 1844 immerhin 1174 Stück abgesetzt werden.« (Vahl/Fellrath, S. 30). – S. zu den Flottengedichten v. a. Scholl, Bundesflotte, S. 77 f.
51 Herwegh, S. 108.
52 Zitate ebd., S. 108.
53 Ebd., S. 110.
54 Zitate ebd., S. 110.
55 Zitate ebd., S. 109.
56 Ebd., S. 110.
57 »Wie dich die Lande anerkennen,/Soll auch das Meer dein Lehen sein« (ebd., S. 110).
58 »Wer will den Purpur von dem Kaiser trennen?-/Ergreif ihn, er ist dein« (ebd., S. 110).
59 Ebd., S. 110.
60 S. ausführlicher Kampers, Die deutsche Kaiseridee in Prophetie und Sage; dessen Werk diente Wilhelm II. auch als »Vorbereitungslektüre« für seinen Einzug in Jerusalem zur Einweihung der Erlöserkirche am 29. Oktober 1898 (s. a. Röhl, J. G. C., Wilhelm II. München 2013, S. 55), der in den alten Kaiserprophetien als Weissagung von »der Befreiung des heiligen Grabes durch einen Herrscher Europas« (Kampers, S. 75) gleichsam vorgezeichnet ist.
61 Herwegh, S. 110.
62 Ebd., S. 110.
63 Ebd., S. 109.
64 Ebd., S. 109 f.
65 »Es wird geschehn! sobald die Stunde/Ersehnter Einheit für uns schlägt,/*Ein* Fürst den deutschen Purpur trägt,/Und *einem* Herrschermunde/*Ein* Volk vom Po gehorchet bis zum Sunde« (ebd., S. 111).
66 »Zieh mutig in die Welt hinaus (...) Drum wirf den Anker aus« (ebd., S. 108). Das Auslaufen des Schiffes allerdings würde durch Werfen des Ankers bedeutend erschwert werden.
67 So der Untertitel der Flugschrift (s. www. georg-herwegh-edition. de/data/downloads/54316/flotte.pdf, S. 1).
68 Herwegh, S. 109.
69 Herwegh, S. 110. Auch Freiligrath wird 1846 in seinem Gedicht »Vor der Fahrt« ein »geahndet Amerika« poetisch ansteuern. (Freiligrath, Vor der Fahrt, S. 91).
70 Ebd., S. 110.
71 »Freiligrath tritt in Herweghs Fußstapfen.« (Tardel, S. 14).
72 S. ebd., S. 78.
73 Vgl. die »Vorlage« bei Herwegh, S. 110: »Dem sei's beim Schwanken einst der deutschen Maste,/Als ob er träumend noch zu Hause raste/Im kühlen Eichenwald.«
74 Freiligrath, Flottenträume, S. 76.
75 Zitate ebd., S. 76.
76 »Umsinkt der Mast, das Tauwerk zuckt zerrissen!« (ebd., S. 77).
77 Ebd., S. 77.
78 »Da drüben der mit sechzig Feuerschlünden,/Das ist ›der Arndt!‹ Du siehst die Goldschrift gleißen!« (ebd., S. 76).
79 Ebd., S. 76.
80 Zitate ebd., S. 77.
81 Ein Schiff, das »leuchtende Kugeln in die Lüfte steigen« lässt (ebd., S. 77).
82 Das zweite Flaggschiff des Befehlshabers der ersten deutschen Flotte, Brommy, wird tatsächlich diesen Namen tragen, während der Name seines ersten Flaggschiffs BARBAROSSA auf alte, gleichsam sagenhafte Kaiser- und Reichsherrlichkeit rekurrierte (s. Kludas, S. 55).
83 Lediglich eine Bark namens KÖNIGIN LUISE, deren Namensgeberin Napoleon so furchtlos gegenübertrat, ist Teil der Flotte – ein Schiff, zwar »stolz wie ein Schwan«, jedoch »am Ufer« verbleibend. (Freiligrath, Flottenträume, S. 76).
84 Zitate ebd., S. 76.
85 Zitate ebd., S. 77.
86 Vielmehr verbleibt diese, so legt der Schluss der ersten Strophe nahe, wie auch die spätere Tirpitzsche Hochseeflotte, »in der Nordsee Banne« (ebd., S. 75).
87 Ebd., S. 77.
88 S. Plessner, S. 7.
89 S. Wollstein, Großdeutschland, S. 257, Anm. 5.
90 »Ihr deutschen Eichen und ihr deutschen Tannen,/Wie hadert ihr mit euren Wurzelknoten,/(...)Zum fernen Meere strebt ihr, um als Boten/Des deutschen Ruhms die Segel aufzuspannen.« (zit. b. Underberg, S. 103).
91 Zit. ebd., S. 103.
92 S. Wollstein, Großdeutschland, S. 257, Anm. 5.
93 Zit. ebd., S. 103.
94 Ebd., S. 255.
95 Flugschrift aus dem Jahre 1845 über die »Notwendigkeit großer deutscher Kolonien und Kriegsflotten«. (zit. b. Wollstein, Großdeutschland, S. 258, Anm. 10).
96 Heine, Wintermärchen, S. 24.
97 S. ebd., S. 41–48.
98 S. Heine, Atta Troll, Vorrede, S. 7.

99 Heine, Unsere Marine, S. 149.
100 Vgl. Heine, Atta Troll, S. 81: »Sehr schlecht tanzend, doch Gesinnung (...) Kein Talent, doch ein Charakter!«
101 Heine, Unsere Marine, S. 149.
102 Ebd., S. 150.
103 »Sprach irgendwo in Deutschland eine Tanne:/›O, könnt' ich hoch als deutscher Kriegsmast ragen!/O, könnt' ich stolz die junge Flagge tragen/Des ein'gen Deutschlands in der Nordsee Banne!«‹ (Freiligrath, Flottenträume, S. 75).
104 S. Gall, L., Aufbruch zur Freiheit. In: Gall, L. (Hrsg.), 1848 Aufbruch zur Freiheit, S. 15.
105 S. a. Ganseuer, Begeisterte Matrosen – Germanisten u. ders., Begeisterte Matrosen – Die Deutschen.
106 Zit. b. Harder/Kaufmann, S. 122. Vgl. a. Fürbeth/Krügel, S. 33.
107 Annähernd 200 Professoren, Lehrer, Pfarrer und Kommunalbeamte hatten sich im Frankfurter Kaisersaal und damit gleichsam in Gemeinschaft der deutschen Kaiser, die als lebensgroße Porträts im Saal präsent waren, eingefunden (vgl. Müller/Berns, Germanistik, S. 6 sowie ders., Germanistentage, S. 31).
108 »Was die Wahl des Orts betrifft, so möchte ich schon wegen ihrer Aehnlichkeit mit Frankfurt die ehemalige Reichsstadt Lübeck vorschlagen, und um diesem gegenwärtig vielfach bedrängten Ort ein lautes Zeugnis zu geben, wie sehr wir Deutsche an ihm hängen.« (zit. b. Harder/Kaufmann, S. 122).
109 »Allgemeine Zeitung« v. 22. 10. 1846. (zit. b. Müller/Berns, Germanistentage, S. 313).
110 Zit. b. Müller/Berns, Germanistentage, S. 313.
111 »Gegen 1 Uhr, ging die stattliche Alexandra mit der kostbaren Bürde, wie sie noch keine zuvor getragen, in See; mit den Klängen der Hörner mischte sich der Donner der Kanonen, die vom Leuchtenfelde aus dem eilenden Dampfer ihren schallenden Salut über die schäumenden Wellen nachsendeten.« (»Lübecker Bürgerfreund«, zit. b. Netzer, S. 65).
112 Dorthin war man mit der Kutsche aus Lübeck angereist, wurde »mit wehenden Flaggen, den Trompeten der Dragoner und den Hörnern der Füsiliere«, wie der »Lübecker Bürgerfreund« berichtete (zit. ebd., S. 65), empfangen und nach glücklich unternommener Seefahrt mit einem Festmahl im Travemünder Badehaus verabschiedet (vgl. ebd., S. 65).
113 S. Saage-Maaß, S. 21 f. – Drei der »Göttinger Sieben«, Friedrich Dahlmann, Georg Gottfried Gervinus und Jacob Grimm, wurden nicht nur aus dem Staatsdienst des Königreiches Hannover entfernt, sondern darüber hinaus auch des Landes verwiesen. Elf Jahre später zogen die drei sowie ihr damaliger Göttinger Mitstreiter Wilhelm Eduard Albrecht als Abgeordnete in die Frankfurter Nationalversammlung ein.
114 Verhandlungen der Germanisten, S. 4.
115 Beide Zitate Wurm, C. F., Das nationale Element in der Geschichte der deutschen Hansa. (zit. b. Verhandlungen, S. 6).
116 »Jacob Grimm revanchierte sich mit einer Laudatio auf Lübeck: Er erhoffe sich einen Aufstieg der alten Hansestadt als künftige Handelsmetropole. Voraussetzung dafür seien eine mächtige deutsche Flotte und ein politisches Bündnis zwischen Deutschland und den skandinavischen Ländern, um so ungehinderten Zugang zu Nord- und Ostsee zu haben.« (Netzer, S. 66 f.; vgl. a. Martus, S. 452 u. Wollstein, Großdeutschland, S. 257).
117 Zit. b. Verhandlungen, S. 466.
118 Netzer, S. 72.
119 »Bereits Mitte des 19. Jahrhunderts hatte sich (...) eine deutsch-nationale Betrachtung der hansischen Geschichte durchgesetzt. (...) Seit dieser Zeit diente die Hanse als historische Legitimation für den Aufbau einer starken deutschen Flotte.« (Graichen/Hammel-Kiesow, S. 363); vgl. a. Herwegh, Die deutsche Flotte: »Gleicht nicht das heil'ge Meer dem weiten/Friedhof der Welt (...) Ha! Schlummern nicht aus deiner Hansa Zeiten/Auch deutsche Helden drin?« (S. 109).
120 Verhandlungen, S. 4.
121 Müller/Berns, Germanistentage, S. 315.
122 Dies hatte er in Frankfurt noch listig bestritten: »Was die eigentliche Politik betrifft, so bleibe sie unsern Zusammenkünften (...) fremd.« (zit. b. Harder/Kaufmann, S. 122).
123 In diesem Zusammenhang rühmte er die Gründung deutscher Seehandlung und ihre Sicherung mittels einer Flotte durch den Großen Kurfürsten: »Es gereicht ihm zur ewigen Ehre, daß er den Muth hatte zur Erneuerung einer deutschen Seemacht Hand ans Werk zu legen.« (zit. b. Verhandlungen, S. 14) – ein Werk, das mangels Nation scheiterte: »Wäre eine nationale Grundlage dagewesen, hätte der große Kurfürst auf dem Throne unserer Kaiser gesessen – aber so ging alles verloren im Sand und Sumpfe« (ebd., S. 14).
124 Ebd., S. 15.
125 Ebd., S. 16.
126 Ebd., S. 18.
127 »Wenn Sie nur diesen deutschen Zollverein so gestalten, meine Herren, wie die nationale Entwickelung anderer Völker die Sorge für ihre Handels- und Schifffahrtsangelegenhei-

ten gestaltet hat. Das Unglück liegt in unseren politischen Zuständen, daß Deutschland gehemmt ist in seiner parlamentarischen Entwickelung, daß es noch nicht verstanden hat, wie alle anderen Nationen, die in der Geschichte groß geworden sind, sich selbst ein Organ nationaler Vertretung zu schaffen und für die Zukunft zu sichern« (ebd., S. 18).

128 Ebd., S. 18 f.
129 »Aber warum sollte nicht, unbeschadet der Vertretung der Bundesstaaten durch ihre Regierungen, auch das deutsche Volk nach dem Verhältniß der Bevölkerung seine Vertreter abordnen« (ebd., S. 119).
130 »Und wie der Bund zerfiel, wie seine Seemacht gebrochen war, so war des deutschen Volkes Seemacht dahin für lange Jahrhunderte, aber das sagt sich Jeder, der an eine Zukunft glaubt, nicht für immer« (ebd., S. 8 f.).
131 »Daß eine so große Nation ihre Einheit dem Auslande gegenüber nicht geltend zu machen weiß, daß der geringste Staat ihr jeden Schimpf anthun kann, und sie hat keine Waffen, dem zu begegnen« (ebd., S. 18).
132 »Es muß und wird kommen, wir werden, wir Deutschen alle, noch einmal in einem Schiffe zusammenstehen und müssen es. (…) ich rede vom deutschen Parlamente.« (ebd., S. 18).
133 Zit. b. Scholl, S. 79.
134 »1845 forderte eine Flugschrift: ›Die Wiedergeburt Deutschlands muß eine Frucht des Meeres sein‹« (zit. b. Heinsius, Marine, S. 18).
135 Wilhelm Scherer, zit. b. Müller/Berns, Germanistentage, S. 302.
136 Müller/Berns, Germanistentage, S. 302.
137 »Zwanzig Teilnehmer der beiden Germanistentage zogen als Parlamentarier in die Paulskirche ein; etliche von ihnen stellten dort die Kerngruppe des Centrums. Dahlmann, Gervinus und Uhland arbeiteten als Mitglieder des »Siebzehnerausschusses« maßgeblich den Verfassungsentwurf für die Nationalversammlung aus« (ebd., S. 317); vgl. a. Fürbeth/Krügel, die von »nur neunzehn« Teilnehmern wissen (S. 27), aber gleichwohl auf deren Bedeutung in den Ausschüssen verweisen (S. 31).
138 Scherer, zit. b. Beck, S. 353.
139 Vgl. Martus, S. 461.
140 Vgl. Fürbeth/Krügel, S. 31.
141 S. hierzu ausführlicher das den Stand der Bauernkriegsforschung immer noch bestimmende Werk von Blickle, P., Die Revolution von 1525. 4. Aufl. München 2004 (Erstausg. 1975).
142 S. Gall, S. 15.
143 Hein, S. 13.
144 »Im Verlaufe des März gaben die Monarchen in fast allen Mittel- und Kleinstaaten des Deutschen Bundes dem Druck der Öffentlichkeit nach und beriefen reformwillige ›Märzministerien‹ ein.« (Klausmann, C., Revolutionärer Aufbruch in Deutschland. In: Gall, S. 115).
145 Ruttmann, U., Die Nationalversammlung in der Paulskirche. In: Gall, S. 185.
146 Ebd., S. 185.
147 S. Hein, S. 42.
148 S. ebd., S. 42.
149 »Da dreiviertel aller Abgeordneten an einer Universität ausgebildet wurden« (ebd., S. 186).
150 Dazu hatte der Bundestag des Deutschen Bundes am 30. März an das Parlament den Auftrag gegeben, »zwischen den Regierungen und dem Volke das deutsche Verfassungswerk zu Stande zu bringen« (zit. b. Hein, S. 47 f.).
151 Vertrag von Rijen, »dat se bliven ewich tosamende ungedeelt« (zit. b. Schulze-Wegener, S. 15).
152 Duppler, Germania, S. 43.
153 Nicht nur Holstein, sondern auch Schleswig wurde nun zu den Wahlen zur Nationalversammlung zugelassen. »Damit war faktisch die Annexion Schleswigs durch den Deutschen Bund und durch die Reichszentralgewalt als seine Rechtsnachfolgerin vollzogen.« (Hein, S. 80).
154 S. Beck, S. 355.
155 S. Hein, S. 80.
156 S. Beck, S. 355.
157 Bär, S. 3: 14. April als »Beginn der Beschlagnahme im Sund«; s. a. Heinsius, Anfänge, S. 21; s. a. Hubatsch, Flotte, S. 9.
158 S. Hein, S. 80.
159 S. Heinsius, Anfänge, S. 20.
160 S. Moltmann, S. 67.
161 Zit. ebd., S. 67.
162 Bär, S. 1.
163 »Durch den Druck der Blockade war nämlich in ganz Deutschland eine von niemandem erwartete Flottenbegeisterung ohnegleichen ausgebrochen.« (Heinsius, Anfänge, S. 22).
164 So die Hallesche Zeitung aus dem Frühjahr 1848: »Denn was ist Deutschland ohne Flotte? Ein armer, alter, schwacher Mann.« (zit. b. Schulze-Wegener, S. 15).
165 Moltmann, S. 65.
166 »Das Bedürfnis, eine eigene deutsche Kriegsflotte zu schaffen, ist überhaupt erst durch den Austritt Dänemarks aus dem Bund und durch die unmittelbar danach sehr wirkungsvoll

durchgeführte Blockade deutscher Häfen durch dänische Kriegsschiffe geweckt worden.« (Hubatsch, Reichsflotte, S. 31 f.).
167 Rühe, V., Bundesminister der Verteidigung, Geleitwort zu Duppler, Germania, S. 9. – Vielmehr »war der Anstoß zur Gründung einer ersten deutschen Flotte vom Bundestag, dem noch bestehenden Exekutivorgan des alten Staatsgebildes, ausgegangen, das durch die Revolution erst überwunden werden sollte.« (Schulze-Wegener, S. 16).
168 Wollstein, Großdeutschland, S. 259.
169 S. Hein, S. 80.
170 »Auf denn Deutsche, wehrt euch und ergreift die Mittel, ein Joch und Fesseln abzuschütteln, die die deutsche Flagge nicht dulden und tragen darf! Bewaffnet Dampfboote und Kauffahrteischiffe und besetzt sie mit Männern, die entschlossen sind, unsere Flagge von der erniedrigenden Schmach zu befreien, und wenn auch teuer erkämpft, so wird der Sieg unser sein! Auf denn, erstehe, junge Marine, zur Verteidigung der deutschen Flagge!« (zit. b. Gall, S. 293). – Bereits drei Tage später wird begonnen, den Segler CESAR GODEFFROY mit freiwilligen Spenden zur Fregatte DEUTSCHLAND umzurüsten (ebd., 294).
171 Zit. b. Bär, S. 12.
172 Anreise der Delegierten vorwiegend der deutschen Flottenvereine ab 31. Mai, Beginn der Verhandlungen ab 3. Juni (s. Bär, S. 13 f.).
173 S. Eckhardt, Brake, S. 156. – Der »Bericht der Marine-Commission Deutscher Küstenstaaten zu Hamburg«, also des vom Fünfzigerausschuss nach Hamburg einberufenen Marinekongresses, entwickelte ein von der akuten militärischen Bedrohung durch Dänemark relativ freies, allgemeines Projekt einer Flotte zum weltweiten Schutz deutschen Handels inklusive überseeischer Stationierung und einen Rüstungs- und Finanzierungsplan mit der »Zukunftsvision« von 15 schweren Schiffen unter Ausgabe von 10,25 Millionen Reichstalern binnen sechs Jahren (s. Petter, Untergang, S. 154 f.).
174 12 Segelfregatten, 6 Dampfschraubenfregatten, 6 Dampfschaufelräderkorvetten und sofortige Bestellung von 50 Kanonenschaluppen (s. Bär, S. 16).
175 Ebd., S. 16.
176 S. ebd., S. 16.
177 Am 10. März 1848 beschloss der Bundestag, »siebzehn ›Männer des öffentlichen Vertrauens‹, darunter so prominente Liberale wie den Historiker Friedrich Christoph Dahlmann oder den Dichter Ludwig Uhland, mit einer Revision der Bundesverfassung zu beauftragen«. (Heinsius, Marine, S. 32).
178 »Die Plenardebatten über die Verfassung selbst begannen mit den Abschnitten ›Das Reich‹ und ›Die Reichsgewalt‹ am 19. Oktober, zu einem Zeitpunkt also, an dem die Nationalversammlung schon längst nicht mehr über das Ansehen und die Autorität verfügte, die sie bei ihrem Zusammentritt im Mai durchaus hatte.« (Stoll, S. XVI).
179 »Die im Herbst 1848 und im folgenden Jahr beschafften Kriegsschiffe bildeten die ›Reichsflotte‹ unter der Flagge Schwarz-Rot-Gold. Nach der 1849 von der Nationalversammlung in der Paulskirche verabschiedeten Reichsverfassung war die Seemacht ausschließlich Sache des Reiches.« (Walle, S. 47). Die Flagge Schwarz-Rot-Gold war bereits, als ein erstes sichtbares Ergebnis der Revolution, am 9. März durch den Bundestag, also dem Fürstenkollegium des Deutschen Bundes, zu den deutschen Nationalfarben erklärt worden (s. Heinsius, Anfänge, S. 18).
180 »Gab es in der Anfangsphase der revolutionären Staatsgründung nichts Wichtigeres zu tun als dies?« (Moltmann, S. 64). – »Die Flottenfrage selbst dem ›Gesetz über die Grundrechte des deutschen Volkes‹ voranzustellen, erschien niemandem im Saal abwegig. Es war so, als hätte es eben nichts Vordringlicheres als die Schaffung einer deutschen Marine in einem gesamtdeutschen Staat gegeben.« (Schulze-Wegener, S. 16).
181 Moltmann, S. 66. – »Das erklärt, warum sie sich schon wenige Tage nach ihrer Konstituierung im Mai 1848 und noch lange vor Beratung und Verabschiedung einer Reichsverfassung mit der Gründung einer Reichsmarine befaßte.« (Rühe in: Duppler, Germania, S. 10).
182 »Große Einmütigkeit hingegen herrschte zwischen allen Parteien und auch in der Bevölkerung über ein nationales Anliegen ersten Ranges, die Gründung einer deutschen Kriegsmarine. (...) Landauf, landab wurde unermüdlich für eine deutsche Flotte gesammelt. Es gab kaum eine Sitzung des Parlamentes, in der nicht zu Beginn die Eingänge für die deutsche Flotte mitgeteilt worden wären. Selten mehr war man in der Nationalversammlung später so einhelliger Meinung wie am 14. Juni, als die Flottenangelegenheit auf der Tagesordnung stand.« (Stoll, XVI).
183 Mit einer entschiedenen Beantwortung der Flottenfrage konnte daher auch ein allgemeines Signal seitens des Parlaments im Hinblick auf sein Selbstbewusstsein und seine Legitimation gegeben werden, auch in der Zuständigkeit für die Reichsverfassung im Allgemeinen: War also, wie dies der Bundestag

am 30. März formuliert hatte, »zwischen den Regierungen und dem Volke das deutsche Verfassungswerk zustande zu bringen« oder war, wie das Vorparlament betont hatte, »die Beschlußnahme über die künftige Verfassung Deutschlands einzig und allein dieser vom Volke zu erwählenden constituirenden Nationalversammlung zu überlassen«? (s. Hein, S. 47f.).

184 Salewski, 160 Jahre, S. 2.
185 Walle, S. 47. – »Hinsichtlich der Seerüstung hat die Bundeskriegsverfassung keine Bestimmungen treffen können.« (Hubatsch, Reichsflotte, S. 30).
186 Walle, S. 47. S. a. Hubatsch, S. 9 u. Moltmann, S. 67.
187 S. Hubatsch, Reichsflotte, S. 31f.
188 S. Hein, S. 47.
189 S. Moltmann, S. 65.
190 S. Petter, Untergang, S. 156. – »Vor allem mit seinem Beschluß vom 10. März, siebzehn ›Männer des öffentlichen Vertrauens‹, darunter so prominente Liberale wie den Historiker Friedrich Christoph Dahlmann oder den Dichter Ludwig Uhland, mit einer Revision der Bundesverfassung zu beauftragen, wurde der Bundestag zu einer wichtigen Schaltstelle zwischen liberaler Bewegung und monarchischer Exekutive in allen nationalen Fragen.« (Hein, S. 33).
191 Am 13. April reicht der Siebzehnerausschuss einen entsprechenden Antrag bei der Bundesversammlung des Deutschen Bundes ein, vom 18.–20 April wird dieser in der Bundesversammlung beraten, am 9. Mai ernennt der Fünfzigerausschuss einen Ausschuss für Marineangelegenheiten, der zu einem »Marinekongreß« am 31. Mai in Hamburg aufruft (s. Bär, S. 5–10).
192 Beides zit. b. Petter, Untergang, S. 156.
193 Und weiter: »Auch Nordamerika war, als es seine Unabhängigkeit erkämpfte, imstande, plötzlich, gleichsam aus dem Nichts, die Anfänge einer Marine zu gründen, die sich sofort als höchst wirkungsreich bewährte.« (zit. b. Wollstein, Großdeutschland, S. 260).
194 Ebd., S. 260.
195 Zit b. Wollstein, Großdeutschland, S. 260.
196 Droysen in seinem Brief v. 18. April 1848 an den preußischen Kriegsminister Reyher, zit. b. Wollstein, Großdeutschland, S. 260, Anm. 18.
197 S. Wollstein, Großdeutschland, S. 260.
198 Beschluss v. 13. April 1848, zit. b. Wollstein, S. 260, Anm. 19.
199 Petter, Untergang, S. 156.
200 Ebd., S. 156. – In seinem Schreiben v. 18. April »versuchte Droysen, die preußische Führung davon zu überzeugen, es wäre nach dem Versagen der Bundesversammlung an der Zeit, in eigener Regie eine Flotte zu errichten, die der Stellung Preußens in Deutschland nur förderlich sein könne«. (Wollstein, Großdeutschland, S. 260, Anm. 18).
201 Petter, Untergang, S. 158. In einem Anschreiben, so Petter, wird sie im BAMA in einem Anschreiben vom 25. Mai 1848 genannt, im Original findet sie sich jedoch nicht in den dortigen Beständen (s. ebd., S. 156, Anm. 43).
202 »Aus dem in Monbijou gefertigten Kommissionsbericht über die Erstmaßnahmen zur See entwickelt Prinz Adalbert seine ›Denkschrift für die Bildung einer deutschen Kriegsflotte‹, die im Mai sowohl in Potsdam als auch in Frankfurt am Main veröffentlicht wird.« (Duppler, Adalbert, S. 44).
203 S. Duppler, Adalbert, S. 42f. – Vom König wird daraufhin der Bau von »18 Kanonenbooten und zwei eisernen Kanonenjollen genehmigt und mit Allerhöchster Cabinettsordre vom 23.5.1848 angeordnet. Die erste Schaluppe läuft am 10.8.1848 im Beisein des Prinzen (der am Heck die preußische wie die deutsche Flagge schwenkte, s. Heinsius, Marine, S. 27, F. G.) mit dem Namen ›Strela-Sund‹ vom Stapel.« (Duppler, S.43f.).
204 Der Flottenbeschluss der Paulskirche vom 14. Juni 1848, der ausdrücklich auf »bisher verfassungsmäßigem Wege« (Stoll, S. 318f.) eine Anschubfinanzierung für eine »deutsche Marine« (s. ebd., S. 318) gewährleisten soll, ist nichts anderes als Relikt dieser liberal-bürgerlichen Unterwanderung der alten feudalen Institutionen im Zuge der Revolution, der Notwendigkeit, Neues nur im Kleide der alten Behörden und Verfahren durchsetzen zu können.
205 Zit. b. Moltmann, S. 65.
206 S. Eckhardt, Brommy, S. 8.
207 Zit. b. Moltmann, S. 65.
208 Zit. b. Wollstein, Großdeutschland, S. 261.
209 S. ebd., S. 261.
210 S. ebd., S. 261.
211 Stoll, S. 196.
212 Ebd., S. 92.
213 »Die Geschichte der deutschen Marine wird auf ihren ersten Blättern den Namen der Männer einen Platz nicht versagen, die mit großartiger Thatkraft, mit begeisternder Rede und selbstaufopferndem Beispiele die Initiative zur Gründung einer deutschen Marine genommen haben.« (zit. b. Stoll, S. 92).
214 Ebd., S. 92.

215 Ebd., S. 92.
216 Ebd., S. 92.
217 Ebd., S. 92.
218 Ebd., S. 92.
219 Ebd., S. 92.
220 Ebd., S. 92.
221 Ebd., S. 187.
222 Ebd., S. 231.
223 Beides ebd., S. 231.
224 Stoll, S. 231.
225 Wilhelm II., Rede v. 18. Juni 1897: »Der Dreizack gehört in unsere Faust.« In: Obst, S. 160.
226 Wilhelm II., Rede v. 3. Juli 1900 (ebd., S. 200).
227 S. Herwegh, S. 108. S. a.: »Es gab keinen anderen Weg zur Weltmacht als über den Flottenbau.« (Tirpitz, S. 199).
228 Heine, Atta Troll, Vorrede, S. 7.
229 »Von der deutschen Flottenbegeisterung der 48er Revolution war in meinen Knabenjahren kaum mehr etwas zu spüren.« (Tirpitz, S. 1). Auch der Kaiser selbst spricht in seiner Rede vom 22. März 1905 in Bremen diesen historischen Bezug an: »Ich habe, als Ich als Jüngling vor dem Modell des Brommyschiffes gestanden habe, mit Ingrimm die Schmach empfunden, die unsrer Flotte und unsrer damaligen Fahne angetan worden ist; und vielleicht, da doch mal von meiner Mutter Seite ein Stück Seeblut in Meinen Adern geflossen ist, ist das der Weg gewesen, der für Mich die Richtschnur geben sollte für die Art und Weise, wie Ich die Aufgaben aufzufassen hätte, die nunmehr dem Deutschen Reiche bevorstanden.« (zit. b. Obst, S. 264).
230 S. a. Ganseuer, Flottenträume, S. 164–166.
231 Stoll, S., 232.
232 »Allgemeine Zeitung« v. 15. Juni 1848, S. 2657.
233 S. Stoll, S. 312 u. 313.
234 Im Antrag des Abgeordneten Möhring aus Wien, s. Stoll, S. 305.
235 Herwegh, S. 110.
236 Zit. b. Stoll, S. 308.
237 Ebd., S. 308.
238 Freiligrath, S. 77.
239 Stoll, S. 308.
240 Johann Ludwig (auch: Louis) Tellkampf, »der 1837, veranlaßt durch das Vorgehen gegen die ›Göttinger Sieben‹, den Dienst in Hannover quittiert hatte und seit seinem anschließenden Aufenthalt in den Vereinigten Staaten Hauptbefürworter einer deutsch-amerikanischen Kooperation war.« (Wollstein, Großdeutschland, S. 263).
241 S. ebd., S. 309.
242 Herwegh, S. 110.
243 S. Stoll, S. 309.
244 Zudem bleibe, so Tellkampf weiter, »durch das frische wagnißvolle Seeleben ein Volk stets jung und kräftig«. (Stoll, S. 309).
245 S. Petter, Flottenrüstung, S. 56. – »Die Centralgewalt als solche hatte überhaupt keine Mittel, und was die Nationalversammlung bewilligte, mußte in Form von Matrikular-Umlagen erst beigeschafft werden.« (Batsch, Adalbert, S. 159).
246 Stoll, S. 312.
247 Abgeordneter Schlöffel, zit. b. Stoll, S. 310.
248 Wartensleben, so vermerkt Wollstein, konnte zu Recht bemerken, daß es in der Flottenfrage »keine Rechte, keine Linke, kein Zentrum gibt«. (Wollstein, Großdeutschland, S. 263).
249 »Was wir heute thun, ist eine Vorarbeit für die künftige Centralgewalt, die uns dafür Dank wissen wird.« (v. Gagern, zit. b. Stoll, S. 317).
250 »Allgemeine Zeitung« v. 18. Juni 1848, S. 2705.
251 S. Hein, S. 49.
252 »Sie sind wahrscheinlich ermüdet, ich bin es auch.« (Abgeordneter Karl Philipp Francke, zit. b. Stoll, S. 315).
253 Abgeordneter Francke, zit. ebd. S. 315.
254 Stoll, S. 316.
255 Stoll, S. 317.
256 Beides Stoll, S. 317.
257 Petter, Flottenrüstung, S. 56. – S. a. Salewski, 160 Jahre, S. 2: »Eigentlich hatte das Paulskirchenparlament am 14. Juni 1848 nichts zu sagen, und wenn es dennoch 6 Mio. Taler für den Flottenbau bereitstellen konnte, so verdankte es dies allein den Bundesfürsten.«
258 Prinz Adalbert hatte in seiner Denkschrift vom Mai 1848 den Dampfschiffen, die »im eigentlichen Entscheidungskampfe nur als untergeordnete Hülfswaffe (der Segelschiffe, F.G.) auftreten« (Adalbert, Denkschrift, in: Duppler, Adalbert, S. 13) noch nicht den technischen und taktischen Wert zuerkannt, den sie schließlich als Fundament der Brommy-Flotte erhielten.
259 Moltmann, S. 67. – Der zeitgenössische Historiker Veit Valentin »vertrat die Ansicht, daß die Flottenbewegung zwar von der ›schleswig-holsteinischen Sache‹ ihren Ausgang genommen habe, daß dann aber der Gedanke an eine Flotte ›einer der stärksten nationalen Impulse des Revolutionsjahres‹ geworden sei« (ebd., S. 67).

260 Vizeadmiral Karl Ferdinand von Batsch, zit. b. Petter, Untergang, S. 163.
261 »Der Ausschuß ist vor die Nationalversammlung mit der ersten That getreten, welche bekunden soll, daß das deutsche Volk nicht bloß philosophisch zu räsonniren, sondern auch im Handeln entschlossen zu sein versteht.« (Abgeordneter Edgar Daniel Roß am 14. Juni 1848 in der Paulskirche, Stoll, S. 313).
262 Die »Allgemeine Zeitung« berichtete am 21. Juni noch über den Bericht des Marineausschusses vom 17. Juni, abgestattet durch den Abgeordneten Kerst über Geldzuwendungen für die Flotte aus Preußen und Bremen und den Bau zweier Kanonenboote in Kiel und dass in Stralsund und in Hamburg jeweils ein Schiff als Fregatte, ein anderes als »Corvette« armiert werde (s. S. 2755). – »Bei allen diesen Unternehmungen und Bestrebungen werde die Nationalversammlung als Vereinigungspunkt der Anstrengungen für Herstellung der deutschen Seemacht angesehen, und diese Versicherung sey (so der Abgeordnete Kerst, F.G.) der erfreulichste Theil seiner Mitteilung (Beifall)« (ebd., S. 2755).
263 Stoll, S. 233.
264 Wollstein vermerkt in diesem Zusammenhang die »wenig ausgereiften Pläne«, auf denen der Beschluss der Nationalversammlung basierte (Wollstein, Großdeutschland, S. 262).
265 Freiligrath, S. 77.
266 Stoll, S. 319.
267 Stoll, S. 318 f.
268 »Allgemeine Zeitung« v. 16. Juni 1848, S. 2679.
269 »Allgemeine Zeitung« v. 17. u. 18. Juni 1848, S. 2706.
270 Beilage zur Allgemeinen Zeitung v. 17. Juni 1848, S. 2698.
271 Ebd., S. 2698.
272 Ebd., S. 2698.
273 Ebd., S. 2698.
274 Beilage zur Allgemeinen Zeitung v. 17. Juni, S. 2705.
275 Gall, S. 295.
276 Paul, S. 60.
277 Petter, Untergang, S. 164.
278 V. Gagern, zit. b. Stoll, S. 389.
279 Petter, Untergang, S. 164.
280 Auffällig ist in diesem Zusammenhang, dass sich die Abgeordneten aus Küstenländern und -städten in der Debatte vom 14. Juni 1848 überhaupt nicht zu Wort meldeten (s. Paul, S. 55).
281 Kroener, S. 81; s.a. Heinsius, Anfänge, und seinen Verweis auf die Bewilligung von Geldern »aus dem noch nicht bestehenden Reichshaushalt« (S. 24).
282 Stoll, S. 232.
283 Ebd. S. 232.
284 Salewski, 160 Jahre, S. 2.
285 S. Hein, S. 49.
286 Das Amt des »Reichsverwesers« war per »Reichsgesetz« vom 28. Juni 1848 über die »Einführung einer provisorischen Zentralgewalt für Deutschland« eingerichtet worden (s. Hein, S. 49 u. http://www.verfassungen.de/de/de06-66/provzentralg48.htm).
287 Stoll, S. XVII. – »Der Bundestag erklärte dabei ausdrücklich das Einverständnis der deutschen Regierungen mit der Schaffung der Reichszentralgewalt, übertrug seine Befugnisse auf den Reichsverweser und erklärte seine Tätigkeit für beendet.« (Hein, S. 50).
288 Stoll, S. XVII.
289 Heinsius, Marine, S. 26.
290 Stoll, S. XVII. – »Ebenso war die Zentralgewalt im zivilen Bereich, da ihr ein eigener administrativer Unterbau fehlte, auf den guten Willen der Einzelstaaten angewiesen.« (Hein, S. 52) – Von ihrer außenpolitischen Reputation einmal ganz abgesehen: »Nur einige kleinere europäische Staaten und die USA erkannten die Zentralgewalt förmlich an.« (Hein, S. 51): insgesamt ideale Bedingungen für ein Fortexistieren der alten Gewalten und ihrer Behörden.
291 S. Stoll, S. XVII. – »Die zur Finanzierung der Frankfurter Institutionen benötigten Matrikularbeiträge gingen aus vielen Staaten nur zögernd, oft erst nach langwierigen Verhandlungen und häufig unvollständig ein.« (Hein, S. 54).
292 Paul, S. 82.
293 Moltmann, S. 73.
294 Ein Unterstaatssekretär, zit. b. Stoll S. XVII.
295 Heinsius, Marine, S. 32.
296 In Robert Musil Roman »Der Mann ohne Eigenschaften« ist die sogenannte »Parallelaktion« der für die Erzählstruktur des Romans konstitutive Plan einer Organisation von Feierlichkeiten zum Thronjubiläum Kaiser Franz Josephs für das Jahr 1918 als Gegenpart zu denen des 30-jährigen Krönungsjubiläums Kaiser Wilhelms II. in jenem Jahr (s. Musil, R., Der Mann ohne Eigenschaften. Erstes Buch. Berlin 1930).
297 S.a. den Begriff »flexible Doppelstrategie« (Angelow, S. 45) und den »eine Art dual state System« bei Salewski, 160 Jahre, S. 2.
298 Zit. b. Petter, Untergang, S. 164.
299 S.a. Moltmann, S. 72: »Die militärstrategische Bedeutung der Flotte war sekundär. (…) Sie war gedacht als politisches

Instrument und Verkörperung von Ansprüchen, nicht als Selbstzweck, sondern als Funktionsträger und Symbol.« – »Der aktuelle militärische Aspekt spielte in den Debatten der Nationalversammlung nur eine untergeordnete Rolle.« (Moltmann S. 67).

300 V. Radowitz, zit. b. Stoll, S. 317.
301 »Daß wir nicht das Erste, was ein Zeichen unserer Einheit werden soll, von Haus aus zu einem Zeichen unserer Zwietracht stempeln.« (v. Radowitz, zit. b. Stoll, S. 317).
302 »Dann verschwindet für lange Zeit dieses Problem aus den Debatten des Plenums, um später nur noch in Gestalt von Anfragen und Beantwortungen dieser Fragen oder bei Gelegenheit der Verfassungslesungen aus dem Hintergrunde aufzutauchen.« (Paul, S. 32).
303 Ebd., S. 54.
304 Zit. b. Paul, S. 56.
305 »Es mangelte einfach an notwendiger Sachkenntnis und zwar auch bei den Hanseaten. Wohl waren diese als Reeder und Kaufleute mit der Hochseeschiffahrt vertraut, doch bezog sich ihre Erfahrung ausschließlich auf die Handelsschiffahrt und nicht auf den Aufbau einer Seemacht.« (Paul, S. 174).
306 Paul führt als Anlage 16 seiner Dissertation die Liste der Mitglieder des Marineausschusses an und vermerkt dort nicht nur Beruf, Wohnort und Klub (i. e. Versammlungslokal/»Partei«), sondern auch die Rubrik »Seereisen«, die immerhin zehn der insgesamt 23 gelisteten Mitglieder schon einmal unternommen hatten (s. Paul, S. 242 f.).
307 Der Nationalökonom Professor Johann Ludwig Tellkampf, Ordinarius für Staatswissenschaften in Breslau, hatte »auf seinen ausgedehnten Seereisen vielfache Einblicke in das Wesen der Schiffahrt tun können«. (Paul, S. 51).
308 Nun blieb ihm bei dem Mangel an einer Persönlichkeit, der man das Marineministerium anvertrauen konnte, »nichts anderes übrig, als die Leitung der Marineabteilung selbst zu übernehmen«. (Paul, S.75). Duckwitz hat das wie folgt beschrieben: »Die Herren (der Ministerrat, F.G.) meinten, ich verstehe doch etwas vom Seewesen, jedenfalls mehr als sie und es sei kein anderer Ausweg da, als derjenige, daß ich das Opfer bringe, auch diese Bürde mir noch aufzuladen. Ich mußte mich fügen.« (Duckwitz, S. 104).
309 S. Paul, S. 75.
310 Kapitänleutnant Donner aus Schleswig-Holstein, Jan Schröder, Direktor der Danziger Navigationsschule und späterer preußischer Vizeadmiral, Carl Rudolph Brommy, den Duckwitz auf seine Bewerbung vom 23. Juli 1848 hin aus griechischen Marinediensten für die deutsche Flotte gewann und »der erst von der 22. Sitzung an (20. Januar 1849) erwähnt wird«. (Paul, S.156, Anm. 1). Des Weiteren wurden in die Kommission berufen allesamt um die Flotte verdiente Militärs wie der preußische General Joseph v. Radowitz, Sprecher des Marineausschusses der Nationalversammlung, der preußische Hauptmann Karl Theodor Gevekoht und der österreichische Hauptmann Karl Moering (Hubatsch schreibt: Moehring, s. Hubatsch, Reichsflotte, S. 84), die Majore Daniel Friedrich Gottlieb Teichert und Ludwig Leopold Bogun v. Wangenheim aus der Marineabteilung des Preußischen Kriegsministeriums in Berlin sowie an der Spitze der Technischen Marinekommission Prinz Adalbert von Preußen (s. Paul, S. 75 u. S. 155). – Hubatsch listet darüber hinaus als weiteres Mitglied den österreichischen Fregattenkapitän Ludwig Freiherr v. Kudriaffsky (s. Hubatsch, Reichsflotte, S. 84).
311 S. Paul, S. 122.
312 Ebd., S. 122.
313 S. Paul, S. 121 – 123. Im Gegensatz zu den Parlamentsdebatten ist es ein wesentliches »Markenzeichen« des Marineausschusses, dass hier »keine uferlosen Flottenpläne debattiert« wurden. (Paul, S. 123).
314 »Denkschrift der Technischen Marinekommission über die maritime Situation bei einem evtl. Wiederausbruch des Krieges und die erforderlichen Abwehrmaßnahmen.« (Handschriftlich; gedruckt als Anlage Nr. 10 zu Paul, S. 222).
315 Ebd., S. 222.
316 Ebd., S. 222.
317 Zit. ebd., S. 227.
318 Ebd., S. 227.
319 S. Hein, S. 71; s. Gall, S. 15. – Die »enge Verknüpfung von Nationalbewegung und Flottenbegeisterung ist in dem Gemälde des Düsseldorfer Malers Lorenz Clasen, ›Germania auf dem Meere‹ bildhaft geworden. Die weibliche Allegorie der Germania als Galionsfigur auf dem Bug des Schiffes VATERLAND steht im Zentrum des Bildes. Sie ist die Herrscherin über die Meere.« (Gall, S. 292). Sie prangt daher auch nicht von ungefähr auf dem Titelbild des Katalogs zur gleichnamigen Ausstellung des Militärgeschichtlichen Forschungsamtes, Germania auf dem Meere, hrsg. v. Duppler, J., Bonn, Herford 1998.
320 Kohl, J. G., Für eine deutsche Flotte. Dresden 1848, S. 20, zit. b. Wollstein, Großdeutschland, S. 259, Anm. 13a.
321 Moltmann, S. 64. – S. a. »das Frankfurter Marineexperiment« (Salewski, Reichsflotte, S. 118).

322 Salewski, Reichsflotte, S. 105.
323 Daher auch der Aufruf gleichsam zur Rückeindeutschung des Namens in der »Leipziger Zeitung«, die sich in ihrem Brommy-Porträt v. 2. November 1849 (den Hinweis verdanke ich Herrn Ulrich Schiers) lokalpatriotischerweise für die Wiederbelebung des Geburtsnamens ihres sächsischen Landsmanns ausspricht, dessen Verballhornung sie den US-Amerikanern, wie wir wissen fälschlicherweise, zur Last legt:« Sein Name Bromme wurde von den Yankees nach ihrer Weise in Brommy verunstaltet, es ist aber wol endlich Zeit, daß deutsche Blätter ihn mit seinem richtigen deutschen Namen nennen.«
324 Z. B. im »Spijöök«, einem maritimen Kuriositätenmuseum am Hafen von Varel/Ns. (s. www.spijöök.de), wo Brommy als eine Mischung von karnevaleskem Pirat und Offizier, der, so ist es in der Oldenburger »Nordwestzeitung« v. 5. Dezember 2017 zu lesen, »erst mit dem nach ihm benannten Brummkreisel und dann mit den ›sechs Tanten‹ navigierte«.
325 S. www.brake-touristinfo.de. Hier ist Brommy eine freundliche Comic-Figur mit hellblauer Uniform, Säbel und Fernrohr: »Moin! Ich bin Admiral Brommy – Ihr Stadtführer. Ich werde Sie nun durch die Seiten der Braker Touristinfo lotsen.«
326 In Sonderheit Freizügigkeit, kein Unterschied der Stände, Gleichheit vor dem Gesetz, Freiheit der Person, Unverletzlichkeit der Wohnung, Briefgeheimnis, Meinungs- und Pressefreiheit, Glaubens- und Gewissensfreiheit, Freiheit der Berufswahl, Petitionsrecht, Versammlungsfreiheit, Unverletzlichkeit des Eigentums, staatliche Gerichtsbarkeit (gem. »Abschnitt VI. Die Grundrechte des deutschen Volkes« in der »Verfassung des deutschen Reiches vom 28. März 1849«, §§ 130–174. In: http://www.verfassungen.de/de/de06-66/verfassung48.htm). S. den entsprechenden Grundrechtekatalog in der Verfassung der Weimarer Republik, die allerdings für besondere Tatbestände die Todesstrafe, die das Paulskirchenparlament abgeschafft sehen wollte, wieder einführte (Die Verfassung des Deutschen Reiches (»Weimarer Reichsverfassung«) vom 11. August 1919, Zweiter Hauptteil Grundrechte und Grundpflichten der Deutschen, Art. 109–125, in: http://www.verfassungen.de/de/de19-33/verf19-i.htm); s. deren Fortführung im Grundgesetz für die Bundesrepublik Deutschland, I. Die Grundrechte, Art 1–19, in: https://www.gesetze-im-internet.de/gg/BJNR000010949.html.
327 Brandt, S. 110. – »Als herausragendes Dokument deutschen Verfassungsrechts hat der Grundrechtekatalog der Frankfurter Nationalversammlung die spätere Grundrechtsentwicklung maßgebend beeinflußt.« (Kröger, S. 27). – »Darin spiegelt sich ein später Triumph der Paulskirche, ein Sieg der alle ihre Abgeordneten einigenden Überzeugung, daß es gelte, unverrückbare Grundprinzipien des staatlichen und gesellschaftlichen Lebens für alle Zukunft festzuschreiben und der Freiheit ein sicheres und dauerndes Fundament zu schaffen.« (Gall, S. 16). – Das Einführungsgesetz für die »Grundrechte des deutschen Volkes« wurde am 27. Dezember 1848 erlassen, am 28. März 1849 erfolgte die Verkündung der gesamten Reichsverfassung sowie die Wahl des preußischen Königs zum deutschen Erbkaiser (s. Gall, S. 450). – »Als besonderer Aktivposten wird schließlich gemeinhin die Vorbildwirkung gewürdigt, die der Paulskirchenkonstitution in der weiteren deutschen Verfassungsentwicklung, speziell für die Weimarer Reichsverfassung und das Bonner Grundgesetz, zukam.« (Hein, S. 136).
328 Müller/Berns, S. 302.
329 Auch Wilhelm Scherer, darauf weist Müller/Berns hin, hatte diesen Bezug der Germanistenversammlungen schon deutlich gemacht: »Sie waren eine Art Vorläufer des Frankfurter Parlaments.« (zit. b. Müller/Berns, S. 302).
330 S. Martus, S. 461.
331 S. Martus, S. 460 u. Harder, S. 126.
332 Harder, S. 126.
333 Ebd., S. 126.
334 S. Martus, S. 460, und Harder, S. 126. – Wollstein verweist auch auf »Arndt, dessen langfristige Forderung nach den russischen Ostseeprovinzen in der Paulskirche von einer breiten Mehrheit als nicht realisierbar zurückgewiesen wurde, der ein extremes kulturelles Überlegenheitsgefühl bekundete, von einer ›Weltherrschaft über die Meere‹ sprach.« (Wollstein, Großdeutschland, S. 316).
335 Martus, S.461.
336 »Ich bin für ein freies, einiges Vaterland unter dem mächtigen König, und gegen alle republikanischen Gelüste.« (aus gleichem Dankesschreiben, zit. b. Harder S. 126); s.a. sein Bekenntnis, »aufrichtig dem königthum zugetan« (zit. b. Harder S. 130) zu sein, wobei er »keinen Hehl daraus (machte), dass er dabei an den preußischen König dachte«. (Martus, S. 461). Aus dem Parlament berichtete er an Bruder Wilhelm, er »wünsche wahrlich nicht den democraten den sieg« (zit. b. Beck 359), denn »die unsinnigen democraten achten weder götter noch göttersage und geschichte« (zit. b. Martus, 413).
337 S. Martus, S. 461. Erst lange nach seinem Abschied aus der Politik erklärte Grimm 1858 gegenüber seinem damaligen

Mitabgeordneten Georg Waitz: »Je älter ich werde, desto demokratischer gesinnt bin ich.« (zit. b. Martus, S. 472).
338 S. Hooton, S. 90f.
339 Scherer, der sich dabei auf den Abgeordneten und Parlamentschronisten Arnold Laube beruft (zit. b. Beck, S. 353).
340 Fontane als Parlamentskorrespondent, zit. b. Martus S. 460.
341 Die preußische Entscheidung »mißachtete die Frankfurter Prärogative auf provozierende Weise«. (Moltmann, S. 74).
342 S. Heinsius, Anfänge, S. 27.
343 Hein, S. 84.
344 »Jacob Grimm (sehr undeutlich, tiefe, aufmerksame Stille): Der Adel ist eine Blume, die ihren Geruch verloren hat. Wir wollen die Freiheit, neben ihr gibt es nichts Höheres mehr.« (»Neue Rheinische Zeitung« v. 4. August 1848, zit. b. Beck, S. 354).
345 S. Hein, S. 102.
346 In der Verfassung der Weimarer Republik und im Grundgesetz für die Bundesrepublik Deutschland sind diese Grundrechte der nie exekutierten Frankfurter Reichsverfassung gleichsam wieder auferstanden (s. Gall, S. 16). – »Das hat vorbildhaft nicht zuletzt auf das Grundgesetz der Bundesrepublik gewirkt.« (Hein, S. 103).
347 Zit. b. Hein, S. 102.
348 S. Harder, S. 129.
349 Zit. b. Harder, S. 129.
350 Ebd., S. 129.
351 Herwegh, S. 110.
352 Harder, S. 126.
353 Wollstein, Großdeutschland, S. 47.
354 Ebd., S. 47.
355 S. Harder, S. 133.
356 Ebd., S. 133.
357 Zit. b. Martus, S. 466.
358 Zit. b. Harder, S. 133.
359 S. Martus, S. 467.
360 Jacob Grimm an seinen Bruder Wilhelm, zit. b. Harder, S. 133.
361 S. Hein, S. 89.
362 Gall, S. 17.
363 Martus, S. 467. – »Der Vertrauensverlust (der Nationalversammlung nach der Zustimmung zum Malmöer Waffenstillstand, F.G.) war allerdings so groß, daß in Frankfurt am Main ein bewaffneter Aufstand gegen die Nationalversammlung ausbrach, den die Zentralgewalt nur mit militärischer Gewalt niederschlagen konnte. Damit hatte sich die Paulskirchenmehrheit nun auch innenpolitisch eng an die alten Mächte und speziell an Preußen gebunden.« (Hein, S. 83).
364 Harder, S. 133.
365 Müller/Berns, S. 103.
366 Müller/Berns führt hierzu einen Brief Grimms an seinen Lehrer und Freund Savigny vom 29. September 1830 an: »Ich bin von natur und von kindesbeinen an der monarchischen und der fürstlichen sache getreu, alle meine studien und erfahrungen führen mich darauf, daß sie die meiste sicherheit und ruhe gewährt.« (zit. ebd., S. 104).
367 Ebd., S. 104.
368 Ebd., S. 104.
369 In Georg Herweghs Gedicht »Das Reden hat kein End« über die Frankfurter Parlamentsdebatten wird die Nationalversammlung dergestalt zur »größten Rederei in Deutschland« (zit. b. Scholl, in: Schiffahrtsmuseum, S. 85).
370 S. Ruttmann, S. 187.
371 Petter, Admiral, S. 16; Petter verweist hier auf die 16 Schiffe der Marine Schleswig-Holsteins, die Kiel blockadefrei hielten und den Dänen mit ihren Küstenbatterien am 5. April 1849 in der Bucht von Eckernförde mit dem erfolgreichen Beschuss ihrer dort aufgefahrenen Einheiten gehörig zusetzten und das dänische Linienschiff CHRISTIAN VIII. und die Fregatte GEFION (die als Prise genommen wird) zwangen, die Flagge zu streichen (s. Heinsius, Marine, S. 30 u. Petter, Flottenrüstung, S. 51) sowie auf die durch Hamburg schnell, aber schwach, auf militärische Zwecke umgerüsteten Kauffahrteischiffe (s. Petter, Flottenrüstung, S. 51).
372 Dort war im Sommer 1848 »aus freiwilligen Spenden eine kleine Kriegsflotte aufgebaut und am 23. Juni durch die Hamburgische Admiralität für die deutsche Flotte angekauft worden. Aus ihrem Bestand gingen Mitte Oktober die Dampfkorvetten ›Bremen‹, ›Hamburg‹ und ›Lübeck‹ an die Reichsflotte über. Die Segelfregatte ›Deutschland‹ folgte im Dezember.« (Eckhardt, Brommy, S. 8f.). – »Anfang Oktober prüfte eine ›Reichskommission‹ die in Hamburg zusammengekommenen Fahrzeuge. Ein geschenkter Großsegler mußte als zu schwach gebaut dem Eigner zurückgegeben werden. Der andere, ehemals ›Caesar Godeffroy‹, war auf den Namen ›Deutschland‹ getauft, aber nur als Schulschiff brauchbar. Auch die drei Dampfer mußten noch verstärkt werden, damit man sie mit Geschützen bewaffnen konnte.« (Heinsius, Marine, S. 27f.).
373 »Das ist, in knappsten Worten die Geschichte der Schleswig-Holsteinischen Flotte von 1848.« (Friedland, Schleswig-

Holsteinische Flottille 1848 bis 1851, S. 41): »Im Juni 1848 beantragte der Professor des römischen Rechts an der Christian-Albrechts-Universität in Kiel, Johannes Christiansen, den Bau einer schleswig-holsteinischen Flotte zum Zwecke der Verteidigung von Schiffahrt und Reederei. Noch im Sommer desselben Jahres wurde mit dem Bau begonnen. Zwei Jahre später, Mitte 1850, erreichte sie mit drei Raddampfern, einem Schoner und 12 Kanonenbooten, also 16 Fahrzeugen, ihre größte Stärke. Sie kostete 569.000 Mark Courant, nach heutigem Geld etwa 7 ½ Mio. DM. Am 11. Januar 1851 wurde sie – durch Übergabe der Fahrzeuge an Dänemark und Übernahme der Besatzungen durch Preußen – aufgelöst.« (ebd., S. 41); s. a. Heinsius, Marine, S. 30. – »Die schleswig-holsteinische Marine als Teil der künftigen Reichsflotte: das ist auch der Grund dafür, daß die Schiffe die schwarz-rot-goldene Reichskriegsflagge führten.« (Friedland, Schleswig-Holsteinische Flottille im Kieler Hafen, S. 36).

374 S. Friedland, Schleswig-Holsteinische Flottille 1848, S. 49.

375 »Der dänische König (Friedrich der VII. war mittlerweile seinem am 20. Januar verstorbenen Vater Christian VIII. auf dem dänischen Thron nachgefolgt, F. G.), obwohl Mitglied des Deutschen Bundes, gliederte eigenmächtig seine deutschen Herzogtümer Holstein und Lauenburg am 28. Januar zusammen mit seinem von Deutschen bewohnten Herzogtum Schleswig in den dänischen Gesamtstaat ein. Proteste des Volkes verhallten vor dem Fürstenthron. In Schleswig-Holstein bildete sich eine provisorische deutsche Regierung der Herzogtümer.« (Heinsius, Marine. S. 25).

376 »Als wenigstens zu einem kleinen Theile zur deutschen Flotte gehörig ist das schleswig-holsteinische Geschwader zu betrachten, wenn eine wirkliche Vereinigung auch thatsächlich nicht stattgefunden hat.« (Bär, S. 240). – »Schon im März war diese kleine Flottille ganz seefertig« und hatte »schon mehrmals die dänischen Blockadeschiffe verjagt.« (Bär, S. 242, zitierend den »Verfasser der Schrift »Die deutsche Marineverwaltung unter Herrn Duckwitz«, ebd. S 242).

377 »Die schleswig-holsteinische Marine als Teil der künftigen Reichsflotte: das ist auch der Grund dafür, daß die Schiffe die schwarz-rot-goldene Reichskriegsflagge führten.« (Friedland, Schleswig-Holsteinische Flottille im Kieler Hafen, S. 36). – »Und als am 20. Oktober 1848, nach Inkrafttreten des Waffenstillstandes von Malmö (26.8.1848), für die Handelsschiffe die schleswig-holsteinische Flagge vorgeschrieben wurde, da blieb es für die Kriegsschiffe bei der deutschen, schwarz-rot-goldenen: sie sollten Teil der künftigen Reichsflotte sein.« (Friedland, Schleswig-Holsteinische Flottille 1848, S. 49).

378 Friedland, Schleswig-Holsteinische Flottille 1848, S. 42.

379 S. ebd., S. 44; nicht zu vergessen den BRANDTAUCHER des bayerischen Unteroffiziers Wilhelm Bauer (s. ebd., S. 46) und die Marineanlagen an Land, »die Schiffswerft bei Kiel – ungefähr genau an der Stelle des heutigen großen Howaldt-Docks –, Laboratorium, Hospitäler, Kasernen, Pulvermagazine und Küstenbatterien« (ebd., S. 45). – Unter Verweis vor allem auf die Antriebsanlage der VON DER TANN und den Bau des »ersten prinzipiell funktionsfähigen U-Bootes« (Witt, Marinegeschichte, S. 16) BRANDTAUCHER weist Witt vor allem auch auf die »technischen Innovationen« (ebd., S. 16) innerhalb der schleswig-holsteinischen Flottille hin.

380 Ebd., S. 46. – »Die Spendenaktion war ins Werk gesetzt vom ›Ausschuß für die Errichtung der deutschen Flotte‹, der nach seinen Statuten ›die Herstellung einer deutschen Kriegs-Flotte vorbereiten‹ sollte.« (ebd., S. 48).

381 »Mitte November beginnen die Marinebehörden mit der Arbeit.« (Bär, S. 32); s.a. Hubatsch, Forschungsstand, S. 83.

382 S. Bär, S. 22.

383 Pleitner, S. 91.

384 S. Petter, Untergang, S. 165.

385 Bei Hubatsch, Reichsflotte, S. 35, findet sich der 13. November 1848 als Gründungstag dieser Abteilung, Petter verortet ihn fünf Tage früher: »Erst im Oktober erhielt die Marine die Qualität eines Zuständigkeitsbereichs, den dann der Reichshandelsminister Duckwitz übernahm. Eine Marineabteilung im Handelsministerium, die sich mit Planung und Durchführung konkreter Maßnahmen befaßte, wurde sogar erst am 8. November 1848 begründet.« (Petter, Untergang S. 165).

386 »Hamburg, gewiß auch die Stadt, der der größte Schaden drohte, ging voran.« (Eilers, S. 26).

387 »Präzise Vorstellungen zur Verwendung der Gelder bestanden nicht. Zunächst beschränkte sich das Parlament auf die Subventionierung der Hamburger Flottille, die sie im übrigen frei schalten und walten ließ.« (Petter, Flottenrüstung, S. 53).

388 »Preußen hatte außer seiner kleinen Korvette ›Amazone‹ den eisernen Postdampfer ›Prinz Adalbert‹ sowie den Regierungsdampfer ›Königin Elisabeth‹ armiert. Im November führten seine ersten fertiggestellten Ruderkanonenboote und zwei Jollen erfolgreiche Schießübungen durch. Darauf übernahm der Reichshandels- und Marineminister alle geplanten und vorhandenen preußischen Küstenkriegsschiffe. Preußen verpflichtete sich aber, für ihren Unterhalt weiter aufzukommen.

Die preußischen Seestreitkräfte waren damit offiziell ein Teil der ›Marine des Reiches‹. Im Laufe des Winters erweiterten sich die preußischen Küstenverteidigungskräfte auf 36 kleine Kanonenfahrzeuge mit 67 Geschützen. Schleswig-Holstein arbeitete ebenso selbständig, aber mit Unterstützung der Zentralregierung, an ähnlichen Seestreitkräften. So wuchsen gewissermaßen selbständig drei Marinen im Norden heran. Dazu kam als vierte nach der Kapitulation Venedigs am 22. August 1848 die österreichische in der Adria.« (Heinsius, Marine S. 38). – »Die direkt der Zentralgewalt unterstehenden Fahrzeuge lagen, zu sogenannten »Nordseeflottille« zusammengefaßt, auf der Weser.« (Heinsius, Marine, S. 30).
389 Hubatsch, Forschungsstand, S. 83.
390 S. Duppler, Adalbert, S. 48.
391 Aufstieg und Untergang der ersten deutschen Flotte ist von Moltmann, Kroener, Heinsius, Hubatsch und Petter ausführlich erforscht und dargestellt worden, sodass hier nur noch ein Verweis auf die wesentlichen Wegmarken dieser kurzen Flottengeschichte getan wird, ansonsten aber auf die einschlägigen Veröffentlichungen der o. a. Autoren verwiesen sei.
392 Duckwitz erhält vom Ministerrat der provisorischen Zentralregierung den Auftrag, »sachkundige Personen des Inlands und Auslands ausfindig zu machen und nach Frankfurt zu berufen«. (Bär, S. 23).
393 Bär, S. 23.
394 S. ebd., S. 23.
395 Denkschrift über die Bildung einer deutschen Kriegsflotte. Von Adalbert, Prinz von Preußen. Zum Besten der deutschen Flotte. Potsdam, 1848. Verlag der Riegel'schen Buchhandlung (Heitz & Stein.). Faksimile, in: Duppler, Adalbert, S. 82. – Der Text der Denkschrift schließt »Berlin, im Mai 1848. Adalbert, Prinz von Preußen« (ebd. S. 115).
396 Duppler, Adalbert, S. 42.
397 S. Bär, S. 19.
398 S. Adalbert, Denkschrift, in: Duppler, Adalbert, S. 79.
399 S. Paul, S. 108. – Der Originaltitel der Ausgabe des Marineausschusses lautet: »Denkschrift über die Bildung einer Deutschen Kriegsflotte: vom Marine-Ausschuß der Bundesversammlung als Manuscript veröffentlicht« Frankfurt am Main gedruckt in der Bundesdruckerei. (Benjamin Krebs.) 1848. – »Auch der Marineausschuss des Parlamentes wurde nicht weiter aktiv. Er beschränkte sich darauf, Flottengründungspläne zur Diskussion zu stellen« (Petter, Flottenrüstung, S. 53) und gab in diesem Zusammenhang im Juni 1848 die Denkschrift des Prinzen Adalbert heraus.
400 Hubatsch, Reichsflotte, S. 35; s. a. Batsch, Adalbert, S. 155 ff.
401 Petter, Untergang, S. 166. – Gleichwohl genehmigte der preußische König zunächst mit Kabinettsordre vom 24. Oktober, »die zu gründende Marine soll eine rein deutsche mit einem deutschen Offizierkorps sein«, mit deutscher Flagge und als deutsches Eigentum, und »der Zentralgewalt unmittelbar unterstellt werden«. (Bär, S. 21).
402 S. Bär, S. 17 u. Duppler, Adalbert, S. 48; Batsch, Adalbert, S. 156, notiert den 16. Oktober als Abreisetag.
403 S. Petter, S. 166.
404 S. Wollstein, Großdeutschland, S. 264.
405 Ebd., S. 265.
406 Petter, zit. b. Moltmann, S. 77.
407 Zit. ebd., S. 77.
408 Die Denkschrift ist, so Salewski, 160 Jahre, S. 3, »als die Magna Charta der Marine in die Geschichtsbücher eingegangen«.
409 Zit. b. Duppler, Adalbert, S. 83. Der Status der »Hauptrubriken« konnte sowohl als »Alternativen oder Stufen« (Rahn, Seestrategisches Denken, S. 55) gelesen werden, changierend zwischen den Polen Entwicklungsstadien (Petter, Untergang, S. 159; s. a Wollstein, Deutsche Geschichte, S. 92 («Dreistufenplan«); s.a. Salewski, Reichsflotte, S. 109: »Die ›drei Fälle‹ waren (…) nichts anderes als eine Beschreibung jeden Flottenaufbaues.«) und/oder Marinemodellen (»Die Denkschrift sah drei Phasen einer möglichen Marineplanung vor und entwickelte hierzu drei Modelle.« (Duppler, Adalbert, S. 45).
410 »Anders als der Hamburger Marinekongreß ging der Prinz nicht von Übersee und den dort zu vertretenden wirtschaftlichen Interessen aus oder diskutierte die sozialökonomischen Hintergründe für entsprechende Forderungen, sondern argumentierte vom kontinentalen Preußen-Deutschland her und reflektierte seine politisch militärische Machtposition.« (Petter, Untergang, S. 159).
411 Adalbert, Denkschrift, in: Duppler, Adalbert, S. 83.
412 Ebd., S. 159.
413 Für Preußen war die Schrift ja ursprünglich verfasst worden (s. Petter, Flottenrüstung, S. 53 u. Petter, Untergang, S. 158).
414 Adalbert, Denkschrift, in: Duppler, Adalbert, S. 102.
415 Ebd., S. 105.
416 Berghahn, S. 411.
417 S. Petter, Flottenrüstung, S. 53.
418 S. Paul, S. 213; s. a. Petter, Flottenrüstung, S. 54.
419 Die gleiche Begriffsverwendung findet sich in Adalberts Rapport an seinen König über die Arbeit der »marine-technischen

Kommission« (Batsch, Adalbert, S. 161), namentlich auch der Erreichung einer Position im Spitzenfeld der Marinen zweiten Ranges, derart, dass man binnen zehn Jahren »denen zweiten Ranges mit alleiniger Ausnahme Nordamerikas und – vielleicht – Hollands unbestritten überlegen sein« (zit. ebd., S. 162) werde.
420 S. Duppler, Adalbert, S. 27 f.
421 S. Duppler, Adalbert, S. 30 f.
422 Ebd., S. 34.
423 Vgl. ebd., S. 36. – »Aber nicht nur für die seemännische Ausbildung war die Reise nach Brasilien von unschätzbarem Wert für den Prinzen, durch sie erhielt er auch ein intensives inneres Verhältnis zur See« (ebd., S. 36). – »Hier hatte er, wie seine Mutter einmal früher geschrieben hatte, jene ›Erinnerungen fürs Leben‹ erworben, die seine weitere Laufbahn bestimmten‹ (ebd., S. 38). Daher ist es angesichts dieses maritimen Initiationserlebnisses des »Gründers der deutschen Marine« (ebd., S. 3) nicht abwegig, Wurzeln deutscher Marinegeschichte namentlich auch hier, bei der sardisch-piemontesischen Vorläuferin der italienischen Marine, zu erblicken.
424 »Wie kein anderes Erlebnis haben die Eindrücke dieser Reise den Prinzen in seinen maritimen Neigungen bestärkt und ihn reif gemacht für die wenige Jahre später auf ihn wartenden Aufgaben« (ebd., S. 35).
425 Tagebuch Prinz Adalbert, zit. b. Duppler, Adalbert, S. 36.
426 Duppler, Adalbert, S. 37.
427 S. Adalbert, Denkschrift, in: Duppler, Adalbert, S. 83.
428 Ebd., S. 105.
429 Ebd., S. 89.
430 Ebd., S. 99.
431 S. ebd., S. 100.
432 S. a. Wollstein, Großdeutschland, S. 263, Anm. 37. – Explizit artikulierte sich der Bündnisgedanke, als »deutsch-skandinavisches Bündnis«, in der Denkschrift Niebuhrs vom 1848: »Aber eine große Seemacht kann es (Deutschland, F. G.) für sich allein nicht werden, es kann das nicht seiner materiellen Mittel und des Mangels an Mannschaft wegen, vor allem wegen seiner geographischen Lage. Mit Skandinavien verbunden wird es eine Seemacht werden, die mit Frankreich, Rußland, den Vereinigten Staaten sich messen kann, die auch England Achtung einflößt.« (Niebuhr, S. 9).
433 Ebd., S. 38.
434 Batsch, Adalbert, S. 149; Batsch verweist ebenfalls auf einschlägige seemännische Erfahrungen Adalberts bei der britischen Marine: »Das ganze Offizierscorps des ›Growler‹ hatte gewetteifert, diesem wißbegierigen Preußischen Prinzen in alle Mysterien der Seemannschaft einzuweihen« (ebd., S. 149).
435 S. zur »Vorliebe Adalberts für die Royal Navy« Duppler, Adalbert, S. 46 (dort auch der Verweis auf seine Seereisen von 1832 bis 1837 mit Schiffen der niederländischen, österreichischen und britischen Marine, S. 27–32).
436 Ebd., S. 39. – »Eine Bezeichnung, die man zu jener Zeit namentlich in den höheren Gesellschaftskreisen nicht selten zu hören bekam.« (Batsch, Adalbert, S. 187).
437 »Als Endziel schwebte der Kommission vor Augen: Deutschland zu einer selbständigen Großmacht auch zur See zu erheben.« (zit. b. Petter, Flottenrüstung, S. 54).
438 »Diese Kommission arbeitete für alle späteren Marinen bis auf den heutigen Tag grundlegende Vorschriften aus: 1. Die ›Verordnung über die Uniformierung der Offiziere und Mannschaften der Reichsmarine‹, 2. Die ›Verordnung für die Disziplinar-Bestrafung in der Marine des Reiches‹, 3. Die ›Dienstordnung an Bord‹ (D. a. B.) 4. Das Exerzierreglement für die Marine-Artillerie.« (Heinsius, Marine, S. 29).
439 S. Schulze-Wegener, S. 18.
440 S. Marinedienstvorschrift (MDv) 400/1, Bestimmungen für den Dienst an Bord (DaB).
441 S. Duppler, Adalbert, S. 48.
442 S. Paul, S. 169.
443 Die Vorarbeiten von Fünfzigerausschuss und Marineausschuss gingen der Tätigkeit der Marinekommission ertragreich voraus.
444 »In der Zeit ihrer Tätigkeit waren die entscheidenden Entschlüsse gefallen, die dazu führten, daß im Sommer 1849 dann tatsächlich ein kleines deutsches Geschwader den Dänen Achtung einflößte.« (Paul, S. 166).
445 S. Paul, S. 167.
446 »Vom Prinzen Adalbert entworfene Übersicht über den geplanten Verlauf der Verhandlungen der Technischen Marinekommission« (Anlage Nr. 9 zu Paul, S. 212 ff.).
447 Zit. b. Paul, S. 212.
448 Alle Zitate aus der »Übersicht«, in: Paul, S. 213.
449 Ebd., S. 214.
450 Schiffe (Ankauf, Bau), Hafenorte und Hauptkriegshäfen, »Verbindungskanal zwischen Ost- und Nordsee«, Geldmittel, Bemannung, z. B. »Capitaine der Handelsmarine«, Bildung des »Admiralitätskollegium(s)« und der »Behörden«. (zit. b. Paul, S. 214–217).

451 »Erstes Stadium, Periode von Dezember (1848) bis Mai 1849«. B. A.Fr., Akten des Marineministeriums Nr. 137, Heft 1, Blatt 117 bis 133. (zit. b. Paul, S. 167, Anm. 1).
452 Hektografierte Blätter. In: Bundesarchiv Abt. Frankfurt a. M., Marineministerium Nr. 137, betr. Die Organisation der Marine. Als Anlage Nr. 12 in Paul, S. 229 ff. – Brommy war zu diesem Zeitpunkt ausweislich dieser Zeugnisse wohl noch nicht in die Beratungen der Kommission eingebunden.
453 Zit. b. Paul, S. 231.
454 »Dennoch kann Deutschland nicht daran denken, in den europäischen Gewässern führen zu wollen, es muß vielmehr seine Fregatten zu leichten Geschwadern vereinigt in die entferntesten Gegenden der Erde senden, um gegen den britischen Handel – den eigentlichen Sitz seines Lebens – da zu kreutzen, wo er den geringsten Schutz hat und wo man hoffen darf zu überraschen.« (zit. b. Paul, S. 233). – Dazu sollen »5 Stationspunkte«, in Mittelmeer, Amerika, Asien und Afrika eingerichtet werden und mit »Fregatten und nach Umständen auch Dampfer und Schooner« unterhalten werden (s. Paul, S. 234).
455 Zit. ebd., S. 234.
456 Zit. ebd., S. 234.
457 »Vorläufig auf den Ablauf der nächsten 10 Jahre gesetztes Stadium.« (zit. b. Paul, S. 229).
458 Zit. ebd., S. 236.
459 Denkschrift Adalbert, Schröder, Donner zum »3. Hauptstadium«, in: Paul, Anlage Nr. 12, S. 236.
460 Adalbert, Denkschrift, in: Duppler, Adalbert, S. 27; s. a. Paul, S. 168.
461 Zit. b. Paul, Anlage Nr. 9, S. 213.
462 Petter, Untergang, S. 159.
463 Unter diesen Aspekten wäre dann auch die Argumentation, die Paul in seiner Studie zum Sinneswandel des Prinzen Adalbert zwischen seinen beiden Denkschriften vorträgt (»unverkennbar grundlegende Abweichungen von dem damaligen Standpunkt des Prinzen«, Paul, S. 167), noch einmal zu überprüfen.
464 »Schreiben der Technischen Marinekommission an das Reichsministerium des Handels zum Abschluß ihrer Tätigkeit gem. Bundesarchiv Abt. Frankfurt a. M., Marineministerium Nr. 109, betr. Die Errichtung einer technischen Marinebehörde« (Anlage Nr. 14 bei Paul, S. 239 f.).
465 Zit. ebd., S. 240.
466 S. Bär, S. 47.
467 So gem. Artikel »Brommy (Bromme)«. In: Friedl u. a., S. 96.
468 S. Witt, Cochrane, S. 129: Ein »unternehmungslustiger Offizier«, schottischer Earl of Dundonald, geboren am 14. Dezember 1775, der in 13 Monaten mehr als 50 Schiffe im Handelskrieg vor den spanischen Küsten aufbrachte (s. ebd., S. 129 f.). Nachdem er an einem Tag drei französische Korvetten gekapert hatte, bezeichnete ihn Napoleon fortan als »Seewolf« (s. ebd., S. 133). Fälschlich wegen Manipulation der Aktienkurse durch Streuen von Gerüchten beschuldigt, wurde der Seestratege wie liberale Geist Cochrane 1814 unehrenhaft aus der Royal Navy entlassen und seines Abgeordnetensitzes im Unterhaus enthoben. So wurde er im Jahre 1817 (stattdessen) Oberbefehlshaber der chilenischen Marine im Unabhängigkeitskampf gegen Spanien, wechselte 1823 in brasilianische Dienste und erhielt von 1827 bis Ende 1828 das Oberkommando über die griechische Marine im Kampf gegen die Türken. 1832 kehrte er, vom König begnadigt, in die Royal Navy zurück und wurde schließlich Oberbefehlshaber auf der amerikanischen und westindischen Flottenstation, dann 1851 zum Admiral befördert. 1854 bewarb er sich noch, fast 80-jährig, um den Oberbefehl über die britische Flotte im Krimkrieg, was hingegen abgelehnt wurde. Am 31. Oktober 1860 verstarb der exzentrische Seeheld. (Alle hier referierten Daten gem. Witt, Cochrane, S. 129 – 134). – Bei Batsch, Adalbert, S. 154, gilt Brommy, ohne weiteren Nachweis, gar als »Schüler« des »aus den Freiheitskriegen wohlbekannten Lord Cochrane«.- Ebenso bei Batsch, See-Gras, S. 134: »Sein (Cochranes, F.G.) Ruf wirkte als Magnet, und der junge Brommy folgte deser Flagge.«
469 Die biografischen Daten zu Carl Rudolph Bromme/Brommy wurden allesamt, wenn nicht gesondert vermerkt, vornehmlich zusammengestellt aus folgenden Werken: Eilers, E., Rudolf Brommy. Der Admiral der ersten deutschen Flotte 1848. Dresden 1939. – Jorberg, F., Rudolf Brommy. In: Deutsches Schiffahrtsmuseum (Hrsg.), Deutsche Marine. Die erste deutsche Flotte. Bremerhaven 1979, S. 38 – 46. – Petter, W., Admiral Brommy in der Literatur. In: Schiff und Zeit 12/1980, S. 12 – 22. – Eckhardt, A./Gross, D. G., Brommy und Brake. Oldenburg 1998. – Uhlrich, C., Carl Rudolph Brommy. Der Admiral der ersten deutschen Flotte. Berlin 2000. – Wagner, E., Carl Rudolph Brommy (1804 – 1860) als Marineoffizier in Griechenland (1827 – 1849). Oldenburg 2009. – Wiechmann, G., Karl Rudolf Brommy (1804 – 1860) in deutschen Erinnerungsorten. In: Jahrbuch der Deutschen Gesellschaft für Schiffahrts- und Marinegeschichte 2010. Oldenburg 2011, S. 89 – 123.

470 S. Gross, Brake, S. 29.
471 S. Eckhardt, Brommy, S. 9.
472 Pleitner, S. 96. »Dieses Werk bahnte ihm den Weg in die Frankfurter Marinekommission« (ebd., S. 96).
473 Brommy, R., Die Marine vom Fregatten-Capitain R. Brommy. Mit zwölf Abbildungen, einer Flaggenkarte und neun Tabellen. Berlin. Verlag von Alexander Duncker, Königlichem Hofbuchhändler. 1848.
474 S. Wagner, S. 77f. – »Keinen Besseren wohl hätte die Marineverwaltung treffen können.« (Bär, S. 47).
475 Batsch, See-Gras, S. 134.
476 Schambach, K., Der Gegenschlag. In: Gall, S. 329.
477 Heinsius, Marine, S. 27. – »So hielt der ›Reichshandels- und Marineminister‹ Duckwitz die Taufrede für das erste Kanonenboot auf der Weser. Anfang August stellte der Bürgerverein St. Pauli in Hamburg ein aus seinen Spenden erbautes Ruderkanonenboot mit 32 Riemen und zwei Geschützen fertig. Am 10. August lief in Stralsund das erste durch Bürgerinitiative gebaute Kanonenboot vom Stapel. Prinz Adalbert von Preußen schwenkte die schwarz-rot-goldene Flagge mit der preußischen vereint vom Heck« (ebd., S. 27). – Im gleichen Monat folgten dieser STRELASUND mit GERMANIA und CONCORDIA in Stettin noch zwei weitere Kanonenjollen, jeweils unter Teilnahme des Prinzen Adalbert beim Stapellauf (s. Batsch, Adalbert, S. 155).
478 »Taufzeugniß« Carl Rudolph Bromme (s. Abdruck des Taufzeugnisses aus dem Archiv der Kirchengemeinde Hammelwarden in Uffmann, H., (Red.), Ingo Sax, Brommy – Die Freiheit der Meere. Programmheft der Niederdeutschen Bühne. Brake 1998, S. 39); gleiche Schreibweise des Namens in den Einträgen zu Heirat und Tod Brommys. – »So schwächlich war das Kind, daß man ihm die Nottaufe geben und eiligst die Taufzeugen von der Straße herbeirufen mußte.« (Eilers, S. 7).
479 »Als Carl Rudolph zwei Jahre alt war, starb seine Mutter, Luise Bromme (1771–1806) an Scharlachfieber. Nur zwei Jahre später sollte ihr der an Typhus erkrankte Vater ins Grab folgen, sodass der gerade erst Vierjährige zusammen mit seinen vier Schwestern und Brüdern verwaist war.« (Jöhnck, S. 5).
480 S. Gross, In der Dichtung, S. 28. – »Diese Kosten wie auch die Kosten für die Lehrkräfte übernahm die Hamburger Admiralität. Unterrichtet wurde – damals gang und gäbe – im Wohnhaus des Lehrers.« (Uhlrich, S. 14.)
481 Uhlrich, S. 15.
482 Hierzu erhielt er nach seiner Konfirmation vom Vormundschaftsgericht die Erlaubnis (s. Jöhnck, S. 5).
483 S. Jönck, S. 7.
484 Dieser, darauf weist Petter hin, diente seinerseits zeitweilig als Arzt auf einer chilenischen Fregatte und könnte aus diesem Grunde mitsamt der chilenischen Marine in die Brommy-Legende hineingeraten sein (s. Petter, Admiral, S. 15); s. a. Jöhnck, S. 6.
485 S. Gross, Gedichte, S. 9.
486 Neue Deutsche Biographie Bd. 2, S. 144.
487 Petter, Admiral, S. 13.
488 Wagner, E., Carl Rudolph Brommy (1804–1860) als Marineoffizier in Griechenland (1827–1849). Oldenburg 2009. Die im Folgenden referierten Daten folgen den Darstellungen in Wagners Standardwerk zur »griechischen Zeit« Brommys.
489 Wagner hat dazu ertragreiche und auch bisher unbekannte Quellen aus Privatbesitz erschlossen, die sich, wie Brommys »Copierbuch«, ein Schriftverkehrs- und sozusagen auch Ereignis- und »Besinnungs«-Tagebuch, das er in den Jahren 1828–1838 führte, großenteils als Dauerausleihe im Schiffahrtsmuseum der oldenburgischen Unterweser in Brake befinden.
490 S. Wagner, S. 10.
491 S. ebd., S. 10. Der Eintrag auf der homepage der Loge (www.freimaurerloge-apollo.de/r-loge-apollo-a-45.html#carl-rudolph-bromme) lautet: »Carl Rudolph Bromme (Brommy) seit 1827 Mitglied der Loge Apollo, Matr.-Nr. 357, 1. Deutscher Admiral«.
492 »Im ganzen sollen – so schätzt der Leipziger Professor Karl Dieterich – 600–700 Philhellenen nach Hellas gekommen sein, davon die meisten in den Jahren 1821 und 1822.« (Barth/Kehrig-Korn, S. 24). Von noch größeren Zahlen weiß Uhlrich: »Mehr als tausend Freiwillige aus ganz Europa unterstützten mit der Waffe in der Hand deren (der Griechen, F.G.) Freiheitskampf.« (Uhlrich. S. 18). – »Unter den deutschstämmigen Philhellenen stellte der Offiziersstand einen beträchtlichen Teil (bei den Franzosen, Italienern, Schweden und Polen war es ebenso), wobei der Adel gut vertreten war.« (Ebd, S. 26).
493 Brommy in seinem Lebenslauf zu seiner Bewerbung für die Reichsflotte, zit. b. Wagner, S.10. Wagner verweist selbst auf die »zeitliche Ungereimtheit« von Brommys Abreise nach Griechenland und seinem Eintritt in die Leipziger Loge, die aber, so Wagner, aufgrund der von ihm gesichteten Dokumente nicht aufzuklären war.

494 Petter, Admiral, S. 15. – S. a. die Ausführungen in Rüder, S. 45 über »Brommy, einen geborenen Leipziger und alten Philhellenen«.
495 S. Schambach, K., Wetterleuchten der Revolution. In: Gall, S. 40. – »Diese Vereine hatten den Zweck, freiwillige Beiträge an Gelde zur Unterstützung solcher junger Männer, welche an dem Kampfe für Griechenlands Befreiung von der türkischen Zwingherrschaft Teil nehmen wollen, zu sammeln, und ihnen Mittel und Wege zur Ausführung ihres edlen Vorhabens an die Hand zu geben.« (zit. ebd., S. 40 f.) – eine Teilnahme an europäischen Freiheitsbewegungen als Ersatz für die (noch) nicht gelungene »politische Entfesselung« (ebd., S. 40) in eigenen, deutschen Landen.
496 Diese Angaben sowie alle weiteren folgenden zur »griechischen Zeit« Brommys bei Wagner, S. 13 ff. Wagners (berechtigte) Zweifel, diesen Dienstposten auch ohne direkte militärische Ausbildung übernehmen zu können (»Das wäre allerdings sehr seltsam, wenn er als Handelsschiffsoffizier ohne militärische Ausbildung auf einem Kriegsschiff, noch dazu als erster Offizier, eingesetzt wurde«, ebd., S. 14), kann, wie oben gesehen, die Rekrutierungspraxis der ersten Flotte selbst entgegengestellt werden, namentlich die fallweise Besetzung von Offiziersdienstposten mit Handelsschiffskapitänen.
497 S. Wiechmann, S. 117: »Er war ein Marine-Experte, der eine Aufgabe suchte, wobei bis heute nicht geklärt ist, woher Brommy seine spezifischen Marinekenntnisse bezogen hatte. Soweit bislang bekannt, diente er weder in der U.S. Navy noch in der brasilianischen oder chilenischen Marine.« – S. a. Wagner, S. 7: »Wo aber hat Brommy seine militärische Ausbildung erhalten?«
498 Wagner, S. 7.
499 S. Erk, Tagebuch Karl Gross. Anhang, »Rangliste der deutschen Kriegsflotte nach dem Stande vom 1. Mai 1850, aufgestellt von Kontreadmiral Brommy«, S. 84.
500 Wagner, S. 33.
501 Brief Brommys an den König v. Oktober 1837, zit. b. Wagner, S. 62.
502 S. Wagner, S. 71.
503 Zit. ebd., S. 72.
504 Zit. ebd., S. 74.
505 Zit. ebd., S. 74.
506 Brommy äußert die Bitte, dem preußischen König »dies Marinewerk – welches in Berlin bei dem Hofbuchhändler Aldniecken erscheint, ehrfurchtsvoll widmen zu dürfen, da er die gewisse Hoffnung hegt, das Schriftwerk zu dessen allgemeinen Verbreitung beitragen ward, als wenn es den Schutz des Monarchen erhält, der den ersten Schritt gethan, eine KriegsMarine zu begründen und die seit Jahrhunderten von der See verschwundene Flagge in neuem Glanze wieder herzustellen.« (zit. b. Wagner, S. 74)
507 So sei er, gem. seiner Ausführungen im Brief an Alexander von Humboldt v. 23. April, in dem er darauf verweist, dass er nun, nachdem er vergebens um Widmungen bei verschiedenen hochgestellten Persönlichkeiten eingekommen sei (Wagner verweist neben den Gesuchen an den preußischen König von Februar 1845 und September 1847 auch auf weitere Gesuche an den König von Sachsen im Frühjahr 1848 und den Großherzog von Oldenburg vom Mai 1848 wie den König von Griechenland vom Juni 1848, s. Wagner, S. 74), »genöthigt, das Büchlein ohne Schutz und so zu sagen, unter eigener Flagge, segelnd herauszugeben, darin unsern deutschen Kauffahrern vollkommen vergleichbar« (Brommy an Alexander von Humboldt, 23. April 1848, zit. b. Wagner S. 75).
508 Brommy an den Präsidenten der Nationalversammlung v. 23. Juli 1848, zit. b. Wagner, S. 76 f.; alle weiteren Zitate ebd. S. 76.
509 »Ein beistammendes Werk über Marinen« (Gesuch Brommys an den Präsidenten der Nationalversammlung, zit. b. Wagner S. 76).
510 Faksimile des Briefes v. 4. November 1848 bei Wagner, Anh., S. 27.
511 Ebd., S. 27.
512 Brief Brommys »An das Hohe Reichsministerium des Handels« v. 2. Dezember 1848, zit. b. Wagner, S. 78.
513 S. Schultz, Ein Kranz der Erinnerung, S. 29.
514 Paul, S. 156, Anm. 1.
515 »Man war durch ein über die Marine geschriebenes vortreffliches Buch auf ihn aufmerksam geworden und zögerte nicht, auch ihn nach Frankfurt heranzuziehen.« (Batsch, See-Gras, S. 133).
516 »In der Dienstalterliste von 1838 hat er den fünften Platz zwischen den beiden Seehelden Konstantin Canaris und Georg Sachturis mit dem Range eines Kapitäns 2. Klasse.« (Barth/Kehrig-Korn, S. 85).
517 So berichtet Wagner auf der Basis der Ausführungen von Brommys Großnichte Hedwig Schultz, dass Brommy den Schönen des Landes vor allem auch die Fertigkeit des deutschen Schleifwalzers beigebracht habe (s. Wagner, S. 66; s. a. Eilers, S. 19).

518 S. Gross, In der Dichtung, S. 29. – Termo, R., Skizzen aus dem Leben eines Seemannes. Meißen 1832. Die für diesen Text beigezogene Ausgabe aus der Fürstlichen Bibliothek in Corvey erschien in Meißen bei C. E. Klinkicht und Sohn im Jahre 1832 und in einer zweiten Auflage ebd. 1835, jeweils mit dem Untertitel »Seinen Freunden in Sachsen gewidmet von R. Termo«. Und offensichtlich war es tatsächlich auch so, dass, wie der »Herausgeber« des Büchleins in seinem Vorwort, datiert »Leipzig, im August 1832« (S. VI), formuliert, »ein kleines Publikum dieses Werkchen mit Vergnügen liest« (S. VI). Das Exemplar der Staats- und Universitätsbibliothek Göttingen enthält links neben dem Titelblatt den handschriftlichen Vermerk in Tinte: »Verf. Carl Rud. Brommy«, auf der letzten Seite ist handschriftlich in Bleistift vermerkt: »Deine Augusta«.

519 Termo, S. 212.

520 Morus, T., Utopia (De optimo reipublica Statu, deque nova insula Utopia. Leuwen 1516). In: Heinisch, K. J. (Hrsg. u. Übers.), Der utopische Staat. Reinbek 1960.

521 Termo, S. V.

522 Ebd., S. V.

523 Ebd., S. V.

524 Ebd., S. 209.

525 Ebd., S. VI.

526 Als Vorgänger, allerdings ohne die militärische Abenteuerkomponente, wäre allenfalls zu nennen Hans Stadens »Wahrhaftig Historia und beschreibung eyner Landtschafft der Wilden, Nacketen, Grimmigen Menschfresser Leuthen, in der Newen welt America gelegen: vor und nach Christi geburt im Land zu Hessen unbekant, biß uff dise 2 nechst vergangene jar, Da sie Hans Staden von Homberg auß Hessen durch sein eygne erfassung erkant. Marpurg 1557«.

527 Termo, S. VI.

528 »Daß ein kleines Publikum dieses Werkchen mit Vergnügen liest.« (Termo, S. VI).

529 »Ein kleiner, unscheinbarer brauner Lederband« (Gross, In der Dichtung, S. 33) – »Das Buch mit Brommys Gedichten wurde zusammen mit einem großen Teil von Brommys Nachlaß in der Familie von Brommys Ehefrau bewahrt. Der Herausgeber erhielt das Original des Buches von seiner Tante, Frau Clarita Sierra, geb. Gross, Guatemala City, einer Großnichte Brommys.« (Gross, Gedichte, S. 16). Detlev G. Gross, wie die Frau Brommys, Caroline Gross, stammten aus der Kaufmannsfamilie der Gross in Brake, hat die Gedichte Brommys in einem Band zusammengestellt (Gross, D. G., Gedichte von Admiral Brommy. Bremen 1994) und mit einem Vorwort versehen: »Die im folgenden veröffentlichten Gedichte und Texte hat Brommy mit eigener Hand in ein mit braunem Ledereinband versehenes Buch eingetragen. Gedichte in deutscher Sprache schrieb er in deutscher Schrift; Gedichte in englischer und französischer Sprache in lateinischer Schrift. Das Buch (Format 19x24, 2 cm) enthält 138 beschriebene Seiten« (ebd., S. 15).

530 S. Gross, In der Dichtung, S. 39.

531 Wagner, S. 40 unter Bezug auf den »Kurz-Lebenslauf Brommys aus dem Jahre 1848/bei den Bewerbungsunterlagen für die neue Deutsche Flotte« (ebd., S. 40, Anm. 111).

532 S. hierzu die ergiebigen Recherchen zur geheimnisvollen Bertha bei Wagner, S. 40 f., inklusive ihres vollen Namens (Bertha Stephann), ihrer Geburtsdaten (01.02.1812 Schloss Martinskirchen südöstlich Torgau, wo sie auch lebte) sowie des Grundes ihrer Begegnung mit Brommy (dieser überbringt ihr die Todesnachricht eines ihrer Brüder, der als Philhellene in Griechenland gekämpft hatte), Berthas Trennung von ihm und ihre Heirat am 28. August 1837 mit einem Rittergutsbesitzer, mit dem sie dann fünf Kinder hatte.

533 S. ebd., S. 41.

534 Unbetiteltes Gedicht (s. Gross, Gedichte, S. 84), z. T. in »eine(r) Art Geheimschrift« (ebd., S. 15).

535 Ebd. S. 27 (»Aus einem Briefe«): Aber meiner Bertha Wange bleichte, (…) Ob sich gleich des Todes Schrecken zeigte.« – In einem weiteren »Aus einem Briefe« betitelten Gedicht vom 8. Dezember 1833, geschrieben in »Napoli«, wird dann die Genesung Berthas mitgeteilt (»Mit meinen Küssen bedeck ich das Pfand/Der Liebe aus Bertha's theurer Hand,/die ihre Genesung mir verkündet!« Ebd. S. 97).

536 »An meiner Emma Grabe«, ebd. S. 93.

537 S. das Gedicht »Als ich eine Geldbörse erhielt« vom »Oktober 1848, Athen«, das er als Dank an eine »Adelheid« richtet (»Wie hat diese Gabe/Mich innig entzückt!«). Ebd., S. 100.

538 Ebd., S. 100; Gross führt in seinem Buch über die Gedichte Brommys im Anhang auch noch ein Gedicht Brommys an seine spätere Ehefrau Karoline (so, mit »K«, die Schreibweise Brommys) auf, das hingegen »kein Bestandteil des vorstehend veröffentlichten Bandes« sei (s. Gross, Gedichte, S. 117), gleichwohl mit Formulierungen aufwartet, die bereits in früheren Liebesgedichten Verwendung fanden. So wird die erste Zeile aus »Sonetten-Kranz«, Gross weist selbst darauf hin (S. 117), »Dir, oh Bertha, tönen meine Saiten«, im Gedicht an Karoline kurzerhand zur dortigen Eingangszeile: »Karolinen tönen meine Saiten« (S. 117).

539 »Mich riß das Schicksal, noch im Knabenalter,/Ins rauhe Leben wild und rasch hinaus« (»Zum Geburtstage«, ebd., S. 49).
540 »Da tönte über'n fernen Ocean,/Der Ruf des unterdrückten Heldenvolkes,/Dem vier Jahrhunderte Erniedrigung/In Sklavenketten, fast den Muth gebrochen.« (»Skizze«, ebd., S. 89).
541 »Hoch triumphierte über Mahon's Flagge/Des Kreuzes Zeichen in der blauen Luft-/Und lauter Jubel scholl auf meinem Schiffe./Jetzt zog ich fechtend, langsam mich zurück,/Denn der Befehl war glücklich ausgeführt.« (»Der 20. September 1828«, ebd. S. 60). – »Dann wird unter unsres Königs Schilde,/Hellas sich des alten Ruhm's erfreun/Und Gerechtigkeit und Kraft und Milde/Schutz dem langverwaisten Lande seyn!« (»Phantasie«, ebd. S. 81).
542 »Und das Meer erschien jetzt wie ein Feld getriebenen Schnees.« (»Der Sturm«, ebd. S. 31) – »Dunkel breitet die Nacht ihren Schein über das Wasser.« (»Der Abend im Hafen«, ebd. S. 61).
543 »Sausend fährt die Windsbraut von der Höhe/Jenes Berges, der, mit Schnee bedeckt.« (»Phantasie«, ebd., S. 78) – »Ein zarter und durchsicht'ger Nebelduft/Liegt auf der Gegend; hellerleuchtet steht/des Mondes Scheibe zwischen sonderbar/Gruppierten Wolkenmassen.« (»Skizze«, ebd. S. 86).
544 Gross, Gedichte, S. 19–102.
545 »Dann fließt mein Geist zu Dir und ach, mich schauet,/Durch freudlos Dunkel, das mich stets umgrauet,/Ein blaues Blümchen mild und freundlich an.« (»Zum Abschied«, Februar 1832; zit. ebd., S. 40).
546 Sie befinden sich ebenfalls dokumentiert in Gross, Gedichte, S. 113–116. – Es handelt sich im Einzelnen um die Notenblätter »Des Seemann's Abschied« und »Allegretto« in der Handschrift Brommys (s. ebd., S. 113). »Beide Blätter weisen im Original links oben eine eingeprägte fünfzackige Krone (Symbol des niederen Adels; s. Brommys Unterschrift als Ritter und Fregattenkapitän der griechischen Marine: »Ritter der königlich griechischen Marine«, zit. von Wagner, S. 32 unter Verweis auf die Personalakte Brommys im Bundesarchiv/Militärarchiv Koblenz, Bestand DB 59, lfd. Nr. 51., F. G.) sowie die Initialen »RB« auf.« (Gross, Gedichte, S. 113).
547 S. Gross, In der Dichtung, S. 43. – »Getrennt von denen, die wir lieben,/Gibt es kein größ'res Glück auf Erden,/Als im Gedankenflug der Phantasien,/Der trüben Gegenwart entrückt zu werden.« (»Guten Abend!«, ebd., S. 55).
548 S. »In den Skizzen«, zit. ebd., S. 35.
549 Ebd., S. 35.
550 »Skizze«, zit. ebd., S. 36.
551 Ebd., S. 36.
552 Brommy, Die Marine, s. o.
553 »Das von ihm verfaßte nautische Lehrbuch, entwickelt aus seiner Tätigkeit an der Marineschule Piräus.« (Hubatsch, Forschungsstand, S. 93, Anm. 13) – »Ein Lehrbuch über das zeitgenössische Marinewesen« (Petter, Admiral, S. 16).
554 »Athen, im December 1847« (ebd., S. IV). S. a.: »Da der Verfasser gehindert war, die Korrektur der ersten Bogen zu übernehmen (da er sich zu dieser Zeit der Druckvorbereitung offenbar nicht in Berlin bzw. Deutschland aufhielt, F. G.), haben sich mehrere Druckfehler eingeschlichen, von denen einige sinnentstellend sind, weswegen er ersucht, dieselben zu verbessern.« Es folgen 21 Korrekturanweisungen (ebd., S. VIII).
555 »Das Buch war für seine Zeit ein Ereignis, denn eine deutsch geschriebene erschöpfende Arbeit über militärisch marine-technische Fragen war damals etwas durchaus Ungewöhnliches und Neues.« (Eilers, S. 21).
556 Eckhardt, Brommy, S. 9.
557 Aus Brommys Gesuch an den preußischen König v. 24. Oktober 1846, zit. b. Wagner, S. 74.
558 »Es ist leicht und flüssig geschrieben, wie es Brommys Art war.« (Eilers, S. 21). S. a. die Szene nach Auslaufen des Schiffes: »Einen letzten Blick wirft der Seemann der schwindenden Küste zu: – das Meer gestaltet jetzt sich zu einem grossen Kreise, wo der Himmel einen Dom bildet, der auf den Wogen ruht, – und bald decken die Schatten der Nacht den Ozean.« (Brommy, S. 146). – Joseph Conrad hat den Moment des Auslaufens, wenn auch zu einer anderen Tageszeit, mit nicht viel anderer atmosphärischer Dichte beschrieben: »Am nächsten Morgen, bei Tagesanbruch, ging die NARCISSUS in See. Leichter Dunst verschleierte den Horizont. Vor dem Hafen dehnte sich die endlose Wasserfläche wie glitzerndes Geschmeide über dem Meeresgrund, verlassen und leer wie der Himmel darüber.« (Conrad, Narcissus, S. 41).
559 Ebd., S. 9; s. a. Barth/Kehrig-Korn, S. 86.
560 Littrow 1865.
561 Kronenfels 1878.
562 Littrow, S. 298.
563 Damit geht in beiden Werken eine vernehmliche Erweiterung des ursprünglichen Textumfangs einher: Brommy: 232 S.; v. Littrow: 311 S.; v. Kronenfels: 623 S. (ohne ausklappbaren Anhang von Abbildungen).

564 Kronenfels erklärt, dass er sich bemüht habe, »in die trockene Wüste der unvermeidlich technischen Abhandlungen kleine, frische, grüne Oasen von poetischen und philosophisch-meditativen Anflügen einzuschieben, die ich, gleichwie sämmtliche im Buche enthaltenen Gedichte und Mottos, grösstentheils der Güte des Herrn Fregatten-Kapitän von Littrow zu verdanken habe« (ebd., S. X).

565 Hier waren vor allem die Dampfschiffe und im Kapitel Schiffbaukunst die »Grundprincipien der Dampfmaschinen« (ebd., S. VIII) neu aufzunehmen.

566 »Einschaltung einer kurzen Entwicklungsgeschichte der modernen Schiffsgeschütze nach Kontre-Admiral Werner's »Buch von der deutschen Flotte« (ebd., S. VIII).

567 Kronenfels, S. 241 ff. – »welches nach den Werken von Dislère, Heriz, Marchal, Reed und den neuesten Journal-Artikeln zusammengestellt wurde« (ebd., S. IX).

568 »Seit dem Erscheinen der ersten Auflage dieses Buches sind 30 Jahre verflossen, ein Zeitraum, in dem eine zweimalige Umwandlung des gesammten Flottenmateriales – von der Segel- zur Dampfflotte und von der Holz- zur Eisenflotte – stattfand.« (Kronenfels, S. VII.)

569 S. ebd., S. 614 ff.
570 Ebd., S. IX.
571 Ebd., S. VII.
572 Beide Zitate ebd. S. XIII.
573 Ebd., S. XIII.
574 Ebd., Einbandrückseite.
575 Ebd., Einbandrückseite.
576 Ebd., S. XI.
577 Ebd., S. XI.
578 Ebd., S. XI.
579 Ebd., S. XI.
580 Ebd., S. Xf.
581 Ebd., S. XIII.
582 Ebd., Einbandrückseite. – »Eine besondere Sorgfalt habe ich auf das ›Alphabetische Verzeichnis der am häufigsten vorkommenden Seeausrücke‹ verwendet.« (Kronenfels, S. X). – »Dass ich auch die gebräuchlichsten der spöttelnden und scherzenden Wörter und Redensarten aufnahm, wird dem Leser gewiss nur angenehm sein« (ebd., S. X).

583 »Von allen lebenden Geschöpfen zu Wasser und zu Lande lassen nur die Schiffe sich nicht von falschen Vorspiegelungen betören, lassen sie allein sich von ihren Meistern keine schlechte Kunst gefallen.« (Conrad, Spiegel der See, S. 53).

584 »Das Schiff ist ein zartes, feinfühliges Geschöpf, und man muß sich schon um seine natürlichen Eigenschaften kümmern, wenn man möchte, daß es in seinem überaus rauhen Lebenskampfe für sich und für einen selbst Ehre einlegen soll« (ebd. S. 73).

585 »Die Schiffbaukunst, die den schwimmenden Palast den Wellen übergibt.« (Brommy, S. 28) – »das künstliche Gebäude (…) das wir bewundern« (ebd., S. 28).

586 Ebd. S. 30.

587 S. »das Großartige des ihn umgebenden Schauspiels« (ebd., S. 113). Notabene ist die hier im Publikum evozierte »Bewunderung« zentraler affektiver Zweck in der Theatertheorie der Aufklärung, wie es vor allem Johann Christoph Gottsched (s. Mattenklott/Scherpe, S. 74 ff.) formuliert hatte und verweist damit direkt auf die gleichsam literarischen Assoziationen Brommys beim Erleben und Beschreiben des technischen Aktes eines Stapellaufs.

588 Brommy, S. 193.
589 Ebd., S. 33.
590 Ebd., S. 29.
591 S. dazu beispielhaft Brommys einleitende Genealogie der Seefahrt: »Bis in die entferntesten Zeiten des Alterthums, von dem Gewebe der Fabel der Mythologie umgeben, verliert sich der Anfang der Schifffahrt. (…) Mehrere Stämme verbunden bildeten das Floss; mehrere hohle Stämme wurden zu einem grossen Canoe umgeschaffen; der aufrecht stehende Mensch, vom Winde erfasst, gab die Idee des Mastes; Segel und Ruder sah man dem herrlichen Nautilus ab« (ebd., S. 3).

592 Ebd, S. 7.
593 »Kaum röthen der Morgensonne Strahlen (…) den östlichen Horizont, so erhebt der schlaue Nautilus sein purpures Segel, seine langen bläulichen, aber leider so trügerisch giftigen Schwimmfäden ausstreckend« (ebd., S. 156).

594 Ebd., S. 166.
595 S. Hubatsch, Reichsflotte, S. 93, Anm. 13 u. Petter, Admiral, S. 16.

596 »Jetzt ist der Inbegriff des Schönen ein langgestrecktes, nur sehr leicht über der Wasserlinie nach oben gebogenes Schiff.« (Brommy, S. 34 f.).

597 »Der Befehlshaber einer Flotte oder eines Geschwaders« (ebd., S. 217).

598 »Eine Anzahl Linienschiffe« (ebd., S. 221).

599 »Sehnsüchtig blickt er (der Knabe an Bord eines »Kauffahrers«, F. G.) nach den stolzen Kriegsschiffen, mit schlankern Masten, breitern Raaen und langen Reihen schwerer Kanonen. Das

reinliche Aeussere der Mannschaft des Kreuzers, das Schnelle der Evolutionen an Bord besticht ihn, fast schämt er sich seines kleinen Kauffahrers; – vergessen sind die Erzählungen von strenger Mannszucht – und er eilt in der Marine des Staats zu dienen und unter dem schützenden Wimpel, der stolz über seinem Haupte flattert, das wahre Leben des Seemannes kennen zu lernen« (ebd., S. 93).

600 Ebd., S. III. – obwohl maritime Literatur durchaus Konjunktur hat: »Gierig werden die nautischen Romane fremder Nationen gelesen, ohne verstanden zu werden« (ebd., S. III).
601 Ebd., S. IV.
602 Ebd. S. IV.
603 Ebd., S. IV.
604 S. ebd., S. 212–215.
605 S. ebd. S. Vf.
606 Ebd., S. 6.
607 S. z.B. diejenige des Kapitels »Die Schiffsbaukunst«, u.a.: »Bau und Eintheilung der Schiffe – (…) Risse und Pläne. – Bauanlagen auf dem Stapel. – Todtes und lebendiges Werk. – Kalfatern. – (…) Berechnung der Tonnenzahl. – Dauer des Schiffes. – (…) Kosten. – Rangordnung der Schiffe. – Dampffahrzeuge« (ebd., S. 28).
608 »Farbe«, »Salzigkeit«, »Temperatur«, »Fluth und Ebbe«, »Wind« sowie die navigatorischen Instrumente zum Befahren des Meeres, das »in der Seemannssprache aber die See genannt wird« (ebd., S. 7), sind Gegenstand dieses sozusagen elementaren Kapitels eingangs der Schrift.
609 S. die Beschreibung von Bau, Stapellauf (inkl. Zeremoniell mit »in glänzenden Toiletten erscheinenden Damen«, ebd., S. 29), Einteilung der Schiffe in Klassen, technische Daten der einzelnen Klassen unter besonderer Berücksichtigung auch des Dampfschiffes. Gleichwohl, so Brommy, »bleibt die schnelle Fregatte immer die Königin der Meere, ungern verlässt sie der Seemann, um sich dem Dampfschiffe anzuvertrauen, wo ein einziger Schuss unheilbaren Schaden bringen kann, eine einzige losgegangene Schraube entsetzliches Unglück herbei zu führen vermag« (ebd., S. 35 f.).
610 Beschreibung des Schiffes in allen materiellen Details über alle Decks inklusive der Geschützdecks.
611 »Die Zurüstung wird in drei Abtheilungen geschieden: das Rundholz oder Masten, Raaen und Spieren, das Tau- und Takelwerk, und die Segel« (ebd., S. 49).
612 Ebd., S. 74.
613 Ebd., S. 80.
614 Ebd., S. 81.
615 S. Heinsius, Anfänge, S. 29.
616 »Exercierregelements, Dienstordnungen an Bord, Verordnungen über die Disciplinarstrafgewalt an Bord, sind (…) zum großen Theil noch mit der Unterschrift des Erzherzogs Johann bis in viel spätere Zeit erhalten geblieben.« (Batsch, See-Gras, S. 317).
617 Heinsius, Marine, S. 29.
618 Brommy, S. 85.
619 Ebd., S. 94.
620 Umso erstaunlicher mutet es an, dass zu diesem Werk bisher außer mehr oder weniger umfänglichen Erwähnungen keine dezidierten Analysen, nicht einmal umfänglichere Beschreibungen vorliegen. Aus diesem Grunde, vor allem aber, weil das Buch qua seiner marinefachlichen Ausführungen, der bisweilen romantisierenden Sprache und namentlich auch der Auffassung Brommys über die Funktion und Gestalt des Kapitäns, der Menschenführung an Bord und den Grundpfeilern »Ordnung« und »Disciplin«, auch wichtige biografische Indizien bietet und das Bild Brommys anhand einer authentischen Quelle weiter konturieren kann, wird dem Buch »Die Marine« an dieser Stelle auch eine besondere Aufmerksamkeit zuteil.
621 Der »rückwärtige Dienst« der Marine: Hafen und Werft (»das Bild großer Regsamkeit«, ebd., S. 114) inklusive der Beschreibung der Organisation der landseitigen Logistik nach Tätigkeiten und Funktionen sowie der Befehlsstruktur: »Den Oberbefehl über das Arsenal, den Hafen und die Rhede hat der Hafenadmiral oder Seepräfekt« (ebd. S. 116) = auch diese Funktion hatte Brommy in seiner »griechischen Zeit« inne.
622 Brommy folgt hier der das Buch konstituierenden Chronologie eines Schiffslebens: »Begleitet vom Hafencommandanten, unter dessen besonderer Aufsicht die Schiffe aufgetakelt werden, erscheint jetzt der Capitain des Schiffs, dasselbe zu übernehmen« (ebd., S. 119). – Die Musterrolle wird übergeben, der Rollenplan entwickelt und verteilt, die Rollen eingeübt (s. ebd. S. 119–122). »Die zuerst anzufertigende Liste ist die Schlachtrolle« (ebd., S. 122). Dann folgen Ausführungen zur »Ordnung« als »erster und grösster Regel an Bord« (ebd., S. 126), dasjenige Prinzip, das die gesamte Bordorganisation im Innersten zusammenhält und sich vor allem in der Disziplin der Mannschaft und in der Schiffsroutine materialisiert (s. ebd., S. 128 u. 134).
623 »Er muss immer und in allen Lagen als ein ausserordentlicher Mann sich zeigen, den die Erfahrung vertraut mit allen

Ereignissen des Seelebens gemacht hat,« (ebd., S. 148), der »mit den Principien seiner Wissenschaft genau bekannt« (ebd. S. 148) ist und »den nöthigen Scharfblick und die Kaltblütigkeit im Augenblicke der Gefahr« (ebd. S. 148) aufweist.

624 Ebd., S. 158.
625 Ebd., S. 178.
626 Ebd., S. 179.
627 »Die Schlachtordnung wird dadurch gebildet, dass die Schiffe der Flotte in gerader Linie, eines im Kielwasser des andern, sechs Striche vom Winde segeln« (ebd., S. 180).
628 »Es erfolgt, nachdem Alles auf dem bestimmten Posten ist, jene ernste, tiefe Stille, die eine auf ihren Batterien kampfbereite, der Befehle zum Angriff harrende Mannschaft, selbst denjenigen, die vom Knabenalter daran gewöhnt sind, zu einem imposanten Schauspiele macht« (ebd., S. 193).
629 Ebd., S 182.
630 »Friktion ist der einzige Begriff, welcher dem ziemlich allgemein entspricht was den wirklichen Krieg von dem auf dem Papier unterscheidet.« (Clausewitz, S. 57) – »Diese entsetzliche Friktion (…) ist deswegen überall im Kontakt mit dem Zufall« (ebd., S. 58).
631 Brommy, S. 183.
632 S. »Schlacht von Trafalgar«, in: »Die Seeschlacht«, ebd., S. 185 ff.
633 Ebd., S. 185.
634 Ebd., S. 185. – Brommys Kritik an der fahrlässigen Taktik und Führung des Gefechtes von britischer Seite wird auch vom Kapitän und Schriftsteller Joseph Conrad in seinem Erinnerungswerk »Spiegel der See« geteilt, dabei ähnlich selbstbewusst urteilend wie Brommy, und dies ebenso wie jener auf der Basis profunder seemännischer Erfahrung: »Und dennoch bleibt die Tatsache bestehen, daß die vordersten Schiffe wohl unrettbar weggenommen oder vernichtet worden wären, wenn der Wind sich gelegt und die Flotte ihre Steuerfähigkeit verloren oder, noch schlimmer, wenn der Wind nach Ost gedreht und die Schiffe auf kurze Entfernung den feindlichen Kanonen ausgeliefert hätte. Alle Kunst eines großen Seeoffiziers würde in diesem möglichen Fall nutzlos gewesen sein.« (Conrad, Spiegel, S. 241).
635 Ebd., S. 194.
636 »Sobald er sein zu befolgendes System den Flagg- und andern Ober-Officieren seiner Flotte erklärt hatte, vertraute er ihnen den Vollzug desselben an, ihnen überlassend, nach den eintretenden Umständen zu handeln, um in der vortheilhaftesten Art, ein glückliches Resultat hervorzubringen« (ebd., S. 194).
637 »Die Flotte auf der Heimfahrt. – Lothen. – Lotsen. – Einlaufen in den Hafen. – Allgemeine Bemerkungen.« (s. »Die Rückkehr«, Brommy, S. 207).
638 Ebd., S. 212.
639 Ebd., S. 212.
640 »Deutschland anbetreffend, ist eine Kriegs-Marine – oder sollte es wenigstens sein – natürlich von der größten Wichtigkeit für ein Reich mit so lang gestreckten Küsten und so bedeutendem Seehandel, der über alle Theile der Erde sich verbreitet und durch den die deutschen Flaggen in die entferntesten Meere getragen werden« (ebd., S. 213).
641 Ebd., S. 213.
642 »Wodurch wurden kleine und unbedeutende Staaten gross und mächtig? – Durch Handel und Schifffahrt« (ebd., S. 214).
643 Ebd., S. 213.
644 »Unsre Vorfahren bauten mächtige Flotten, auf denen sie nach Britannien segelten, die eingebornen Briten in die Gebirge von Wales und über den Kanal nach Frankreich drängten; – die Enkel jener kühnen Seefahrer sind im Besitz der Herrschaft des Meeres, – während die Enkel der im gemeinsamen Vaterlande Zurückgebliebenen kaum noch daran zu denken scheinen, dass dasselbe Meer noch immer an Deutschlands Küsten schlägt!« (ebd., S. 215).
645 Ebd., S. 213. – Ein Appell (Ausrufezeichen!), mitnichten eine Frage.
646 »Wendet man die Zerstückelung des deutschen Reiches gegen die Gründung einer Kriegs-Marine ein, so sollte man doch gleichzeitig bedenken, dass die einzelnen deutschen Staaten, obgleich wie die Wogen des Meeres getrennt, dennoch eins wie das Meer selbst sind, denn der Staatenbund vereinigt sie« (ebd., S. 214).
647 Ebd., S. 215.
648 Ebd., S. 215.
649 Ebd., S. 215 (= Schlusssatz des Buches).
650 Ebd., S. 127.
651 Angesichts nämlich von »Menschen von den heterogensten Charakteren, aus den verschiedensten Gegenden des Landes und zum grössten Theile aus der ungebildetsten Classe des Volkes« (ebd., S. 127).
652 Ebd., S. 127.
653 Ebd., S. 128.
654 S. Conrad: »Diese Schiffsroutine ist für wehe Herzen und auch für wehe Köpfe eine große Helferin und Heilerin; ich habe sie die ungestümsten Geister besänftigen sehen – wenigstens zeitweise. Gesundheit liegt in ihr und Friede und Zufriedenheit

mit dem vollbrachten Kreislauf; denn im Schiffsleben scheint jeder Tag im weiten Ring des Seehorizonts einen Kreis zu schließen. Die großartige Eintönigkeit der See verleiht ihr Hoheit und Würde. Wer die See liebt, liebt auch die Schiffsroutine.« (Conrad, Spiegel, S. 17f.).

655 »Kaum lässt des jungen Tages Licht die Farben erkennen« – »Um fünf Glasen empfängt er (der Kapitän, F.G.) die Meldung der Officiere« – »Der Mittag naht heran (…) die Sonnenhöhe zu beobachten« – »Zeichen zum ersehnten Mahle« – »Unter Arbeiten verschiedener Art vergeht der Nachmittag« – »Jeden Abend (…) Musterung.« (s. ebd., S. 151–153). – »Dem Wechsel der Wache um Mittag folgt das Essen der Equipage (…). Der Nachmittag vergeht wieder mit Hand- und Schiffsarbeiten« (ebd., S. 134). Danach Abendessen, Inspizieren der Besatzung auf Gefechtsstation (»Schlachtrolle«, ebd. S. 134), schließlich »wird mit Sonnenuntergang die Flagge langsam gestrichen« (ebd., S. 134).

656 Ebd., S. 153.
657 Ebd., S. 158.
658 Ebd., S. 114.
659 Ebd., S. 136.
660 Ebd., S. 136.
661 »Das politische Scheitern des Paulskirchen-Nationalstaates und die Uneinigkeit der Bundesstaaten machten die Marine allerdings zu einem militärischen Instrument ohne Staat.« (Müller, R.-D., S. 183)
662 »Berlin, gedruckt bei J. F. Starcke.« (Brommy, S. 232).
663 »Allgemeiner Wohnungsanzeiger für Berlin, Charlottenburg und Umgebungen« in http://digital.zlb.de/viewer/cvns/82/ verzeichnet »auf das Jahr 1845« einen »Brömme, J., Privatsekr., Alte Schönhauserstr. 42« (ebd., S. 58), »auf das Jahr 1846« einen »Bromme, J.G., Privatsekretär, Steingasse 37« (ebd., S. 56). J. Bromme, der hier offensichtlich umgezogen ist und in vorigen wie späteren Adressverzeichnissen nicht wieder erscheint, könnte ein Verwandter Brommys sein (J. vgl. Johann im Vornamen seines Vater Johann Simon Bromme). Ob Brommy hingegen tatsächlich einen Bruder mit dem Vornameninitial J. hatte, konnte nicht ermittelt werden.
664 Geibel war von 1838–1840 Hauslehrer des griechischen Fürsten Katakazis und Mittelpunkt des gelehrten und gesellschaftlichen Lebens der »deutschen Kolonie« in Athen (s. Wagner, S. 66f.). Wagner bezieht sich hier auf entsprechende Ausführungen des Archäologen Ernst Curtius in dessen »Erinnerungen an Emanuel Geibel« sowie auf einen Gedichtband Geibels, »Juniuslieder«, den Geibel mit Widmung dem »C. Admiral« ca. 1850 geschenkt hatte (s. Wagner, S. 66, Anm. 161). – »Wahrscheinlich durch Ross (der zeitweilig in Athen lebende Archäologe Ludwig Ross, F.G.) kam er in Verbindung mit Ernst Curtius und Emanuel Geibel, »zu deren Kreis er in der ›Ruppsburg‹ – einer geselligen Vereinigung – gehörte.« (Barth/Kehrig-Korn, S. 85).

665 S. Batsch, Seegras, S. 133.
666 S. Wagner, S. 78.
667 S. ebd., S. 78.
668 S. Eckhardt, Brommy, S. 9.
669 Brommys Version in einem Schreiben Brake, den 27. März 1849 (Archiv Schiffahrtsmuseum der oldenburgischen Unterweser, 02-00039). – Die offizielle Bezeichnung war »Reichs-Commissair« (s. Schreiben des »interimistischen Ministers« des »Reichs-Ministerium(s) des Handels; Abtheilung für die Marine Duckwitz« (Archiv Schiffahrtsmuseum der oldenburgischen Unterweser 02-00029). Ich danke Frau Linda Thorlton vom Schiffahrtsmuseum der oldenburgischen Unterweser sehr für die Verfügbarmachung dieser und weiterer, unten angeführter Dokumente, sowie für Mitarbeit bei der Recherche.
670 S. Eckhardt, Brommy, S. 11. – »Mit Schreiben vom 25.1.1849 wurde dem Bremer Senat durch den Handelsminister und damaligen Vorsitzenden der Marineabteilung Duckwitz offiziell mitgeteilt, daß Bremerhaven nunmehr als Sammelplatz für eine größere Anzahl Dampfschiffe bestimmt worden sei, »die armiert und bemannt werden sollten.« (Bubelach, S. 72).
671 Alle Zitate aus der Ernennungsverfügung Brommys (Archiv Schiffahrtsmuseum der oldenburgischen Unterweser 02-00029). – Die Bezeichnung »Nordseegeschwader« findet sich auch in einem Brief Brommys an Prinz Adalbert v. 5. April 1852, zit. b. Schultz, S. 45; als weitere diesbezügliche Begriffe finden sich »Nordseeflottille« (s. Heinsius, Marine, S. 30) sowie »Weserflottille« (s. Salewski, Reichflotte, S. 104), und dies jeweils vor allem zur Abgrenzung von der gleichzeitig existierenden »Schleswig-Holsteinischen Flottille«, die relativ unabhängig und auch nicht unmittelbar der Zentralgewalt in Frankfurt unterstellt agierte, hingegen ebenfalls die schwarz-rot-goldene Flagge führte (s. Heinsius, Marine, S. 30 u. Friedland, S. 36) sowie den Anfängen einer preußischen Marine mit der AMAZONE, Schaluppen und »Kanonenböten« (s. Hubatsch, Reichsflotte, S. 31). Amtlich verwendet wurde, durch das Präsidium der Bundesversammlung in Frankfurt, in der Spätzeit dieser Formation dann auch der Begriff der »Nordseeflotte« (»Contre-Admiral der deutschen

Nordseeflotte«, in einer Bewilligungsschrift für eine Ordensverleihung an Brommy durch den König von Hannover (s. Archiv Schiffahrtsmuseum der oldenburgischen Unterweser 02-00039).

672 Gem. Bekanntgabe der Ernennung durch »Das Reichsministerium des Handels Abtheilung für die Marine« (in: Archiv Schiffahrtsmuseum der oldenburgischen Unterweser, 20-00029). – »Er vereinigte also Kommando und Verwaltungsleitung in einer Person.« (Eckhardt, Brommy, S. 9).

673 Zit. b. Wagner, S. 78.

674 S. ebd., S. 79.

675 S. Salewski, 160 Jahre, S. 2.

676 S. Briefkopf Brommy: »Das Ober-Commando der Marine.« (Bremerhaven, 12. Dezember 1852; in: Archiv Schiffahrtsmuseum der oldenburgischen Unterweser, 02-00029).

677 »Contre-Admiral der deutschen Nordseeflotte« (Schreiben der Bundesversammlung zu Ordensverleihung, Frankfurt 20. Januar 1852; in: Schiffahrtsmuseum der oldenburgischen Unterweser, 02-00039).

678 »Bestimmungen über die Material-Verwaltung der Reichs-Marine« vom 2. März 1850; in: Archiv Schiffahrtsmuseum der oldenburgischen Unterweser, 02-00039).

679 Aus einem Brief Brommys, zit. b. Schultz, S. 34.

680 Eckhardt, Brake, S. 158; s. den gleichen Wortlaut bei Paul Julius Wilcken: »Ihn konnte man mit Recht die Seele des Ganzen bis ins kleinste Detail hinein nennen.« (zit. b. Eilers, S. 45).

681 Zit. b. Eilers, S. 45 f.

682 Zit. b. Schultz, S. 34.

683 »Die von der vorläufigen Zentralgewalt veranschlagten Reichsmatrikularbeiträge für 1848 waren im allgemeinen entrichtet worden. Sie reichten jedoch nicht aus, konnten auch aus den freiwilligen Spenden nicht gedeckt werden. Zwei Drittel der nicht gezahlten Beiträge hatte der Bund decken müssen; sah man das als Vorschuß an, so bestand eine leidliche Deckung für 1848. Das traf jedoch für 1849 nicht mehr zu: nur noch ein Drittel der Umlage war eingegangen, mit 200.000 Gulden Spenden war keine Lücke zu stopfen. Ungerechnet der Sonderleistungen der Einzelstaaten Österreich, Preußen und Hannover mußte der Bund zu den Reichsmatrikularbeiträgen von 3,6 Mill. Gulden weitere 2,7 Mill. Gulden aufbringen, gewann damit einen erheblichen Anteil an der Kostendeckung für die nunmehr fertige Flotte.« (Hubatsch, Forschungsstand, S. 92, Anm. 9.)

684 Schulze-Wegener, S. 21.

685 »Nach dem Plan des Prinzen Adalbert und der Technischen Kommission entschied man sich dafür, Dampfschiffe anzuschaffen, die einmal eine geringere Anzahl ausgebildeter Seeleute erforderten als die großen komplizierten Segelkriegsschiffe und außerdem vom Winde unabhängiger waren als diese.« (Eilers, S. 27) – eine technisch innovative Flotte mithin, geboren in ihrer Modernität auch aus den Zwängen der Rekrutierung von seemännischem Personal geradezu ex nihilo.

686 Neben der ECKERNFÖRDE, der ex-dänischen GEFION, die in Eckernförde lag (s. Bär, S. 62) war dies auf der Unterweser die DEUTSCHLAND, die als Schulschiff der Seejunker, Brommys bereits in Griechenland gewünschte »schwimmende Marineschule«, in der Geeste lag (s. Kludas, S. 50).

687 S. Schulze-Wegener, S. 21 u. Heinsius, Marine, S. 31; s. a. Moltmann, S. 63., ein weiteres Kanonenboot lag noch in Hamburg (s. Kludas, S. 56).

688 »Das Ergebnis muß angesichts der benötigten Zeit, der Qualität und der Schlagkraft auch heute noch als eine ganz erstaunliche, überragende Leistung beurteilt werden. Mit 3 Dampffregatten, 6 Dampfkorvetten, 1 Segelfregatte, 1 Schulschiff und 27 Küstenkanonenbooten war eine beachtliche Seemacht 2. Ranges aufgetreten, hochmodern in dem Schiffsmaterial, gut exerziert und ausgerüstet und in der Beweglichkeit ihrer Dampfschiffe der dänischen Marine erheblich überlegen.« (Hubatsch, Forschungsstand, S. 81 f.).

689 Der Kommandodienstposten der Marine wird in den im Schiffahrtsmuseum der oldenburgischen Unterweser aufbewahrten Akten durchweg mit dem jeweiligen Dienstgrad Brommys bezeichnet/identifiziert, »Capitain zur See« oder später »Commodore« und »Contre-Admiral« (andere dort vorfindliche Schreibweise »Contre Admiral«): Brommy selbst verwendet auf seiner Visitenkarte (ebd., 2008/0734) und auf einer von ihm unterschriebenen Verfügung des »Ober-Commando(s) der Marine v. 12. Dezember 1852 (ebd., 02-00029; andere Version in einem Schreiben der »Commission für die Häfen und Hafenanstalten zu Bremen an Brommy v. 29. September 1851: »Obercommando der Marine«, ebd., S. 02-00029) die Version »C. Admiral«. – Das Ineinsfallen von Dienstgrad und Dienststellung zeigt exemplarisch die Anrede »An Herrn Contre-Admiral u. Seezeugmeister Brommy« in einem Schreiben des »Reichsministers der Marine« Jochmus v. 20. Dezember 1849 (ebd., 02-00039) und die Bewilligungsurkunde des »Präsidiums der hohen Bundesversamlung vom 20. Januar 1852 zu einer Ordensverleihung durch den König von Hannover:

»Dem Contre-Admiral der deutschen Nordseeflotte, Herrn Brommy« (ebd., 02-00039).
690 S. a. Eckhardt, Brommy, S. 9.
691 »Nach einem Bericht vom 2. Juni 1850 bestand der effektive präsente Mannschaftsstand der Nordseeflotte aus etwa 60 Offizieren, 48 Seejunkern, 8 Ärzten, 30 Beamten der Seezeugmeisterei und Zahlmeisterei, 30 Maschinisten, 700 Unteroffizieren und Matrosen sowie 100 Seesoldaten.« (Gross, In der Dichtung, S. 30). – Im Offizierkorps befanden sich »4 Engländer, 1 Nordamerikaner, 6 Belgier und Niederländer.« (Hubatsch, Flotte, S. 16.)
692 »Die Weserflottille war im März 1850 voll einsatzfähig.« (Salewski, Reichsflotte, S. 104). – Die Auffassung der englischen Zeitung »Examiner«, »wie das Reich nur das Phantom eines Reiches war, so war die Flotte tatsächlich nur das Phantom einer Flotte« (Busch/Ramlow, S. 261) ist daher im Hinblick auf Umfang, Ausrüstung, Bewaffnung, Personal und Ausbildung der ersten deutschen Flotte mit Blick auf den Begriff »Reich« deutlich zutreffender als hinsichtlich dessen durchaus »real existierender« und einsatzfähiger »Reichsflotte«.
693 »Sehr schnell brachte die Tatkraft von Duckwitz die völlig festgefahrene Marineangelegenheit in Bewegung.« (Paul, S. 75). – »Drei neue Raddampfer wurden in England zugekauft und an der Geeste armiert, nämlich die Korvetten DER KÖNIGLICHE ERNST AUGUST, GROSSHERZOG VON OLDENBURG und FRANKFURT. Von der englischen Cunard Line erwarb man zwei ehemalige Postschiffe, die Dampffregatten BRITANNIA (nach Umbau Brommys erstes Flaggschiff BARBAROSSA) und ACADIA (ERZHERZOG JOHANN), in Amerika den Raddampfer UNITED STATES, aus dem die Dampffregatte HANSA wurde. Sie löste im März 1850 die BARBAROSSA als Flaggschiff ab. Alle diese Kriegsschiffe bis auf die DEUTSCHLAND waren hölzerne Raddampfer mit Segeltakelage. Anfang 1849 erbeuteten schleswig-holsteinische Küstenbatterien die beschädigte dänische Segelfregatte GEFION. Als ECKERNFÖRDE verstärkte sie das Flottengeschwader, zu dem auch 26 in Vegesack stationierte Ruderkanonenboote und ein weiteres in Lübeck gehörten, die 1848/49 auf verschiedenen Werften erbaut worden waren.« (Eckhardt, Brommy, S. 9).
694 Petter, Flottenrüstung, S. 55. Hubatsch, Flotte, S. 10, nennt als »Kern der Flotte« drei neue Radkorvetten und zwei Radfregatten, die im Herbst 1848 und im Frühjahr 1849 in England beschafft werden, ein Dampfschiff aus den USA und die dänische Kriegsprise GEFION aus der Eckernförder Bucht. – »Die aus freiwilligen Beiträgen errichtete »Hamburger Flottille« war ohne Gefechtswert« (ebd., S. 10). – Preußen stellte am 29. November 1848 acht Kanonenboote und zwei Jollen zur Verfügung (s. Heinsius, Anfänge, S. 28).
695 Eckhardt, Brommy, S. 8.
696 Stapellauf am 5. Februar 1840 als BRITANNIA für den Reeder Samuel Cunard bei der Bauwerft von John Wood, Glasgow, Seitenraddampfer (s. Hildebrand u. a., Bd. 1, S. 123 f.). – »1313 t, 64,7 m ü. A., 1500 PS, 9 kn, neun 68-Pfünder-Bombenkanonen, Besatzung 200 Mann.« (Kludas, in: Schiffahrtsmuseum, S. 48). – »Die BRITANNIA war der erste im regelmäßigen Liniendienst verkehrende Transatlantikdampfer« (ebd. S. 48). Das Schiff gewann 1840 für die transatlantische Passage nach Halifax von 11 Tagen und 4 Stunden das »Blaue Band«, wurde von Cunard nach 99 havarielosen Atlantiküberquerungen – Charles Dickens fährt auf einer davon mit, fluchend ob der (technischen wie hygienischen) Zustände an Bord (s. Eichner, S. 17 ff.) – durch ein größeres und moderneres Schiff ersetzt und dann von der provisorischen Zentralregierung für die deutsche Flotte angekauft (s. Hildebrand u. a., Bd. 1, S. 123; ebd. die folgenden weiteren schiffsbiografischen Ausführungen). Am 19. März 1849 traf das Schiff unter britischer Flagge und mit britischer Besatzung in Geestemünde ein. Umbau im Braker Trockendock, Umbenennung in BARBAROSSA mit Galionsfigur Kaiser Friedrich Barbarossa. Erster Kommandant der britische Handelsschiffskapitän Thomas King, Flaggschiff Admiral Brommys bis 1850, dann Ersatz in dieser Funktion durch HANSA. Abgabe am 5. April 1852 an die preußische Marine als Verrechnung der preußischen Matrikularbeiträge für die aufzulösende deutsche »Reichsflotte«. Umbau zum Kasernenschiff 1854, Streichung aus der Liste der Kriegsschiffe am 5. Mai 1880. Und dann versenkte Tirpitz das ehemalige Flaggschiff der ersten deutschen Flotte: »Am 28.7. feuerte das Torpedoversuchsschiff ZIETEN, Kommandant Kapitänleutnant Tirpitz in Gegenwart der Jacht HOHENZOLLERN mit dem Kronprinzen an Bord, auf 40 hm Entfernung einen scharfen Torpedo, der mittschiffs traf. Nach der Detonation sank das Schiff« (ebd., S. 124). Das Schiff wurde danach wieder gehoben, verkauft und abgewrackt (s. ebd., S. 124).
697 Bär, Vorbemerkung S. III.
698 Ebd., S. 61 f.; Salewski hat diese Aufstellung übernommen (Salewski, Reichsflotte, S. 104) und führt sie als Beispiel an sowohl für den erheblichen »materiellen Stellenwert« (ebd., S. 104) wie auch für die »volle Einsatzfähigkeit« (s. ebd., S. 104) dieser gleichsam aus dem Boden gestampften Flotte, die sich nicht nur materiell, sondern auch personell, wie dies

im März 1850 der die Flotte inspizierende österreichische Fregattenkapitän Anton Bourguignon von Baumberg feststellen konnte, als durchaus vorzeigbar erwies: »Die Equipagen sind wohlgekleidet, gut gehalten, wohlgenährt und sehen recht gut aus.« (zit. ebd., S. 104).
699 Moltmann, S. 63.
700 Moltmann, S. 74.
701 Paul, S. 77.
702 »Außerordentlich schwierig war die Bemannung der Schiffe. Geschulte Seeoffiziere mußten aus dem Auslande bezogen werden. Duckwitz wandte sich an die Vereinigten Staaten von Nordamerika. Er fand anfangs großes Entgegenkommen, erhielt dann aber eine runde Absage. Schließlich gelang es, einige belgische, englische und amerikanische Offiziere heranzuziehen. Die nötigen Mannschaften wurden angeworben, da alle gesetzlichen Bestimmungen wegen Eintritt der wehrpflichtigen Mannschaften fehlten. Im April 1849 hatten die 6 Schiffe der Flotte eine Besatzung von 557 Mann.« (Pleitner, S. 93).
703 Diese Formation, mit der gleichsam lose verbundenen schleswig-holsteinischen Flottille und der inkorporierten Hamburger Flottille, allesamt der Frankfurter Zentralgewalt, dem »Reichsministerium der Marine« bzw. zuvor dem »Reichsministerium des Handels, Abtheilung der Marine« (s. entsprechenden Schriftverkehr/Briefköpfe im Archiv Schiffahrtsmuseum der oldenburgischen Unterweser 02-00029 – 00029) unterstellt, wird schließlich, eher heuristisch denn tatsächlicher zeitgenössischer Verwendung folgend, mithin, wie Hubatsch dies ausführt, »postuliert« (Hubatsch, Reichsflotte, S. 29), in der Rezeptions- und Deutungsgeschichte dieser ersten deutschen Marine mit dem Begriff »Reichflotte« versehen werden.
704 Colquhoun, Titelblatt.
705 Ebd., S. I. – Verfasst wurde die Schrift ausweislich der Vorrede »London, September 1848.« (ebd., S. V).
706 Ebd., S. I.
707 Ebd., S. I.
708 Ebd., S. V. – Wer damit gemeint ist, erschließt sich am Erscheinungsort: London (s. ebd., S. I u. V).
709 Beides ebd., S. IV.
710 Ebd., S. 1.
711 Niebuhr, S. 30.
712 S. ebd., S. 3.
713 Ebd., S. 9.
714 Ebd., Titelblatt. – »Das sei uns Deutschen gesagt, aber auch Euch Dänen!« (ebd., S. 30).
715 Anonymus, S. 32.
716 »Unsere Hauptstärke also wird eine Dampfflotte sein.« (ebd., S. 15).
717 Beides ebd., S. 15.
718 Ebd., S. 14.
719 Ebd., S. 33.
720 S. ebd., S. 77, Anm. 1.
721 So erbat er etwa von Duckwitz für Anwerbzwecke einen »kräftigen, wohluniformierten Matrosen als Lockvogel« (zit. b. Paul, S. 80, Anm. 3).
722 Ebd., S. 11.
723 So eine weitere Version des Dienstpostens gem. Briefkopf (s. dessen Abdruck bei Bubelach, S. 71).
724 Bubelach, S. 71.
725 S. ebd., S. 71.
726 Hubatsch, Reichsflotte, S. 39.
727 Zit. b. Batsch, Adalbert, S. 160.
728 Ebd., S. 160.
729 Bubelach, S. 73.
730 Die folgende Aufstellung folgt den Ausführungen von Bubelach, S. 71 – 76, die zudem noch einen »Organisationsplan der Seezeugmeisterei für die Nordsee« (ebd., S. 74) sowie einen Lageplan der »Marine-Anlagen in Bremerhaven und Geestemünde 1848 – 1852« (ebd., S. 76) enthalten.
731 S. Bubelach, S. 75.
732 Ebd., S. 76.
733 S. ebd., S. 76.
734 S. ebd., S. 76.
735 »Von den Fürsten der an die Nordsee grenzenden deutschen Staaten war der damalige Großherzog Paul Friedrich August von Oldenburg einer derjenigen, die für die Flottenbestrebungen ein warmes Herz an den Tag legten.« (Batsch, Adalbert, S. 189).
736 Ebd., S. 73.
737 Ebd., S. 73.
738 S. ebd., S. 74.
739 Ebd., S. 72.
740 S. ebd., S. 72.
741 »Es war schon damals jedem Einsichtigen klar, daß die oldenburgischen Häfen durch eine Reichsmarine bedeutend gewinnen würden.« (Pleitner, S. 91).
742 Ebd., S. 91.
743 Eckhardt, Brommy, S. 11.
744 »Uebrigens war es schon damals ein offenes Geheimniß, daß der Seezeugmeister Brommy von einer Hafenanlage in der Jade nichts wissen wollte.« (Batsch, Adalbert, S. 189).

745 Ebd., S. 11.
746 Im Verlauf der Dockliegezeit wird »die Bark- auf Schonerbriggtakelung umgestellt und 1850 das Spiegelheck zum Rundheck umgebaut (...). Der Dampfer wird jedoch nicht als Kriegsschiff fertiggestellt.« (Kludas, S. 52).
747 S. Eckhardt, Brake, S. 162.
748 Ebd., S. 162.
749 S. ebd., S. 168.
750 S. ebd., S. 160; s. a. hier und im Folgenden Eckhardt, Brommy, S. 16 ff.
751 Theodor Erdmann am 2. März 1851 zur Lage der Offiziere in Brake; zit. b. Eckhardt, Brake, S. 165.
752 S. ebd., S. 167 f.
753 Ebd., S. 162.
754 S. ebd., S. 162.
755 Man ist geneigt, an den Titel des Buches von Nicolas Wolz »Und wir verrosten im Hafen«. München 2013, über die strategisch zur Passivität verurteilte Hochseeflotte im Ersten Weltkrieg zu denken wie an den Ausstellungskatalog des Deutschen Marinemuseums »Die Flotte schläft im Hafen ein«. Dresden 2014 zur gleichen Thematik.
756 Erk u. a., Gross, K., Tagebuch, S. 10.
757 Ebd., S. 12.
758 Ebd., S. 12.
759 Ebd., S. 12.
760 Ebd., S. 13.
761 Ebd., S. 13 f.
762 Ebd., S. 14 f.
763 Ebd., S. 15.
764 Ebd., S. 16.
765 Ebd., S. 16 f.
766 Erk u. a., Einleitung zu Tagebuch Gross, ebd., S. 5 f.
767 Wilcken 1861.
768 Ebd., Vorwort, S. 2.
769 Ebd., S. 6.
770 Ebd., S. 227 f.
771 Ebd., S. 229.
772 Ebd., S. 231.
773 Ebd., S. 233.
774 Ebd., S. 236.
775 Ebd., S. 236.
776 Ebd., S. 266.
777 Ebd., S. 267.
778 Ebd., S. 267.
779 Ebd., S. 271; s. a. hier Anklänge an eine spätere Sichtweise in Volker R. Berghahn, Der Tirpitz-Plan. Düsseldorf 1971, nämlich Flottenbau als innenpolitische Sedativstrategie.
780 Wilcken, S. 272.
781 Ebd. S. 273.
782 S. Heinsius, Anfänge, S. 32.
783 Mit 290 Stimmen bei 248 Enthaltungen (s. Wollstein, Deutsche Geschichte, S. 161).
784 S. Hein, S. 119.
785 S. ebd., S. 122.
786 S. Ruttmann, S. 373.
787 Am 28. April 1849 erfolgte die offizielle Ablehnung der Kaiserwürde durch den preußischen König (s. Gall, S. 450).
788 Duckwitz, S. 106.
789 Ebd., S. 106: »Es würde das den Widerstand der Fürsten gebrochen haben; denn keiner konnte seine souveräne Würde verletzt fühlen, wenn der mächtigste Monarch Deutschlands den Vorsitz führte« (ebd., S. 106).
790 Ebd., S. 106.
791 S. Hein, S. 124.
792 Ebd., S. 124.
793 S. ebd., S. 124.
794 Wollstein, Deutsche Geschichte, S. 161.
795 Hein, S. 127.
796 Die Abgeordneten forderten »die Regierungen, die gesetzgebenden Körper, die Gemeinden der Einzelstaaten, das gesamte deutsche Volk auf, die Verfassung des Deutschen Reichs vom 28. März des Jahres zur Anerkennung und Geltung zu bringen« (Hein, S. 128).
797 S. Gall, S. 450.
798 Hein, S. 131. – »51 Todesurteile wurden vollstreckt und rund 1000 Angeklagte zu Zuchthausstrafen verurteilt« (ebd., S. 131).
799 Ruttmann, Das Scheitern. In: Gall, S. 374.
800 In: http://www.verfassungen.de/de/de06-66/verfassung48.htm; s. a. Hubatsch, Flotte, S. 11 u. Petter, Untergang, S. 156. Bei Wilhelm II. wird dies später »Reichsgewalt ist Seegewalt« (Abschiedsrede an Prinz Heinrich [»Gepanzerte-Faust-Rede«], Kiel 15. Dezember 1897. In: Obst, S. 168) heißen, damit nicht nur auf die Marine als unmittelbare Reichsinstitution, sondern vor allem auch auf deren Fähigkeit zur Projektion von Reichsmacht mittels Flotte verweisend.
801 S. http://www.verfassungen.de/de/de06-66/verfassung48.htm.
802 Dieser Begriff wird sogar noch unter der Ägide der »Bundes Central-Commission« in den »Bestimmungen über die Mate-

rial-Verwaltung der Reichs-Marine« vom 2. März 1850 verwendet (Archiv der oldenburgischen Unterweser, 02-00039), abgesehen einmal davon, dass auch die Schiffe der Flotte, wie die Meldung eines Besatzungsangehörigen der »Reichs Dampf Fregatte HANSA«»An Herrn Seezeugmeister der deutschen KriegsMarine Commodore Brommy zu Bremerhaven« (Archiv der oldenburgischen Unterweser, 02-00029) ausweist, nicht nur mit der »Reichs«-Flagge, sondern auch mit dem »Reichs«-Begriff im Typennamen zur See fuhren.
803 S. Hein, S. 124.
804 S. Bär, S. 53.
805 S. ebd., S. 128.
806 S. ebd., S. 128.
807 S. Wollstein, Deutsche Geschichte, S. 161.
808 S. Hein, S. 128.
809 S. Hubatsch, Flotte, S. 10.
810 S. Bär, S. 53.
811 S. ebd., S. 53.
812 »Brommy ist ein tüchtiger Seemann, der unter schwierigen Umständen viele nützliche Erfahrungen in griechischen Diensten gemacht hat.« (Jochmus an den Reichsverweser Erzherzog Johann am 17.3.1849, zit. b. Batsch, See-Gras, S. 320)
813 S. Ruttmann, S. 375.
814 Hein, S. 129.
815 »Als die Abgeordneten am 18. Juni ihren Tagungsort im Reithaus aufsuchen wollten, war er von Soldaten mit Äxten verwüstet worden. Militär trieb die feierlich zu ihrem letzten Auftritt schreitenden Volksvertreter brutal auseinander.« (Ruttmann, S. 376).
816 Salewski, Reichsflotte, S. 112.
817 »Drei Monate nach seinem Amtsantritt hatte er die Flotte so weit gebracht, daß er mit ihr auslaufen konnte.« (Neues Konversationslexikon von 1867, zit. b. Jöhnck, S. 11). Seine Order lautete: »Nach einer soeben eingelaufenen officiellen Mittheilung hat das dänische Dampfschiff GEYSER, angeblich von 200 Pferden (PS-C.U.) und mit 5 schweren Geschützen armirt die Mündung der Elbe gesperrt. In der That ist eine solche Kühnheit möglichst mit überlegem deutschen Dampfgeschwader keinen Augenblick zu dulden und ich fordere Sie auf mit dem Geschwader unter Ihrem Befehl, falls es noch nicht geschehen sein sollte, ungesäumt auszulaufen.« (zit. b. Uhlrich, S. 37).
818 Schulze-Wegener, S. 19.
819 Es wurden, so Brommy in seinem Gefechtsbericht an das »Reichs Ministerium der Marine« (»Rhede von Cuxhaven, an Bord der BARBAROSSA 4. Juni 1849 über das Treffen bei Helgoland«, zit. b. Uhlrich, S. 93 f.), bei Annäherung an die Insel »von Helgoland drei Kanonen gegen uns gefeuert, um uns zu warnen, daß wir auf neutralem Grunde wären.« (zit. b. Uhlrich, S. 93).
820 »Leider mußte ich die Verfolgung der Corvette aufgeben, da zwei Fregatten und das Dampfschiff sie zu unterstützen herankamen, die dritte aber nach Wangeroog steuerte, um uns die Rückkehr zu versperren.« (Brommy, Gefechtsbericht, ebd. S. 93) – »Brommy hat klug gehandelt. Auf ein Gefecht mit dem überlegenen dänischen Geschwader durfte er, bei der negativen Gewißheit über die Einsatzfähigkeit seines Verbandes, die er hatte gewinnen müssen, auf keinen Fall eingehen.« (Petter, Admiral, S. 15). – »Der Marineminister Jochmus (…) und der Reichsverweser erkannten seine Umsicht ausdrücklich an und beförderten ihn am 19. August 1849 zum Kommodore sowie (…) am 2. November zum Konteradmiral« (ebd., S. 17).
821 S. Jorberg, S. 44. – »Vielleicht auch war er von dem Versagen der ersten artilleristischen Manöver der ›Barbarossa‹ so beeindruckt, daß er glaubte, einen schnellen Abschluß des Gefechtes mit der noch unerprobten Mannschaft nicht wagen zu dürfen.« (Eilers, S. 42).
822 S. Uhlrich, S. 39.
823 S. ebd., S. 39.
824 S. ebd., S. 39.
825 Brommy in seinem Gefechtsbericht, zit. b. Uhlrich, S. 94.
826 Zwar war die Kriegsflagge im Reichsgesetzblatt Nr. 5 v. 13. November 1848 veröffentlicht (s. Bär, S. 226), hingegen lediglich den Vereinigten Staaten von Amerika offiziell angezeigt worden (»weil dort ein Kriegsschiff ausgerüstet wurde«, ebd., S. 227). »Den europäischen Staaten dagegen wurde keine Anzeige gemacht« (ebd., S. 227), und dies offensichtlich auch deshalb, weil »die großen Seestaaten die Zentralgewalt des deutschen Reiches überhaupt nicht anerkannten« (ebd., S. 228). Und da zunehmend »der Traum der Reichsherrlichkeit zerrann« (ebd., S. 228), »mußte auch die Anzeige zunächst unterbleiben und die Angelegenheit geriet sogar in Vergessenheit« (ebd., S. 228). – »Im Mai 1850 war die Flagge anerkannt von den Vereinigten Staaten von Amerika, den Niederlanden (als Bundesmitglied), Belgien, Sardinien, Türkei, Portugal, Neapel, Spanien und Griechenland sowie unter Vorbehalten auch von Frankreich. Rußland wich aus. Die endlich erfolgte Flaggenanzeige in London vom 2. Juli 1850 wurde von Außenminister Lord Palmerston bereits am

29. des Monats beantwortet: die Sache sei nicht dringlich; sie würde besser verschoben »until they receive a communication from an acknowledged and constituted authority representing the German Confederation.« (zit. b. Hubatsch, Reichsflotte, S. 34). – »Preußen und Österreich ließen ihre Schiffe unter ihrer eigenen Flagge fahren.« (Eilers, S. 44).
827 S. Moltmann, S. 73.
828 »Mehr ist in dem oft zitierten, übertrieben hochgespielten Hinweis sachlich nicht enthalten gewesen, und die Berechtigung dazu war keineswegs zu leugnen.« (Hubatsch, Forschungsstand, S. 87).
829 Duppler hat diese Entrüstung wie folgt zurechtgerückt: »Die Noten (der britischen Regierung, F. G.) vom 9. und 15. Juni 1849, welche keineswegs als ›tödliche Beleidigung‹ aufzufassen waren, und die ebensowenig der – offiziell nicht anerkannten – Reichsregierung das Recht zur Führung von Seestreitkräften unter der – nicht notifizierten – Reichsflagge bestritten, sondern lediglich die internationale Rechtslage aufzeigten und bestenfalls als Warnung vor den daraus resultierenden Möglichkeiten anzusehen waren.« (Duppler, Juniorpartner, S. 182).
830 Die preußische Nationalversammlung, vier Tage nach der Frankfurter Nationalversammlung in Berlin konzessionshalber ins Leben getreten, am 9. November 1848 im Rahmen des »Rollback« aufs Land, nach Brandenburg, verlegt, wurde am 5. Dezember 1848 bereits aufgelöst. Der preußische König oktroyierte zudem eine Verfassung (s. Gall, S. 449 f.), die allerdings zu Zwecken einer »beruhigenden Wirkung« (Leopold v. Gerlach, zit. b. Schambach, Gegenschlag, S. 331) »an dem in der Märzrevolution erkämpften allgemeinen und gleichen Wahlrecht für Männer fest(hielt)« (ebd., S. 330).
831 S. Moltmann, S. 74.
832 So weist Wiechmann darauf hin, dass das Seegefecht in der Presse der Stadt Oldenburg »nicht mit einem Wort erwähnt« (Wiechmann, S. 93) wurde, die »Vossische Zeitung« es gerade einmal auf Seite 5, und auch ohne Verweis auf Brommy, »erwähnt« (ebd. S. 93).
833 S. Hein, S. 129.
834 »Über ganz Deutschland breitete sich, wie Zeitgenossen sich emphatisch ausdrückten, das ›Leichentuch der Reaktion‹.« (Gall, S. 21).
835 »Das politische Scheitern des Paulskirchen-Nationalstaates und die Uneinigkeit der Bundesstaaten machten die Marine allerdings zu einem militärischen Instrument ohne Staat.« (Müller, R.-D., S. 183).
836 S. »Leipziger Zeitung« v. 2. November 1849.
837 S. Uhlrich, S. 41.
838 S. Gross, In der Dichtung, S. 31.
839 Die sechs Millionen Taler, die die Nationalversammlung am 14. Juni 1848 gebeten hatte, verfügbar zu machen, wurden aus Matrikularbeiträgen mit Verordnungen à drei Millionen v. 10. Oktober 1848 und v. 12. Februar 1849 veranschlagt (s. Bär, S. 71). Bis Ende 1849 hingegen waren »wirklich eingezahlt worden nur ein starkes Drittel« (ebd., S. 71). – »Unter solchen Verhältnissen wurde der Fortbestand der Marine unhaltbar« (ebd., S. 79).
840 S. Brief Brommys an Adalbert v. 5. April 1852, zit. b. Uhlrich, S. 47.
841 Brommy, zit. b. Schultz, S. 38, in einem Brief v. Februar 1852 an den Grafen Thum im Präsidium der Deutschen Bundesversammlung in Frankfurt a. M.
842 Zit. b. Schultz, S. 40.
843 Zit. ebd., S. 40.
844 Zit. ebd., S. 41.
845 Zit. ebd., S. 42.
846 »Als die ersten Seestreitkräfte für die neue Marine in den deutschen Gewässern eintrafen, waren sie (…) aus Bundesmitteln beschafft (und auch weithin unterhalten).« (Hubatsch, Reichsflotte, S. 33).
847 Veit Valentin, zit. b. Moltmann , S.68.
848 »Mein Deutschland, strecke die Glieder/Ins alte Bett, so warm und weich;/Die Augen fallen dir nieder,/Du schläfriges Reich.//Hast lange geschrien dich heiser –/Nun schenke dir Gott die ewige Ruh'!/Dich spitzt ein deutscher Kaiser/Pyramidalisch zu.« (Heine, Neue Gedichte, S. 187).
849 Scholl, S. 78.
850 Zit. b. Scholl, S.78.
851 Zit. b. Scholl, S. 90
852 So wird im »Deutschen Flottenlied« (»O Tanneboom, o Tanneboom,/wie grün sind Deine Blätter!/Aus Dir baun wir der Einheit Dom/Auf's Wasser mit Geschmetter,« zit. b. Scholl, S. 80) nicht nur ein Weihnachtslied zitiert, sondern auch Freiligraths Bild vom flottengebärenden deutschen Wald.
853 Zit. b. Scholl, S. 82.
854 Zit. ebd., S. 82.
855 Das Parlament selbst wird dergestalt, und ganz im Tone des Herweghschen Gedichtes »Das Reden hat kein End« über die Frankfurter Parlamentsdebatten, zur »größten Rederei in Deutschland« (zit. b. Scholl, S. 85).

856 »Der ›Kladderadatsch‹ zeigt Hannibal Fischer in einem als Sarg dargestellten Boot sitzend, von dem aus er die Reste der weiland deutschen Flotte verkauft. Als Quittung und Andenken für den patriotischen Opferwillen sollen alle, die Geld gespendet haben, ›einen Zahnstocher aus dem Holz jener Reliquie‹ erhalten.« (Scholl, in: Schiffahrtsmuseum, S. 90).
857 Petter, Flottenrüstung, S. 54.
858 Rühe, in: Duppler, Germania, S. 9.
859 »Zum Zweck der Begründung eines Anfangs für die deutsche Marine« (Stoll, S. 318).
860 Salewski, 160 Jahre, S. 3.
861 Rühe, in: Duppler, Germania, S. 10.
862 Petter, Admiral, S. 17. – »Im ganzen wurde gut gezielt, aber die Entfernung war zu bedeutend als daß großer Schaden hätte angerichtet werden können.« (Brommy in seinem Gefechtsbericht v. 4. Juni 1849 (zit. b. Uhlrich S. 93). Brommy ließ von seinem Verband über einen Zeitraum von 26 Minuten »zwanzig Schüsse Granaten und Vollkugeln von der Barbarossa und siebzehn von Hamburg und ebensoviel von Lübeck« verschießen (Brommy, Gefechtsbericht, zit. b. Uhlrich, S. 93.)
863 So die Inschrift auf seinem Grabstein; s. a. Kliem, S. 87.
864 Petter, Untergang, S. 167. – »Die Tatsache, daß die Flotte nach dem Scheitern der Revolution noch fast drei Jahre Bestand hatte (…) erklärt sich unter anderem daraus, daß ein nationales Prestige involviert war, das anzutasten man sich immer noch scheute.« (Moltmann, S. 74). – »Man wollte sich schließlich nicht dem Vorwurf nationalgesinnter Kreise aussetzen, die junge gemeindeutsche maritime Errungenschaft so schnell und leichtfertig aufgegeben zu haben.« (Hansen, S. 59).
865 Zit. b. Salewki, Reichsflotte, S. 119.
866 S. Gross, In der Dichtung, S. 32.
867 Veit Valentin, zit. b. Kroener, S. 81.
868 S. Heinsius, Marine, S. 31. – Am 30. September 1849 einigten sich Österreich und Preußen auf die »Schaffung einer interimistischen Bundeszentralkommission« (Müller, J., S. 37). Diese war dann »nach Ablauf der Reichsherrlichkeit durch den Vertrag zwischen Preußen und Österreich vom 30. September 1849 eingesetzt worden« (Bär, S. 53).
869 S. Bär, S. 53.
870 S. ebd., S. 53.
871 Ebd., S. 55. Es steht zu vermuten, dass Brommy hier auch einiges beigetragen hat, dieser schließlichen Überzeugung des Ministeriums von der gebotenen »Oberaufsicht über alle Zweige des Marinedienstes« (ebd., S. 55) Bahn zu schaffen.
872 Bär, S. 55.
873 S. dazu auch die Auffassung des Großherzoglich Oldenburgischen Geheimen Rathes Theodor Erdmann, des Großherzogs »Marineminister« (»der Großherzog nannte Erdmann wohl scherzweise seinen Marine-Minister«; Rüder, S. 44), der im Rahmen seiner dienstlichen Tätigkeit für die Flotte und namentlich derem oldenburgischen Stützpunkt Brake Brommy als einen »sehr erfahrenen und (…) mit besonderen organisatorischen Talenten begabten Mann« (ebd., S. 45) kennengelernt hatte.
874 Zit. aus dem Inspektionsbericht für die Bundeszentralkommission bei Bär, S. 61.
875 Ebd., S. 63.
876 Ebd., S. 64.
877 Ebd., S. 69.
878 Ebd. S. 64.
879 Ebd., 70.
880 S. Pleitner, S. 104.
881 S. Lampe, S. 140.
882 S. ebd., S.141. – »Einzige Freunde des Geschwaders blieben die Nordseestaaten« (ebd., S. 141).
883 »1) Bis zur definitiven Begründung einer Regierungsgewalt für Deutschland soll eine provisorische Zentralgewalt für alle gemeinsamen Angelegenheiten der deutschen Nation bestellt werden. 2) Dieselbe hat a) die vollziehende Gewalt zu üben in allen Angelegenheiten, welche die allgemeine Sicherheit und Wohlfahrt des deutschen Bundesstaates betreffen.« (In: http://www.verfassungen.de/de/de06-66/provzentralg48.htm).
884 »Die deutsche verfassunggebende Nationalversammlung hat beschlossen, und verkündigt als Reichsverfassung: Verfassung des deutschen Reiches vom 28. März 1849.« In: http://www.verfassungen.de/de/de06-66/verfassung48.htm.
885 Die Marine und ihr Oberbefehlshaber haben dies selbst eher als »drückende(n) Geldmangel« empfunden (s. dazu ausführlich Bär, S. 71 – 79).
886 Hubatsch, Flotte, S. 14.
887 S. Eilers, S. 60.
888 S. Eckhardt, Brommy, S. 23.
889 S. Petter, Untergang, S. 168.
890 Die Bundesversammlung wurde endgültig restituiert mit dem Wiedereintritt Preußens am 14. Mai 1851 (s. Müller, J., S. 38). Damit »wurde in Deutschland wieder jene politische Ordnung restauriert, die bis 1848 bestanden hatte« (ebd., S. 38).

891 Lampe, S. 149; s. a. Bär, S. 442.
892 S. Petter, Untergang, S. 167.
893 S. Uhlrich, S. 47.
894 Zit. b. Schultz, S. 36.
895 Dass nämlich »ein Teil des Nordseegeschwaders definitiv der Kgl. Preußischen Marine einverleibt wird« (Brommy, Brief an Adalbert v. 5. April 1852, zit. b. Schultz, S. 45).
896 Ebd., S. 45.
897 Ebd., S. 46.
898 Adalbert, Brief an Brommy v. 10. April 1852, zit. b. Schultz, S. 46.
899 Ebd., S. 46.
900 Beide Zitate bei Bär, S. 319.
901 Zit. b. Bär, S. 319 f.
902 S. Schultz, S. 50.
903 Ebd., S. 50.
904 Brief Brommys an Adalbert v. 5. April 1852, zit. b. Uhlrich, S. 47.
905 Ebd., S. 51.
906 Ebd., S. 51.
907 S. Heinsius, Marine, S. 33.
908 »Kein anderer deutscher Staat erwarb ein Schiff.« (Hubatsch, Flotte, S. 15).
909 S. Heinsius, Marine, S. 33.
910 S. Eilers, S. 66; s. a. Bär, S. 208.
911 S. Bär, S. 208.
912 Eckhardt, Brommy, S. 23; s. a. Hansen, S. 57.
913 »Die Flotte kam, nachdem der Bund keinen Bedarf für sie in ihrer gegebenen Gestalt konstatieren und keine Bereitschaft zu ihrer Umrüstung bemerken konnte, unter den Hammer.« (Petter, Untergang, S. 169).
914 S. Hansen, S. 60.
915 Friedl u. a., S. 190.
916 Eckhardt, Brommy, S. 25; s. a. Pleitner, S. 106. – Die entsprechende Annonce in verschiedenen norddeutschen Zeitungen dazu lautete: »Mittwoch, den 18. August, mittags zwölf Uhr, soll auf der Reede zu Brake die Segelfregatte Deutschland mit allem Zubehör an den Meistbietenden gegen bare Bezahlung unter Vorbehalt der Ratifikation der hohen Bundesbehörde öffentlich versteigert werden. Der Bundeskommissar Dr. L. H. Fischer.« (zit. b. Uhlrich, S. 44).
917 »Insgesamt muß man jedoch Hannibal Fischer bescheinigen, daß er seine dornenreiche Aufgabe mit Umsicht erledigt hat.« (Eckhardt, Brake, S. 171).
918 S. ebd., S. 62; s. a. Jorberg, S. 45. – Das »Hannoversche Volksblatt« blickte auf das letzte Schiff der deutschen Flotte, ein Rumfass, untertitelt mit dem Nachruf: »Schaut, Leute! Hier mein letztes Schiff/Von jener deutschen Flotte,/Die nur dem Bundestag erlag/Und nicht dem Wassergotte.« (zit. b. Scholl, S. 88).
919 Batsch, See-Gras, S. 445.
920 S. Hansen, S. 62.
921 »Der letzte Gegenstand der Auction war ein leerer Sarg.« (Duckwitz, zit. b. Salewski, Reichsflotte, S. 103; s. a. Hansen, S. 62).
922 Heinrich Heine »spottet in seinem nautischen Gedichte ›Unsere Marine‹ über die deutschen Flottenträume, leider mit zu großem Recht, denn kaum war eine kleine Flotte gebaut, als sie schon im Jahre 1852 öffentlich im Namen der Bundesversammlung versteigert wurde« (Herwegh/Vorwort Tardel, S. 14).
923 »Heine hatte in einer frühen Reinschrift den Titel ›Flottentraum‹ eingesetzt.« (Höhn, G., Nachwort zu Heine, Neue Gedichte, S. 287).
924 »Man schläft sehr gut und träumt auch gut/In unsern Federbetten./Hier fühlt die deutsche Seele sich frei/Von allen Erdenketten.« (Heine, Wintermärchen, S. 24).
925 »Wir sind Germanen, gemütlich und brav,/Wir schlafen gesunden Pflanzenschlaf,/Und wenn wir erwachen pflegt uns zu dürsten,/Doch nicht nach dem Blute unserer Fürsten.« (Heine, H., Zur Beruhigung. In: Heine, Neue Gedichte, S. 147).
926 Moltmann, S. 64.
927 Heine, H., Der Tannhäuser. In: Heine, Neue Gedichte, S. 64.
928 So der Begriff in seinem »Stück Reichsgeschichte« »Deutsch See-Gras« von 1892 (dort Teil II, S. 85 ff.), ebenso der des späteren Flottenbiografen Max Bär, »Die deutsche Flotte von 1848–1852« aus dem Jahre 1898.
929 Batsch, Adalbert, S. 187.
930 S. ebd., S. 187.
931 Das Schiff, das in der Eckernförder Bucht von den Dänen erbeutet und dann als ECKERNFÖRDE in die deutsche Flotte eingegliedert wurde und später wieder als GEFION in der preußischen Marine weiterfuhr.
932 Zit. b. Scholl, S. 87.
933 Bär, S. 219.
934 Ebd., S. 219.
935 Ebd., S. 219.
936 Petter, Untergang, S. 1.

937 Zit. b. Wollstein, Großdeutschland, S. 335.
938 Letzter Tagesbefehl Brommys/Auszug, zit. b. Uhlrich, S. 46.
939 Die Entlassung der Offiziere und Beamten der Marineverwaltung war bereits zum 29. Juli 1852 erfolgt, die Dienstzeit des restlichen Personals endete mit dem 1. April 1853 (s. Jorberg, S. 45).
940 Eckhardt, Brommy, S. 26; s. a. Batsch, See-Gras, S. 447.
941 S. Gross, In der Dichtung, S. 32.
942 Eckhardt, Brake, S. 171. – »In Brake hat er wohl nicht auf längere Zeit gelebt, sieht man einmal von den relativ häufigen amtlichen und privaten Besuchen ab« (ebd., S. 171).
943 S. Eckhardt, Brommy, S. 32.
944 S. Heinsius, Marine, S. 27.
945 Diesen Hinweis verdanke ich Herrn Dr. Heinrich Walle.
946 Duppler, Juniorpartner, S. 43, Anm. 87 (BAMA RM 1/v. 26).
947 Ebd., S. 43, Anm. 87 (BAMA N 266/4 fol. 9: Batsch an Erdmann. Weimar 28.6.1889).
948 »Mit der Reichsgründung von 1871 entstand aus der Norddeutschen Bundesmarine, die 1867 aus der Königlich-Preußischen Marine hervorgegangen war, die ›Kriegsmarine des Reiches‹. Gemäß Artikel 53 der Reichsverfassung unterstand sie direkt dem Kaiser und ist daher besser als ›Kaiserliche Marine‹ bekannt.« (Rahn, Einführung zu Rahn, W. (Hrsg.), Deutsche Marinen im Wandel«, S. 5).
949 S. Petter, Flottenrüstung, S. 64. – »Lag es doch (…) auf der ›flachen Hand‹, daß ein Kriegshafen auf die Dauer bei einer Ausweitung des preußischen Seehandels unumgänglich war.« (Lampe, S. 151).
950 S. Eckhardt, Brommy, S. 25.
951 S. Duppler, Adalbert, S. 39.
952 S. ausführlich Graul 2014 u. Neumann/Janßen 2013.
953 S. Neumann/Janßen, S. 9.
954 Ebd., S. 9.
955 S. dazu ausführlich Lampe, S. 155. Der oldenburgische Großherzog Nikolaus Friedrich Peter schrieb dazu: »Da nun die deutsche Flotte mal zu Grabe getragen ist, können wir uns nur durch die Entwicklung der Preussischen einigen Ersatz hoffen, und die ist unmöglich ohne Nordseehäfen. Für die Entwicklung Oldenburgs ist ein solches Establissement auch von großer Bedeutung. Dem ganzen Lande kommen dadurch neue Absatz- und Erwerbs-Wege zu Gunsten.« (Lampe, S. 158, Anm. 199).
956 S. Batsch, Adalbert, S. 210.
957 »Die ceremonielle Uebernahme des neuen Gebiets wurde am 23. November 1854 an Ort und Stelle vollzogen« (ebd., S. 210). – inklusive eines vom Prinzen Adalbert gegebenen »feierlichen Diners« im Dorf Heppens mit den beiden Dampfavisos NIX und SALAMANDER ankernd »auf der Rhede von Fährhuk« (ebd., S. 210).
958 »Wirkliche, wahre und zugleich auch offene Freundschaft fand die Flotte nur an einer Stelle; das war der damalige Großherzog von Oldenburg.« (Batsch, See-Gras, S. 332).
959 »Wenn auch den Oldenburgern in Frankfurt kein Erfolg beschieden war, so wurde doch Prinz Adalbert von Preußen, der Leiter der technischen Marinekommission, auf die oldenburgischen ›Lokalitäten‹ aufmerksam.« (Lampe, S. 133).
960 Janssen, C. A., Denkschrift v. 23. Mai 1848 (s. Lampe, S. 131). Ursprünglich ein Vortrag vor der Volksversammlung in Oldenburg am 19.04.1848, dann Druck unter dem Titel »Die deutsche Kriegs-Marine. Eine Ansprache an die deutschen Volksvertreter in Frankfurt a. M., von J. Andresen-Siemens, Schiffbauer, C. A. Janßen, in Oldenburg, L. Starklof, in Oldenburg. Oldenburg, 1848. Druck und Verlag der Schulzeschen Buchhandlung (W. Berndt) – auf der Basis der von Andresen-Siemens schon 1843 verfassten Schrift »Deutschlands See-Geltung«, die, so wird im Buch annonciert, bereits »im Zollvereinsblatt gewürdigt« worden sei. Darin finden sich »Vorschläge zur Begründung einer deutschen Kriegsmarine« von Andresen-Siemens inkl. der These »Ohne Wehrbarmachung der Jahde, wird der Schutz der Weser leicht höchst nutzlos« (ebd. S. 19) und die Ausarbeitung der oldenburgischen Abgeordneten der Nationalversammlung v. Buttel, Cropp, Mölling, Rüder und Tappekorn »Der Kriegs-Hafen an der Jade. Der hohen Centralgewalt Deutschlands zur Berücksichtigung empfohlen von den Abgeordneten der deutschen Nationalversammlung« nebst weiterer Beiträge, namentlich: »Über die Anlegung einer befestigten Station und eines Hafens mit dem erforderlichen Arsenal für die größeren Kriegsschiffe der deutschen Flotte an der Nordsee« von Friedrich von Thünen; »Oldenburgischer Beitrag zu den Vorarbeiten für die Anlegung eines Kriegshafens an der deutschen Nordseeküste (November 1848)«; »Weitere Oldenburgische Mitteilungen betreffend die Anlegung eines Kriegshafens an der deutschen Nordseeküste« aus der Feder des Brigade-Adjutanten v. Weltzien und des Batterie-Commandeurs Rüder »im Auftrage des Großherzoglichen Militair-Commando's (28. Januar 1849)«, versehen mit umfangreichem Kartenmaterial und Bauskizzen von Batterien am Heppenser Fährhuk und einem Vergleich der Längenprofile von Jade und Weser (s. zu den Denkschriften ausführlicher Pleitner, S. 94).

961 S. Lampe, S. 133.
962 Pleitner, S. 94 f.
963 Ebd., S. 103.
964 Zit. b. Uhlrich, S. 108.
965 Duppler, Adalbert, S. 39.
966 Hubatsch, Reichsflotte, S. 39.
967 Schultz datiert ihn (offensichtlich versehentlich« auf 1848 (s. Schultz, S. 35).
968 Zit. ebd., S. 35.
969 Zit. ebd., S. 36.
970 Zit. ebd., S. 36.
971 Zit. ebd., S. 36.
972 Zit. ebd., S. 36.
973 Jöhnck verwendet nicht zu Unrecht die Begrifflichkeit »erbetteln« (s. Jöhnck, S. 11).
974 Brommy, Schreiben als »sächsischer Untertan« an den Freiherrn von Nostitz und Jänkendorf, Kgl. Sächs. Bundestagsgesandter, zit. b. Schultz, S. 52.
975 Brief Brommys an Adalbert vom 5. April 1852, zit. b. Uhlrich S. 47.
976 S. Schultz, S. 53; Eilers, S. 75.
977 Jorberg, S. 46.
978 S. ebd., S. 46; s. a. Bär, S. 210.
979 Schultz, S. 53.
980 S. Eilers, S. 76.
981 Diesen Hinweis verdanke ich Herrn Dr. Heinrich Walle, der gem. mündlicher Mitteilung in den Akten des Bundesarchivs-Militärarchivs zudem noch ein Gesuch der Admiralswitwe Bromme auffand, in dem diese um eine Erhöhung der Witwenbezüge einkommt.
982 Bär, S. 210.
983 S. ebd., S. 211.
984 Erk, K./Ohlrogge, G./Roß,, W. (Hrsg.), Das Tagebuch des Seejunkers Diedrich Adolph Karl Groß 1851–1855. Oldenburg 1960.
985 Gross, Gedichte, S. 4.
986 »Im Mai 1857 wurde er (…) Chef der technischen Abteilung der österreichischen Admiralitätssektion in Mailand.« (Friedl u. a., S. 96; s. a. Schultz, S. 53; bei Eilers ist, wohl versehentlich, Venedig vermerkt als »Amtssitz des österreichischen Marineoberkommandos« (Eilers, S. 76). – Brommy »ließ sich 1857 vom Wiener Wirtschaftsminister Bruck, einem der ehemaligen Marinefachmänner der Revolution, und vom Marinechef Erzherzog Ferdinand Max, dem späteren Kaiser von Mexiko, zum Eintritt in die österreichische Marine bewegen.« (Petter, Admiral, S. 18). Eilers hingegen weiß, Brommy habe von sich aus den Kontakt mit dem Erzherzog gesucht (s. Eilers, S. 76). Kaiser Franz Joseph hingegen, soviel scheint sicher zu sein, hatte am 8. April 1857 »die Begründung einer höheren technischen Kommission angeordnet. Der Erzherzog hatte privat mit Brommy verhandelt und dessen Zusage erhalten, zunächst provisorisch in der Eigenschaft eines technischen Referenten bei der k. k. Marine Dienst zu tun. Unterm 20. April erfolgte die Genehmigung der Berufung durch Kaiser Franz Joseph« (ebd., S. 76).
987 »Aber diese Stellung konnte ihn nicht fesseln (…) und beraubte ihn seiner Kräfte.« (Schultz, S. 53). – »Schon im August des gleichen Jahres mußte Brommy (…) in die neue Heimat nach St. Magnus zurückkehren.« (Eilers, S. 76; s. a. Schultz, S. 53).
988 Zit. b. Uffmann, Programmheft, S. 39.
989 Jöhnck, S. 13.
990 S. Uhlrich, S. 52.
991 »Braker Anzeiger« v. 21. Januar 1860, zit. b. Eckhardt, Brommy, S. 25.
992 S. Eckhardt, Brommy, S. 15.
993 »Eine Sprecherin der Braker Damen hielt eine Ansprache, die mit den folgenden (…) Worten endete: Hinauf denn, du deutscher Aar, der auch in dieser Flagge seine mächtigen Flügel entfaltet, hinauf zu den Höhen dieser Berge und Meuten, zerstreue die alten Raben in alle Winde, erhebe dein Gefieder, öffne die Fänge und zermalme die Feinde des Vaterlandes« (zit. b. Gross, In der Dichtung, S. 31). – Die alte deutsche Kaisersage, die ja auch Heine in seinem »Wintermärchen« beim dortigen Besuch im Kyffhäuser zitiert, weissagte ja die Wiederkehr Barbarossas dann, wenn die Raben nicht mehr um den Kyffhäuser kreisen würden.
994 Zit. b. Wiechmann, S. 90. – Der »Braker Anzeiger« vom 13. Januar 1860 berichtete: »Das Dampfschiff ›Magnet‹ nahte heute morgen 10 Uhr unter deutscher Trauerflagge unserm Hafen und landete den Sarg mit der entseelten Hülle eines Mannes, der fortan in der Geschichte der schweren und bittern Kämpfe des deutschen Volkes um nationale Einheit und die ihm gebührende Machtstellung einen Namen hat, des am 9. Januar in St. Magnus verstorbenen Contreadmirals der schmählich aufgelösten Kriegsflotte, R. Brommy.« (zit. b. Jöhnck, S. 15).
995 S. Gross, Gedichte, S. 4. – »Weitere Nachfahren Brommys sind nicht bekannt.« (Gross, In der Dichtung, S. 33).
996 Die Brommy-Rezeption, namentlich die wandlungsfähige Konstruktion des Brommy-Bildes ganz nach den jeweiligen

politischen und militärischen Zwecken und Bedürfnissen, soll hier nicht ausführlich Gegenstand der Betrachtung werden, zumal diese bereits in den Beiträgen von Wolfgang Petter, Eberhard Kliem und Gerhard Wiechmann, und namentlich bei Letzteren ausführlich zu Brommy-»Erinnerungsorten«, ertragreich erarbeitet und vorgestellt wurde: in Form von Straßen, Büsten, Gedenksteinen und -feiern, Denkmälern, Schiffen und in der Literatur wie vor allem auch im Film, in Sonderheit dem von Wiechmann ausführlich analysierten (s. ebd., S. 109–111) Spielfilm von 1941 »Geheimakte W. B. 1«, einer filmischen Biografie des U-Boot-Konstrukteurs Wilhelm Bauer, in der auch die Figur Brommy eine maßgebliche Rolle spielt. Weitere Details der Rezeption finden sich darüber hinaus in den Ausführungen zur Erinnerungskultur um Admiral Brommy aus der Feder Wolfgang Meironkes in bisher fünf Teilen (s. www.bromme-gesellschaft.de/teil-1.html bis teil-4-b) im Rahmen einer für die Homepage der Bromme-Gesellschaft verfertigten Übersicht biografischer und Rezeptionsdaten zu Leben und Wirken Carl Rudolph Brommys).

997 S. dazu ausführlich Wiechmann, S. 94–96. Am Geburtshaus Brommys in Leipzig wurde zudem am 12. September desselben Jahres eine Gedenktafel angebracht (s. ebd., S. 95), am 22. September 1939 wiederum ein Gedenkstein am Ort seines vormaligen Geburtshauses in der Breitestr. 13 (s. Uhlrich, S. 67). Brommy war mittlerweile zu einer tragischen Führerfigur stilisiert worden, die am »deutschen Kleingeist« gescheitert war (s. Uhlrich S. 66), gleichsam als markantes Beispiel der Funktionalisierung einer Person und deren geschichtlicher Leistung in Gestalt einer Kunstfigur mit unterstellten aktuellen Zwecken; Wiechmann weist zu Recht darauf hin, dass es hier nicht um den Brommy, wie er gewesen sondern »wie er hätte sein sollen« (Wiechmann, S. 117) ging.

998 »Ein rein nordwestdeutscher Event« (ebd., S. 96).
999 S. Uhlrich, S. 60.
1000 »Das ganze allmähliche Zerbröckeln und Zerfallen unserer Einheit hat mich nicht so schmerzlich verwundet als gerade diese Zernichtung der herrlichsten Schöpfung jener unvergeßlichen Tage.« (Hermann Allmers über die Brommy-Flotte. In: Steimer, S. 83).
1001 »Erst in unseren Tagen haben deutschgesinnte Männer die Ehrenschuld der Nation eingelöst und auf der Ruhestätte des ersten deutschen Admirals ein einfaches, würdiges Denkmal errichtet.« (Bär, S. 49, verfasst 1898).

1002 Originalinschrift auf dem Grabstein Brommys auf dem Friedhof von Kirchhammelwarden. Vielleicht handelt es sich bei diesem Zitat, original abgelesen am Grabstein selbst, angesichts der bisher gesichteten Brommy-Literatur um eine der wenigen buchstabengetreuen Wiedergaben dieser Inschrift, die geradezu notorisch in immer neuen Versionen in der Literatur erscheint. Indiz möglicherweise auch für den »freien« Umgang mit der Person Brommy und deren Aufladung mit verschiedenen politischen Zwecken – eine Strategie, die auch nicht, wie in der nationalsozialistischen Rezeption absichtsvoll, vor der Umformulierung der Grabinschrift Halt macht (»gedenkt der Tage« statt »gedenkt der Zeiten« in: zur Klampen, E., Zentralverlag der NSDAP, München o. Jg. – ein Diminutiv, die Zeiten der Revolution zu Tagen abschmelzend, das der Autor auch in neue Zeiten hinüberträgt (s. ders., Brommy. Weihespiel für deutsche Einheit, deutsche Freiheit, deutsche Flagge, Broschüre des Heimatbundes Brake Stadt und Land e. V., Brake 1954, S. 28).
1003 S. Gross, Gedichte, S. 4.
1004 S. hierzu ausführlich Wiechmann, S. 107–115 sowie Ganseuer, Von Utopia, S. 125–127.
1005 Schoepp, M., Blockade. Berlin 1915. Neuauflage Düsseldorf 1944.
1006 Petter, Admiral, S. 12.
1007 In einer Büste materialisiert, die Wilhelm II., gemeinsam mit der des Prinzen Adalbert, im Jahre 1904 der Marineakademie in Kiel übergab (s. Wiechmann, S. 100 u. Kliem, S. 90).
1008 Zebrowski, B., Brommy. Admiral ohne Flotte. Roman. Berlin 1937. – Klampen, E. z., Brommy. Der ersten deutschen Flotte Admiral. München 1938. – Lindemann, A., Deutschlands erster Admiral. Köln 1939. – Eilers, E., Rudolf Brommy. Der Admiral der ersten deutschen Flotte 1848. Dresden 1939. – Zerkaulen, H., Brommy. In: Ders., Die Dramen, Leipzig 1940. – Ders., Narren von gestern – Helden von heute! Ein Roman um die erste Deutsche Kriegsmarine. Berlin 1941.
1009 Klampen, E. z., Brommy. Weihespiel für deutsche Einheit, deutsche Freiheit, deutsche Flagge. Brake 1954.
1010 Thyselius, T., Brommy, Deutsches Schicksal. In: Dies., Kleine Herrlichkeit. Jever 1966, S. 86–104.
1011 Ebd., S. 94.
1012 Ebd., S. 103.
1013 Schreibweise dort so (s. Thyselius, S. 91 ff.).
1014 Sax, I. Brommy – Die Freiheit der Meere. Brake 1998. Gegeben als Freilichtaufführung unter Aufbietung eines Shanty-Chores, eines weiteren Chores und einer Vielzahl von Bürgerinnen

und Bürgern der Stadt Brake durch die Niederdeutsche Bühne Brake e. V. vom 3.–26. Juli 1998 an der Braker Kaje in der Inszenierung von Werner Michaelsen (s. Uffmann, H., [Red.], Programmheft, Brake 1998). Dieses Stück ist gleichsam Nachfolger eines von Alma Rogge verfassten und auf der Weserinsel Harriersand am 21. Juni 1931 uraufgeführten »Festspiels« »Rudolf Brommy. Der ersten deutschen Flotte Admiral«. (s. ebd., S. 3 u. 31).

1015 S. Hildebrand u. a. Bd. 7, S. 74 f.; s. a. Wiechmann, S. 106.

1016 S. Hildebrand u. a., Bd. 1, S. 172. – »Als Bugwappen führte das als Schul-Fregatte eingesetzte Schiff eine Abbildung der Flagge der Bundesflotte von 1848.« (Kliem, S. 94). Das Namensschild des Schiffes wird heute im Schiffahrtsmuseum der oldenburgischen Unterweser in Brake aufbewahrt (s. ebd., S. 95).

1017 S. Wiechmann, S. 115.

1018 S. ebd., S. 131.

1019 S. Kliem, S. 93.

1020 »Eine lokale Veranstaltung wie schon 33 Jahre zuvor die Festlichkeiten zu Brommys 100. Geburtstag 1904 oder die Denkmalseinweihung 1897.« (Wiechmann, S. 105).

1021 S. Wiechmann, S. 106 u. Kliem, S. 93 sowie ausführlich Haß, H., StBtsm a. D., Chronik der Admiral-Brommy-Kaserne Brake 1935–1997. Oldenburg 2005. – Mit Marine und Kaserne ging auch irgendwann das Lokal »Zum Admiral Brommy«, direkt gegenüber gelegen vom Telegraph und gleichsam Relikt alter Braker Flottenherrlichkeit, dahin.

1022 »Brommy ist – auch nach eigenen Äußerungen – gewiß kein Revolutionär gewesen. Wohl hat er aber immer auf der Seite nationaler, revolutionärer Befreiungsbewegungen gekämpft. Er fühlte sich der Frankfurter Nationalversammlung und dem von ihr eingesetzten Reichsverweser verpflichtet. (…) Damit stand er objektiv im Dienste des historischen Fortschritts.« (Dire, H., Admiral Karl Rudolf Brommy. In: Marinekalender der DDR, Jg. 1988, Berlin, S. 103–112, zit. b. Wiechmann S. 116).

1023 Salewski, 160 Jahre, S. 2.

1024 »Die Reichsflotte war Sache eines Parlaments, das ein Reich gründen wollte und im Juni 1848 fast am Ziel zu sein glaubte« (ebd., S. 2).

1025 »So sind in der Räson der Deutschen Marine heute jene beiden Grundprinzipien eindrucksvoll bestätigt, die von Anfang an, also seit dem 14. Juni 1848 Gültigkeit beanspruchten: Freiheit und Macht. Die Marine ist ein Machtinstrument und gleichzeitig eines, das die Ideen von Demokratie und Freiheit verkörpert« (ebd., S. 7).

1026 »Die Bundesmarine verstand sich von Anfang an als Nachfolgerin der Reichsflotte von 1848« (ebd., S. 6).

1027 »Das Museum hat besonders der Bundesmarine für vielfältige Unterstützung zu danken, vor allem für den Einsatz von Kapitänleutnant Dr. Walle.« (Schlechtriem, Zur Sonderausstellung, in: Schiffahrtsmuseum, S. 94).

1028 Luther, Grußwort zu Schiffahrtsmuseum, S. 5; s. a. ders., Standortbestimmung, in: Rahn, Deutsche Marinen, S. 16. – Vizeadmiral Luther hatte dies bereits zuvor, am 21. September 1978, in einer Ansprache an Offiziersanwärter der Marineschule Mürwik ausgeführt: »Wenn auch der Deutsche Bund diese Flotte 1853 auflöste, so symbolisierte sie doch mit ihrer schwarz-rot-goldenen Flagge den Gedanken der Reichseinheit auf liberal-demokratischer Grundlage.« (Luther, Standortbestimmung, S. 16).

1029 S. hierzu die Ausführungen über den parlamentarischen Diskurs im Deutschen Bundestag bei Palmer, H., Ziemlich beste Gegner. In: Kauder/Bicher, S. 122 f.

1030 Der Begriff »Reichsflotte« wurde, im Gefolge von Walther Hubatsch und Michael Salewski, durch Heinrich Walle auch in die Marinegeschichtsschreibung der Bundeswehr eingeführt (s. Walle, S. 47 ff.).

1031 S. Hubatsch, Reichsflotte, S. 29 (»die 1848 postulierte Reichsflotte«).

1032 So der Begriff der »Verfassung für das deutsche Reich« vom 28. März 1949, die in ihrem Abschnitt I. Das Reich. Art I. § 1. zum Geltungsbereich der Verfassung ausführt: »Das deutsche Reich besteht aus dem Gebiete des bisherigen deutschen Bundes.« (In: http://www.verfassungen.de/de/de06-66/verfassung48.htm). – Der »Reichs«-Begriff findet hingegen bereits weit vor der Verabschiedung der eigentlichen Reichsverfassung, schon mit der Implementierung der provisorischen Zentralgewalt, Anwendung; zunächst, so ist dies bei Duckwitz vermerkt, noch in Anführungszeichen (»Zur Organisation des ›Reichs‹ gehörte auch ein Büro für die ›Reichsstatistik‹«, Duckwitz, S. 103), dann auch in Amtsbezeichnungen (»Reichs-Ministerium«, »Reichsminister«, beides s. Schreiben Duckwitz v. 4. November 1848 an Brommy, Faksimile bei Wagner, Anh. S. 27 f.).

1033 Zit. b. Petter, Untergang, S. 165; s. a. Hubatsch, Flotte, S. 11.

1034 Die Reichsverfassung vom 28. März 1849 bezeichnet, gleichsam als Materialisierung der »Seemacht« des deutschen Reiches, diese Flotte des Reiches, welches durch die Reichsverfassung konstituiert wird, im gleichen Verfassungsartikel auch als »Kriegsflotte«: § 19. Die Seemacht ist ausschließlich Sache des Reiches. Es ist keinem Einzelstaate gestattet, Kriegsschiffe für sich zu halten oder Kaperbriefe auszugeben. Die Bemannung der Kriegsflotte bildet einen Theil der deutschen Wehrmacht. Sie ist unabhängig von der Landmacht. Die Mannschaft, welche aus einem einzelnen Staate für die Kriegsflotte gestellt wird, ist von der Zahl der von demselben zu haltenden Landtruppen abzurechnen. Das Nähere hierüber, so wie über die Kostenausgleichung zwischen dem Reiche und den Einzelstaaten, bestimmt ein Reichsgesetz. Die Ernennung der Offiziere und Beamten der Seemacht geht allein vom Reiche aus. Der Reichsgewalt liegt die Sorge für die Ausrüstung, Ausbildung und Unterhaltung der Kriegsflotte und die Anlegung, Ausrüstung und Unterhaltung von Kriegshäfen und See-Arsenälen ob. Über die zur Errichtung von Kriegshäfen und Marine-Etablissements nöthigen Enteignungen, sowie über die Befugnisse der dabei anzustellenden Reichsbehörden, bestimmen die zu erlassenden Reichsgesetze.« (Verfassung des deutschen Reiches v. 28. März 1849, in: http://www.verfassungen.de/de/de06-66/verfassung48.htm ; s. a. Hubatsch, Reichsflotte, S. 33 u. Hubatsch, Flotte, S. 12).

1035 Hubatsch, Reichsflotte, S. 92; s.a. Salewski, Reichsflotte, S. 111. – »Bis Ende 1849 richtiger: Reichsflotte« (Eckhardt, Brommy, S. 8).

1036 S. Müller, J., S. 37. – »Nur die Flotte führte noch als Symbol der Einheit die Fahne eines Reiches, das nicht bestand.« (Eilers, S. 48).

1037 S. die »Verordnung über die Uniformierung der Offiziere und Mannschaften der Reichsmarine« (s. Heinsius, Marine, S. 29).

1038 »Die Bundes Central-Commission, Bestimmungen über die Materialverwaltung der Reichs-Marine. Frankfurt am Main 2ten März 1850.« (In: Archiv Schiffahrtsmuseum der oldenburgischen Unterweser, 02-00039).

1039 Diese Versionen finden sich in der Meldung des Angehörigen der »Reichsflotte«, Ernst Wilhelm Kriete, sowie, in der zweiten Version, in der Antwort des »Hochlöblich königlich Hannoverschen Amtes zu Blumenthal«, die ihm, der begründet, dass er sich nicht zu »hiesigem gesetzlichen Militärdienst« stellen könne, da er bereits auf der »Reichs Dampf Fregatte HANSA« diene, mitteilt, er möge wiederum melden, »ob und mit wie langer Zeit derselbe für die Marine angenommen ist« (Dokumente v. 15. und 18. Dezember 1849, in: Archiv des Schiffahrtsmuseums der oldenburgischen Unterweser, 02-00029).

1040 In: http://www.verfassungen.de/de/de06-66/provzentralg48.htm.

1041 Der Reichsverweser war per Amtsbeschreibung dieses Gesetzes vollziehende Gewalt in allen Angelegenheiten, die die »allgemeine Sicherheit und Wohlfahrt des deutschen Bundesstaates« betreffen (s. http://www.verfassungen.de/de/de06-66/provzentralg48.htm) u. Hein, S. 48).

1042 In: http://www.verfassungen.de/de/de06-66/verfassung48.htm.

1043 S. ebd., § 19. – Insofern ist der Porträtartikel der »Leipziger Zeitung« v. 2. November 1849 (den Hinweis darauf verdanke ich Herrn Ulrich Schiers) über Karl Rudolf Bromme, den »Contreadmiral unserer Kriegsflotte« auch begrifflich korrekt im Sinne der Reichsverfassung.

1044 S. ausführlicher im Folgenden.

1045 »Die Parlamentarier wussten nicht, wie sie das, was sie schaffen wollten, überhaupt nennen sollten: Bundesflotte, Reichsmarine, Reichsflotte, Kriegsmarine, Bundesmarine, Deutsche Marine. Alles findet sich in zeitgenössischen Quellen.« (Salewski, 160 Jahre, S. 2).

1046 In: http://www.verfassungen.de/de/de06-66/provzentralg48.htm.

1047 S. ebd. – »Die Minister wurden in der Regel als ›Reichsminister‹ bezeichnet, ihre Behörde hieß ›Ministerium‹. Den Gepflogenheiten der Zeit entsprechend ist ›Ministerium‹ oder ›Reichsministerium‹ aber auch die Bezeichnung für die Gesamtheit aller Minister. Daher entstand der Ausdruck ›Gesamt-Reichsministerium‹ (GRM) für die Minister als Kollektivorgan. Die Minister wurden allerdings auch nach ihren Sitzungen benannt, als ›Ministerrat‹.« (https://invenio.bundesarchiv.de/basys2-invenio/main.xhtml).

1048 Der Begriff »Reichsminister« erscheint dort in deren §§ 81, 121, 122 und 123, während in den §§ 186 und 187 diese wiederum, und erneut verweisend auf die relativ »freie« Begriffsverwendung selbst in derartigen Dokumenten, als »Minister« figurieren (s. http://www.verfassungen.de/de/de06-66/verfassung48.htm).

1049 S. https://invenio.bundesarchiv.de/basys2-invenio/main.xhtml.

1050 Hubatsch, Forschungsstand, S. 84.

1051 In: https://achtundvierzig.hypotheses.org/695.

1052 Gemäß den Ausführungen von Hedwig Schultz übersandte Brommy im Dezember 1849 an Prinz Adalbert, offensichtlich aus Bewerbungsgründen für die preußische Marine unter dessen Oberbefehl und die von ihm, Brommy, gewünschte

Integration seines »Nordseegeschwaders« in die preußische Marine, »ein Werkchen, ›Dienstvorschriften für die deutsche Reichs-Marine‹« (Schultz, S. 35). – Im Bundesarchiv Militärarchiv ist darüber hinaus auch eine »Dienstanweisung für die Materialverwaltung der Deutschen Marine« von 1852 nachgewiesen (BAMA, DB 64 Marinebehörden/Seezeugmeisterei, in: https://invenio.bundesarchiv.de/basys2-invenio/main.xhtml).

1053 Archiv Schiffahrtsmuseum der oldenburgischen Unterweser, 02-00039.

1054 »An Herrn Seezeugmeister der deutschen Kriegsmarine Commodore Brommy zu Bremerhaven« (Anrede in einer Meldung des Besatzungsangehörigen der »Reichs Dampf Fregatte HANSA«, Ernst Wilhelm Kriete, an seinen Vorgesetzten, der zu diesem Zeitpunkt (15. Dezember 1849) allerdings schon zum »Contre-Admiral« befördert war. (In: Archiv Schiffahrtsmuseum der oldenburgischen Unterweser, 02-00029).

1055 Duckwitz, S. 107: »Ich habe in Frankfurt stets ein Tagebuch geführt. Dasjenige bis zum 5. April 1849 ist mir jedoch in Frankfurt gestohlen worden. (*Die Reichsminister waren stets von Lauschern und bestochenen Dienern umgeben. Ich vermute daher, daß mein Tagebuch in das Cabinet irgend einer Gesandtschaft gewandert sein wird.)«

1056 S. ebd., S. 274 ff. Der Begriff Marine wird hierbei ebenso in amtlichen (Minister der Marine, Marineabteilung, Marineausschuß, technische Marinecommission, Ministerium der Marine) wie in gleichsam amtlich-umgangssprachlichen Zusammensetzungen (Marineangelegenheiten, Marineconferenz, Marineumlage, Marinegegenstände, Marinesachen, Marineberathungen, Marinesitzung) in den Ausführungen von Duckwitz verwendet. Andere Begrifflichkeiten finden sich lediglich an wenigen Stellen: »Kriegsmarine« (ebd., S. 281; s. a. den Titel der Schrift von Duckwitz« »Ueber die Gründung einer deutschen Kriegsmarine«, Bremen, Juli 1849; s. a. ders., Denkwürdigkeiten, S. 104), »Reichsmarine« (in einem Tagebucheintrag vom 16. April 1849 [ebd. S. 296], also nach Verabschiedung der Reichsverfassung durch die Nationalversammlung), die Bildung einer »deutschen Flotte« (ebd., S. 103) als zusätzlicher Aufgabenbereich neben dem Handelsministerium sowie die »Flotte auf der Weser« (ebd., S. 304) – Letzteres in begrifflicher Abgrenzung zur »Hamburger Flottille« (ebd., S. 299) sowie zur expliziten Betonung des operativen Elements einer Marine, einer schlagkräftigen »Flotte«, solle man doch politischer- und militärischerseits bestrebt sein, dass »eine Flotte vorhanden war, um die Dänen schlagen zu können« (ebd., S. 104).

1057 S. deren § 19, in: http://www.verfassungen.de/de/de06-66/verfassung48.htm.

1058 S. Stoll, S. 305–322. Hier finden, in der Reihenfolge ihres Vorkommens, folgende Begriffe Anwendung, und zwar in unterschiedlicher Häufung, von Redner zu Redner verschieden oder auch vom gleichen Redner in mehreren Varianten verwendet: deutsche Flotte, deutsche Kriegsmarine, deutsche Marine, Marine, Flotte, Kriegsmarine, Kriegsflotte. Die häufigste Verwendung findet dabei der Begriff »Flotte«, gleichsam aus den vormärzlichen ökonomischen wie literarischen Schriften in das Parlament, als Begriff für den operativen Arm einer Marine wie synonym für den Begriff Marine selbst, hineinragend.

1059 Beispiele dieser »freien« Begriffsverwendung in Aktentiteln aus dem »Heimatarchiv« der Brommy-Flotte (NLA OL = Niedersächsisches Landesarchiv Oldenburg, in: https://www.arcinsys.niedersachsen.de): »Abgabe von Waffen und Munition an die Reichsflotte (NLA OL, Best. 54 Nr. 430)« – »Die mögliche Beteiligung Ostfrieslands an dem Bau und der Ausrüstung der Reichsmarine (NLA AU, Rep. 15, Nr. 11501)« – »Unterbringung und Erhaltung der deutschen Nordseeflotte (NLA OL, Best. 31-Ib-19 Nr. 140 c Bd.3)« – »Reichsministerium des Handels, Abteilung für die Marine, Frankfurt, Spenden aus Ostfriesland, Bremen und der Stadt Stade für die deutsche Reichsmarine (NLA HA, Hann.40, Nr.3/1)« – »Bundestagsverhandlungen über die deutsche Flotte (NLA HA, Hann. 40, Nr. 1/16)« – »Gesuche um Anstellung in der deutschen Marine (NLA HA, Hann. 40, Nr. 29)« – »Die dem Reichsministerium des Krieges in Beziehung auf die Deutsche Kriegsmarine gelieferte Übersicht über die den Küstenstaaten zu Verfügung stehenden Seeleute (Kreis A CUX, Mag. Ott, AR, 0690)«. Dies sind hingegen nur Indizien, die durch eine Untersuchung der einzelnen Aktenbestände selbst und ggf. dem Anlegen einer verbindlichen »Marine-Nomenklatur« für die Jahre 1848–1853 erhärtet werden müssten.

1060 S. das Schreiben Duckwitz an Brommy v. 4. November 1848, das im Briefkopf »Das Reichs-Ministerium des Handels« trägt, während der zuständige Minister selbst, ohne Bindestrich, als »Der Reichsminister des Handels« unterzeichnet (s. Faksimile des Briefes bei Wagner, Anh., S. 27 u. 28).

1061 Während Prinz Adalberts »Denkschrift über die Bildung einer deutschen Kriegsflotte« in ihrem Titel ebenso wie in ihrem Untertitel »Zum Besten der deutschen Flotte« (beides Adalbert, Denkschrift, in: Duppler, Adalbert, S. 79) die »Flotte« apostrophiert, ist die Terminologie, namentlich in den fundamentalen »Hauptrubriken« der Denkschrift die der »Kriegsmarine« (z. B. »Hauptrubrik« 1: »eine Kriegsmarine zur rein defensiven Küstenvertheidigung« [ebd., S. 83] oder »gewiß ein wichtiger Umstand für eine zukünftige deutsche Kriegsmarine« in der Anmerkung zur Bedeutung von Eisenbahnverbindungen ebd., S. 86).

1062 S. Stoll, S. 305.
1063 Ebd., S. 318.
1064 Ebd., S. 318.
1065 S. ebd., S. 92.
1066 Ebd., S. 92.
1067 »§ 19. Die Seemacht ist ausschließlich Sache des Reiches.« (http://www.verfassungen.de/de/de06-66/verfassung48.htm).
1068 S. Faksimile des Briefes Duckwitz v. 4. November 1848 bei Wagner, Anh., S. 27.
1069 S. Wagner, S. 78.
1070 Faksimile Brief Duckwitz v. 4. November, bei Wagner, Anh., S. 27.
1071 »Der Contreadmiral unserer Kriegsflotte« (Leipziger Zeitung v. 2. November 1849). Den Hinweis verdanke ich Herrn Ulrich Schiers.
1072 Arenhold, Titelblatt.
1073 Ebd., Titelblatt.
1074 »Am 20. Dezember 1849 erlosch die Reichsregierung.« (Petter, Admiral, S. 17).
1075 S. Briefkopf und Dienstsiegel von (handschriftlich) »RBrommy C. Admiral« v. 12. Dezember 1852: »Das Ober-Commando der Marine« (In: Archiv Schiffahrtsmuseum der oldenburgischen Unterweser 02-00029).
1076 Die Flotte war »ein bemerkenswertes Symbol, das die Reaktion aus Furcht vor der Öffentlichkeit noch lange nicht anzugreifen wagte« (Petter, Untergang, S. 167).
1077 Der Deutsche Bund »war am 12. 5. 1851 voll restituiert worden« (Petter, Admiral, S. 22, Anm. 10).
1078 S. https://invenio.bundesarchiv.de/basys2-invenio/main.xhtml.
1079 »Ende Dezember 1849 war die Marineabteilung der Bundeszentralkommission eingerichtet worden, damit begann wieder die Bundeszuständigkeit für die letzten dreieinhalb Jahre.« (Hubatsch, Forschungsstand, S. 85).
1080 Die Gliederung der Verwaltung der Bundeszentralkommission, Marineabteilung, hat Hubatsch, Forschungsstand, S. 85f., anhand des Aktenplans in ihrer beeindruckenden Umfänglichkeit der Geschäftsbereiche von Personalangelegenheiten, Übungen, Dienstvorschriften, Ausrüstung, Rechtspflege, Reparaturen der Schiffe, Bewaffnung, Hafen- und Küstenbefestigung, Kassen- und Rechnungswesen, Verpflegung und Sanitätsangelegenheiten ausführlich wiedergegeben – ein Verwaltungsschema, so Hubatsch, das zeigt, »daß es sich hier um eine Institution handelt und nicht nur um wenige kleine Schiffe, wie es verständnislose Karikaturisten der Zeit darzustellen suchten« (ebd., S. 86).
1081 Petter, Untergang, S. 162.
1082 »Als gesamtdeutsche, vom Parlament kontrollierte, die schwarz-rot-goldene Flagge führende und von vornherein als bündnisfähig angelegte Seestreitmacht weist die Bundesflotte von 1848 zahlreiche Parallelen zur heutigen Deutschen Marine auf. Aus diesem Grund sieht sich die Deutsche Marine in der Tradition der Bundesflotte von 1848.« (Witt, Marinegeschichte, S. 17; s. a. ebd. S. 8: »Gründung der sogenannten ›Bundesflotte‹«). – Allerdings findet sich ebd., S. 13, auch ein Verweis auf »den Aufbau der ›Reichsflotte‹ genannten ersten deutschen Marine, die oft auch unzutreffend als ›Bundesflotte‹ bezeichnet wird.«
1083 Etwa in den Berichten des oldenburgischen Bundesgesandten Wilhelm von Eisendecker, z. B. betreffend »Struktur- und Finanzierungsprobleme der Bundesflotte« (NLA OL, Best. 40, Best. 43 A, Nr. 148) oder »Zu Verkauf bzw. Versteigerung der Bundesflotte« (NLA OL, Best. 40, Best. 43 A, Nr. 149).
1084 Hubatsch verweist für das Jahr 1849 auf die zunehmend kritischer werdende Haushaltslage der Flotte: »Ungerechnet der Sonderleistungen der Einzelstaaten Österreich, Preußen und Hannover mußte der Bund zu den Reichsmatrikularbeiträgen von 3,6 Mill. Gulden weitere 2,7 Mill. Gulden aufbringen, gewann damit einen erheblichen Anteil an der Kostendeckung für die nunmehr fertige Flotte.« (Hubatsch, Forschungsstand, S. 92, Anm. 9). – »Am 1. März 1850 bestanden noch fast 1,8 Millionen Gulden rückständiger Marinebeiträge.« (Hubatsch, Reichsflotte, S. 37).
1085 Stoll, S. 310.
1086 Der Deutsche Bund überwies dem hamburgischen Flottenverein im Juni 1848 300.000 Thaler, die er vorläufig aus den Ulm-Rastatter Festungsbaugeldern entnahm.« (Bär, S. 29). – »Der Deutsche Bund hatte im ersten Halbjahr 1848 den Betrag von 525.000 Gulden aus Festungsbaugeldern für Rastatt und Ulm für die Marine abgezweigt. Die Marineausgaben waren bis Ende 1849 jedoch schon auf den dreifachen Betrag angewachsen.« (Hubatsch, Reichsflotte, S. 37).

1087 Hubatsch, Forschungsstand, S. 88. – »Ein entsprechendes Bundesgesetz ist nie zustande gekomen, und so blieb die einzige legitime Grundlage in der Zeit ihres Bestehens die Veranschlagung der Reichsmatrikel durch die provisorische Zentralgewalt« (ebd., S. 88).
1088 »Die deutsche Zentralgewalt, die Mitte Juli den Bundestag ersetzt hatte.« (Petter, Untergang, S. 156).
1089 »Er entledigte sich seiner Aufgaben sachgerecht, korrekt und in einer angemessenen Frist.« (Hubatsch, Forschungsstand, S. 90).
1090 Salewski, Reichsflotte. S. 105.
1091 »Es wurde zwar stets das Wort ›Reich‹ gebraucht, es konnte dieses aber leicht in ›Bund‹ oder ›Union‹ verwandelt werden, wenn statt eines Kaiserthums ein Bundesstaat mit einem regierenden Präsidenten zu Stande kommen sollte.« (Duckwitz, S. 90).
1092 »Es war nach 1848 nicht mehr möglich, die Idee Reichsflotte, die so eng mit jener der Idee der Reichseinheit verknüpft war, einfach von der politischen Tagesordnung abzusetzen.« (Salewski, Reichsflotte, S. 117).
1093 »Meine Herren! Wir wollen die Einheit Deutschlands gründen; es gibt kein Zeichen für diese Einheit, das in dem Maße innerhalb Deutschlands und außerhalb Deutschlands diesen Beschluß verkündet, als die Schöpfung einer deutschen Flotte.« (Stoll, S. 231).
1094 »Zum Zweck der Begründung eines Anfangs für die deutsche Marine« (Stoll, S. 318).
1095 »Die Reichsflotte war der entscheidende Katalysator beim ersten ernstzunehmenden Versuch der deutschen Politik, die deutsche Einheit zustande zu bringen und den Ort des neuen Reiches im Konzert der großen Mächte neu zu bestimmen.« (Salewski, Reichsflotte, S. 118).
1096 Salewski, 160 Jahre, S. 2. – »Von daher wird es verständlich, dass allen Marinen der Zukunft nicht nur der Geruch des Kaiserlichen und Kriegerischen, sondern auch des Liberalen und Demokratischen anhaftete« (ebd., S. 3).
1097 In: Duppler, J., Germania, Vorwort, S. 7.
1098 Duppler, J., Germania auf dem Meere. Ausstellungskatalog zur gleichnamigen Ausstellung des Militärgeschichtlichen Forschungsamtes. Bonn, Herford 1998.
1099 Duppler, Unter schwarz-rot-goldener Flagge, S. 9. – S. a. Witt, Marinegeschichte, S. 17 (»der 14. Juni als ›Marinegeburtstag‹«).
1100 Was im Übrigen auch gleichermaßen für die Volksmarine der Nationalen Volksarmee der DDR galt.
1101 S. Petter, Admiral, S. 16.
1102 Duckwitz beschaffte nicht nur die Schiffe der ersten deutschen Flotte. Mit der Berufung der Technischen Marinekommission, für die er zudem den preußischen Prinzen Adalbert gewann, sowie der Ernennung Carl Rudolph Brommys zum Oberbefehlshaber dieser Marine setzte er auch konzeptionell wie hinsichtlich der Spitzenpositionen die entscheidenden Wegmarken für Bau und Entwicklung der Flotte.
1103 Bär, S. 47.
1104 Ebd., S. 47.
1105 Bär, S. 51; unter diesen Unglücksfällen rangierte an erster Stelle die Havarie der späteren ERZHERZOG JOHANN bei ihrer Überführungsfahrt aus England, verbunden mit einer längeren, bis ins Jahr 1851 währenden (s. Kludas, S. 56) Liegezeit im Braker Trockendock.
1106 Petter, Admiral, S. 21. – S.a. den marinesachverständigen österreichischen Gesandten Graf Anton Prokesch von Osten in Berlin im August 1851: »Ich erwartete vernachlässigte, halb unbrauchbare Fahrzeuge, rohe Offiziere, Gesindel statt Matrosen und Mannschaft, liederlichen unmilitärischen Dienst und ich fand … von allem das Gegenteil« (zit. b. Eilers, S. 69).
1107 Zit. b. Eilers, S. 6.
1108 Und zwar in einem solchen Maße, »daß ein Verzeichnis der Gegenstände im Marinearsenal bei Brommy 320 Stück aufwies, bei Fischer jedoch 26.840; er hatte u. a. alle Lampendochte einzeln aufgezählt« (Eilers, S. 69).
1109 Zit. ebd., S. 68.
1110 »Herr Fischer reiste darauf nach Hannover, Berlin und Frankfurt, um für die Erhaltung der Flotte ein Wort einzulegen, erhielt aber von dem Präsidenten der Bundesversammlung den Befehl, sich sofort nach Bremerhaven zu begeben und seinen Auftrag auszuführen. Das ist denn auch geschehen.« (Duckwitz, zit. b. Pleitner, S. 106).
1111 S. Stoll, S. 318 f.
1112 Moltmann, S. 63.

Literatur*

Allmers, H., Briefwechsel mit bremischen Freunden. Bd. 1. Im Auftrag der Hermann-Allmers-Gesellschaft hrsg. v. Steimer, H. G., Bremen 2010.

Andresen-Siemens, J./Janßen, C. A./Starklof, L., Die deutsche Kriegs-Marine. Eine Ansprache an die deutschen Volksvertreter in Frankfurt a. M. Oldenburg 1848.

Angelow, J., Wien, Berlin und die Militärgewalt in der 48er Revolution. In: Hillmann, J./Opitz, E. (Hrsg.), 1789–1989. 200 Jahre Revolution in Europa. Bochum 2003.

Anonymus, Deutschland eine Seemacht. Von einem deutschen Offizier (Aus Heer und Volk, II. Band). Leipzig 1848.

Arenhold, L., Vor 50 Jahren! Die Deutsche Reichsflotte 1848–1852 in zwölf Bildern. Neu hrsg. von Uwe Greve mit zwei Farbbildern aus Neuruppiner Bilderbögen. Berlin 1995.

Bär, M., Die deutsche Flotte von 1848–1852. Nach den Akten der Staatsarchive zu Berlin und Hannover dargestellt von Dr. Max Bär. Leipzig 1898.

> *»Heute«, beklagte sich Herr K., »gibt es Unzählige, die sich öffentlich rühmen, ganz allein große Bücher verfassen zu können, und dies wird allgemein gebilligt. Der chinesische Philosph Dschuang Dsi verfaßte noch im Mannesalter ein Buch von hunderttausend Wörtern, das zu neun Zehnteln aus Zitaten bestand. Solche Bücher können bei uns nicht mehr geschrieben werden, da der Geist fehlt. Infolgedessen werden Gedanken nur in eigener Werkstatt hergestellt, indem sich der faul vorkommt, der nicht genug davon fertigbringt. Freilich gibt es dann auch keinen Gedanken, der übernommen werden, und auch keine Formulierung eines Gedankens, die zitiert werden könnte. Wie wenig brauchen diese alle zu ihrer Tätigkeit! Ein Federhalter und etwas Papier ist das einzige, was sie vorzeigen können! Und ohne jede Hilfe, nur mit dem kümmerlichen Material, das ein einzelner auf seinen Armen herbeischaffen kann, errichten sie ihre Hütten. Größere Gebäude kennen sie nicht als solche, die ein einziger zu bauen imstande ist!«* (Brecht, B., Originalität. In: Ders., Geschichten vom Herrn Keuner. Frankfurt a. M., 29. Aufl. 2016. Erstausg. 1953.

Barth, W./Kehrig-Korn, M., Die Philhellenenzeit. München 1960.

Batsch, K.-F., Admiral Prinz Adalbert von Preußen. Ein Lebensbild mit besonderer Rücksicht auf seine Jugendzeit und den Anfang der Flotte von Viceadmiral Batsch. Berlin 1890.

Batsch, K.-F., Deutsch See-Gras. Ein Stück Reichsgeschichte von Vice-Admiral Batsch. Berlin 1892.

Beck, H., Jacob Grimm und die Frankfurter Nationalversammlung. In: Euphorion 61/1967.

Berghahn, V. R., Der Tirpitz-Plan. Düsseldorf 1971.

Best, H., Interessenpolitik und nationale Integration 1848/49: handelspolitische Konflikte im frühindustriellen Deutschland. Göttingen 1986.

Blasius, D., Friedrich Wilhelm IV. 1795–1861. Göttingen 1992.

Blickle, P., Die Revolution von 1525. 4. Aufl. München 2004 (Erstausg. 1975).

Brandt, H., Der lange Weg in die demokratische Moderne. Darmstadt 1998.

Brommy, R., Die Marine vom Fregatten-Capitain R. Brommy. Mit zwölf Abbildungen, einer Flaggenkarte und neun Tabellen. Berlin. Verlag von Alexander Duncker, Königlichem Hofbuchhändler. 1848.

Bubelach, K.-W., Die Organisation der Seezeugmeisterei in Bremerhaven. In: Deutsches Schiffahrtsmuseum (Hrsg.), Deutsche Marine Die erste deutsche Flotte. Bremerhaven 1979.

Busch, F. O./Ramlow, G., Deutsche Seekriegsgeschichte. 3. Aufl. Gütersloh 1942.

Bußmann, W., Treitschke. Göttingen 1952.

Clausewitz, C. v., Vom Kriege. Hinterlassenes Werk des Generals Carl von Clausewitz. Berlin 1880.

Colquhoun, P., Entwurf zur Bildung einer deutschen Kriegsflotte nebst Kostenanschlag derselben. Leipzig 1849.

Conrad, J., Der Neger von der »Narcissus«. Dt., Frankfurt/M. 1971.

Conrad, J., Spiegel der See. Dt., Hamburg o. Jg.

Duckwitz, A., Denkwürdigkeiten aus meinem öffentlichen Leben von 1841–1866. Bremen 1877.

Duppler, J., Der Juniorpartner. England und die Entwicklung der Deutschen Marine 1848–1890. Herford, Bonn 1986.

Duppler, J., Prinz Adalbert von Preußen. Gründer der deutschen Marine. Herford, Bonn 1986.

Duppler, J., Germania auf dem Meere. Ausstellungskatalog zur gleichnamigen Ausstellung des Militärgeschichtlichen Forschungsamtes. Herford, Bonn 1998.

Duppler, J., Unter schwarz-rot-goldener Flagge. In: Bundeswehr aktuell v. 10. Juni 2013.

Eckhardt, A. (Hrsg.), Gründung und Aufstieg der Stadt Brake (1848–1910). In: Eckhardt, A./Günther, W./Schaer, F.-W./Schmidt, H./Winter, F. H., Brake. Geschichte der Seehafenstadt an der Unterweser. Oldenburg 1981.

Eckhardt, A., Brake, Brommy und die Bundesflotte. In: Eckhardt, A./Gross, D. G., Brommy und Brake. Oldenburg 1998.

Eichner, K., Ich liebe das Meer wie meine Seele. Hamburg 2015.

Eilers, E., Rudolf Brommy. Der Admiral der ersten deutschen Flotte 1848. Dresden 1939.

Eke, N. O., Einführung in die Literatur des Vormärz. Darmstadt 2005.

Erk, K./Ohlrogge, G./Roß, W. (Hrsg.), Das Tagebuch des Seejunkers Diedrich Adolph Karl Groß 1851–1855. Oldenburg 1960.

Freiligrath, F., Flottenträume, In: Freiligraths Werke. Erster Teil. Hrsg. v. Schwering, J., Berlin, Leipzig, Wien, Stuttgart 1909.

Freiligrath, F., Vor der Fahrt. In: Freiligraths Werke. Zweiter Teil. Hrsg. von Schwering, J., Berlin, Leipzig, Wien, Stuttgart 1909.

Friedland, K., Die Schleswig-Holsteinische Flottille im Kieler Hafen 1850. In: Deutsches Schiffahrtsmuseum (Hrsg.), Deutsche Marine Die erste deutsche Flotte. Bremerhaven 1979.

Friedland, K., Die Schleswig-Holsteinische Flottille 1848 bis 1851. In: Hubatsch, W., Die erste deutsche Flotte 1848–1853. Herford 1981.

Friedl, H./Günther, W./Günther-Arndt, H./Schmidt, H., Biographisches Handbuch zur Geschichte des Landes Oldenburg. Oldenburg 1992.

Fürbeth, F./Krügel, P., Die Germanisten der »Ersten Germanistenversammlung 1846« als »Vorboten« der Paulskirchenversammlung. In: Seidel, R./Zegowitz, B. (Hrsg.), Literatur im Umfeld der Frankfurter Paulskirche 1848/49. Bielefeld 2013.

Gall, L., Aufbruch zur Freiheit. In: Gall, L. (Hrsg.), 1848 Aufbruch zur Freiheit. Eine Ausstellung des Deutschen Historischen Museums und der Schirn Kunsthalle Frankfurt a. M. zum 150-jährigen Jubiläum der Revolution von 1848/49. 18. Mai – 18. September 1998 in der Schirn Kunsthalle Frankfurt a. M., Berlin u. Frankfurt a. M. 1998.

Ganseuer, F., »Flottenträume« – Lyrisches Vorspiel zur ersten deutschen Marine von 1848. In: Jahrbuch 2015 der Deutschen Gesellschaft für Schiffahrts- und Marinegeschichte. Bonn 2016.

Ganseuer, F., »Dann wär' ich Fähndrich, ha! – Die poetische Flotte. In: Schiff Classic 3/2016, S. 54–57.

Ganseuer, F., »Begeisterte Matrosen« – Die Deutschen in Vormärz und Revolution. In: Locher, E. (Hrsg.), Zwischen Sprachen und Kulturen. Das kritische Wort. Festschrift für Italo Michele Battafarano. Würzburg 2016. S. 505–516.

Ganseuer, F., »Begeisterte Matrosen« – Germanisten, die Hanse und die erste deutsche Flotte. In: Schiff Classic 4/2017, S. 46–49.

Graichen, G./Hammel-Kiesow, R., Die deutsche Hanse. Reinbek 2013.

Graul, J., Stadt- und Marinegeschichte Wilhelmshavens. In: Standort Wilhelmshaven. Wilhelmshaven 2014.

Gross, D. G. (Hrsg.), Gedichte von Admiral Brommy. Bremen 1994.

Gross, D. G., In der Dichtung schönem Lande. Anmerkungen zu Admiral Brommy und seinen Gedichten. In: Eckhardt, A./Gross, D. G., Brommy und Brake. Oldenburg 1998.

Hahn, H.-J., Freiligraths Dichtung von 1848. In: Vogt, M. (Hrsg.), Karriere(n) eines Lyrikers. Ferdinand Freiligrath. Bielefeld 2012.

Hansen, H. E., Hannibal Fischer und das Ende der ersten deutschen Kriegsflotte. In: Deutsches Schiffahrtsmuseum (Hrsg.), Deutsche Marine Die erste deutsche Flotte. Bremerhaven 1979.

Harder, H. B./Kaufmann, E., Die Brüder Grimm in ihrer amtlichen und politischen Tätigkeit. Teil A. Kassel 1985.

Haß, H., StBtsm a. D., Chronik der Admiral-Brommy-Kaserne Brake 1935–1997. Oldenburg 2005.

Hein, D., Die Revolution von 1848/49. 4. Aufl. München 2007 (Erstausgabe 1998).

Heine, H., Unsere Marine. In: Heinrich Heine. Historisch-kritische Gesamtausgabe der Werke. Bd. 2, Neue Gedichte. Hrsg. v. Windfuhr, M., Hamburg 1983.

Heine, H., Atta Troll. Ein Sommernachtstraum. Hrsg. v. Woesler, W. Stuttgart 1995 (Erstausg. 1847).

Heine, H., Neue Gedichte. Hrsg. v. Kortländer, B. Stuttgart 1996 (Erstausgabe 1844).

Heine, H., Die Tendenz. In: Vaßen, F. (Hrsg.), Die deutsche Literatur. Ein Abriß in Text und Darstellung. Bd. 10. Vormärz. Stuttgart 1997 (Erstausgabe 1975).

Heine, H., Deutschland. Ein Wintermärchen. Hrsg. v. Bellmann, W., Stuttgart 2001 (Erstausgabe 1844).

Heinsius, P., Anfänge der deutschen Marine. In: Deutsches Schiffahrtsmuseum (Hrsg.), Deutsche Marine Die erste deutsche Flotte. Bremerhaven 1979.

Heinsius, P., Die deutsche Marine, eine Schöpfung des Jahres 1848. In: Deutsches Marine Institut (Hrsg.), Die deutsche Marine. Herford, Bonn 1983.

Herwegh, G., Die deutsche Flotte. Teil der Sammlung »Gedichte eines Lebendigen«. In: Herweghs Werke. Erster Teil. Hrsg. v. Tardel, H., Berlin 1909.

Hildebrand, H. H./Röhr, A./Steinmetz, H.-O., Die deutschen Kriegsschiffe Bd. 1, Herford 1979.

Hildebrand, H. H./Röhr, A./Steinmetz, H.-O., Die deutschen Kriegsschiffe. Bd. 7. Herford 1983.

Hinrichs, E., Friedrich Wilhelm IV. – ein schwieriger König in Preußens schwierigster Zeit. In: Norddeutsche Universitätsgesellschaft e. V. (Hrsg.), 150 Jahre Jadevertrag. Wilhelmshaven 2004.

Hooton, R. G., Heinrich Heine und der Vormärz. Meisenheim am Glau 1978.

Hubatsch, W., Die deutsche Flotte von 1848 bis 1852 in verfassungsmäßiger Beziehung. In: Deutsches Schiffahrtsmuseum (Hrsg.), Deutsche Marine Die erste deutsche Flotte. Bremerhaven 1979.

Hubatsch, W., Die deutsche Reichsflotte 1848 und der Deutsche Bund. In: Ders. (Hrsg.), Die erste deutsche Flotte 1848–1853. Herford, Bonn 1981.

Hubatsch, W., Forschungsstand und Ergebnis. In: Ders. (Hrsg.), Die erste deutsche Flotte 1848–1853. Herford, Bonn 1981.

Jöhnk, C., Ein Sachse erobert die Weltmeere. Admiral Brommy zum 200. Geburtstag. Begleitbroschüre zur gleichnamigen Sonderausstellung im Schiffahrtsmuseum Brake. Brake 2004.

Jorberg, F., Rudolf Brommy. In: Deutsches Schiffahrtsmuseum (Hrsg.), Deutsche Marine Die erste deutsche Flotte. Bremerhaven 1979.

Kampers, F., Die deutsche Kaiseridee in Prophetie und Sage. München 1896.

Kauder, V. (Hrsg.)/Bicher, N. (Red.), Die Fraktion. Machtzentrum und Fegefeuer. Politische und parlamentarische Erinnerungen für Peter Struck. Bonn 2018.

Klampen, E. z., Brommy. Der ersten deutschen Flotte Admiral. München 1938.

Klampen, E. z., Brommy. Weihespiel für deutsche Einheit, deutsche Freiheit, deutsche Flagge. Brake 1954.

Kliem, E., Erinnerung an Admiral Rudolf Brommy. In: Jahrbuch 2014 der Deutschen Gesellschaft für Schiffahrts- und Marinegeschichte. Oldenburg 2015.

Kludas, A., Die Schiffe der deutschen Bundesflotte 1848–1853. In: Deutsches Schiffahrtsmuseum (Hrsg.), Deutsche Marine Die erste deutsche Flotte. Bremerhaven 1979.

Krause, A., Scapa Flow. München 2001 (Erstausgabe Berlin 1999).

Kröger, K., Grundrechtsentwicklung in Deutschland – von ihren Anfängen bis zur Gegenwart. Tübingen 1998.

Kroener, B. R., Die deutsche Flotte 1848/49 – »das Schmerzenskind der deutschen Revolution?«. In: Rahn, W. (Hrsg.), Deutsche Marinen im Wandel. München 2005.

Kronenfels, F. v., Weiland Rudolf Brommy Kontre-Admiral und Heinrich von Littrow K. K. Fregattenkapitän a. D. und K. Ungar. See-Inspektor. Die Marine. Eine gemeinfassliche Darstellung des gesammten Seewesens für die Gebildeten aller Stände. Dritte unter Berücksichtigung der Fortschritte der Gegenwart neu bearbeitete und vermehrte Auflage von Ferdinand Reichsritter von Kronenfels K. K. Hauptmann d. R. Mit 12 Schiffsporträts von H. Penner, einer Flaggenkarte in Farbendruck 4 lithographirten Takelungstafeln und 156 in den Text gedruckten technischen Abbildungen. Wien. Pest. Leipzig A. Hartleben's Verlag 1878. Reprint Leipzig o. J.

Lampe, K., Oldenburg und Preußen 1815–1871. Hildesheim 1972.

Lindemann, A., Deutschlands erster Admiral. Köln 1939.

Littrow, H. v., Brommy Die Marine. Unter Berücksichtigung der Fortschritte der Gegenwart und unter Hinzufügung der in Oesterreich gebräuchlichen italienischen Terminologie neu bearbeitet von Heinrich von Littrow, K. K. Oesterr. Fregatten-Capitän, Commandeur und Ritter hoher Orden. Berlin 1865.

L. L., Die deutsche Flotte und die deutschen Frauen. Beilage der Allgemeinen Zeitung Nr. 165 v. 13. Juni 1848.

Luther, G., Grußwort zu Deutsches Schiffahrtsmuseum (Hrsg.), Deutsche Marine Die erste deutsche Flotte. Bremerhaven 1979.

Luther, G., Standortbestimmung – Erfahrungen und Verpflichtungen aus der historischen Entwicklung der deutschen Marine ab 1848. In: Deutsches Marineinstitut (Hrsg.), Die deutsche Marine. Historisches Selbstverständnis und Standortbestimmung. Herford, Bonn 1983.

Martus, S., Die Brüder Grimm. Reinbek 2013.

Mattenklott, G./Scherpe, K. R. (Hrsg.), Westberliner Projekt: Grundkurs 18. Jahrhundert. Kronberg/Ts. 1974, S. 74–119, Der Hof als Adressat großbürgerlicher Aufklärung.

Moltmann, G., Die deutsche Flotte von 1848/49 im historisch-politischen Kontext. In: Rahn, W. (Hrsg.), Deutsche Marinen im Wandel. München 2005.

Müller, J., Der Deutsche Bund 1815–1866. München 2006.
Müller/Berns, J. J. (= J. J. Müller: ab 1976 J. J. Berns), Germanistik – eine Form bürgerlicher Opposition. In: Ders. (Hrsg.), Germanistik und deutsche Nation 1806–1848. Stuttgart 1974.
Müller/Berns, J. J., Die ersten Germanistentage. In: Ders. (Hrsg.), Germanistik und deutsche Nation 1806–1848. Stuttgart 1974.
Müller, R.-D., Militärgeschichte. Stuttgart 2009.
Netzer, K., Wissenschaft aus nationaler Sehnsucht. Verhandlungen der Germanisten 1846 und 1847. Heidelberg 2006.
Neue Deutsche Biographie. Hrsg. v. d. Bayerischen Akademie der Wissenschaften Historische Kommission. Berlin 1953 ff.
Neumann, H./Janßen, A., Die Geburtsstunde von Wilhelmshaven. In: Bundeswehr aktuell v. 15.07.2013.
Niebuhr, M., Die deutsche Seemacht und ein deutsch-skandinavischer Bund. Von Marcus Niebuhr. Zum Besten der deutschen Flotte. Berlin 1848.
Obst, M. (Hrsg.), Die politischen Reden Kaiser Wilhelms II. Eine Auswahl. Paderborn 2011.
Paul, M., Die Technische Marinekommission und der Bau der deutschen Flotte 1848/49. Diss. München, Technische Hochschule 1923.
Petter, W., Deutsche Flottenrüstung von Wallenstein bis Tirpitz. In: Militärgeschichtliches Forschungsamt (Hrsg.), Handbuch zur deutschen Militärgeschichte 1648–1939, Abs. VIII, Deutsche Marinegeschichte der Neuzeit. Bonn 1979.
Petter, W., Admiral Brommy in der Literatur. In: Schiff und Zeit 12/1980.
Petter, W., Programmierter Untergang. In: Messerschmidt, M./Mayer, K. A./Rahn, W./Thoß, B. (Hrsg.), Militärgeschichte. Probleme, Thesen, Wege. Stuttgart 1982.
Pleitner, E., Oldenburg im 19. Jahrhundert. Bd. 2. Oldenburg 1900.
Plessner, H., Die verspätete Nation. Über die Verführbarkeit bürgerlichen Geistes (1935/1959 = 2. erw. Aufl. v. »Das Schicksal deutschen Geistes im Ausgang seiner bürgerlichen Epoche«. Zürich 1935). In: Ders., Gesammelte Schriften, Bd. VI. Frankfurt/M. 1982.
Rahn, W., Seestrategisches Denken in deutschen Marinen von 1848 bis 1990. In: Duppler, J. (Hrsg.), Seemacht und Seestrategie im 19. und 20. Jahrhundert. Hamburg u. a. 1999.
Rahn, W., (Hrsg.), Deutsche Marinen im Wandel. München 2005.
Rüder, A., Theodor Erdmann, Großherzogl. Oldenburgischer Geheimer Rath, Excellenz. Ein biographischer Versuch. Oldenburg 1895.

Saage-Maaß, M., Die Göttinger Sieben – demokratische Vorkämpfer oder nationale Helden? Göttingen 2007.
Salewski, M., Die »Reichsflotte« von 1848: Ihr Ort in der Geschichte. In: Blätter für deutsche Landesgeschichte 126/1990.
Salewski, M., 160 Jahre Marine. In: Ders., Marine und Geschichte – eine persönliche Auseinandersetzung. Bonn 2011/hier zit. n. Sonderdruck zum MarineForum Heft 7/8–2008.
Sax, I., Brommy – Die Freiheit der Meere. Brake 1998.
Schlechtriem, G., Zur Sonderausstellung. In: Deutsches Schiffahrtsmuseum (Hrsg.), Deutsche Marine Die erste deutsche Flotte. Bremerhaven 1979.
Schlechtriem, G., Bildliche Darstellungen der Brommy-Flotte. In: Deutsches Schiffahrtsmuseum (Hrsg.), Deutsche Marine Die erste deutsche Flotte. Bremerhaven 1979.
Schoepp, M., Blockade. Berlin 1915. Neuauflage Düsseldorf 1944.
Scholl, L. U., Die Bundesflotte in der Satire. In: Deutsches Schiffahrtsmuseum (Hrsg.), Deutsche Marine Die erste deutsche Flotte. Bremerhaven 1979.
Schultz, H., Ein Kranz der Erinnerung um das Bild des Großonkels Brommy. Aus vergilbten Familienbriefen und -erzählungen aus der Kinderzeit zusammengefügt. Rittergut Schmöken bei Wurzen o. Jg. (ca. 1905).
Schulze-Wegener, G., Deutschland zur See. 2. überarb. Aufl. Hamburg 2008.
Steimer, H. G. (Hrsg.), Hermann Allmers. Briefwechsel mit bremischen Freunden. Bd. 1. Bremen 2010.
Stoll, C. (Hrsg.), Wigard, F., Reden für die deutsche Nation. Stenographischer Bericht über die Verhandlungen der deutschen constituirenden Nationalversammlung zu Frankfurt am Main. Bd. 1, München 1979.
Termo, R. (i. e. Brommy, R.), Skizzen aus dem Leben eines Seemannes. Meißen 1832.
Tirpitz, A. v., Erinnerungen. 6. Aufl. Leipzig 1942. (Erstausgabe 1919).
Thyselius, T., Brommy, Deutsches Schicksal. In. Dies., Kleine Herrlichkeit. Jever 1966.
Uffmann, H., (Red.), Ingo Sax, Brommy – Die Freiheit der Meere. Programmheft der Niederdeutschen Bühne. Brake 1998.
Uhlrich, C., Carl Rudolph Brommy. Der Admiral der ersten deutschen Flotte. Berlin 2000.
Underberg, E., Die Dichtung der ersten deutschen Revolution 1848–1849. Leipzig 1930.
Vahl, H./Fellrath, I., »Freiheit überall, um jeden Preis«. Georg Herwegh 1817–1875. Stuttgart 1992.

Vaßen, F., »Hurrah, du Schwarz, du Roth, du Gold!« In: Vogt, M: (Hrsg.), Karriere(n) eines Lyrikers. Ferdinand Freiligrath. Bielefeld 2012.

Verhandlungen der Germanisten zu Lübeck den 27., 28. und 30. September 1847. Lübeck 1848.

Von der Oelsnitz, H., Die Nothwendigkeit großer deutscher Colonien und Kriegsflotten. 1845.

Von der Oelsnitz, H., Ideen zur Errichtung einer Königlich Preußischen Kriegs-Marine. Neisse, Frankenstein 1847.

Von der Oelsnitz, H., Denkschrift über die Erhebung Preußens zu einer See-, Kolonial- und Weltmacht ersten Ranges. Berlin 1847.

Wagner, E., Carl Rudolph Brommy (1804–1860) als Marineoffizier in Griechenland (1827–1849). Oldenburg 2009.

Walle, H., Ein Rundgang durch die Ausstellung. In: Ders. (Hrsg.), Seefahrt und Geschichte. Herford, Bonn 1986.

Wiechmann, G., Karl Rudolf Brommy (1804–1860) in deutschen Erinnerungsorten. In: Jahrbuch der Deutschen Gesellschaft für Schiffahrts- und Marinegeschichte 2010. Oldenburg 2011.

Wilcken, J.P., Bilder aus dem deutschen Flotten-Leben 1849. Hannover 1861.

Wilderotter, H., »Unsere Zukunft liegt auf dem Wasser«. In: Der letzte Kaiser. Wilhelm II. im Exil. Ausstellungskatalog des Deutschen Historischen Museums, hrsg. v. Wilderotter, H./Pohl, K.-D., München 1991.

Witt, J.M., Thomas Cochrane. Ein geborener Freibeuter. In: Ders., Eroberer der Meere. Darmstadt 2014.

Witt, J.M., Deutsche Marinegeschichte 1848 bis heute. Berlin 2015.

Wollstein, G., Das »Großdeutschland« der Paulskirche. Düsseldorf 1977.

Wollstein, G., Deutsche Geschichte 1848/49. Gescheiterte Revolution in Mitteleuropa. Stuttgart u.a. 1986.

Zebrowski, B., Brommy. Admiral ohne Flotte. Roman. Berlin 1937.

Zerkaulen, H., Narren von gestern – Helden von heute! Ein Roman um die erste Deutsche Kriegsmarine. Berlin 1940.

Zerkaulen, H., Brommy. In: Ders., Die Dramen. Leipzig 1940.